ヤサグレたちの街頭

瑕疵存在の政治経済学批判 序説

長原 豊

航思社

ヤサグレたちの街頭

目次

ヤサグレたちの街頭

瑕疵存在の政治経済学批判 序説

【凡例】

（1）〔…〕は、引用における中略。

（2）〔 〕は、引用者による補綴。

（3）引用文中における傍点は、断らない限り、引用者による。

（4）引用した外国文献のなかで邦訳があるものについてはすべて参照させていただいたが、原則的には、拙訳に拠った。すべての邦訳者に感謝する。

（5）頻出する以下の文献については、略記号を用いて表示し、コロンの後に頁数を付し、本文中に記す。

AO：Gille Deleuze et Félix Guattari, *L'anti-œdipe. Capitalisme et schizophrénie*, Paris: Minuit, 1972.

MP：Gille Deleuze et Félix Guattari, *Mille plateaux. Capitalisme et schizophrénie*, Paris: Minuit, 1980.

C1：Gille Deleuze, *Cinema 1. L'Image-Mouvement*, Paris: Minuit, 1983.

C2：Gille Deleuze, *Cinema 2. L'Image-Temps*, Paris: Minuit, 1985.

K I：Karl Marx, *Das Kapital. Kritik der politishcen Ökonomie*, Erster Band, Berlin: Diez Verlag, 1947.

K II：Karl Marx, *Das Kapital. Kritik der politishcen Ökonomie*, Zweiter Band, Herausgegeben von Friedrich Engels, Berlin: Diez Verlag, 1948.

K III：Karl Marx, *Das Kapital. Kritik der politishcen Ökonomie*, Dritter Band, Herausgegeben von Friedrich Engels, Berlin: Diez Verlag, 1949.

Gr.：Karl Marx, *Karl Marx Ökonomische Manuskripte 1857/58*,Text. Teil 1 und 2, Berlin: Dietz Verlag, 1976 und 1981.

LD：Michael Hardt & Antonio Negri, *Labor of Dionysus: A Critique of the State-Form*, Minneapolis: University of Minnesota Press, 1994.

E：Michael Hardt & Antonio Negri, *Empire*, Camberidge, MA.: Harvard University Press, 2000.

M：Michael Hardt & Antonio Negri, *Multitude: War and Democracy in the Age of Empire*, New York: Penguin Press, 2004.

GT：John Maynard Keynes, *The general Theory of Employment, Interest and Money*, The Collected Writings of John Maynard Keynes, Vol. VII, London: Royal Economic Society, 1978.

GM：P. Virno, *Grammatica della moltitudine. Per una analisi delle forme di vita contenporanee*, Roma: DeriveApprodi, 2002.

PT：E. P. Thompson, *The poverrty of Theory: or an Orrery of Errors*, London: Merlin Press, 1978.

序論

政治経済（学）批判の原則《プリンキピア》

端緒――個体は、それが完き自然であるのと同じように、完き類である。[*1]
終端――起源＝歴史の必然性を認めつつ、外部観測の立場で起源が語り得ると考えることは、誤謬である。[*2]

はじめに

それそのものとして「完《まった》き類 Gattung」とされるシュティルナーの単独する「個体 Einzelne」は、「完《まった》き自然 die ganze Natur」とは何かを含めて、いかに可能だろうか。これは、革命が成就した「暁には、プロレタリアはルンペンに成る」と誇り高く言い放ったシュティルナーの心胸《むね》を打つ、だがこれ自体がロマン（主義）でもあるような、白日夢《ユートピア》にすぎないのだろうか。[*3] マルクスにおける無味乾燥にみえる政治経済（学）批判への理路転轍と、シュティルナーが批判したもう一つのロマンを誘うヘーゲル左派の概念である「類的存在」のマルクスにおける使用停止は、どのような緊張を孕んでいるのか。

　疎外論的構えを是としない本書がこれから訴えようとする政治経済（学）批判には一見するに疎遠に見えるこうした論題を思い浮かべて、僕は思案する。僕たちの政治経済（学）批判はどのような世界の実現を求めるためにあるのか、と。しかも、少なくとも若年層——また高齢者や女性労働者——に関して言えば、以下で繰り返し言及する例の「無理」を押してまで真っ当に商品化される必要がもはやなくなったかにさえみえる労働力の存在態様が労働力人口の無視しえない部分を占めてしまった、この時代で。ジジェクが、どこかで——自分で訳したにもかかわらず忘れてしまったのだが——、労働力の過剰《プレソラ》と資本の過剰《プレソラ》が同時に存在していれば（これをもって、原理における「恐慌」の原型と呼ぶべきだろう）、当為において後者こそ廃絶されるべき当のものだと喝破した、この現状で。ましてや、金融経済（表層）が計量的には実体経済（深部）なるものを——高級な寿司屋のように、時価で！——ほぼ覆い尽くし、両者の区分がもはや無意味と化したかにさえみえる、[*4] この現代で。

　だが、あるいはだからこそ言わねばならない。いまこそ政治経済（学）批判の原則《プリンキピア》が問題なのだ、と。

本書の目的——「マルクス経済学」批判《ラクリモーサ》[*5]

『資本論』に収斂するマルクスの政治経済（学）批判の精神《ガイスト》を、僕はとりあえず以下の指令語《スローガン》をもって表現してみることにする。ところでなぜ、政治経済学ではなく、もったいぶって政治経済（学）と表記するのか？　とまれ、まずは指令語だ。

政治経済（学）批判――その鼓膜を破裂させるほどに鳴り響かせる（Tympaniser – la critique/clinique d'économie politique）。

この指令語は、デリダ『哲学の余白』の冒頭に措かれた文章「タンパン」の象徴的一文を捩《もじ》ったものだ。[*6] この根底には、政治経済（学）批判とは「現状」の解釈《ぶんせき》-変革そのものであるという定言命法的原則が存在し、[*7] そのさきには〈而して、われら瑕疵存在を有るが儘に全肯定へ存在的に捻転せよ！〉

---

*1　M. Stirner, "Recensenten Stirners," (1845), *Max Stirner: Parerga, Kritiken, Repliken*, hg. v Bernd A. Laska, Nürnberg: LSR-Verlag, 1986, S. 195.

*2　郡司ペギオ-幸夫『原生計算と存在論的観測』東京大学出版会、二〇〇四年、三二六頁。

*3　M. Stirner, *Der Einzige und sein Eigentum*, Seitenhalen nach Ausgabe, Reclam, 1972, S. 129.

*4　市田良彦・王寺賢太・小泉義之・長原豊『債務共和国の終焉』河出書房新社、二〇一三年参照。

*5　だが、傍らで〈Non consumiamo Marx〉をL. Nono, « Ein Gespenst geht um in der Welt » とともに（ヘルムート・ラッヘンマン＋磯崎新＋浅田彰＋長木誠司「ルイジ・ノーノと《プロメテオ》」『InterCommunication』No.27 Winter 1999）。

*6　J. Derrida, *Marges de la philosophie*, Paris: Minuit, 1972, p. I. 邦訳者（高橋允昭）は、訳註で、〈Tympan〉の語源を辿り、ギリシア語の〈typtein（打つ・刺す・傷つける）〉を顕揚している（デリダ『哲学の余白』上、高橋允昭・藤田一勇訳、法政大学出版局、二〇〇七年、三一七頁）。

という次なる指令語が、この「全肯定」にまつわる細目の設定を要求しながら、控えている。

ところで、ここで強調を付した「その」は何を指しているのだろうか。言うまでもない。それは、口に糊するためにジャーナリスティックな時評を書きながら『資本論』執筆のために膨大な断片《ノート》を準備していた当時のマルクスがその批判対象として措き、現在ではいわゆる新古典派経済学との対比で不当にも古典派経済学と遡及的に呼ばれるに到った、いわゆる「政治経済 l'économie politique」とそれについてのまとまりを欠いた言説《ディスクール》を一括する[*8] ——フーコーを持ち出すまでもなく、実体なるものとそれについての知が縺れ合って論争的に構制する——「現状」そのものである。

だが、この「現状」として言説的にも一体のものである政治経済（現状）と政治経済学とは、何を指しているのか。それについてはルソーが、のちにジュネーヴ体制批判の意志を込めた『人間不平等起源論』とその変革を企図する『社会契約論』を結節する「見えざる鎖」と看做されることになる重要な短文を[*9]、残している。そしてその冒頭には、次のような有名な定義的一文が刻まれている。

> 経済 Économie あるいは Œconomie（道徳的および政治的）は、家（政）*maison* を意味するオイコス *οικος* と法を意味するノモス *νόμος* から来たもので、そもそもそれは、家族全体の共有財〔共通あるいは公共の利益 - 善〕le bien commun のために家（政）を賢慮と正統性をもって統治すること〔- 政府 gouvernement〕を意味する言葉にすぎなかった。のちにこの語は、大家族の統治 - 政府——それが国家なのだが——を意味するまでに拡張された。これら二つの語義〔一般的な受け取られ方 acception〕を区別するために、後者の場合を一般経済 *économie générale* または政治経済

économie politique と呼び、前者の場合を家政経済 *économie domestique* あるいは私的で個別的な経済 *économie particulière* と呼ぶ。[*10]

啓蒙精神を端っから欠く僕が、以下の議論も含めて、こうした教科書的イロハをことさらルソーにまで遡って引くのには、[*11]それなりの理由がある。それはマルクスが、存在するものの合理性が完きを得る表層‐流通《けいしき》 Oberfläche あるいは物象化の相貌のもとにある平滑な経験的現状（what *is*）をあらかじめ想定（あるいは精確には、措定）されたその

＊7　マルクス「フォイエルバッハにかんするテーゼ　一一」『マルクス＝エンゲルス全集』第三巻、五頁。なおこのテーゼのエンゲル的改訂については、同、五九四頁参照。エンゲルスは「解釈」と「変革」をセミコロンで結んだマルクスの文章に「しかし aber」を明示的に挿入することで、両者を切り離してしまった。Thomas Keenan, *Fables of responsibility: aberrations and predicaments in ethics and politics*, Stanford: Stanford University Press, 1997 参照。

＊8　〈discours〉の語源に当たる〈discursus〉は「〈経路 cursus〉なく右往左往する running to and fro」秩序〈証明〉‐規律《ディシプリン》を欠いた発話を指しており、したがって中世ラテン語では、〈論争 argumentum〉と同様の意味作用を担った。つまり、〈ディスクール〉とは喧嘩腰の論争である。

＊9　H. Rosenblatt, *Rousseau and Geneva: From the First Discourse to the Social Contract, 1749-1762*, Cambridge: Cambridge University Press, 1997, Chapter 5.

＊10　J.-J. Rousseau, *Discours sur l'économie politique*, Édition, introduction et commentaire sous la direction de B. Bernardi, Paris: J. Vrin, 2002, p. 41.

深部（‐生産＝労働）Tiefeにまで降下して分析することによって日常的経験としての「現状」の非合理性をまさに合理‐秩序において批判的に記述するという営為を彼のいわゆる政治経済（学）批判として行った以上[12]、その分析‐批判‐臨床（の対象）には、いまさら言うまでもなく、国家とその意志としての政策を当然の（生産）要素とする政治（過程）が含まれていなければならないという常識を、再確認するためである[13]。

　したがって、「政治経済学」と訳されることが一般的な〈Political Economy〉は、いわゆる一般意志の最終的かつ唯一の担い手を、内部における熾烈《カット・スロート》な競争を捨象した総資本という非在の一般意志なるものを媒介として簒奪的に僭称する国家意志の具体的顕現（政策）をめぐる言説、あるいはこうした諸政策がパッケージ（政治的）商品として売買されるに到った近代における政治（市場）をめぐる言説――そのもっとも明け透けな顕現が官房学 Kameral*wissenschaft* であり、その後期近代における亜種にすぎない議会制民主主義を前提とする消費者主権（主体均衡）を自明の前提とする近年の政策論であって、両者を僕は、「閨房」学と密かに呼んできた[14]――としての政治経済（現状）についての「学」であり、またその意味で誤解を恐れずに言えば、歴史性が捨象された今日における広義の「公共」経済学なるものにほかならず、その違いは、したがって、労働市場をその象徴とする〈制度としての市場〉の成熟（国家の背景化）とその変質（国家の再前景化）、さらには近年の新自由主義に典型的な市場そのものの純粋な記号化（理論の現実としての完成、あるいは〈三位一体の範式〉のさらなる単純化）――国家の背景化という形式をとって、国家主権そのものが、一つの特殊な（独占）企業《ファーム》として市場へ全面的に滲潤‐融解し、資本にとっての社会なるものを全面的で散逸的に生産点化する[15]――

*11 ルソー『政治経済論』の読解は、シュンペーター『租税国家の危機』やヒューム『政治論集』とともに、今日のマルクス派の政治経済学批判にとっても重要な意味をもつ。取り敢えず、C. Spector, « Théorie de l'impôt » dans Jean-Jacques Rousseau, *Discours sur l'économie politique*, op. cit., pp. 195-221や do., « Rousseau et la critique de l'économie politique » dans B. Bensaude-Vincent et B. Bernardi éd., *Rousseau et les sciences*, Paris: L'Harmattan, 2003, pp. 237-56 などを参照。

*12 H.-G. Backhaus, "Materialien zur Rekonstruktion der Marxschen Werttheorie 3," *Gesellschaft, Beiträge zur Marxschen Theorie* 11, Suhrkamp: Frankfurt a. M., 1978 参照。

*13 宇野弘蔵が講義録として準備した「経済政策論」が「原論」的閉域の前梯を形成したこと、またそれが支配的資本の三形式を根拠とするモデル化にほかならない歴史におけるいわゆる「段階論」であったことを想起されたい。なお、G. Walker, "On Marxism's Field of Operation: Badiou and the Critique of Political Economy," *Historical Materialism* 20(2), 2012 を参照。

*14 ドニ・ディドロ『お喋りな寶石 *Les Bijoux indiscrets*』（新庄嘉章訳、大雅堂、一九五一年）の面白さは、この点——口が軽い indiscret、あるいは尻が軽い、下部構造（下半身《しも》）——にある。この下半身は何とでも連む。

*15 国家主権「価格」の民間企業による「格付け」（建値）——企業価格そのものの株価総額（時価）による「格付け」も含めて——や主権価格の為替相場における（短期）変動に右往左往する政策主体という〈国家あるいは主権そのものの市場商品化〉、また社会全体が隈なく工場と化した生産過程の変質（結集軸の空間的あり方から時間的なそれへの移行といわゆる産業予備軍の様態変化）などを想起せよ。これは、しかし、「資本の記号論機械」による「貨幣 - 子安貝 porcelaine」の「再（- 反復的）初期化する réarchaïser」ことをも意味している（F. Guattari, *Écrits pour l'Anti-œdipe*, Textes agencés par Stéphane Nadaud, Paris: Lignes & Manifestes, 2004, p. 239）。

の深度によって御都合主義的に規定される「公共性」なるものの分節における差異（あるいは作為としての差別化）にすぎない。

　とはいえ、ここで思い起こされるべきは、そうした批判をもってマルクスが、いま僕たちが知っているいわゆる社会科学なるものの一分肢を自称し、かつては不遜にもその女王であることを誇ったいわゆる経済学 Economics の確立を目指したわけではない[*16]、という当たり前の事実である。つまりマルクスは、（社会）科学 Wissenschaft 業界への仲間入りを願って経済学理論なるものを確立するために政治経済（学）批判を行ったわけではない。

　だがなぜ、いまに到っても、このような自明を事改めて確認せねばならないのか？

　この問いには、学派《ムラ》という彼らの現世とその護持が正統性をめぐって掲げる「学」の方法‐手続き論の二側面から応えることができるが、前者については僕の与《あずか》り知らぬことであって、せいぜいここでは後者だけが問題である以上、マルクスの政治経済（学）批判において践《ふ》まれたその方法的な手続きがまず考えられねばならない。それを僕は、あえてマルクスの「『経済学批判要綱《グリュントリッセ》』への序説」に綴じられた断片《ノート》である「政治経済学の方法 Die Methode der politischen Ökonomie」ではなく（Gr.: 35ff）、後に引くデリダの枢要的論点を前梯として、以下のように暴力的に約《つづ》めてみることにする。

　すなわち、マルクスは、円環そのものの膨脹的な自閉均衡（拡大再生産）を、その裡に包摂され、その裡で鎮撫‐和解された循環——遡及的端緒としての本源的蓄積（基数）を前梯したうえで抹消し、そのつどの仮綴じの端緒として（再）記述される循環恐慌——を序数的に反復させながら自己聴解し s'entendre、この自己聴解をもってふたたび自閉することを専らとする「学」の本性を、その手続きをみずからにひとたび強いることで、政策（論）としての政治経済（学）を批判的に分析することをひとまずの任務とした。これである。

だが、ここでさらなる注意が払われるべきは、批判の「学」としての確立のための手続きが、措かれたその分析対象そのものが僭称する自己の普遍性をその膨脹的生成過程（＝「歴史」）をも含めて（方法的に）模写し、そうすることで自己において普遍世界を了解する「学」として完成することを意図したという意味で、一方における「学」の展開論理と、他方における、「学」がその分析対象とした事象（現状）がみずからに夢想的に憑《たの》む論理そのものの展開が、結果《ヘーゲル》あるいは事後性《フロイト》において、寸分違わず一致することをその目的にするという、「学」が「学」として存立するに当たってほぼ不可避に罹患する本然的な倒錯である（フーコーの視点はここにあった）。つまりマルクスは、あるいは精確には『資本論』は、後に立ち入る宇野弘蔵が彼自身の規準からみてその批判がいまだ不充分だったとはいえ、その批判対象を国家意志という「公的」なそれの装いのもとで——それぞれの時代においてその事象形態を異ならせているとはいえ——貫かれている〈資本の論理《かがく》〉として再整理（＝純化）することで初めて、批判の対象に据えるという手続きをとったのである。

こうしてマルクスは、措かれた批判対象——「現状」あるいは政治経済（学）——をそのいわゆる

＊16　経済学の数学化に限って言えば、R. Pool, "Strange Bedfellows," *Science*, vol. 245, 1989 および H. Gintis, "Review of Eric D. Beinhocker. *The Origin of Wealth: Evolution, Complexity, and the Radical Remaking of Economics* (Boston, MA: Harvard Business School Press)," *Journal of Economic Literature*, 44(4), December, 2006 を参照。

公的な粉飾を剝ぎ取って純粋論理として描き出すという前梯を践んで初めて、その政治経済（学）批判を遂行することができた。あるいはそれを逆説すれば、そうした手続きを経てのみ、遡及的に古典派と分類されることになる経済学は、「公」の名のもとで施行されるその政策（＝国家性）を無理やり――つまり、経験的には不可能であり、マルクスのいわゆる「抽象力 Abstraktionskraft」によってのみ設定可能な完成態あるいは簡潔態に照らして――剝ぎ取られ、またしたがって、いわゆる経済外的強制から解放されたその核芯にある論理――繰り返すが、資本の論理（経済的強制）――を晒したのである。また政治経済（学）は、この手続きによってのみ、「学」的な批判対象としての資格を得たのである。その意味でマルクスは、政治経済論《ディスコース》を規律《ディシプリン》－学として完成させることで政治経済（学）をいわゆる経済「学」としてその緒に就かせただけでなく、また返す刀で政治経済（学）を脱構築した、と言ってもよい。また、であればこそ、後年のいわゆる「マルクス経済学」者たちが、この剝き出しにされ純化された批判対象（＝資本《ろんり》の運動）そのものが僭称する、覆い尽くす内部《みずから》の合理性と膨脹する円環において自閉均衡するその論理を忠実に模写するという彼らなりの方法的努力をもってみずからを社会科学の一分肢としたことについては、いかなる懐疑も提示されてこなかった、あるいはむしろ不断に追求されてきた、とさえ言ってよいのである。*[17]そしてここまでは、経済学を「学」として学んだことがある者の常識とせねばならないだろう。*[18]

ドゥルーズは、マルクスの政治経済（学）批判の「マルクス経済学」としてのこうした「自律」化――日高普の表現である*[19]――あるいは固化とそれによってのみ可能となった洗練（？）という「学」としての多幸的な悲喜劇の秘密を、『資本論』の著者にまで立ち戻って、次のようにきわめて明快に、だが後に触れる宇野恐慌論の核芯――「無理を通」したことが、以下にも触れるように、「限界」ではなく剋服可能な「制約」に無理やり読み替えられて循環的に噴出し、また沈静する定めにあることの謂われ、つまり不均衡の不断の均衡化という定め――を髣髴とさせる筆致で、記している。

神学と同様、〔原〕罪、聖母マリアの無原罪の御宿り、受肉といったものを認めてしまえば、すべては完全に理《ことわり》に合った〔合理的な〕ものとされてしまうのです。理《ことわり》とは、つねに、理《ことわり》に合わない〔非合理的な〕ものから刈り取られた一箇の地域のようなものです。それは非合理なものの庇

---

*17　もちろんこの場合でも、対象自体が内発的に有する純粋化《モデル》傾向を方法的に模写することがその根拠とされている。だが、内部観測論を待つまでもなく、すでにG・バシュラール『科学的精神の形成』（及川馥訳、平凡社ライブラリー版、二〇一二年）における「証明された秩序」と「発見された秩序」との関係についての記述が、その問題性を取り上げている。とまれ、科（学）とは「証明された秩序」でなければならないというわけである。

*18　M. Foucault, *Les mots et les choses. Une Archéologie des sciences humaines*, Paris: Gallimard, 1966 がいまだその画期性を失わないのは、こうしたマルクスの政治経済（学）批判とともに読まれるときである。付言しておくが、この名著の英訳タイトル――〈*The Order of Things*〉――はむしろ本題よりも意を得ている。というのも、バシュラールが指摘したように、「理性が導きあるいはそれが形成するさまざまな経験を問題にするとき、秩序こそひとつの真理であり、無秩序は誤謬」とされるからである（前掲『科学的精神の形成』一一頁）。

*19　日高普「宇野弘蔵」『中央公論』一九六八年六月号。

護の下にはありません。非合理なものが横断する一部位《レジヨン》であり、非合理な要素が互いに切り結ぶ関係が帯びるある種の型によって規定されるものです。すべての理《ことわり》の根底には、譫妄、〔理《ことわり》が夢見る均衡からの〕偏差があるのです。資本主義では、すべてが、資本と資本主義を除いて、合理的です。〔…〕合理的なものはつねに非合理なものの合理性なのです。〔…〕マルクスの『資本論』にはこれまで充分には注目されてこなかった点があります。つまり、彼が資本主義の機構《メカニスム》にたまらなく魅了されたのは、まさに資本主義が譫妄に陥っていると同時に、〔まただからこそ〕とてもうまく循環するからでもある、ということです。[*20]

この文章は本書で繰り返し振り返られる僕の基本的視軸だが、〈近代-様式《はやり》 *modermus/modus/modo*〉である資本-主義、あるいは〈近代〉なる語のこの国における源をなす〈新時代 Neuzeit〉を記述する「学」の秘密を明かすこのドゥルーズは、「学《ヘーゲル》」の本性を以下のように語るデリダとまったく同じことを、しかし異なる表現で、[*21] 語っていると言ってよい。

とまれこうして漸く、さきに仄めかしたデリダを引用する段になったが、そうした意味での「マルクス経済学」をも含む経済学の一般理論、さらには科（学）Wissenschaft を自称する「学」一般にも妥当する描写を、デリダは、ジャンルとしての哲学に事寄せて、次のように提起している。そしてそれは、科（学）なるものがその裡に秘める根源的衝動を、しかも科（学）の進歩なるものを唯一駆動してきたその譫妄-熱狂 délire/démentia をも含めて、[*22] あますことなく描いている。

みずからを哲学と称してきた言説——自己の名称を自己自身からしか受け取ろうとせず、自己の名称の頭文字を耳許で自己自身に絶え間なく呟いてきたおそらくは唯一つの言説——は自分には果てがないと思い込むほどに広大だったが、つねに、みずからの限界をも含めて総じて限界 limite を謂わんとしてきた。この言説によって生来のものと言われ〔制度化された〕諸言語との親密さ、すなわちこの言説にとって基本的な要素 - 境位となった諸言説との親密さのうちで、この言説はつねに限界〔*peras, limes, Grenze*〕の摂取 - 支配 - 主人〔的包摂〕**maîtrise** を確たるものにすることにこだわってきた。この言説は有り得べきあらゆる仕方で限界を識別し、それを概念として把握し、措定し、変化を加えて使用してきた。またそうすることによってすでに同時に、限界を使い勝手がいいように処理するために踏み越えてきた。この言説は、この言説自身の限界〔それに本来的な限界 *sa propre limite*〕がこの言説にとって異邦の〔咀嚼不能な étrangère〕ものに留まってはならないものと看做し〔ているがゆえに〕、〔限界〕概念を己れにとって適切なものに変えて横領

＊20　G. Deleuze (avec F. Guattari), « Sur le capitalisme et le désir », *L'île déserte et autres textes: Textes et entretiens 1953-1974*, Édition préparée par David Lapoujade, Paris: Minuit, 2002, pp. 365-6.

＊21　デリダのマルクス論——J. Derrida, *Spectres de Marx*, Paris: Galilée, 1993 や do., *Marx & Sons*, Paris: PUF/Galiée, 2002——と後に触れるドゥルーズ＝ガタリの例の二部作におけるそれとの方向性の第一の違いは、この文体に潜んでいる。

＊22　ドゥルーズ＝ガタリが用いる語〈譫妄 délire〉は、資本の蓄積運動が後にも触れる初期マルクスの存在的〈受苦 - 受難 - 激情 Leiden〉を商品として呑み込んだ場合に発する乾いた資本語の「吃音」であろう。

した approprier。この言説は、自己の容量《ヴォリューム》〔が及ばない〕欄外－余白を支配し、自己にとっての別なるものを思考していると信じてきた。*23

この意味でマルクスは、その批判対象として措いた政治経済（学）の「合理」的解釈を目指して、デリダが「タンパン」の題字としたヘーゲルのいわゆる「哲学のなかへの身体《ほんたい》を失うほどにがむしゃらな沈降」を敢行したが、*24 またこれが、覆い尽くすという衝動に不断に憑かれる資本の運動をそれに成り代わって描き出そうとするマルクスの政治経済（学）批判を嚮導した当初の作風だったが、この自失（失われた身体－内容 *corps perdu*）という賭け（ここでは形式化）によって初めて、いわゆる「マルクス経済学」なるものが――みずからに科学性を期待する「マルクス経済学」が、例の〈科学とイデオロギーの分離〉という宇野弘蔵の主張に密接に関わって否定的に認定された二つのイデオロギー、正統派マルクス主義経済学と新古典派との両面対峙という衝動に憑かれて――成立したのである。

だが大切なことは、マルクスにあっては、それが政治経済（学）批判を通じた新たな政治経済（学）を構築するための第一階梯（ウザイ「現状」――〈Life Sucks!〉――に対して、〈これは本来あるべき状態ではない！〉と嘆き、現状からの脱出を「本来的」なる虚妄への退行によって遂行するのではなく、現状をそれそのものとして受け容れること――つまり〈So what?〉、僕はこれをもって初期マルクスのいわゆる「受苦－受難 Leiden」にもとづく蹶起と理解する――から始める作業）にすぎなかったということを確認することでもある。したがって、マルクスの政治経済（学）批判は、いまではほぼ潰えてしまった感がある現行のいわゆる「マルクス経済学」と、この精神《ガイスト》とその目的《テロス》において、くっきりとした対蹠を構成している、あるいはそのように理解せねばならない（でなければ、自分の経済学に形容詞としての「マルクス」と冠することを止めねばならない）。

にもかかわらず、現行の「マルクス経済学」は、マルクスが批判の第一階梯として手続き的に整序‐純化した、自己聴解しその円環的自閉を膨脹させながらふたたび自閉する「資本の（科）学」――この語は、ネグリの表現である（LD）――を、まさにその意‐夢想をみずからのそれとして汲み取って、論理的に記述し、さらにそれを現実において資本が為しうる以上に精緻化あるいは完成することにその任務を限定しただけでなく、最悪にも、この滞留に安堵を覚えるまでに到ったのである。またそれだけが、「大学の言説」以外の何ものでもない講壇「マルクス経済学」にとっての世俗（あるいはむしろ宗教）的な担保物件となったのである。*25 これは、しかし、その科学性を誇ることを誇る「マルクス経済学」がイデオロギーと認定した正統派マルクス主義経済学が、その担保をいわゆる唯物史観（あるいは例の弁証法的唯物論《ダイアマット》）が発行した空手形にほかならない歴史における必然性なるものを一身に化体する〈永遠の現在《いま》＝党〉――それだけが決意主義的「偶発」とされたのだ――に求めたことと、そ

---

*23　Derrida, *Marges de la philosophie*, op. cit., p. I.

*24　G. W. Hegel, *Differenz des Fichteschen und Schellingschen Systems der Philosophie, Werke.* Band 2, Suhrkamp: Frankfurt a. M. 1979, S. 18.

*25　S. Žižek, *Looking awry: an introduction to Jacques Lacan through popular culture*, Cambridge, Mass.: The MIT Press, 1991 参照。

の仕掛けにおいて、まったく同一であると言うほかない。[*26]

　であればこそ僕たちは、マルクス自身が政治経済（学）に対してそのように立ち向かったように、現行の「マルクス経済学」のマルクスによる政治経済（学）批判に相同する批判ぬきには、マルクスが目指した新たな――「現状」の変革をその目的《テロス》と主体において構想する――つねに批判であり続ける政治経済（学）の構築に到達できないという常識《ベタ》を、改めて訴える。まただからこそ僕たちは、マルクスが践んだ危険な轍と同様の轍を践んで、デリダが「タンパン」のエピグラフで引いた例のヘーゲルに戦術的あるいは手続き的に従順であるという素振りを駆使し、[*27]資本《ヘーゲル》の運動とその論理化された正立像と化した「マルクス経済学」の論理の余白‐外部を、自分には与り知らぬ「欄外」として放置するのではなく、敢えて言えば彼らの理論装置（内部）を用いて、まんまと出し抜かねばならないのである。

　いずれにせよ、さきのヘーゲルを今度は長めに引こう。

「哲学の本質は、その個別的特性にとってはまさに底なしであり〈根拠あるいは大地を欠いているのであり *bodenlos*〉、こうした哲学に到達するには、哲学のなかへ身体《ほんたい》を失うほどがむしゃらにその身のすべてを沈降させる sich *à corps perdu* hineinzustürzen 必要」がある、[*28]これである。

　そしてここでの〈*corps perdu*〉は、マルクスの手順からやや踏み込んで言えば、その内容を方法的に棚上げされた、商品というきわめて単純な形式‐表層（平滑面）を意味しているだろう（KI: 12）。

　ところで僕は、ここでの「哲学」もまた、資本の論理をその膨張し続ける欲望‐自己聴解に即して論理‐歴史的に模写することを使命としてきた「マルクス経済学」に置き換えて理解するだけに留まらず、さらに一歩踏み込んで、そこにさきの意味での「マルクス経済学」の確立をもっとも真摯に担い、またもっとも完成させた人物、『資本論』を論理学として再構築することにそのエネルギーをほぼすべて費やしたと言ってよい宇野弘蔵の「マルクス経済学」を想起している。

　よく知られているように、レーニンは「マルクスは『論理学』に関する著書こそ書き残さなかったが、『資本論』という論理学を残した」と書き[*29]、このレーニンを生涯で二度ほど引用してみせた宇野弘蔵は、さらに踏み込んで、この『資本論』を文字通り『論理学』として純化‐完成することを試み、またその過程でかかる純化にとって相応しくない（あるいはバシュラール風に言えば、証明されるためだけに要請され、したがって秩序にとっては不要でなければならなかった無秩序という）側面をみずからの

＊26　ところで、〈永遠の現在《いま》〉としての「現状」とそこでの国家に与件として凭《もた》れ懸《か》かるもう一つの経済学が新古典派経済学――期待概念――であろうし、スターリンにおける〈党〉と国家の一体化は、新古典派経済学（と国家機能を明示的要素とするその改良版にほかならない、一方における城内平和と他方における戦争をも含む対外交渉との政治的組み合わせを専らとするケインズ経済学――宇宙戦争による戦費＝消費増大を夢見るクルーグマンだろうが、ただ只管《ひたすら》に格差解消と教育投資を語るだけのスティグリッツだろうが、彼らは資本の成長を語るしかない）とマルクス主義経済学が、生産力主義において、時代的に表裏一体であったことを意味している。

＊27　マルクスはヘーゲルに「特有な表現様式に媚を売った」とさえ言っている（K I: 27）。

＊28　なお原文は、〈Das Wesen der Philosophie ist gerade bodenlos für Eigentümlichkeiten, und um zu ihr zu gelangen, ist es, wenn der Körper die Summe der Eigentümlichkeiten ausdrückt, notwendig, sich *à corps perdu* hineinzustürzen〉であり、ヘーゲル自身、〈*à corps perdu*――身体《おのれ》‐内容を失うまで〉というフランス語表記を用いている。

＊29　レーニン『哲学ノート』『レーニン全集』第三八巻、二八八頁。

「欄外‐余白」あるいは「外部」として掃き出した（うえでなおも、この「欄外‐余白」あるいは「外部」にふたたび異なる分節論理を離接的に付与あるいは外与した）からである。[*30] そしてそれを可能にした論理学者宇野における原初的動因が、例の〈イデオロギーと科学の分離〉というまさに政治的な衝動であった。また、その結果抽出可能となった方法論の体系が、原論（純粋論理学）‐段階論（資本の論理化された歴史記述）‐現状分析（前二者では記述できない事象のすべて？）の方法論的分離を指す「三段階論」であったが、それは翻って、そうした作業を唯一担保する、そのそれぞれの「欄外‐余白‐外部」を玉突き的に排除する作業にほかならなかった。彼らのいわゆる現状分析が二流の計量経済学者による新書版的な分析擬きといった体裁を帯びる所以である。

　だが、あるいはだからこそ、「その身」をこの宇野に「身体《ほんたい》を失うほどがむしゃらに〔…〕沈降」させ、この論理学そのものの存立根拠として措かれた（端緒において証明不要で、終端においてその正当性が「証明」される）公理の設定に埋め込まれた存在的な開放（‐非還帰）性をなおも求めてこの論理学を内破するという前梯を践むことで、宇野がその過程で存置したみずからの論理体系に不可欠な存在的瑕疵――論理を論理たらしめる論理の／としての瑕疵（だがこれは、止揚‐綜合されることを予定する矛盾ではない！）――を抽出する作業が必要なのである。そしてその当面のターゲットを、僕は、頑固にも、みずからを唯一の（だが覆い尽くすことを目指して膨脹し続ける）内部と称するこの論理《しほん》（非合理によって切り取られた合理の領域）学の成立要件を不可避に象る「欄外‐余白‐外部」（非合理によって切り取られた合理だけが認定することができる非合理）を、だがここでは、どのように、あるいはむしろどの論点で「付箋をつける marquer」ことができるのかという問いに、繰り返し据えることにする。

そしてその標識をあらかじめその一般性において措けば、それは、合理と非合理の二元論にもとづく「学（証明された秩序 *ordre prouvé*）」、したがって資本の「科学」を存在的にあらかじめ喰み出ているがゆえに是が非にでもそのつど包摂されねばならない「無理」あるいは〈理《ことわり》－正義のあらかじめの不在〉それ自体――敢えて言えば、集合的空無《プロレタリアート》Ø――の存在（論）的な担い手《トレーガー》をどのように分節的――階級組成論的――に「標記する」のか、という問いにほかならない。[*31]

だが僕は、これまでの常識とも言うべき手続きをめぐるこの設問構制を異なる形でふたたび問うことをも同時に強いられている僕を、痛切に感じてもいる（この問い返しは、これまでの議論のいわばあらかじめ前提とされた自己否定の受諾でもあるだろう）。そしてそれはふたたび、デリダの以下の大原則に密接に関わっている。というのも、デリダは決定的にも次のように問うているからである。

いかなる条件のもとでなら、哲学素一般にとっての限界を、欄外－余白 marge に〈境界線の〉標識を、立てることができるのか。哲学素が無限に再本来化〔＝再領有《よこどり》 réappropriation〕することが

＊30　長原豊『われら瑕疵ある者たち』青土社、二〇〇八年参照。なお、デリダの訳者たちは〈marge〉を「余白」と訳すが、またそれにはいかなる問題もないが、ここでは、長崎浩『叛乱論』（長崎浩『叛乱論』彩流社版、一九九一年）に二回だけ出てくる語「欄外」を念頭において、「欄外－余白（－外部）」と訳す。

＊31　この問題を労働者階級とプロレタリアートのマルクスにおける「標記」法として論じたものが、E. Balibar, “The Notion of Class Politics in Marx,” *Rethinking Marxism 1* (2), 1988 である。

できないような欄外‐余白――言い換えれば、哲学素がその本来性をみずから剝ぎ取る〔＝収奪 expropriation〕過程をあらかじめ生み出しかつ〔予定通りに、あるいは〈immer schon〉に〕内部化することによって（またしても、相も変わらぬヘーゲルだ）、哲学素が脱本来化〔＝収奪〕の捻転をみずから自発的に進めることによって、自己のものとして無限に概念把握する‐孕む *concevoir* ことができないようにする欄外‐余白――そうした欄外‐余白をいったいいかなる条件のもとで標記すればよいのか。[*32]

これまでと同様、ここでの「哲学素」もまた、「マルクス経済学」あるいはむしろ宇野理論と読み替えられねばならない。そしてその核芯には、論理的であることをみずからに課すことによってみずからの科学性なるものを恃《たの》みにした――語感的にはむしろ、憑《たの》みにした――この「マルクス経済学」が排除的に措定した「欄外‐余白‐外部」、より精確には内部《みずから》を合理において理性的であると僭称する資本と、その論理的な記述をその目的とする「マルクス経済学」の論理とがその外部（‐非合理）として補集合的に措定した「欄外‐余白‐外部」をどこに、またどのように求めるのかという、一見するにこれまでと同様であるかに見える問題が、だがここではさらに異なった位相で、[*33] いまだ執拗に存在し続けている。

だがなぜ、僕はこの問題を反復するのか。それは、デリダが、さきの自問に対して卓袱台《ちゃぶだい》返し的

＊32　Derrida, op. cit., p. VIII. なお、傍線は引用者のもの。

＊33　ここでの「異なった位相で」は、デリダのいわゆる「限界」を、以下に触れる「労働力商品化」に関わる「無理」を恐慌論として、再構築することを含意している。またそれは、新古典派（あるいは平均原理から限界原理への跳躍）およびドゥルーズ＝ガタリの「捕獲」論における限界原理の導入に関わっているが、この「限界」にデリダは、ことさらに〈*peras, limes, Grenze*〉と本文内註を付している。このギリシア語〈ペラス peras〉はアリストテレス『形而上学』（第五巻第一七章）のそれだが、それをハイデガーは「限界、限界づけられているのは、（存在物に）本来的な現 da という特質を与えるということである。限界－境界とは、窮極の端（最終的なもの to eschaton）ということであり、『そのつど現存在するもののもっとも表層的な部分 das Äußerste であり、その外側の半分 außer*halb* で当該の現存在するものに出会うことはなく、その内側の半分 inner*halb* では当該の現存在するものの全体 Ganze を見ることができる』」と解説している（M. Heidegger, *Basic Concepts of Aristotelian Philosophy*, tr. by R. D. Metcalf and M. B. Tanzer, Indianapolis: Indiana University Press, 2009, p. 61）。またラテン語〈リメス limes〉も同様に、「城壁－境界」を意味している。

　他方マルクスは、いわゆる『経済学批判要綱』で、その意味での〈限界 Grenze〉を「克服されるべき諸制限 Schranke」として内部化されるものとの対比において捉えている（Gr.: 317）。つまり、この「限界」には、恐慌論と危機論の政治経済（学）批判にもとづく分節を論ずるヒントが存在する。この点についてドゥルーズ＝ガタリは、「限界 limite」と「閾 seuil」を識別したうえで、〈次末音節 pénultième〉概念を用いて、「捕獲」論を展開している。つまりマルクスの「制約 Schranke」がドゥルーズの「限界 limite」であり、マルクスの「限界 Grenze」がドゥルーズの「閾 Seuil」に当たる（MP: 545ff. 参照）。アリストテレスは、その限界論において、「ペラス（限り、限界）」を「それぞれの事物の窮極の端《ト・エスカトン》、すなわち、そこより以外にはその事物のいかなる部分も見いだされない第一の（最後の）端であり、それのすべての部分はその端より以内に存在するようなその第一の（最初の）端である」と書くからである（アリストテレス『形而上学』上巻、出隆訳、岩波文庫、一九六頁）。つまり、この「ペラス」は、ドゥルーズ＝ガタリのいわゆる〈次末音節 pénultième〉に、近接している。

——例の脱構築？——に次のように自答することで、僕に手続きにおける第二階梯へのとば口を、一見するに出口なしとさえ映るとば口を、用意してくれるからである。

> 内部 *dedans* だというのは、哲学的言説がその欄外‐余白を認識し支配し、境界標識を立て、頁を枠づけし、欄外‐余白を自己の容量のなかに包摂している〔自己をみずからの耳許での囁きによって自己〕聴解しているからだ。また外部 *dehors* だというのは、欄外‐余白、自己の欄外‐余白、自己の外部は空虚 *vides* であり、外部にある〔とされねばならない〕からだ。〔…〕つまりそれは、〈書物〔論理《しほん》（学）、と読め〕〉の弁証法のなかで止揚される *aufgehobene*〔ことがあらかじめ定められている〕欄外‐余白である。〔…〕〔とすれば〕哲学の欄外‐余白は内部あるいは外部にあるとか、内部にも外部にもあるとか、欄外‐余白は哲学内部の諸々の間隔の不均等性であると同時に哲学の縁取りの規則正しさであるとか、そのように宣言してみたところで、それだけでは何も言ったことにならないし、いずれにせよ何もしたことにならない。[*34]

であればこそ僕たちは、マルクスが政治経済（学）批判の過程で古典派経済学を論理学として完成させる努力を重ねたことを前梯したうえで、またこのマルクスをさらに純化し論理化しようとした宇野の努力を前梯したうえでなおも、その内部と外部をあれこれ詮索し、内部を重箱の隅を突くように「論理的」に洗練・彫琢し、その外部を論理以外の要素（偶然‐歴史過程）になおも論理的であるかのごとくに差し戻し、その歴史的実証をみずから立てた原理とほぼ無縁なまでに微に入り細を穿って完成させる（ことで資本‐主義の歴史過程の必然性をもその事後‐現在性において是認あるいは納得させようと試みる）という論理主義と歴史主義の実証主義の名の許《もと／ゆるし》での結託（あるいは分業）への批判を試みてきたし、[*35]ここでもそれをふたたび強く宣言する。そしてこれには、ふたたび繰り返すが、政治経済（学）批判を社会科学としての「マルクス経済学」の確立と同一視したうえで安堵してきた挙げ句にいまその終焉を迫られている、現行の「マルクス経済学」に安らかな死を与える作業が欠かせないのである。批判に〈Lacrimosa《ラクリモーサ》〉というルビをふった所以である。

なぜそう言うのか？　この問いへの以下の回答は、僕にとっては決定的に大切である。

なぜなら、僕たちは「自己の外部が自己の外部 *déhors* ではなく、自己の外部が決して自己（＝内部）を出し抜かないように、つまり他律（他なるもの――言うまでもなく、ここでの「自己‐内部」なるものにとって――の支配 hétéronomie）の論理が自己の自閉症 autisme（自己 autos という閉じられた円環がもたらす安堵」の孔蔵《あなぐら》のなかでなおも理《ことわり》を働かせる raisonner ように、そのように自己の表象の経済

＊34　Derrida, *Marges de la philosophie*, op. cit., p. XX.

＊35　例えば、D. Chakrabarty, *Provincializing Europe*, NJ. Princeton: Princeton University Press, 2007 などの試みを見よ。その意味で言えば、僕が『天皇制国家と農民』（日本経済評論社、一九八九年）を書き上げているときに感じていた自分の「合理的解釈」への違和感を顚倒的に顕揚しようとしているのである。

*économie*を組織し、自己自身が織り成す構造の法〔則〕《おきて》を組織する言説」こそ、[36]宇野のお「題目」である「無理」に関わる、資本《ヘーゲル》が誇る——敢えて言えば、弁証法的な——論理（‐譫妄）であり、資本のこの矜恃を論理学として描き出すことをもってその矜恃とした「規律‐学《ディシプリン》」が「マルクス経済学」であったと理解し、そのうえで「そうした言説の奇妙かつユニークな本来性をいかに解釈すればよいのか」を「マルクス経済学」批判《ラクリモーサ》にとっての第一の使命と考えているからである。[37]

　とすれば、いかなる衒いや当て擦りも排して言えば、その意味で宇野個人はやるべきことを、或る意図的一点を除いて、あるいは未完をもって完成とする寸止めにおいて、ほぼ完全にやり切っているとせねばならない。そしてその功績は、一に懸かって、この意味での「欄外‐余白‐外部」を時代的な被拘束性においてつねにイデオロギーであるほかない「科学」によって悪いイデオロギーとされた唯物史観などではなく、何よりもまず「或る意図的一点」つまり労働力商品という特殊とされた瑕疵商品に定めた点にある。だがこれは、宇野理論の搦め手からする再認ではない。それは、土地および貨幣と列んで単に商品によっては商品として生産されないという特殊性（制度性）にのみ関わる、いわる労働力の商品化の「無理」などでも、もとよりない。敢えて言えば、土地も貨幣も、そして労働力も、さらには国家も、太古の昔からある意味での「流れ flux」として（再）生産されてきただけでなく、現実でもさまざまな「機構‐装置」を通じてさらに緻密に（再）生産されてもいる！　あるいは完成されたものとして一挙に出現している。[38]問題とされるべきは、したがってむしろ、資本‐主義が、「無理」であることと「無理が通っている」こととの弁証法的な止揚の宙吊り《シュスパンス》‐非決定を存在的に担う僕のいわゆる「存在的瑕疵」そのもの——だが、資本にとっては、そのつど繰り返し強いられるその「跳躍」*39——によってのみ担保されているという事態を労働力商品それ自体が存在的に担う「政治」として、理《ことわり》の非在（無理）を一身に〈われわれ〉という集団性において）担う空無——後に触れるように、もちろんそれを沖公祐に遵って「過剰性」と表現してもよい——のまさに存在的集合性という可能性として、実践することである。

以下順次、試みてみよう。本書が始まる。だが幕間《インタールード》から。

---

*36 Derrida, *Marges de la philosophie*, op. cit., p. VIII.

*37 前掲『われら瑕疵ある者たち』、沖公祐『余剰の政治経済学』日本経済評論社、二〇一二年、佐藤隆の学位請求論文（東京大学）などが、そうした試みの一端である。なおギャヴィン・ウォーカー（「現代資本主義における『民族問題』の回帰」『思想』1059号、二〇一二年七月号）は、そうした試みを「考古学」的努力と評している。

*38 あえて、J. Hicks, *A Theory of Economic History*, New York: Oxford University Press, 1969 の参照を求めたい。

*39 言うまでもないが、マルクスは、蛹（貨幣）の「蝶〔資本〕への成長は、流通部面で行われねばならないし、また流通部面で行われてはならない。これが問題の条件である」と書き（この二文は、〈und〉で繋がれる対立であることに注意されたい）、であればこそ資本（家）に跳躍 Salta を強いたうえで、その場ロードス島を「労働力の売買」——だが、その歴史的局面である本源的蓄積過程ではなく、その事後における非ベンサム的空間である「無用の者、立ち入るべからず」の「隠れた生産の場所」——に求めている（K I: 181, 189）。現代では、いわゆる社会全体が「無用の者、立ち入るべからず」の「隠れた生産の場所」とされねばならない。ところで、この「無用の者」とは誰か？　マルクスのいわゆる「収奪者」、だがこれまでの「否定の否定」によっては「収奪され」得ない、「収奪者」である（K I: 792）。

Interlude 1

インドラを！

資本の理念は、自己の再生産が機械的に可能となる、人間労働なき、純粋機械である。[*1]

表層《フロー》の存在論——ネグリは『千のプラトー』に「表現と動的編制《アジャンスマン》」「ネットワーク」「ノマドロジー」という三つの審級を見いだし、その最終審級に「表層の存在論」を措いた。[*2] それは「流れ flux を現実そのもの、存立性そのもの」と見做す「事物 - 流れ choses-flux」の存在論である (MP: 447)。この「表層の存在論」から、マルクスに拠る僕の政治経済（学）批判は『アンチ・オイディプス』と『千のプラトー』の領有を開始する。したがってこの領有は「表層 surface/Oberfläche」あるいは流通を、本来的とされる「深部 Tiefe」つまり実体の疎外態とは、考えない。表層は物象化の相貌において存在論の対象とされる。であればこそ、僕たちはまず、さきに言及したドゥルーズの的確な指摘、すなわち資本（という表層の存立性）に夢中になったマルクスを経由する。だがそれは、資本がみずからに欲望する「理念」が「定理モデル」的に「捕獲 - 包摂」[*3] するその「外部性」（クライストの「砕けた円環」）を「問題的モデル」へ措き直し、それを「尺度〔際限〕なき純粋な多様体または猟犬の群れ」である戦争機械へ鋳直すための不可避で不可欠な経験であり、またそこに、いわばクライストの「秘密」「速度」「情動」が一連のものとして見いだされる（MP: 448, 435, 438ff, 591）。

資本の理念《ナルシシズム》——資本はみずからを瑕疵なき円環と「理念」する。この夢想は、例の〈資本とは自己増殖する価値の運動（態）である〉という自己規定を資本に赦すただ一つの機制である。こうした「循環－円環」によって初めて、資本は社会体《ソシウス》を（経済）合理的に組織する唯一の主体（したがって実体）をヘーゲル的に僭称することが許される（MP: 565）。すなわち、資本は表層の存立性を支える「事物－流れ」において初めて唯一の主体－実体を僭称できる。この他者《がいぶ》なき自閉－円環的な自己規定（証明不要・不能の公理系[*4]）の背後には、だが、資本が「大っぴらには言えないことl'inavouable」、したがって否認désaveuを要する何事かが構成的に潜んでいる。[*5] 構成的。というのも、この「大っぴらには言えないこと」は「公理が操作する言表」である公準《ポスチュレイト》としての合理性によってその単なる補集合に幽閉されたい

＊1　F. Guattari, « Le capitalisme est un humanisme », in do., *Écrits pour L'Anti-œdipe*, op. cit., p. 242.

＊2　A. Negri, "On Gilles Deleuze & Félix Guattari, *A Thousand Plateaus*," tr. by Ch. T. Wolfe, appeared first in *Chimeres* 17 (Fall 1992) and then *Korotonomedya*, May 2002 (cyber-edition).

＊3　以下でみるように、ドゥルーズ＝ガタリの「捕獲装置」（ネグリの「包摂」）がマルクスの『直接的生産過程の諸結果』と『資本主義的生産に先行する諸形態』に依拠していることは明らかである。

＊4　R. Blanché, *L'axiomatique*, Paris: PUF, 1955, sections 4-9, esp., §9 参照。

＊5　Deleuze (avec Guattari), « Sur le capitalisme et le désir », op. cit., p. 366.

わゆる非合理なことではないからである (MP: 577)。
資本がみずからに思い描く自己自身が全体集合であるためには、資本はみずからにとってさえ「大っぴらには言えない」この「無理〔を〕通〔している〕」ことをその運動にとっての不可欠・不可避の機制とせざるをえない。[*6] それだけではない。資本は、かかる「無理」が通されたことを否認しなければ、さきの「理想」に導かれ「公理」(の設定)にもとづいて運動を継続し、その過程において資本であり続けることができない。こうして「公理系」は、国家の暴力を「助産婦」として通された「無理」を神話とすることによって、初めて「表層」として完結‐自閉的に膨張する。

限界と閾——ドゥルーズとガタリは、「譫妄と偏流」に促迫されるこの円環運動を、しかし、「必然的な再開(開闢の反復 recommencement)」である「限界 limite」と「不可避となった〔動的編制の〕変更を標すものとしての最終」を指す「閾 seuil」という二概念によって、解《ほど》こうとする。[*7] 他方でそれをマルクスは、まさに「問題的モデル」に立って、周期的恐慌‐限界と危機‐閾——マルクスでは、「限界」が「制限 Schranke」であり、「閾」が「限界 Grenze」であるが (Gr.: 249, 322)——において論じていた。[*8] またこのマルクス『資本論』を、資本がみずから生産できない労働力(と土地)の商品(表層)化という「無理〔を〕通」すこと——流通の生産への滲透《オスモーズ》とその包摂による深部の全面的表層《フロー》化——を根拠に(形式)論理学として純化することを「王道科学」的に試み、またその意味でマルクス以上に資本(の公理系とそれが「操作する言表」の「定理モデル」)に憑かれた宇野弘蔵は、前者(限界)を円環する経済学理論の核芯(恐慌論)へ自閉させ、それを以て後者(閾)を資本‐主義の段階‐類型的な歴史物語《ナラティヴ》へ外部化‐排除した。だがドゥルーズ＝ガタリは、ミシェル・セールのルクレティウスに拠って、[*9] この物語《ナラティヴ》を生成論的な水力学へと反歴史主義的に解き放ち (MP: 446-8)、そこにつねにすでに完成しているものとして到来する無限遠点としての「原国家

Urstaat」とその「内在的公理系」との「実現モデル」的接合としての（国民）国家を再導入することで、かかる円環‐自閉（という資本の夢＝「理念」）を国家との「同形性」において理解する「メタ経済学」を以て砕こうとするだろう（MP: 567ff.）。**無理‐本源的暴力**――だが資本の「理念」あるいは「公理系」が構成的に「包摂‐捕獲」することをつねに強いられている「外部性」とは何か？ いわばクライストの「外部性」である。[*10] だがその前に、インタビューに応えるドゥルーズを経由しよう。彼は、

序論においても引いておいたが、表現を変えて繰り返す。すべてを（経済的あるいは形式）合理性において科学することを専らとする経済学を〈インドラの兵站部〉へ変態させようとする僕の一連の試みの出発点は、すべてここにある（MP: 435）。

すべての社会は合理的であると同時に非合理的です。社会は、そのメカニズム、機構、連結システムによって、さらには社会自身が非合理的なものに割り振る場によっても、合理的である

＊6　宇野弘蔵『経済原論』（『同著作集』第一巻）岩波書店、一九七三年、一三五頁。

＊7　Deleuze (avec Guattari), « Sur le capitalisme et le désir », op. cit., p. 365.

＊8　「限界」を「次末音節 pénultième」という限界効用理論において捉え、「閾」を「見かけ上の交換がもはや利益をもたらさない瞬間」と考え、この瞬間から「ストック」が始まると捉えるドゥルーズ＝ガタリには、恐慌論と（動的編制の）危機を分節していないようにみえ（MP: 546）、そこには恐慌を体制的危機（の機制）と考えていたマルクスの（硬直的な）理論的継受が垣間見える。

＊9　M. Serres, *La Naissance de la physique dans le texte de Lucrèce. Fleuves et turbulences*, Paris: Minuit, 1977.

＊10　クライスト『ミヒャエル・コールハースの運命――或る古記録より』（吉田次郎訳、岩波文庫）を読むことを教えてくれたドゥルーズに、かつての歴史研究者である僕は、感謝せねばならない。

ほかありません。〔…〕理性は、つねに、非合理的なものから伐り採られた一地域のようなものです。それは〔…〕非合理的なものが通過する一部位であり、非合理的な要素相互の特定の関係〔実現モデル〕によって規定されるものです。ですから、すべての理性の根底には譫妄や偏流が存在します。資本主義では、すべてが――資本あるいは資本主義を除いて――合理的なのです。[*11]

こうして、ドゥルーズにとって資本‐主義が強いる合理とその補集合である非合理という二元論それ自体（にもとづく「定理モデル」）は、表層における「記号論的形態」に依拠するほかない仮初めの言表である (MP: 577)。ヘーゲルそしてマルクスが言うように、闘《はじ》まりはいつも困難《けつろん》だ。換言すれば、みずから以外をすべて合理とする資本‐主義が表層においてその「存立性」を確保し完成させるには、「偶然の産物ではないまでも内在的合理性をもっているわけではないコードや公理を前提」とせねばならず、[*12] またこの資本‐主義が同時に「内在的法則しかもたないからこそ公理系」なのだとすれば (MP: 578-9)、ここで「前提」とされるべき公理が「あらかじめのもの préalable ……あらかじめ確立され（証明さ）れたもの préétabli」という意味で「内在的」であることは「資本の理念」にとって不可欠でなければならない (MP: 599)。資本‐主義は、こうして、この合理とそれにとっての非合理の二元論以前に、あるいはむしろ合理と非合理という公準を言表的に創りだすために、「経済の基盤に、一種の経理係、脱コード化された流れの合理系」、すなわち「性質を特定されないまま多様な分野で同時に無媒介的に実現される純粋に機能的な要素や関係を直接的に取り扱う公理系」を「創設‐任命」せねばならない。これをドゥルーズ＝ガタリは「相対的脱領土化」と呼ぶだろう。[*13] またそれに絶対的脱領土化を対置するもの、それが数多の敗北に塗れながらも闘いを継続する闘将インドラである。

だがそれには、社会体《ソシウス》の「深部」を構成する資本によっては生産されない人間－労働と大地－土地を「単純で内容のない」形式（マルクス）へ表層－商品《フロー》化するという「無理を通」さねばならない。[*14]「流れの圧力が資本主義の鋳型を描いても、それが実現されるには、脱コード化された流れの統合、先行する装置から溢出し顚倒する一般化された接合が必要」である。資本－主義は、「原国家」を「帝国的な本源的蓄積」として「目覚めさせ、それに新たな力を与える」ことで、この作業を果たすだろうが、それはいつも帝国主義的な本源的蓄積のさまざまな形態の下での継続という姿態を執るだろう。そしてそれが、資本（－主義）のいわゆる本源的蓄積にほかならない（MP: 564, 575, 558-9）。またかかる暴力（の隠蔽－神話化）が存在しなければ、「聖母マリアの無原罪の御宿り〔汚れなき概念〕l'immaculée conception」にもとづいて「すべてが完全に合理になる」という資本が「理念」する事態は、完成しないのである。[*15]

　こうして、資本にとって「大っぴらには言えないこと」とは、あらゆることに先立つこの公理－暴力にほかならない。だからこそそれを、神話とせねばならないのである。公理系という国家に媒介された暴力によって表層－形式化された労働力（と土地という外部性あるいはむしろ「準原因」）は、資本が思

＊11　Deleuze (avec Guattari), « Sur le capitalisme et le désir », op. cit., p. 365.
＊12　Ibid., p. 365.
＊13　Ibid., p. 375.
＊14　大地－土地については Yutaka Nagahara, "*Monsieur le Capital* and *Madame la Terre* Do Their Ghost-Dance," *South Atlantic Quarterly* 99:4, Fall 2000 を参照。
＊15　Deleuze (avec Guattari), « Sur le capitalisme et le désir », op. cit., p. 365.

い描く合理を構成的に支える非合理として、否認において、内部となる。この内部と外部の間《あわい》は、しかし、外部なき資本という「理念」にとっての非合理あるいは存在的「瑕疵」として、[16]資本の合理にとっての不可欠の機制（非合理）となる。またそれ自体が、恐慌（限界‐制約）を資本の運動の唯一の原動力として、「開闢の反復」として、間歇的「吃音」として、再生産する。[17]

マルクスそして宇野は、こうした「資本主義が狂っていると同時に非常にうまく機能するという点」にたまらなく「魅了」された。[18]それは、だが、マルクスと宇野が「思考の小役人」と成り果てたことを必ずしも意味しない（MP: 466）。というのも、僕たちは「国家は思考に内部性という形式を与え、思考はこの内部性に普遍性という形式を与える」というこうした事態を掻い潜ることによって初めて（MP: 465）、「無理を通す」こと（本源的蓄積）で始まる円環（循環的恐慌）――「砕けた［あるいは摩耗した］円環 anneux brisés」――の「秘密」を知ることができるからである。

インドラを！――だがここでの「秘密」とは何か？それは、資本の円環を開始させる国家装置が構成する「内部性の形式」に「取り込まれた内容」においてではなく、「みずからを形式へと生成し、つねにみずからをそれ自身の外部にある外部性の形式に一体化」させる、クライストの「秘密」である。それは、したがって、国家による脱領土化よりも「強力な資本の脱領土化を緩和し、その代償として資本を再領土化する」といった脱領土化と再領土化との相互的な相剋運動（〔相対的脱領土化〕）から絶対的に溢出‐漏出する「情動‐速度」をもたらす「秘密」である（MP: 438, 440, 568）。「表層の存在論」を最終審級とする「表現と動的編制」「ネットワーク」「ノマドロジー」は、こうした絶対的脱領土化のために準備されている。僕たちは、存在（論）的に、資本に不可避に内在する「秘密」、「瑕疵」＝外部性であり、だからこそ、表層における存在《ながれ》であるがままに、あるいはむしろ表層における存在《ながれ》であるがゆえに、インドラへと生成変化する唯一の者どもである。この僕たちにとって、ドゥルーズ＝ガタリのマルクス経済学的領有はインドラの兵站部となる。

＊16　前掲『われら瑕疵ある者たち』参照。
＊17　Gille Deleuze, « Bégaya-t-il ... », in do., *Critique et clinique*, Paris: Minuit, 1993.
＊18　Deleuze (avec Guattari), « Sur le capitalisme et le désir », op. cit., p. 366.

I

〈時間－空間〉

第1章

期待－規範の維持装置

経済は権力を握りました。だがわれわれ経済人は、その権力をどうしたらよいのかと時々自問するのです！

閣下は、土地と時間とがもつ説得力を信じておられるのです。[*1]

資本の公理系

本章では、ケインズのいわゆる『一般理論』、なかでもケインズの〈セー法則〉理解あるいは〈セーの販路説〉の再定式化を手懸かりとしたネグリの国家－形態論の改釈に、焦点が絞られる。この検討によって僕は、ネグリの資本理解の枠組みが輝く点を改釈的に明らかにしようとするが、この改釈には何らの新機軸もない。僕は、従来のマルクスに根ざした政治経済（学）批判の方法を遵守しながら、ネグリ自身の理論展開とネグリのケインズ理解の真っ当さを解釈し、そうすることで政治経済（学）批判をふたたび「政治」過程へ差し戻すことに終始するが、この作業は以下の皮肉な命題に到達する。

資本にとっての〈セー法則〉とは、絶対に遵守されねばならない（だがその導入において証明不要な）公理《イクス・アンテ》という意味で[*2]、根本規範という事後《イクス・ポスト》である。

それはケインズの『一般理論』が総じて（資本の）規範の体系であるという命題でもあるが、とまれ、したがって〈セー法則〉は、語の真の意味での法則ではない。それはあらかじめ規範である。とすれば、自由放任という政策原理を保証する市場原理の否定は、〈セー法則〉の論理における否定ではない。それは、〈セー法則〉を「社会国家」によって規範として補完・補強するという、市場「原理」に取り憑かれた資本の尽きせぬ夢の再認にすぎない。言い換えれば、原理が暗黙の裡にみずからに想定する例の自由主義段階とは、帝国主義段階というあらかじめ不純である本然によってのみ遡及的に確定される、資本の記憶＝夢想でしかない。あらゆる「原理論」は、政策の固有名を冠した不純＝歴

＊1　R・ムージル『特性のない男』Ⅲ、加藤二郎訳、松籟社、一七三頁および九一頁。

＊2　公理 axiom の語源は、古代ギリシア語の〈ἀξίωμα (aksiōma)〉、つまり「適合すると考えられるもの」という意味で「必要条件」であり、それはあらかじめ知っていることを要請される自明の理であって、〈ἀξιοῦν (aksioun)〉あるいは〈ἄξιος (aksios)〉つまり「価値」にも似た要請である。

史によって、その「純粋」性を担保されるほかない。資本は、いわゆる組織された資本‐主義であっても、市場「原理」という夢想を拭い去ることができない。そうした意味で、資本にとっての市場あるいは資本という市場＝交換は、原理として、失効している。そしてそれは、資本のいわゆる本源的な蓄積過程における〈土地と労働の一箇二重の商品化〉における「無理」を忘却‐隠蔽した、規範にほかならない(AO: chap.3)。否。市場とは、あらかじめ、つねに、そしてすでに、具体としての広義の制度なのである。資本は、この制度としての規範を護持するために、一見みずからに矛盾するかのように顕現する制度としての国家に「自動」調節という己れの権限を委譲するという犠牲も辞さない。体裁にこだわる資本‐主義は、しかし、形振《なりふ》りなど構わないのである。

この命題の系《コロラリー》は、ネグリの分析対象に限って言えば、さらに次のように分節することもできる。

第一。ケインズ『一般理論』の立論構制は、城内平和という国民主義《ナショナリズム》と対外膨張的な帝国主義‐植民地主義との相剋＝動態《ダイナミズム》から決して逃れられない。むしろそうした相剋＝動態、あるいは後にドゥルーズ＝ガタリに従って相対的脱領土化と理解するこの相剋＝動態が、資本という間《インター》／国民国家的《ナショナル》な存在を衝迫する欲動を理論化した当のものである。ケインズは幸せにも次のように書くことができたが、彼がその際無視したのは、国際法が事後的《インター／ナショナル》な根拠法なき掃討戦《カット・スロート》だという点である。

公共当局によって行われる直接投資の問題が存在しない社会では、政府が合理的に関心をもつ経済的目的は国内利子率と貿易収支である。〔…〕国際的な関心事によって妨げられない自律的な利子率政策、および国内雇用の最適水準を目標とした国家投資計画の政策が、われわれ自身とわれわれの隣人を同時に助ける（GT: 335)。

こうして、自動調整的な市場（の拡延）という国際《インターナショナル》的な資本の夢想は、国民国家による間《インター》／国民国家《ナショナル》的な規範、すなわち再領土化と脱領土化の現実における衝突によって、引き裂かれている。そしてそれは、さまざまな形態をとる、いわば恒常的な戦争状態である。

第二。その系《コロラリー》として、労働の新たなる社会性を展望しえない「社会」主義は[*3]、それがゆえに、後に見るネグリのいわゆる「社会国家」——もちろん夜警国家－自由主義国家が「社会国家」の歴史的に特殊な意匠にすぎず、その意味で中性国家ではありえないにしても——に対処することに終始し、したがって「社会国家」の政治的意匠である国民主義、あるいは精確に言い直せば、「社会国家」として完成する国民主義からは、決して逃れられない。またそうした意味で、いわば社会帝国主義であるほかない[*4]。

第三。以上の二点から、資本という純粋形式を目指す価値の自己増殖運動の本質規定が、資本の運動の歴史的に原型的なパターンとしての商人資本 Kaufmannskapital（商業資本 Handelskapital ではない！）

＊3　A. Negri, *Goodbye Mr. Socialism*. In conversation with Raf Valvola Scelsi, tr. from the Italian by Peter Thomas, New York: Seven Stories Press and Serpent's Tail, 2008 (2006) 参照。

＊4　B. Semmel, *Imperialism and Social Reform: English Social-Imperial Thought 1895-1914*, London: George Allen and Unwin, 1960.

に深く根ざしていることが、陰伏的《インプリシット》に示される。言い換えれば、資本は、結局は、流通という形式を占拠しうるだけの、またしたがって決して社会を実体《ジュブスタンス》として組織しえない、瑕疵ある主体《シュブジェクテ》として、己れの実体（性）を僭称することができるだけである。資本は、国家という擬似共同性を介してのみ、社会の共同性へ不完全かつ外的《そと》に、また損壊的に、接近できるだけである。こうした視点によって初めて、労働概念の再検討は、最終的には社会を解体する無為‐無媒介の共同性構築にとって、意味があるだろう。

そしてこの視軸こそ、資本が〈セー法則〉を、自己否定――市場「原理」を組織‐制度化することによって、規範としての市場「原理」を護持するという矛盾した否定あるいは永続的否認――も厭わず遂行することにこだわる所以を明らかにする当のものである。すなわち資本は、自己否定的に市場「原理」を否定しながら、組織あるいは制度を装う国家（的機制）を導入し、そうすることで資本にとっては構成的に制約的な要因である国家を市場「原理」に、ドゥルーズ＝ガタリ的に言えば「間に合わせ」的に隷従させる。また同時に、そうした過程で市場「原理」は、規範として反復的に強制されるのである。

ケインズの「期待」論あるいは貨幣‐利子論――その集約的表現は〈*In the long run, we are all dead!*〉である――は、現在において将来を保証し、それを空手形としないために一身に担保する、時間装置としての「社会」国家の指令《スローガン》（‐秩序）語であり、それが国民国家としての閉域（再領土化）を不本意にも、しかし必然的に前提せざるをえないという意味で、空間装置でもある。ケインズのそうした間《インター》／国民国家《ナショナル》的な自由主義者としての理念の正鵠を、ネグリは射ている。

本章は、ネグリのケインズ解釈を手懸かりに、〈セーの販路説〉の〈セー法則〉へのケインズ的な公準化と、そのケインズ的な否定という一連の（為にする）手続きの含意――将来に対する期待を現在において担保するための時間‐空間装置――を、ネグリの「社会」国家論批判として、詮索する。[*5]まずは、ネグリの議論に、ここでの主題に関わる限りで、理論的に概観を与えておくことが順当である。そしてその集約点は、資本‐主義システムにおける「独立変数」としての労働者階級の「敵対」的な「自律性《アウトノミア》」の発見である[*6] (LD: 24)。

「独立変数」としての労働者階級

積極的消極主義って?……四人が脱獄の機会をうかがっている態度さ。[*7]

＊5　本章では積極的に説けないが、国家とは、〈国民〉の／で想起された記憶《かこ》を将来に向け一箇の共同性として纏め上げてゆく時間‐空間の圧縮装置であると同時に、それを閉域空間として境界化する空間装置でもある。その意味で、行論中に註記し、また最後にも述べるように、貨幣 money とは異なる通貨 currency がもつ、国民経済＝国民国家としての意味に、ネグリは言及していない。

＊6　Y. Moulier, "Introduction," to A. Negri, *The Politics of Subversion: A Manifesto for the Twenty-First Century*, tr. by J. Newell, Oxford: Polity Press, 1989および M. Ryan, "Epilogue," to A. Negri, *Marx Beyond Marx: Lessons on the Grundrisse*, tr. by H. Cleaver, M. Ryan, and M. Viano, New York, London: Autonomedia/Pluto, 1991 に詳しい。

＊7　前掲『特性のない男』Ⅱ、一三一～二頁。

自律と敵対

ネグリは、現代国家を理論化するに当たって、一八四八年パリ蜂起、一八七一年パリ・コンミュン、一九一七年ロシア革命、そして一九二九年世界大恐慌を重要な結節点とする、三つの時期を区分している (LD: 23-9 *et passim*)。だが、こうした時期区分において実質的な重要性をもたされている結節点が、一九一七年ロシア革命と一九二九年世界大恐慌であることは言うまでもない。前者は、労働の敵対的自律の確立とその自己表象文体の発見であり、後者は、そうした労働の自律的敵対への資本の対応（新たな国家－形態）の漸次的な形成－確立を表示している。ネグリの立論構制はこの雁行する二項の敵対に即して綴られ、この雁行における乖離《ズレ》を一致させる理論－政策的な機制こそ、ケインズ『一般理論』であった。

第一に、一八四八年のパリ蜂起から一九一七年のロシア革命の過程、言い換えれば古典的帝国主義段階の形成・確立過程で継起的に起きた事態とは、ロシア革命を「頂点」とする、プロレタリアートによる「みずからの階級的自律と資本主義システムに対抗する独自の敵対関係《アンタゴニズム》」を発見する過程である。すなわちネグリの時期区分は、まずは労働の自律の表象文体の発見からするそれである。それは、のちに主題的に説くように、ネグリのやや単線的な、労働（あるいは社会）の資本のもとへの形式的包摂から実質的包摂への移行過程であり (K I: 533)[*8]、そうした過程で実現されつつある資本主義システムへの労働者階級の自発的なシステム内属——主体化であると同時に隷従化でもある存在としての〈哀しみ《パトス》 *Pathè*〉——が、逆説的に、労働者階級を資本主義「システムの中心的役割」として位置づけるという、逆説的過程を意味している。そしてこの「階級的な決定要因」が「資本と国家の変容の背後」に存在していることが、ネグリにとっては、決定的に重要である。こうした事態をネグリは、「賃労働関係に内在する隷従と敵対」あるいは「搾取の弁証法」と呼ぶだろうし、こうした弁証法が「社会化」され、「大衆化」されることによって生ずる「直接的な政治的再編」が (LD: 23, 25)、ここでは重視されている。

　ネグリによれば、こうした事態はすでに一八四八年が曝露していた「真実」であった。しかしそれは、労働の従属変数的な位置づけ（形式的包摂）から労働者階級がみずからの「政治的自律を他の階級へ圧し付けることができるほどの独立変数」へその物質性において変貌することによって、事態を根本的に変化させてしまう。それは、いわゆる〈主体〉の潜勢態と行為態にある〈*Pathē tou ontos*〉だが[*9]、その歴史的な「完成」形態をネグリは、「労働者階級の敵対が国家の独自な形態として構造化された」ものとしての革命評議会《ソヴィエト》に求めている。

　こうしてロシア革命以降の事態に対する国家－形態は、「搾取の社会化の（量的）拡大」だけでなく、「政治的な自己規定《アイデンティティ》を獲得し、みずからの権利の名のもとに歴史の主役となった労働者階級」とも折り合いをつけなければならないと理解するネグリは、労働者階級の「巨大な政治的潜勢力」が「既存の階級構成に内面化」された段階における、国家－形態論を構築することを企図する (LD: 24)。それは、労働を資本にとっては「拭い払うことができない亡霊」という独立変数として、すなわち

＊8　なお Negri, *Marx Beyond Marx*, op. cit., ps. 92, 113, 123, 203 *et passim* をみよ。
＊9　G. Agamben, *Homo sacer: le pouvoir souverain et la vie nue*, Paris: Seuil, 1995, p. 53.

攪乱項《ダミー》(事後的に外部とされ、モデルのフィットネスを担保する魔法の調整項)ではない独立変数として、導入せねばならない国家がとるほかない形態である。[*10]

こうした「独立変数」の資本による「実質」的な包摂は、まずは「技術的方策」あるいはいわゆる相対的剰余価値の搾出方法を絶え間なく案出しながら、同時に労働者階級の「前衛」そして「工場」からの分離と「改良主義」への封じ込めという手段によって追求された。これがネグリの了解である。その手段の「完成」形態をネグリは、周知のように、テーラー主義とフォード主義に求めている。[*11]

こうした意味で、資本が労働者階級の「自律」をもはや否認できない以上——なぜなら資本は、自己調整的な蓄積運動＝資本の自律という夢想に憑かれて、労働者階級という独立変数を「実質」的に(も)包摂することを欲望し、しかも一定程度それを達成したからである——、この労働者階級の自律を「政治的に統制する力能」をもつことを、資本は迫られることになる(LD: 25-6)。これがネグリの国家 - 形態論の出発点であり終着点であろう。

ともあれこうした事態をネグリは、次のような非常に興味深い一文で、資本の「苦悩」として、描いている。それは本性的な「苦悩」あるいは労働という亡霊に取り憑かれる資本の病を指している。

資本に課された任務は、みずからを(労働から)解放するために、主導権《イニシアティブ》を執ることである(LD: 26)。

僕はこの一文を、むしろ「復讐悲劇」についての次の一文との対照に措いておきたい。

〈幽霊〉の命令、彼の言葉は「僕を覚えていろ！」で、我々はそうしてきた、文字どおりに、その名が名づけられる以前に、記憶を遠く遠く遡らせて、それが始まりの記憶と、記憶そのものの記憶となるまで。〔…〕「僕を覚えていろ！」と〈幽霊〉は叫ぶ。「忘れるな」。そして、実際、我々はいまだにあの幽霊と関係を断つことがどうもできないように思える。[*12]

これは次のことを意味している。すなわち資本は、技術的な方策によって労働者階級をみずからのもとへ実質的に包摂することを試み、そうすることで〈生きた労働〉からみずからを「解放」し、〈死んだ労働〉によって、蓄積的な自己循環を自由に反復することを夢見たが、[*13]これは、しかし、蓄積機

＊10　Ibid., p. 25. 労働は、従属変数というよりは攪乱項《ダミー》であった。資本主義に特有な人口法則という原論世界とは異なる現実世界における、工場法などのいわゆる惨虐立法は、労働をダミーとして扱いえたし、そうしたことを許したものは、家族制度である（M. Murray, *The Law of The Father: Patriarchy in the transition from feudalism to capitalism*, London: Routledge, 1995 を参照）。そこではフーコー的な意味での「規律」の確定と強制的異性愛が必須だった。

＊11　後に見るように、ネグリは一方で、労働者階級を「需要」側面から把握し、投資関数にビルト・インされた労働者階級という像を強調することがあるが、それはいわゆる〈フォーディズム〉的な社会編制をも含意していただろう（ネグリは、ここで主に対象としている論文を、一九六七年に執筆している）。

＊12　M・ガーバー『シェイクスピアあるいはポストモダンの幽霊』佐復秀樹訳、平凡社、一九九四年、三五八〜九頁。

械としてのみずからの胎内－子宮 Schoß に「独立変数」としての生きた異物《エイリアン》＝「無理」を取り込むことをも同時に意味したということである。*14 またであればこそ、資本は、〈生きた労働（現在）〉が〈死んだ労働（過去）〉に亡霊として取り憑くという逆倒からの「解放」を追求するほかないのである。

　こうして、資本が対峙している〈生きた労働〉とは、ネグリにとっては、資本からの「抑圧によって社会的に水平化された」即自的な階級としての労働者の実存《オン》である。またその〈自律－独立変数〉化が認知されねばならないまでに大衆化し、社会化することによって初めて、資本の蓄積運動を拡大再生産として駆動することを保証するもの、そうした存在がロシア革命以後の労働者階級――〈生きた労働〉の将来と過去に向けた主体としての自称行為がとる文体――である。しかし、繰り返せば、それは同時に、システムから独立した変数、システムの「顚覆をもたらすほどの潜勢力」を有する独立変数として認識されねばならない存在が背負い込む受苦《パトス》でもある。そしてこの受苦が、ネグリにあっては、悦びへと転化されねばならないとされるのである。

　このように理解するネグリにとって、一九二九年世界大恐慌は、こうした独立変数としての労働者階級に対して試みられた古典的帝国主義時代における「技術的方策」を槓桿《てこ》とする「資本の攻撃」が、資本に「ふたたび跳ね返ってくる真実の瞬間－審級」であり、それはまた「資本による攻撃の限界を証明するもの」でもあった。したがってこの危機は、まさに資本の「最深部そして最強部分」を打撃したことになるのである（LD: 26）。

　僕たちがここで明確に規定しておく必要がある論点が存在する。すなわち、この「独立変数」という語は何を意味しているかである。それは、政治経済的な均衡方程式における独立変数を意味している。一九二九年の世界大恐慌という経済的不均衡がもたらした政治的不均衡の原因は、ネグリによれば、この独立変数にこそある。ネグリの恐慌論は、したがって、危機論でありいわば均衡方程式の破綻論であって、その内実は階級闘争論である。[*15] とすればこの独立変数の政治過程は、ネグリによって、どのように理解されているのか？

立憲・法治国家－自由放任の終焉

ネグリにとって一九二九年以降の政治的危機は、「自由主義的な立憲国家」あるいは「法治国家」の「物質的基盤」への痛撃であった。ネグリは次のように書いている。

「正当な法的手続き」のブルジョワ的な保護による個人的権利の形式的擁護を目的とする国家権

＊13　ネグリが、この点で、産業予備軍と資本主義に特有の人口法則に言及しない点が大きな論点＝難点である。なお、佗美光彦『世界資本主義』日本評論社、一九八〇年参照。

＊14　宇野弘蔵の労働力の商品化における「無理」は、これを意味している（『宇野弘蔵著作集』第一巻、岩波書店、一九七三年、一三四～五頁）。この「無理」は、資本のもとに労働が実質的に包摂されれば、循環性恐慌――本書ではそれを後に僕は「吃音」と命名するだろう――として顕現する「独立変数」として顕現することになる。

＊15　とはいえ、ネグリが強調しているのは、月並みな再生産表式論あるいはグロスマン的な不均衡崩壊論（H・グロスマン『資本の蓄積並に崩壊の理論』有沢ほか訳、改造社、一九三二年参照）ではない。

力装置、ブルジョワジーの社会的ヘゲモニーを保証するために確立された国家権力、そのように理解されてきた法治国家の歴史的終焉は、国家と市場の分離という古典的な自由主義神話の最終的な埋葬であり、自由放任の終焉でもあった。

しかし、ネグリはそうした事態を、国家と市民社会とのいわば分離とその「廃止」による「介入主義的」国家の到来といったような[*16]、介入主義国家論に看られる画期性のない連続性とは捉えない。というのも、繰り返すまでもなくここでは、「独立変数」としての労働者階級が問題となっているからであり、またネグリによれば、パリ・コンミュン以降、「国家介入の増大と生産様式の社会化」が深化し続けてきたことは、一貫した歴史的事実だったからである。[*17] したがって、ネグリにとって一九三〇年代の特質の解明は、独立変数としての「労働者階級の〈存在的な〉《オンティッシュ》出現」に「国家権力が順応」せねばならない「システム（内的な）必然的特徴」、あるいは「システムの内部で提起した不可避的な敵対」の理論的解明でなければならない[*18]（LD: 26-7）。

またネグリは、ロバートソンの議論に即して、[*19] ケインズが一九二〇年代ですでに自由放任の概念に対立していたこと、またここでは「国際政治の諸問題が、力の諸関係の国内における組織化という観点から、理解されている」ことを指摘しているが、そうした指摘は、いわゆる自由放任の放棄が「経済過程の内部への政治的要素の内面化」である以上、労働者階級の自律が、対他的には資本の間《インター》国民的《ナショナル》な対立として再領土化を進めながら捻転的に顕在せざるをえないことを強調することと同義である。さきのケインズからの引用にも明らかなように、ネグリが、実質的にはケインズに準じて、

（投資行動というフィルターを介する）階級としての労働の登場と貿易（国際収支）の問題が、資本とその国家にとっての最大の問題だと考えるとき、あらゆる問題が〈帝国主義《インター／ナショナリズム》〉と〈世界革命《インターナショナリズム》〉の次元で語られる準備が完成したことを意味している[*20]（LD: 32-3）。

＊16　いわゆる〈国家導出論争〉を含む国家論論争については、以下をみよ。J. Holloway and S. Picciotto eds., *State and Capital: A Marxist Debate*, London: Edward Arnold, 1978. ここで *Change the World Without Taking Power* (London: Pluto Press, 2002) の著者ホロウェイが登場していることに注意されたい。

＊17　ネグリの時期区分では、いわゆる古典的帝国主義と現代帝国主義との分節がともすれば不鮮明である。これは第一に、時期区分を労働の「自律」と独立変数化に重点をおいて議論した結果であり、第二に、ある意味でのユーロセントリズム（あるいは先発資本主義と後発資本主義との異同と連関の無視）にもとづいているためである。

＊18　このシステム内的な必然としての自律的敵対が「国民」的自律に転化されるとき、対他的には戦争と愛国的「プロレタリアート」を輩出することについては、依然として、明示的に説かれない。それはネグリが、アメリカのニュー・ディール政策をケインズ的政策の「原型」と考えたことの弊害である。彼が分離したボナパルティズムやプロイセン的な国家主義、そして日本の天皇制やファシズム－ナチズムなどのいわゆる例外国家が、むしろケインズ的政策あるいは軍事的ケインズ主義の究極的な成功例であったことを想起せねばならない。

＊19　D. H. Robertson, "Review of *The Economic Consequences of the Peace*, by John Maynard Keynes," *The Economic Journal*, 30 (117), March 1920, pp. 77-84. なお do., *Money*, revised with additional chapters, Cambridge: Cambridge University Press, 1948 をみよ。

こうした事態をネグリは、「資本はマルクスに回帰」した、あるいは「少なくとも『資本論』を読むことを学んだ」と揶揄しているが、その含意は、民法典（所有権法）- 夜警国家 - 所有的個人主義によって規定された私的契約にもとづく交換という労働力の商品化にまつわる虚構が現実的には維持し難い点に、措かれている。[*21]

いったんそうした敵対が認識されれば、次の状態を創り出すことが資本にとっての残された課題となる。それは、敵対関係の一極である労働を、他の一極である資本の統制のもとに緊縛しながら、その「敵対関係（そのもの）を機能」させるという、資本側における敵対関係の規定要素としての受諾である。この受諾は同時に、そうした敵対関係の一極である「労働者階級の政治革命が目指す権力獲得のための継続的な闘争」を、資本制システム内部に留め措きながら成長の「動態的要素へ『昇華 - 止揚』する包括的なメカニズム」として機能させるための「均衡メカニズム」を捏《つく》り上げるという、受諾の繰り延べ - 先送りでもある。この受諾とその繰り延べあるいは遅延こそが、時間 - 空間の圧縮装置としての「社会」国家の機能として、期待されるのである。そして、この圧縮装置（資本 - 主義版の絶対的脱領土化）が国民国家 - 国民経済（再領土化）を媒介せざるをえない点に、資本 - 主義が抱える病気の深刻さが抜き身となるのである。

とまれそのためには、国家はいまや、「市民社会へ降り立ち、均衡諸条件の永続的な再調整過程で、その正統性の源泉を連続的に再 - 創出してゆくことを厭わず引き受ける」ことを任務とせねばならなくなるが、それまた市民「社会」がいわゆる「工場 - 社会」へ生成せねばならないことをも意味している（民主主義が工場の門前で立ち止まるとすれば、社会全体が工場化されたとき、民主主義はどのように

＊20　とすればネグリは、さきにも見たように、ロバートソンの議論を引用するだけでなく、ケインズ『一般理論』第二三章における重商主義・保護主義についての議論をより深く考察すべきだっただろう。国家論をスキップしてケインズ主義の終焉が姑息に語られる今日にあっても、彼のこの議論は、依然として興味深い。なお R. Skidelsky, ed., *The End of The Keynesian Era*, London: Macmillan, 1977 をみよ。

＊21　ここでやや遡及的に付け加えておけば、ネグリの階級概念が、彼がケインズに即して独立変数を語る限りで、ケインズの「集計 Aggregation」概念に近似していることに注意せねばならない。これは、古典派を二つの公準に縮約したケインズの方法がはらむ問題と相俟って、ネグリの「労働」論、そして運動的「組織《アウトノミア》」論に、きわめて興味深い論点を与えることになると思われる。すなわち労働組合とは異なる労働力供給の制限《ストライキ》（規則に従って、働かないこと）と自己－価値増殖の現実的方法という問題である。

　ここでは本格的に展開しないが、教科書的に言えば、個人としての労働者がみずからの労働力を販売すると仮定すれば、その労働供給曲線は、労働時間の増加とともに、いわゆる限界苦痛（限界負効用）を逓増させることになるが、しかしマクロに、あるいはここでの問題に即して言えば、集計された労働者階級による労働力の販売を仮定するとき、限界負効用は増加しない。それは「外部」をもっているのである。したがって、ケインズの労働供給曲線は右上がりの曲線を一般とし、そこではインプリシットに完全雇用が前提されていることになる。

　したがってまた、ケインズのいわゆる第二公準は、古典派的な完全雇用を暗黙のうちに前提していることになる。もしネグリが、ケインズ的な集計概念に即して労働者階級を、経済均衡の方程式に独立変数として導入したとすれば、こうした独立変数の自己－価値増殖という戦略は、ある種のいわば絶対的外部――資本の非完結性をさらに超える「外部」――に依拠せねばならないことになる。ケインズにおけるミクロとマクロの「集計」概念による安易な同一次元化は、ネグリにも生じている可能性がある。

表現されるのだろうか)。ネグリはさらに、そうした正統性調達の模索過程《タトヌマン》による均衡機構《メカニズム》の作動を経済政策の次元で捉え返し、それを「所得の再均衡化」のための計画機構《メカニズム》と理解するだろう (LD: 27-8)。しかしそのためには、立憲国家あるいは法治国家の「新たな物質的な土台」として、〈一〉あるいは「絶対」である立案者＝計画としての国家——*Big Brother(s) & Holding Company*——が、登場せねばならない。これはスターリン主義的な党 - 国家を論じているのではない。現代資本主義を論じているのである。とまれしかし、それはまた、「立憲国家それ自体の内部的な改定の過程」をも受諾する新たな国家 - 形態でなければならない。それはまさに資本における「永久革命」の企図《プロジェクト》とでもいうべき事態である (LD: 38, 50)。こうした正統性の調達 - 再調達の反復——〈市場の失敗〉と〈政府の失敗〉の反循環政策的な模索過程——は、構成する力を併呑する構成された権力としての主権的な国民国家によってのみ可能であろうが、それはまた、しかし、対内的にも、対外的にも、帝国主義によってのみ担われるほかないのである。ここには、国民主義と戦争の「肯定」が、まさに平和すなわち力の均衡として、語られている。

> 重商主義者は、彼らの政策の国民主義的な性格とそれが戦争を誘発する傾向について幻想を抱いてはいなかった。彼らが明らかに目標としていたものは国民の利益であり、相対的な強さであった (GT: 348)。

とまれネグリは、こうしたことを、労働者階級が「国家の命運に内面化」され、資本の蓄積運動の

「中心的な動態的役割」を担うと同時に、それが独立変数でもあるがゆえに、資本にとっての「苦痛に充ちた過程」でもある矛盾だ、と繰り返し強調する。ネグリにとっては、したがって、「資本の科学」――ここでの「資本の科学」とはケインズ理論を指している――の課題は、この労働者階級の敵対を「神秘化し、隠蔽」することでなければならない。この神秘化あるいは隠蔽は、「不安定に統制された均衡を維持するために要請される、新たな国家‐形態という暴力」あるいは「相対的な強さ」に結果する、暴力（帝国主義‐植民地主義）の隠蔽でもなければならない。そしてこの「新たな社会そしてその働きの暴力的局面」が、「公共善、一般的意志」の実現として画かれることを、ネグリはケインズに発見するのである。それをネグリは、後に、「一般的利益」の「絶対」化と呼ぶだろう（LD: 50）。ケインズは、マルクスと同様、律儀なヘーゲル主義者だったのだ。

　こうしてネグリは、次のような結論に到ることになる。

> 究極的には、この矛盾にとって唯一可能な解決策は、独立した政治的意志に信認をおくことであった。この信認とは、必要ではあるがしかし相対立する資本主義システムの多様な諸要素を再結合すること、そうしたことを可能とするある種の「政治的奇跡」――すなわち生産様式の社会化と搾取の社会化、組織化と暴力、労働者階級の搾取のための社会の組織化であった（LD: 28）。

しかしこれは、ネグリによれば、資本の蓄積過程それ自体の変化ではない。その「枠組み」あるいは「搾取が作動」しなければならない「諸次元」が変化したことを意味しているにすぎない（LD: 28）。したがってネグリは、単なる国家論ではなく、国家の形態論にこだわるのである。そしてこの新たな「枠組み」こそが、独立変数としての労働者階級の登場によってもたらされたのである。そして／しかし、その同じ「枠組み」こそが、皮肉にも、労働者の将来への「期待」を形成するだろう。だがこの期待は、資本の「期待」と対峙する。ネグリは、さきの独立変数としての労働者階級の登場を、さらに経済学的にあるいは政策次元で捉え返そうとする。[*22]

〈セー法則〉を維持する時間装置

秩序の完成は必然的に無為に繋がるという秩序の過剰がもたらす矛盾[*23]……。

ところでネグリは、一九二九年以降の世界大恐慌の原因をどのように把握したのだろうか。ここでは、端的に、彼の文章を引用しておこう。彼は次のように述べている。

供給の拡大（生産能力および量産産業の成長）は、それに相即する需要圧力を効果的には誘発しなかった。「需要」は、いまだ有効な主題としては、認識されていなかった（LD: 33）。

あるいはネグリは、あたかもケインズが指摘した世界大恐慌の原因をまとめるかのように、次のようにも述べている。

それは、純投資の水準に直接的な影響を与える供給過剰の蓄積である。それは、純投資に下方圧力を与え、それゆえにまた資本の限界効率表における価値下落に逢着する。〔…〕供給ベースの拡張――技術革新と労働生産性の驚くべき増大、そしてその結果生じた耐久消費財生産の成長を媒介とする、軍需産業の復興過程――が、供給に対する需要の関係の変化をともなわなかったそうした一九二〇年代の経済発展の状況を理解することによってのみ、一九二九年の危機の特殊性を理解することができる（LD: 38）。

ネグリはこうしたケインズの世界恐慌理解をある意味でなかば受け容れているかに見える。そうしたうえでネグリは、当該期の政治的支配層が均衡財政という「思慮分別」に固執した点を「根っからの保守主義を隠蔽するための単なる下手な仮面」にすぎないと、一九二〇年代の「非武装のままに荒野に立つ預言者」[*24]ケインズの苦悩を代弁するかのように語っている（LD: 33）。こうしてネグリは、ケインズの〈セー法則〉批判、すなわち〈供給は需要によって限定される〉を受け容れ、それを「供給の大

＊22 J. T. Winkler, "The Coming Corporatism," in *The End of The Keynesian Era*, op. cit. が示すように、資本の「期待」の保証は、コーポラティスト的な制度化へと帰着する。なお L. Panitch, *Working Class Politics in Crisis: Essays on Labour and the State*, London: Verso, 1986; A. Wolfe, *The Limits of Legitimation*, London: Macmillan, 1977 も参照。
＊23 前掲『特性のない男』Ⅲ、一八頁。
＊24 R. F. Harrod, *The Life of John Maynard Keynes*, London: Macmillan, 1951, pp. 195ff. をみよ。

衆化が、それと同等の需要の大衆化に適応すべきであるということ」と定式化してみせた(LD: 38)。僕たちは、だからこそ、ネグリのケインズ批判を読解するという限りで、ここでの主題である〈セー法則〉の含意についての議論へ、移らねばならない。

セーの販路説――栓を抜く

ケインズの再定式化によって〈セー法則〉となった〈セーの販路説〉は、やや乱暴にまとめれば、次のような考え方に拠っている。*25

それは、生産者の生産物が購入されるには、購入者にそれを購入するだけの資力が存在しなければならない。この資力は、購入者の生産物によってのみ得られる。それゆえに生産物は生産物によって支払われる(すなわち貨幣は単なる交換手段にすぎない)という非常に単純なものであり、古典派経済学のある意味での基本的公準である。

フランスにおけるスミスの支持者であったセーは(だからこそ彼は、ナポレオンに弾圧されたのだが)、こうした考え方にもとづいて、相互に連関する四点を命題化した。なかでもここでの主題に関わってもっとも重要な命題は――とはいえ、官僚や軍人などの不生産階級についての命題も興味深いが――、次の命題である。*26 すなわち、ある生産物が過剰であるのはこの生産物の購入に向かうべき他の生産物が不均衡に不足しているからだが、販売=供給が同時に購買=需要である以上、一般的な過剰生産は――規範的には!――存在しえない(マルサスの過小消費説的な恐慌論への批判)。これである。

ところで〈débouché〉とは販路、また端的には市場だが、さらに重要な語義として、それは将来性と軍事的進出をも含意している。[*27] 〈セーの販路説〉は、まずは文字どおりに、販路すなわち供給側からみた捌け口であると同時に、セーの理解からすれば、それは同時に需要をも意味していなければならない。その意味で、〈セーの販路説〉は市場の理論にほかならないにせよ、それは本来詰まっている捌け口を強制的に解除することにもとづいている。またこの市場理論は、将来としての期待と捌け口としての進出をも含意している。それは肛門と口が同じものの直腸の末端と口頭の末端だと言ったムージル（あるいはこの発言に留意していたドゥルーズ＝ガタリ）を想起させるが、市場は、古典派にとっても、栓を意図的に抜かなければ詰まってしまうものであった。さてこの〈セーの販路説〉をケインズは、次のように、〈セー法則〉へ読み替えて、古典派の公準として「法則」化し、そのうえで否定する。それはしかし、〈セーの販路説〉が市場理論であったことの、どの部分を、どのように、否定したのか。あるいは、ネグリが信じたように、ケインズは本当に否定したのだろうか？

＊25　以下は溝川喜一『古典派経済学と販路説』ミネルヴァ書房、一九六六年に依拠している。

＊26　J.-B. Say, *Traité d'économie politique*, 6e éd., pp. 138-42.

＊27　〈débouché〉は〈déboucher〉の過去分詞が名詞化したものであり、基本的には狭い所から広い所への出口－進出を意味している。それは詰まった管（「無理」）を通すことであり、〈詰まりを解除すること〉である。

ケインズによる〈セー法則〉

ケインズは、セーについて次のように述べていた。

古典派経済学者は「供給はそれみずからの需要を創造する」としてきたが(GT: 18)、それは「あらゆる産出量において全体としての産出物の総需要価格がその総供給価格に等しい」という〈セー法則〉としてまとめ直すことができる。それは、さらに端的に、〈供給はそれみずからの需要を創造する〉と再定式化される(GT: 25-6)。だがそれは、「否定」のための再定式化である。ところでケインズのこうした再定式化の含意を、ケインズの用語体系で敷衍すれば次のようになる。

あらゆる産出高と雇用の水準で、全体としての産出物の総需要価額と総供給価額は等しい。したがって、貯蓄と投資は恒等である。恒等と等式との差異については説明の必要はないだろうが(それはある意味での規範化である)、これは古典派が完全雇用に到る障碍が一切存在していないという想定に立っていることの強調である。[28] ケインズは、〈セーの販路説〉をこのように〈セー法則〉と公準化したうえで、[29] それをいくつかの視点から否定するのは、以下の論点を定立させるためである。

まず需要側面についてはーー単純化のためにハンセン＝クライン的に理解すればーーいわゆる総需要関数を立て、次のように規定する。

(1) 総需要関数＝消費需要関数＋新投資需要関数 (D ≡ C (Y) + I : Y＝国民所得)。これは総需要関数が、国民所得の増減とともに増減する消費需要 (0< dC/dY <1 and C < Y) と、それとは独立の新投資需要によって、構成されていることを含意している。

(2) 新投資需要関数 : I ≡ I (*r*, *e*) (*r*＝利子率、*e*＝企業の予想収益)。これは、新投資計画量を増加してゆくにつれて、限界予想収益が低下し、それが利子率と一致する点で、予想利潤を極大とするような新投資計画が決定されることを含意している。

(3) (2)と並んでもっとも重要な定式が、総供給関数である。ケインズの体系では、総供給関数は、資本にとっては当然な想定であるが、商品は単なる販売ではなく、企業が是認できる利潤を確保する供給価格で販売されねばならない、という前提に立っている。したがって、そうした供給価格で生産物が吸収されるだけの需要が存在せねばならない。これが総供給関数の含意である。こうした意味でのケインズの総供給関数は、社会全体の各企業が、総計一定量の雇用量を維持するために、どれだけの総需要が存在せねばならないかを表示するものにほかならない。それは、$Zw \equiv \varphi(N)$と書かれる（ここでのNは総雇用量であり、Zwは企業要求売上額あるいは付加価値額を貨幣賃金率で除したものである）。

こうしてケインズの総供給関数の構成は、企業が一定の雇用を決定するためには、予想された利潤（正しくは収益）を保証する供給価格で販売されるための需要が存在せねばならないという点に、強調がおかれている。それは、定義上あらかじめ一定量の利潤を要求するという意味で、いわば供給に関

＊28 オスカー・ランゲは、これを〈$Dn/Sn \equiv \Delta M \equiv 0$〉と表記した。すなわちこれは、貨幣の超過需要あるいは現金残高総額を変更しようとする欲求が恒常的にゼロである状態、そうした状態が〈セー法則〉の必要十分条件であることを示している（O. Lange, "Say's Law," *Studies in Mathematical Economics and Econometrics*, 1942 参照）。

＊29 以下は R. F. Kahn, *The Making of Keyens' General Theory*, Cambridge: Cambridge University Press, 1984 に拠っている。

わる規範関数にほかならない。したがってケインズが、規範化された完全雇用のもとでのみ成立する「特殊理論」としての〈セー法則〉＝市場の原理を否定し、「一般理論」をこのように立てたことは、彼が市場の原理に規範を持ち込んで、市場の原理を「無理」に機能させたこと――〈*Déboucher*〉すること、すなわち栓を抜き、詰まりを解除すること――を意味している。ケインズのいわゆる有効需要の理論は、この「無理」を「通」して、市場の理論を機能させることにあるという意味で、依然として〈市場－捌け口の理論 théorie des débouchés〉なのである。

　こうしてネグリの表現を用いて言い換えれば（しかしネグリとは逆の文脈で）、当該期の政治的支配層は、需要（あるいは独立変数としての労働者階級）側面を無視して、「供給の独立性に対する政治的保証を求め、それを擁護することに躍起」となっていたが（LD: 38）、ケインズはそうした渇望を否定したのではなく、供給の独立性を保証したままに需要を保証する理論《アイディア》を与えることで、この渇望に応えたのである。ケインズ自身はこの仮定に批判的であったが、ケインジアンたちのいわゆる「寡婦の壺 widow's cruse」について考えてみれば、それは明らかだろう。だからこそネグリは、「経済均衡についての新古典派の諸法則は、ひとたび完全雇用の状態が達成されれば、ふたたびその本領を発揮する」というケインズの理解を、静態的古典派への回帰、あるいは「賃金単位」と「労働単位」を混同したうえで労働価値説への回帰と諒解し、その回帰は顚倒していると批判する。つまりそれはあらかじめ古典派的だというわけである（LD: 35）。

　こうしたケインズをネグリは、どのように追求しただろうか。その中心的論点は、ふたたび独立変数としての労働者階級である。しかしそれは、単なる主観主義的な変革論でもなければ、独立変数としての労働者階級の現前を指摘する客観主義的な理解でもない。それはケインズの「期待」概念に関わっている。すなわち、規範関数を導入しないでは機能しないケインズの一般理論に、「期待」と、そうした資本の「期待」を脅かす、あるいは逆に労働者階級の規範的な「期待」へと転換する——もちろんネグリは、これを革命と呼ぶだろう（そしてそこでは、資本の空間が、不本意にも、国民国家的な閉域化によって実現しなかったことを、自律《アウトノミア》-独立変数の空間性がどのように批判するのか、という問題となるだろう）——独立変数としての労働者階級を、導入する試みである。まずは後者から整理しよう。

〈セー法則〉の「否定」

ネグリは、〈セー法則〉に関わらせて、自律的敵対あるいは均衡方程式における独立変数としての労働者階級の政治的意味（攪乱要因）を導入するために、次のようにふたたび書き始めている。

セー法則はもはや有効ではなかった。なぜならそれは、資本主義システムの維持が問題となっていることを理解しなかったからである。セー法則は、資本主義システムを完全に自己調整的で自動的なものと仮定していた（LD: 33）。

これはネグリの戦略的なケインズ「肯定」でなければならない。ネグリにとっては、「システムの潜勢的否定としての労働者階級の存在を否定する」〈セー法則〉が、否定されねばならない当のものである。あるいは独立変数としての労働者階級の自律によって、「政治経済的な均衡の変数は変更された」がゆえに、ネグリにとっては、〈セー法則〉は有効ではないのである。またさらには古典派的な需給の均衡方程式がもはや機能しないのは、「新たな未知数が導入」されたからである。こうしてネグリにとってケインズとは、この意味でとりあえず、「経済科学の諸範疇の歴史化」を是認し、科学を「歴史的現実」へと直面させた人物であった。ネグリは、ケインズによる〈セー法則〉の「否定」を、「ブルジョワジーの政治科学を一九世紀において導いてきた、一連の基本的な諸価値および諸規範から、神秘性が除去されたことを暗示」していると最大限の賛辞すら送っている (LD: 33-5)。そうしたうえでネグリは、しかし断固として、マルクスを引いている。それは以下の文言である。

それだからこそ、マニュファクチュア的分業、生涯にわたる労働者の細部作業への拘束、部分労働者の資本のもとへの無条件の従属を、労働の生産力を高める労働組織として賛美するブルジョワ的意識が、一切の社会的生産過程の意識的社会的な統制や規制を、個別資本家の不可侵の所有権や自由や自律的「独創性」への侵害として、同様に声高に非難するのである。工場制度の熱狂的な擁護者たちが、あらゆる社会的労働の一般的組織化に対しても、それは社会を一つの工場にしてしまうだろう、という以上にひどい呪いの言葉を知らないということは、まことに特徴的である (K I: 377)。

ネグリはこのマルクスを引くことによって、新たな「未知数」が、従来の形式的包摂のもとにある労働ではなく、「社会全体が一つの巨大な工場へと変容」しつつある新たな状況における「集計」された「未知数」（あるいは「自律」的階級の新たな形態）としての労働であることついて、注意を喚起している（LD: 35）。また資本の恐怖は、この「未知数」に起因するだろう、と。しかしネグリのケインズ評価は、そこまでである。彼はケインズ批判へと反転せねばならない。それはネグリの次の発言に表現されている。

すなわち「『需要』への言及は、労働者階級、政治的な自己規定《アイデンティティ》を見いだした大衆運動、蜂起の可能性とシステム顛覆に言及すること」であるというのが、それである。こうした労働という独立変数の「需要」側面からの把握は、次の批判段階すなわち「期待」をめぐる資本と労働との対峙という問題への移行に当たって経過せねばならない不可欠の論理的階梯であった（LD: 3）。そうした地平は、ケインズにおける歴史化の限界、あるいはケインズの常套句――〈*In the long run, we are all dead.*〉――に現れる、彼の性向（「破壊党 Parry of Catastrophy」への恐怖[*30]）についての議論への移行なのだ。ネグリは次のようにケインズを批判する。ケインズには[*31]、

均衡、すなわち一般的等価の神秘化された形態をふたたび肯定すること以外に、目指すべき目的

＊30　J. M. Keynes, *Essays in Persuasion*, The Collected Writings of John Maynard Keynes, Vol. IX, London: Macmillan Press, 1972, pp. 299-300.

＊31　引用内におけるケインズの引用文言は、J. M. Keynes, *Essays in Biography*, The Collected Writings of John Maynard Keynes, Vol. X, London: Macmillan Press, 1972, p. 429.

が存在しない。〔…〕それは、歴史――すなわち、均衡を超越するあらゆる事柄――は愚の骨頂にほかならないという、絶望的な確信である。それは「深遠な大儀、避けがたい宿命、壮大な邪悪、そのいずれでもない」

「形式的均衡」なのだ、と[*32]（LD: 35）。

こうしてネグリは、ケインズの『一般理論』が歴史性を欠如‐忌避した「新たな均衡モデルの再構築についての直観的理解」にすぎず、「提起された国家の介入は、いまだ単なる政治学的用語によって理論化」されているにすぎない、と論断する。ネグリにとってより重要な論点は、ボナパルティズムやイタリア固有のファシズムなどの特異な例外国家ではなく、（アメリカにおけるニュー・ディール政策を「原型」とする）介入主義が前提とする介入主義国家（‐形態）という枠組みの内部で作動している、「階級的な動態の類型」についての、より積極的な規定でなければならない（LD: 36）。そうした地平は、将来における「期待」あるいはむしろ構想力をめぐる資本と労働との奪権闘争の地平なのである。僕たちは急いでこの次元に移行せねばならない。だがそのためには、ケインズの「期待」概念について、いま少し迂回せねばならない。

期待‐規範をめぐる闘争

匕首を心胸に懐いて生きる愛。……それには疑いもなく誠実さが感じられた。[*33]

期待の意味――介入主義の本質

ネグリは、ケインズ『一般理論』の「起源」を、「期待」という概念を軸として、次のように定義していた。それはネグリのケインズ理解のもっとも核芯的な叙述であるだろうし、僕たちが診なければならない最大のそれでもある。ネグリは言う。ケインズ『一般理論』とは、

現在の恐慌についての意識と不確かな将来への不安が〔…〕綯《な》い交ぜとなって、資本主義経済に全システムを体系的に「革命」化することを強いる、保守的な政治思想の宣言である(LD: 38)。

ネグリは、こうした規定を「将来との関係」が「資本の内的機能」とどのような関連にあるのかという次元で、読み直そうとする。それは――『一般理論』第五章と第一一章にもとづいた――「現在と将来とを結節」する「期待」概念の読み直しである。

ネグリは、世界大恐慌という歴史的状況に引き寄せて、ケインズにおける「期待」概念に、次のよ

＊32　確かに「形式的均衡」なのだが、問題は、それが「形式」であることにはない。資本の蓄積運動は、歴史的「不純」を排除する形式として純化するという欲動によってのみ、ドライブされてきたからである。問題は、ネグリが正しく指摘したように、資本のもとに労働を実質的に包摂することによって、資本が形式として純化し、公理系たらんとすることの意味とその本源的な限界でなければならない。

＊33　前掲『特性のない男』Ⅱ、二二〇頁。

うな理解を与えている。すなわちケインズにとっての「期待」とは、「資本の限界効率」決定の水準に直接的な影響を与えることを介して「雇用水準」に直接的な影響を与える、投資の決定要因であった。しかしそこまでは古典派と同様である、とネグリは理解する (LD: 38-9)。問題は、しかし、世界恐慌という状況では、この「期待」が、「積極的な価値を産出」するという企業家的信頼が、したがって予想収益の確実性が、崩壊してしまっていることにある。すなわち市場「原理」が崩壊しているのだ、と。したがってそれは、ネグリに拠れば、規範的に恢復されねばならないものとして、政策化あるいはむしろ政治化されねばならない。またそれがネグリにとって読むべき、世界大恐慌とそれに対峙するケインズの『一般理論』の歴史性であり政治性（すなわち階級性）である。確実性に支持された「期待」は、「制御不能な危険性《リスク》」によって、混乱に陥ってしまっている。[*34] こうした認識によって、ネグリは、『一般理論』第一二章（「長期期待の状態」）におけるケインズの議論に準拠しながら、次のように決定的に述べている (LD: 39)。

> この危機は、将来への信頼と確実性を破壊し、結果と帰結（社会的重要性）が期待に適わねばならないという資本の基本的な慣行《コンヴェンション》を破壊した。したがってケインズに課された最初の課題は、将来における恐怖を払拭することである。将来は現在として固定されねばならない。慣行は保証されなければならない。

世界大恐慌は、慣行の、したがって経済的には予想収益を保証するという「期待」の、破壊だった。

この言説は、ネグリによるより積極的で厳密な「介入主義」国家の定義を与えるための絶対的な前梯である。しかし、そうした議論へ移る前に、さらにいま少し触れておかなければならない論点が存在する。それはふたたび「期待」に関わり、ケインズの古典派における貯蓄と投資の恒等化についての「批判」のネグリによる理解に、密接に、関わっている。

ネグリは、『一般理論』第六章および第七章に拠りながら、『貨幣論』の段階では、貯蓄と投資の恒等化という仮定が存在しておらず、それらはせいぜい物価水準の安定維持を目指す経済政策の対象と見られていたにすぎないことを指摘したうえで、『一般理論』でこの恒等式が議論されることの意味について次のように述べている。すなわち、貯蓄と投資の恒等化は、現実には成立が困難であるがゆえに、この「モデル」式は、ケインズにとっては、

> もはや行動の形態を説明しないことに注意せねばならない。それは規範であり、必要な前提条件なのだ (LD: 41)。

このネグリは、圧倒的である。

---

*34 ケインズにとっての確実性、したがって慣行 convention の問題は、彼の利子論あるいは流動性選好説にとって重要な問題を提起している。彼は、「われわれが慣行の維持を頼りにすることができるかぎり〔…〕慣行的計算方法は、われわれの事業の著しい程度の連続性および安定性と両立する」と記している。

何にとって、「規範」であり、「必要な前提条件」なのか。それは蓄積を継続させる「期待」の保証にとってである。すなわちネグリは、この貯蓄と投資についてのケインズの「目論見《プロジェクト》」が貯蓄と投資の不均衡を均衡化させるための規範問題となっていることを指摘しているのである。それは「期待」の慣行的維持という政治問題である。そしてこうしたモデルの規範化という理解は――モデルは、ダミーを用いて、あるいはデータを「カテゴライズし直して」調整される、つねなる規範にすぎないのだが――、一見するに無関係にみえる、次の議論に繋がっている。

すなわち、貯蓄と投資という貨幣－利子論的な次元が、従来のように銀行による投資支配ではなく、「生産場面それ自体が直接的に投資を決定する」局面への移行を徴づけており（したがって企業金融が問題視される）、それは彼の持論である工場の社会化（あるいは社会－工場）と交錯している、とネグリは議論を展開する（LD: 41）。これはケインズの次の宣言、すなわち「貨幣理論を全体としての産出高の理論となるところまで押し戻そうとする方向」が『一般理論』の目的であるというケインズの宣言に呼応しているが（GT: xxii）、とはいえ理論の体系性と一貫性を目指す「科学者」ケインズの野望にもとづく単なる理論上の変容ではない。それは、独立変数としての労働者階級の自律的敵対に対峙する資本の政治過程を、単なる国家による貨幣的な介入としてではなく、生産局面における直接的介入として捉え返して理解しようとする、ケインズの政治的な試みへと繋がっているのである（LD: 41-2）。

したがってそこでは、「期待」を保証するもののより積極的な規定が必要とされ、それはまた、「国家の新たな様相」、国家を社会的に「生産的な資本」として規定することの導入部なのである。であればこそネグリは、こうしたいわば生産する国家を単なる「経済過程の支持と刺戟、安定と革新の源泉ではなく、経済活動の推進力」でもなければならない特種な（捕獲）装置へ変容したと捉えるのである。

こうして、いまや国家は純粋な内部の内部となった。商品による商品の生産という〈外〉のない世界が成立し、労働者階級が、自律的敵対あるいは独立変数として、そこへ内属している以上、そうした「自閉」した世界へ、生産的な資本として引きずり込まれた国家は、絶対的に内部なのだ（このように理解してしまうことの問題性については、そのいわゆる国家独占資本主義論に対する優位性を措いても、繰り返す必要はないにせよ）。そこでは、労働の独立＝自律に敵対する、資本の不可能な「労働からの解放」を「可能」とする絶対的「自律」（あるいは「自立」）としての「社会」国家が「完成」している。そうしたうえで、この生産的投資――予想収益が実現される――を支持する「期待」の保証《ラスト・リゾート》を、国家に「帰属 imputation」させるのである。しかもそれは、もはや単なる投資の将来収益への期待の保証ではない。それは生産次元（産出高の理論）における「期待」の保証－確証でなければならない。

「期待」の保証――「総資本」という現実的なこと

こうした外部としての国家が市場に介入するといった単純な「介入主義」国家とは異なる国家の生、産的規定は、もはや政治過程から単純に導き出された「政治的便宜の問題」ではない。それは「技術的な必要性の問題」あるいは資本の「発展の形態と律動にとっての実質的な準拠点」を確立することでなければならない。ネグリはこうした「技術的な必要性」を、政治経済学的に、次のように定式し直している。この文言に現れるネグリの（国家）理解――ついに彼は、それを「集合資本－総資本

collective capital」と呼ぶだろう(LD: 45)――は、その賛否は別にして、きわめて重要である。やや長いが引用しておかなければならない。

投資にともなうリスクは除去、あるいは慣行的《コンヴェンショナル》な水準にまで引き下げられねばならない。国家は、この経済の基礎的慣行を保証する機能を担わねばならない。国家は将来から現在を護らねばならない。(その)唯一の方法が、現在の内部から将来を企画し、現在における期待に従って将来を設計することだ。とすれば国家は、立案者としての役割を引き受けるまでにその介入を拡張せねばならないし、そうすることで経済は法制度に組み込まれることになる。そうした介入では、国家は一連の規範に即して行動することになる。〔…〕それは将来における出来事の確実性を保証しはしないが、慣行の確実性は保証するだろう。それは、将来に向けて企画されたことの現在における確実性を求めるだろう。これが、資本が生産的であることと政治的な支配階級を統合するための第一歩であり、最初の形態である。要するに、システムの命運は、企業家精神にはもはや依存せず、将来における恐怖からの解放に懸かっている。すべての帰趨は、国家の法制度的な基礎に懸かっている(LD: 39)。

ネグリは、こうした経済‐正統性調達装置としての国家の登場を、「将来に対する防御」あるいは「将来の不確定性にもかかわらず資本主義の権力を安定させようとする差し迫った」資本の「欲望」として、理解する。それは〈セー法則〉の政治的再認であり、市場「原理」――の本来的な「無理」

――を、国家あるいは規範の導入によって、「通」す装置にほかならない。ケインズの「将来」あるいは「期待」の保証――生産次元、あるいは社会全体を工場化することによる「期待」の保証――とは、「破壊党」あるいは崩壊への恐怖の裏面あるいは内面化であり、それゆえにケインズにおける「期待」とは、現在において保証を与えられる確実性という規範、あるいは「現在を遅延させることによって将来を相殺する試み」でなければならない(LD: 39-40)。すなわちケインズは、将来を慣行の永続性に期待することによって維持する国家を、集合資本‐総資本として、『一般理論』に導入するのである。それは、当該期の自動崩壊論的なマルクス主義的「現状」分析と計画経済としての「社会」主義の裏返しでもあったのだろう。それは、しかし、将来に対する「期待」を現在において固定するための、時間と空間の圧縮装置としてみずからを自覚する、社会的な集合資本‐総資本に依拠した、「永久」反革命という規範である(こうした意味でケインズは、逆説的には、優れた歴史家なのだ)。それが帝国主義である。ネグリはそれをケインズに語らせている。[*35]

*35　ケインズと同時代的知識人であったカール・ポランニーは、ケインズとは異なり、世界大恐慌と従来の循環性恐慌との差異を明確に意識しながら、彼のいわゆる社会の防衛という視点から、きわめて冷徹な分析を下している(K. Polanyi, "Der Mechanismus der Welrwirtschaftskirise," *Oesterreichsche Volkswirt*, 1933)。この冷徹さは、当該期に議論されていた「社会主義計算」論争にも示されている、彼独自の新たなる「国家像」あるいは制度像によっているだろう(do., "Die funktionelle Theorie der Gesellschaft und das Problem der sozialistischer Rechnungslegung," *Archiv für Sozialwissenschaft und Sozialpolitik*, Bd. 52, 1, 1924)。

私自身としては、現在、利子率に影響を及ぼそうとする単なる貨幣政策が成功するかどうかについていささか疑いをもっている。私は、資本財の限界効率を長期的な観点から、一般的に、社会的利益を基礎として計算することのできる国家が、投資を直接に組織するために今後ますます大きな責任を負うようになることを期待している（GT: 164）。

こうしたケインズ自身の期待に衝迫されたその「期待」概念を、ネグリは、端的に、「国家が生産的資本の集合的で排他的な代表」という願望に支えられていると理解している。ここでの「排他的」は、社会利害を唯一化・単一化・一般化し、そして絶対化することを意味するだろう。こうした結論は、ネグリに拠れば、ケインズの「固有の政治的必要性」すなわち投資の保証から導出されている。こうした「現在と将来とを結節する基本的な経済的慣行」を保証するためには、しかし、国家それ自体が、「経済構造に生成せねばならず、そして経済構造であることによって生産的な主体」に生成転化せねばならないという強迫を、ネグリは繰り返しケインズに発見する（そしてこの強迫は、健康的に、奪権されねばならない）。ケインズにとって国家は、あらゆる「経済活動を一身に背負わなければならない」のである（そしてこの帰属は、ふたたび健康的に、奪権されねばならない）（LD: 39）。そしてこのケインズは、ネグリにとっては、したがって、マルクスの次の言説によって即座に引き継がれねばならないものとして、存在している。

（産業資本の存在は、資本家と賃金労働との階級対立の存在を含んでいる。）産業資本が社会的生産を支配するにつれて、労働過程の技術と社会的組織とが変革されてゆき、したがってまた社会の経済的・歴史的な型が変革されてゆく (K II: 61)。

このマルクスにネグリは、「言うまでもなくこれが国家だ！」と即答している。彼は、「国家は資本家に仕える一つの構造」であることを示すために、ケインズとマルクスを遭遇させているのである。しかし誤解されてはならない。これはレーニン的な国家道具説あるいは国家独占資本主義論の祖述ではありえない。ネグリは、この「構造」に限定を与えている。その限定とは「現在と将来を連結する慣行を保証することにおいて」、すなわち時間装置《タイムマシーン》としての国家という限定である。しかしこの限定は、ネグリに拠れば、さきに見たように、国家が「生産的資本」としてみずからを直接的に提示したとき、あるいは「社会的資本としての国家」となったときに、臨界点を迎えるだろう (LD: 40)。そしてこの臨界点は、文字どおり、臨界点である。というのは、こうした社会国家の位置づけそれ自体が、「解決する以上に多くの問題を惹き起こす」ことが明らかだからである。その困難は、ケインズが、みずからの体系を「国家社会主義」とは理解していなかったことに関わっている。

すなわち彼の分析は、みずからを（古典的な！）自由主義者として理解していたがゆえに、「経済的支配階層としての資本そして国家あるいは政治的支配階層との関係の問題」すなわち「二階層《ストラータ》間のコミュニケーションおよび連合の問題」を抱え込まざるをえないからである (LD: 41)。ふたたび「拭い難い亡霊」が、しかも自律的敵対としての階級が、ケインズを悩ますことになるのだ。「期待」をめぐる法制度とそれによる合意の形成（手段）が、つまり正統性調達が、問題となるだろう。それは

「期待」をめぐる闘争であろう。この際、端的に言い換えよう。期待をめぐる闘争、それは革命の問題なのだ。投資《インベストメント》は「期待」の保証によって遂行される。革命も「期待」によって備給《インベスト》される。誰が「慣行」を奪取するのか？　これが問われる。

将来に対する期待を現在において、間《インター》-国民的《ナショナル》に固定するための時間-空間装置としての国家に、同様の機制で対峙する労働者階級が均衡体系に嵌入しているのだ。だがそれは、〈力〉の問題となるほかないだろう。

「期待」の敵対的占取をめぐって――革命という事実

これまで見てきたように、ケインズは、労働者階級を資本の内部における自律的審級として理解することを『一般理論』の出発点としていた。その意味で彼は、明確に経済理論の内部に階級概念を導入したおそらくは初めての実効的なマルクス批判者だっただろう。しかしケインズの有効需要の理論は、「有効需要を形成する多様な権力均衡を不変」あるいは与件としていた。あるいは彼は、不変-与件であることを規範とする文脈で、どのように「有効需要の均衡を確立」するかに注意を向けるだけであった。ネグリが指摘するように、ケインズの枠組みは、労働者階級の自律という独立変数を「永遠に所与とされる現存する権力構造の内部に封じ込めて」おかない限り機能しない「パラドクス」であった。それは「静態的均衡」を動態的要因によって捜し求めるという困難であるほかなかった(LD: 42)。これがネグリの結論である。

他方ネグリにとって、ケインズ『一般理論』理解から導出されることは、「労働者階級がつねに資本の内部にいるからではなく、彼（女）らがその外部へと踏み出すことも可能であり、彼（女）らが、実際、そうするかもしれないという継続的な脅威が存在する」からこそ、ケインズが歴史的に登場する必然性があったという事実が問題であった（LD: 42-3）。資本はこうした「脅威」の独立変数がまさに「成長の動態的な諸要因」であることを受忍したまま、しかし「権力の均衡」が変化しないことを追求しつつ、「維持され、統制されること」が保証されなければならない。しかしこれは単なる「先送り」された「期待」でしかない（LD: 43）。しかしこの「期待」には、独立変数としての労働者階級も、同様に、与る権利を有している。これは、ケインズ自身の〈ビジネス・デモクラシー〉論からも、認められねばならない。これがネグリの、そして僕たちの戦術的な言い分だ。資本という価値増殖機械に対して自己－価値増殖を対峙させる労働が、それを「期待」そして想像力の問題として、闘争の課題とするだろう。

「期待」は、資本と、資本の蓄積運動に内属しながらも、その外部へと溢出する労働との、力の領野となる。それはグラムシ的な持続戦の、だが陣地戦ではない、街頭の領野だ。だがこの「期待」をめぐる「力の領野」は、現実的にはどこに存在するだろうか？

ふたたびネグリ的なケインズを繰り返さねばならない。ケインズにとって、大恐慌の原因は「需要つまり消費性向」が落ち込んでいる状況で、供給過剰が明らかになった点にあった。ネグリも事実上こうした議論を容れた。またこの供給過剰は、「純投資」にネガティブな効果を及ぼす。このように恐慌の原因を考えるとき、その「治療法」は自明であった。それは需要量を増加させること、あるいは消費性向の上昇である。しかし、消費性向は、ディスクリート・タイプの加速度原理型投資関数であれ、連続的なそれであれ、いずれにせよ所得の変動に拠っている。[*36] それはまた「賃金単位」――「労働単位」ではない――によって測定されるほかない (GT: 91-2, 110-11)。そしてネグリにとってのここでの問題は、ケインズがこうした議論を、ただ「一つの定式、すなわち賃金の下方硬直性という定式」に依拠していることである。[*37] ケインズの「究極的な独立変数」は、「雇用者と被雇用者との間での交渉によって決定される賃金単位」であった[*38] (GT: 246)。こうした点を再確認したうえでネグリは、この「モチーフをめぐってこそ、ケインズの理論がその本質を曝露する」と批判を突きつけている (LD: 43)。ネグリは言う。

ケインズの思考の概念的な内実は、一に懸かって、この力の均衡の概念に彩られている。こうして経済政策の課題は、所得と消費性向の連続的な革命を要求することにある。それは生産と投資を世界的《グローバル》に維持し、そうすることで政治的均衡の唯一可能な形態を与えるであろう。そしてそれは、決まった解答を与えられないままに残された、権力均衡のあらゆるリスクと脆弱性を担う覚悟をもつときにのみ、有効であろう。〔…〕これこそが、有効需要の理論の意図を要約する方法である。有効需要の理論は、階級闘争を当然のものとして想定し、それを資本主義的な発展にとって有利な方法で、日々、解決していくことについて、述べている (LD: 44)。

こうした「自己保存のために『永久革命』」の遂行者は、しかし「最終局面における増大する暴力」

を身に帯びるほかない。コナトゥスとはそういうものである。それ（自律した独立変数あるいはむしろ攪乱項）は資本に内面化されたのだ。それは「分離し別個の現実としての権力に信認」をおくこと以外には、出口をもたない。これは、ケインズが「一般的利害を絶対へと上昇させたこと」の最深の意味なのである (LD: 48-50)。正しくはこうだ。間《インター》／国民的《ナショナル》な集合資本‐総資本の「利害」を、「一般性」として、虚構的に「絶対」化することを引き受ける、時間‐空間装置としての国家――いまや「社会」なるものに滲潤してもいるこの国家――という暴力が登場する。それは帝国主義としての国民国家の暴力である。この「絶対」はヘーゲルであり、したがって資本は形式化されたヘーゲルを渇望しているのである。こうしてケインズ『一般理論』で構想された資本主義国家は、いわば絶対精神として、あらかじめ想定されたものでありながらも、しかし、最後に登場することが約されていた。しかしこの経済装置としての国家は、いわゆる夜警国家とどこが違うのだろう？

＊36　この点については、現在構想中のドゥルーズ＝ガタリのマルクス的読解である『資本主義機械の層序学』の一部となる「流れと切断‐止水」という論攷において再論するが、取り敢えず Alvaro Cencini, *Time and the Macroeconomic Analysis of Income*, Foreword by M. Desai, London: Frances Pinter, 1984 および do., *Macroeconomic Foundations of Macroeconomics*, London: Routledge, 2005 を参照。

＊37　ネグリはこの賃金の下方硬直性という議論を、ハーバラーの議論によって補強している (G. Haberlaer, "Sixteen Years Later," in R. Lekachman ed., *Keynes' General Theory*, New York: St. Martin's Press, 1975)。

＊38　岩田弘は、価値法則と恐慌の理解に、労資の階級闘争を明示的に入れる、未完に終わった、試みを行ったことがあったことを想起せよ。岩田弘『マルクス経済学』上下巻、盛田書店、一九六九年などをみよ。

第2章
〈交通〉する帝国 ― 多数性

世界市場の創出という傾向は資本という概念それ自体に直接に与えられている。〔そこでは〕どんな限界も剋服されるべき制限として現れる（Gr.: 320-21）。

〈交通〉する帝国

資本主義以前の段階には帝国主義戦争がまったくなかった〔か〕と言えば、それもう間違いになる。それは、同じく帝国主義的であった「植民地戦争」を忘れることになるだろう。*1

本章の課題は、ハートとネグリの『〈帝国〉』における帝国主義論の固有な読解‐介入を従来のマルクス主義的な帝国主義論との対照において整理するといった啓蒙的な作業に限定されている。ここでは、可能な限り『〈帝国〉』によって帝国を語らしめるといった方法が選択される。こうした限定は、『〈帝国〉』に対する僕自身の疑問、とくに彼らの現状における闘争指針への疑問もさることながら、マルクスの政治経済（学）批判とそこでの歴史記述との関係に関わる方法論的再検討という、僕自身の課題にも関わっている。整理に入るに当たって、そうした点について簡単にまとめておくが、それは、整理を目的とする冒頭に措かれた、固有な意味での結論めいたものでもある。

以前僕は、いわゆる宇野経済学における段階（政策）論的な帝国主義論を基本的な出発点としたうえで、しかし、起源なるものの非在において、帝国《エンパイアー》は歴史過程に不断に滞留し続けており、資本‐主義的な近代にあってそれは、資本‐主義によって、国民国家‐国民経済という近代における主権形態（国家主権の発動としての政策も含む）をまとった帝国主義《インペリアリズム》として固有に想起‐発案される反復である、と議論したことがある。[*2] ここでの反復と併置される差異とは、多数性（労働者階級）にほかならない。さらにそこでは、いわゆる生産様式に照応したドゥルーズ＝ガタリの「原国家 Urstaat」——変幻自在の継ぎ手としての記憶装置《タイム・マシーン》[*3]——の形態変態として帝国‐帝国主義を位置づけるといった視座だけで

＊1　レーニン「党綱領の改定によせて」『レーニン全集』第二六巻、大月書店、一九五八年、一五七頁。
＊2　長原豊「国民国家を〈帝国〉として想起‐発案する」『情況』一九九七年一二月号参照。
＊3　D. N. Rodwick, *Gilles Deleuze's Time Machine*, Durham: Duke University Press, 1997 参照。

なく、そうした「原国家」と資本‐主義との関連からこの国の戦前‐戦後の天皇制を一貫して解読するという視座もまた、意識されていた。それは、いわゆる自由主義段階なるものを特殊なエピソード（あるいは例外状態）とする、帝国と帝国主義を一貫する歴史過程として形態論的に接合するという試みであったが、そこでは、僕は、脱領土化‐再領土化 de/re-territorialization あるいは外部と内部の相互滲透（嵌入）といった、それ自体としてこれらの二項対立を消滅させるべく資本に強いられた蓄積運動の文体《スタイル》に、一方で資本にとっては解消不能だが両者の中間で不断に振動することによって現実的に凌がれかつ再生産されてきた矛盾でありながらも、他方で中間において振動するそうした矛盾だけが資本の蓄積運動にとっての唯一の原動力でもあるという歴史的表現が与えられてきたことを指摘した。僕は、こうした〈一者‐全体〉における〈他者〉の統合的排除とも整理できる「皇帝の謎」[*4]を、『アンチ・オイディプス』と『資本論』の本源的蓄積論および擬制資本（土地所有）論をより積極的に導入しながら、資本主義の歴史的な動態論として試論的に展開しようとした。それはまた、ハートとネグリに即して後に触れるように、中心と外部を欠如した主権として再登場する帝国と、そうした帝国に直接的に対峙する、資本に内在する最後の絶対的〈外〉としての多数性との、敵対論の構想にも関わっていた。[*5] しかしこの続編もまた、まず『アンチ・オイディプス』の活用に関わって部分的であるだけでなく、さらにはドゥルーズ＝ガタリ『千のプラトー』をマルクス『資本論』へ組み込む方法、あるいは両者を混在させる方法に関わっても、依然として試論の段階に留まっている。

　そうした試行錯誤にとって、『〈帝国〉』で与えられた政治経済学的な説明原理は、あえてこの段階で言っておけば、この国のマルクス経済学との対照においてナイーヴのようにも見え、また『ディオニュソスの労働』に較べて、逆倒した意味で、〈西欧〉の主権形態に偏したトーンに支配されているとも言える。しかしそれは、『〈帝国〉』が刺戟的示唆に富みまた学びかつ活用すべき多くの論点を含んでいるという事実を打ち消さない。とはいえ、そうした疑問に関わって、『アンチ・オイディプス』と同年の一九七二年に公表された歴史学者石母田正によるレーニン帝国主義論の読解は、いまだ断片的であるとはいえ、『〈帝国〉』の著者たちが看過しているマルクス固有の或る概念の顕揚という意味では、『〈帝国〉』に先駆けて注目すべき論点を展開しており、それは『〈帝国〉』が孕んでいるさまざまな困難の批判的彫琢にとって意義深いといってよい。[*6]『〈帝国〉』を整理するに当たって注目すべきこの石母田は、いわゆる現行の邦訳『レーニン全集』版の「哲学ノート」には載録されていないクラウゼヴィッツ『戦争論』についてのノート――「戦争および用兵に関するカール・クラウゼヴィッツ将軍の遺稿」――を、[*7]レーニンのいわゆる『帝国主義論』をはじめとするさまざまな政治的パンフレットとともに精査した石母田である。何よりもまず興

＊4　K. Dean and B. Massumi, *First and Last Emperors: The Absolute State and the Body of the Despot*, Brooklyn: Autonomedia, 1992.

＊5　Y. Nagahara, "*Monsieur le Capital* and *Madame la Terre* Do Their Ghost Dance," op. cit.

＊6　石母田自身はそうした視座の先駆者として野呂栄太郎・服部之総・羽仁五郎をあげている（石母田正「古代における『帝国主義』について――レーニンからのノート」『歴史評論』二六五号、一九七二年八月号、四六頁）。

＊7　レーニン『哲学ノート（原文対照全訳）』第三冊、広島定吉・直井武夫訳、白楊社、三八九頁以下。

味深い論点の開示は、石母田が、戦争を論ずるクラウゼヴィッツに評註を加えるレーニンが『ドイツ・イデオロギー』においても重要な操作概念の一つとなっている〈交通 Verkeh〉概念に注目し、この概念を用いて、帝国の歴史的滞留とその形態的な変態をともなう想起を、交易と同一の地平において把握された戦争と〈植民地主義－他民族支配〉という政治的な「交通形態」に焦点を当てることで、[*8] いわゆる社会構成体――と、とりあえずこの史的唯物論固有の用語を使っておくが、精確には社会体《ソシウス》――の非単線的で相互嵌入的な遷移を貫いた〈帝国－帝国主義〉論として、展開していることに着目している点にある。

すなわち「『諸政府および諸国民』のあいだの『政治的交通』の一形態としての戦争を理解する場合に、問題になる第一の点は、諸国家、諸国民の外部にある国際的諸関係と、内部の諸関係との関連〔…〕『内』と『外』の関係である。『交通』とはいかなる形態をとるにせよ、両者の媒介体」にすぎないと述べたうえで、古代における「帝国主義」（すなわち実際の意味での帝国）と現代における帝国主義（さらには『〈帝国〉』におけるいわゆる帝国）を「政治的交通」の形態変化において統一的に把握しようと試みている石母田が、それである。またそうした視座から得られた結論は、次のようなものであった。

> 日本の絶対主義国家が帝国主義に転化し、帝国主義戦争を遂行してゆくためには、人民のなかの意識形態や慣習や習俗にいたる一切の歴史的な所与を排外主義や民族主義として組織しなければならなかった〔…〕。その意味では「資本主義の最高の段階としての帝国主義」は、現実には同時

に日本の古代・中世の「帝国主義《ママ》」の伝統の歴史的総括という一面をもっていた〔…〕。[*9]

このように石母田は、レーニン『帝国主義論』に厳然としてある帝国主義了解における二つの方向性、すなわち一方におけるいわゆる「定義」と例の「五つの基本的標識」に集約される「資本主義の最高の段階としての帝国主義」という経済的了解と、[*10]他方における古代から現代に、あるときは実体的に、またあるときは想起において、一貫して滞留し続けてきた帝国による植民地（他民族）支配といった歴史的了解、こうした〈帝国－帝国主義〉理解についての二つの方向性の分離を、〈交通〉概念を視軸として、一貫したものとして統一的に読もうとしている。

以下にみる『〈帝国〉』の視座もまた、この石母田における理論的実験を、歴史家石母田とは異なり、まさに現代から遡及的に帝国を政治的に読み返すという主体的な作業として反復していることを考えるとき、石母田が、帝国と帝国主義との分節を行わないまま議論を展開したレーニンに引っ張られるという混乱に陥りながらも、しかし、いわゆる帝国主義段階以前の「帝国主義」（すなわち帝国）の存

*8　戦争と交易を一貫したものとする視座については、P. Rosanvallon, *Libéralisme économique*, Paris: Points, 1979; P. Dumouchel et J.-P. Dupuy, *L'enfer des choses*, Seuil: Paris, 1979; J.-P. Dupy, *Ordres et désordre*, Paris: Seuil, 1982 をみよ。

*9　以上、石母田前掲論文四五～七頁および五五頁。

*10　レーニン「資本主義の最高の段階としての帝国主義」『レーニン全集』第二二巻、大月書店、一九五七年、三四五頁以下。

在と「資本主義の最高の段階としての帝国主義」という資本主義の蓄積運動から整理された帝国主義との一貫性ある把握において、「『交通』を媒介とするこの『内』と『外』との相互関係、両者の相互転化と相互浸透の問題」を強調したことは、*11 記録されておいてよい。

その帝国主義論理解と帝国論の提起に限って以下に整理する『帝国』の著者たちもまた、〈帝国↓（国民経済的閉域＝近代的国家主権との交渉を強いられる資本－主義）↓帝国主義↓グローバリゼーション＝世界市場の完成↓主権の非－場的な遍在化↓現代の帝国〉という帝国の一連の形態的な変態についての歴史記述における石母田と同様の視点、すなわち実質的には〈交通〉概念の重視という視点を、脱領土化と再領土化あるいは外部と内部という視点に読み替えて、反復している。それはまた、〈交通〉形態をめぐる帝国と多数性との内在的敵対を画する「平滑世界」の地平を歴史的に――戦争機械として――展望していると言ってもよい。ハートとネグリの表現を藉《か》りてあらかじめ言い換えておけば、それは、外部と中心の非在を前提とした〈交通〉と主権をめぐる帝国と多数性との敵対におけるヘゲモニーの所在という問題である。また冒頭で触れた「啓蒙」とは、こうした〈交通〉概念を意識しながら『〈帝国〉』を整理することによる僕自身の帝国（主義）論、すなわち外部の「消滅と再創造《グローバリゼーション》」によって絶対的内部へと生成した中心なき資本－帝国と、それに歴史的に包摂され内在しながらも最後に出現する絶対的〈外〉としての多数性《バーバリアン》という新たな階級的主体との直接的な対峙の地平を政治経済（学）批判として分析する論考のためのノートという隠蔽された戦略の謂いにほかならない。

ここでの僕の限定的作業は、こうして、第一に『〈帝国〉』における帝国主義理解の位相を確認し、第二にそこでのいくつかの枢要な概念（搾取論としての過小消費説、不均等発展論、内部と外部、帝国と多数性など〉のハートとネグリにおける読解の意味連関をたどり、〈交通〉と国家主権をめぐるここでの〈↓経路〉の政治的意味の変化――資本‐主義によるアルカイックな帝国の変幻自在な想起（「原国家」）とそうした帝国の内在的原動力でもある多数性による対抗想起との敵対を画する〈包摂‐存在〉論――を僕自身の問題意識に即して整理することである。

帝国主義

資本主義は、国家と一体となったとき、すなわち国家であるときにのみ、勝利する。[*12]

基本的了解：危機論――ハートとネグリは、いわゆる帝国主義論がもはや「時代遅れ」であり、その原因が論争の対象である「状況の完全な変化」にあるという現状確認から、みずからの帝国論を始めている。とはいえ同時に、旧来の帝国主義論は、「帝国主義から帝国への経路を〔…〕予期」していたという限りで、帝国「理解に役立つ」とも理解されている。そうした彼らにとっての旧来のマルクス主義的な帝国主義論の核芯は、「資本主義とその膨脹」との「内在的関係」の経済学的解明と、そうした資本主義的膨脹が「政治的形態」としての帝国主義を不可避とするといった、その政治的な読解

＊11　石母田前掲論文四六頁。
＊12　F. Braudel, *La dynamique du capitalisme*, Paris: Flammarion, 1985, p. 68.

の保持にあった。すなわち、ハートとネグリにとっての帝国主義論とは、何よりもまず、資本主義の膨脹の政治的形態とそれへの主体的な政治的介入という政治的な問題領野にほかならない。

資本主義と帝国主義との関連についての分析の根拠を段階論ではなく資本それ自体の性向に求めるこうした方法は、いわゆる「直結主義」と呼称されているが、それは彼らが、帝国主義分析の理論的基礎を『経済学批判要綱《グリュントリッセ》』から『資本論』における資本理解それ自体に定位させ、後にも簡単に触れるように、マルクスによっては書かれなかった（とされる）賃労働論・世界市場論・国家論の三位一体的綜合として、いわば〈歴史－論理〉的に、帝国－帝国主義を理解しようとしていることを意味している。

だが彼らの帝国論の目的は、そうした論点に直接に介入し、マルクスのいわゆる「プラン」の完成を追求するといった不毛にではなく、資本をその「内部と外部の諸境界の反復的配置」の運動として理解するといった、現状分析としての帝国論における解釈＝実践の作業仮説を提出することにある。それは、「固定された領土とそこでの居住民」という近代における主権的「閉域の内部」における機能としてだけでなく、つねに「境界から溢出し、新たな空間を内部化」する運動として資本（とそうした資本に包摂され内在する労働力）を帝国化（帝国《アルカイック》の想起）への欲望において統一的に把握するという、さきの〈交通〉概念にもとづいた〈支配－抵抗〉の地平を論ずるための作業仮説、つまり戦争論＝資本－主義論にほかならず、それをふたたび言い換えれば、「固定された領土」とその「居住民」の空間、すなわち〈版図（戸籍－人頭《キャピタ》と地図－領土――官僚制－登記）〉の外部への溢出的膨脹とその不断の反転的な内部化という反復運動を脱領土化と再領土化のそれとして把握することによって、資本

（したがって、労働）それ自体に内在する「帝国」的本質の探索の作業仮説の提出にほかならない。

こうしてハートとネグリは、資本それ自体に本性的に埋め込まれているとするこうした「帝国」的本質をその蓄積運動の政治的意義において捉え返すという視軸から、資本による「恒常的な膨脹」運動を「危機」として位置づけるが、ここでの危機とは、したがって、帝国と帝国主義を一貫した歴史過程と理解する視座から資本にとっては「正常な条件」とされ、また翻って、こうした不断の危機という「正常な状態」にある資本による「帝国主義の構築とその超克の運動」が、その「諸限界と諸制限との複雑な相互作用」において与えられている、とも理解されることになる (E: 221-2)。

とすれば、こうした危機の所在とその読解－介入の文体が確認されねばならない。

政治的読解——ハートとネグリにあってもっとも重要な帝国主義批判者は、カウツキーとヒルファディングとの対照において了解される政治経済（学）的批判に関わって何よりもまずローザであり、その階級主体論的な読み替えの実践という側面におけるレーニンであったが、後に見るように、両者は〈交通〉と主権をめぐる帝国と多数性との敵対において統一的に読解されることが目指されている。*13

＊13　そうした政治的理解に関わって触れておくが、ハートとネグリが、レーニン『帝国主義論』冒頭におけるホブソン『帝国主義研究』（一九〇二年）への言及に留まらず、レーニンとホブソンとの密接な理論的関係をことさらに指摘する意味は大きいが、いわゆる自由貿易帝国主義論争にはまったく触れていない（毛利健三『自由貿易帝国主義』東京大学出版会、一九七八年参照）。

ところでさきに僕は、ハートとネグリが帝国主義を「政治的形態」において捉えていることを指摘したが、そうした把握は旧来の帝国主義論についての理解においても現れている。それはローザとレーニンにおけるその理論（政治経済学）的解釈の正当性というよりは、むしろ両者の眼前に厳然としてあった打倒対象としての帝国主義という資本の運動の政治的表象に対する、まさに政治的に主体的な読解の重視として、現れている。そうした読解のスタンスは、理論的解釈の科学的正しさに執着するこの国のマルクス経済学者にとっては〈イデオロギー的な異様〉であろうが、しかしそこに込められた理論的意味を確認するためにも、煩瑣であってもその議論をたどっておくことが肝要である。

まずハートとネグリが実質的に肯定しているローザの悪名高き〈過小消費説〉と〈実現〉問題――すなわち「資本蓄積論」――への批判について言えば、〈過小消費説〉と〈実現〉問題の根拠となっているいわゆる再生産表式論における剰余価値実現の困難の「経済的必然性」という誤解は、「マルクスと同様」ローザの議論の「形式であって、実体ではない」という限りで副次的であり、そうした形式が「いかなる必然性も現実的には歴史的かつ社会的」であるという点において捉え返され、そのうえで、資本が「歴史的に膨張し、みずからを外部へと動かし、みずからの領域の内部へ新たな市場を統合する」様態の解明こそが重要であるという意味で、ローザの枠組みは正当とされている（E: 449）。

そうしたローザ擁護はまた、次のような議論の根拠ともなっている。それはハートとネグリの帝国主義理解さらには帝国論を支える重要な根拠である。

帝国主義と資本主義的膨張への批判がしばしば厳密に量的な経済学的表現によってなされている

にせよ、マルクス主義的理論にとっての基本的問題は政治である。これは、経済計算（とそれへの批判）を軽視してよいということではなく、むしろ歴史的かつ社会的な文脈のもとで、経済的諸関係が統治と支配の政治的諸関係の一部分として接合される事態についての考察の必要性を意味している。批判家にとって、経済的膨脹という問題の最重要点は、資本主義と帝国主義との不可避な関係性の証明である。資本主義と帝国主義が本質的関係を有しているとすれば〔…〕いかなる帝国主義（とそれを原因とする戦争、悲惨、貧困と隷属）への闘争もまた、資本主義に対する直接的な闘争でなければならない（E: 228）。

このように帝国（主義）を資本（主義）にとっての不可避の政治的形態と捉え、それへの主体的で政治的な介入を強調するハートとネグリのスタイルは、レーニン帝国主義論の読解において、より一層強まることになる。

ハートとネグリは、レーニンにおける帝国主義理解の核芯を、「世界市場の帝国主義的構築」を媒介とした資本の膨脹が生産諸部門における「利潤率の均等化」にとっての「障碍」として現れ、しかもそうした障碍が時代とともに増大するという、ヒルファディングの基本的命題を「危機」論として採用した点に求めた。[*14] レーニンが、一方で「資本主義的発展におけるナショナルな金融資本の国際的

＊14　依然として、入江節次郎・星野中編『帝国主義研究』Ⅱ、御茶の水書房、一九七七年、四一九頁以下および降旗節雄『帝国主義論の史的展開』現代評論社、一九七二年、一一三～四九頁の参照が望まれる。

協同と単一の世界トラストの構築への傾向性」というカウツキーの命題に「同意」しながらも、しかし他方でこの危機を、ブハーリンによるカウツキー批判にもとづいて、[*15] カウツキーの「超帝国主義」論に典型的な資本主義による「止揚‐包摂 *Aufhebung*-subsumption」へと客観主義的に解消するのではなく、むしろ資本の「帝国主義的な組織化を原因とする諸矛盾に働きかける」といった能動的政治の旋回軸として位置づけたが、この点を、カウツキーにおける「統合された世界市場への傾向性」という理解をそのマルクスとの「共鳴」において擁護するという留保付きで、評価し (E: 229-30, 451)、さらに次のように述べている。

レーニン帝国主義論の独創性は主体的立場からの帝国主義批判にある。したがってそれは、危機の革命的な潜勢力についてのマルクス的概念に接合している。彼は私たちに道具箱を与えた。それは反帝国主義的な主体性の産出のための機械である (E: 229)。

こうした読解は、レーニンが、一方でカウツキーやヒルファディングの「分析的命題を採用」しながら、他方で彼らの「政治的立場を拒絶」するといった、「理論的というより、むしろ政治的」な手続きを先行させたことへのより深い肯定へと繋がっている。ハートとネグリは、レーニンにおける帝国主義論のこうしたいわば「反時代」性に、ローザも強調した単なる「労働者階級の主体的な諸実践において資本主義にとっての実現問題という危機の単線的解決」を目指すといった次元だけでなく、これらの「諸実践」によって「帝国主義それ自体を粉砕する〔…〕具体的な可能性」をも摑み獲ろうとする。またそうした意味でのみ、レーニンは「理論から実践へ向けて帝国主義批判」を理解しているとされるのである。

もちろんこうした政治的な読解への批判は存在して当然であろう。僕自身にも留保が存在する。だがそれを単純な政治主義的理解と切り捨てるわけにはゆかない。というのも、それは、レーニンにおける「政治的概念としての帝国主義の〔政治的〕批判」が国民国家という「近代的主権の問題系」と資本主義の発展の問題系を「統合的批判のレンズのもとに一体化し、批判の異なった線を合体させることで、近代の超剋」を試みるという視点において、肯定されているからであり、またその欲望において即自的にインターナショナルな運動である資本の近代における国民国家－国民経済という主権形態への閉域化（インター／ナショナル）をどのように把握するかという問題にも、それは密接に関わっているからである。[*16] ハートとネグリは、そうした視点の基礎を、レーニンが「帝国主義概念の政治的な再彫琢」によって「帝国主義を超える資本の新局面への経路を予期」し、「帝国の主権が出現する場（あるいは実際には、非－場 non-place）を確定」した点に求めていることが、ここでは看過されてはならない（以上、E: 230-32）。この問題については後にも触れるが、ここでは政治的な読解を優先させるハートとネグリのこうしたスタンスが確認されたうえで、どのようにローザの資本蓄積論における

*15 N. Bukharin, *Imperialisme and the Accumulation of Capital*, ed. by K. Tarbuch, tr. by R. Wichmann, London: Allen Lane, 1972 参照。
*16 前掲「国民国家を〈帝国〉として想起－発案する」参照。

経済的諸問題が読解されたかを整理しておく必要がある。それは、搾取論としての過小消費説にもとづく〈実現〉問題についてのローザの経済学的了解の政治的な実質的肯定であり、そこでの資本にとっての解消不能な危機の脱出策としての帝国主義から帝国への移行とそこでの敵対的主体性の出現の根拠づけでもある。

実現と資本化

資本にもとづく生産の一条件は、たえず拡大される流通圏域の生産であって、それがその範囲の直接的拡大であろうと、同一の範囲内でのより多くの生産点の創出であろうと、資本は構わない (E: 320)。

過小消費と実現問題：包摂論――ハートとネグリの論旨は、ここでの題辞とともに本章全体のための題辞として冒頭に添えられた『経済学批判要綱《グリュントリッセ》』の一文をめぐっていると言ってよい。そこでは、資本の恒常的膨張の必然性が一方における剰余価値「実現の過程」と、他方における「生産者」であると同時に「消費者」でもある「労働者」との「不均等な量的関係」に求められたうえで、そうした「不均等」という制限 - 限界を資本主義的に克服するために、資本が「世界市場」の完成――すなわちグローバリゼーション――を追求する傾向を不断に帯びることが強調されている。したがってここでの実現問題の了解は、一方では「搾取の問題」であり、他方では世界市場 - グローバリゼーション論

（したがって後に述べるように、国家論）のための基礎過程でもある。そこでは、資本が搾出した剰余価値の実現のために「非資本主義的外囲」が不可欠だと考えることで「実現問題におけるマルクスの分析を発展させた」と理解されているローザの次の一節が、絶対的に肯定されている（E: 222, 224）。

資本主義は、世界を併呑し、他のすべての経済形態を踏み拉《しだ》く傾向をもち、他の経済形態の併存を許さないといった普及力をともなう、最初の経済形態である。だが同時にそれは、単独ではその環境およびその培養土としての他の経済形態なしには実存しえない最初の形態でもある。すなわちそれは、世界形態たらんとする傾向をもつと同時に、その内部的不可能性のゆえに生産の世界形態たりえない最初の形態である。それは、それ自身において一個の生きた歴史的矛盾であり、その蓄積運動は矛盾の表現、矛盾の絶えざる解決であると同時に悪化である。[*17]

またハートとネグリがこの一節から導き出した結論が、後に敷衍的に整理するように、「資本はその初発から世界権力である、あるいは真実の世界権力への傾向性を帯びている」であった（E: 225）。したがって労働者階級としての多数性が、資本が帯びるこの「世界権力への傾向性」を、どのように内在的に担保－支持し、またどのように内在的に顚覆－超剋する潜勢力をもつことができ、また後に見る

＊17　R. Luxemburg, *The Accumulation of Capital*, tr. by A. Schwarzschild, Intro. by J. Robinson, London: Routledge and Kegan Paul, 1951, p. 467.

ようにそうした外部なき「世界権力」（への衝動）としての帝国と絶対的〈外〉としての多数性が直接対峙する地平がどのように画定されるかが、ここでは政治的に理論的な重要な課題――顚覆的主体の〈包摂‐存在〉論――となっているのである。

だが依然としてここでは、その経済的説明がたどられねばならない。そしてその枢要は、さきにも触れたように、過小消費説としての搾取論の政治的肯定についての説明であり、いわゆるハートとネグリに固有な包摂論の展開である。

実現：内部の外部化――ハートとネグリは、いわゆる実現問題を何よりもまず労働者階級における過小消費の根拠である搾取の問題として理解している。それは、マルクスの「資本は労働者を強制し、必要労働を超えて剰余労働を行わせる」という論点（Gr.: 334）、すなわち生きた労働と死んだ労働との〈包摂‐存在〉論的な了解における内在的敵対から開始されている（LD: *passim*）。

言うまでもなくそれは、ローザ「資本蓄積論」の搾取論的な再認である。したがって議論は、資本にとっての次の基本的な諸条件に関わっている。第一に総賃金は労働者によって生産された総価値より少なくてはならない（剰余価値‐搾取のための必要条件）。また第二にこの剰余価値は実現されねばならず、そのための「適切な市場」が発見されねばならない（剰余価値‐搾取のための十分条件）。だが第三に「消費者としての労働者の需要は、剰余価値への適切な需要」ではありえない。こうした意味で、資本主義は「閉じたシステム」に拘束されているが、しかし、その限りで、その生産と交換は「一連の制限」から脱出できない。またこうした制限は「生産者としての労働者と消費者としての労働者との不均等関係」によって規定されている。

また次いでハートとネグリは実現問題を資本家側からも検討する。これもまたローザの議論の祖述である。すなわち、資本家階級とその分け前を共有する他の諸階級は、労働者階級が生産した「超過価値 excess value」の一部分しか消費できない。というのも「再投資のための剰余価値」が必要だからである。こうして労働者階級と資本家階級の両者は、剰余価値の実現の「適切な市場を形成」できない。とすれば資本は、「搾取が生じ剰余価値が搾出されても、その価値は実現されえない」という困難に陥ることになる。またこうした困難は、いわゆる「資本の有機的構成」の高度化につれて諸商品の全価値に占める可変資本の割合が低下し、「生産力が発展すればするほど〔…〕消費関係が立脚する狭い基礎と〔の〕矛盾」という事態によって、ますます悪化する(K III: 255)。その結果、資本はその「領域の拡張」を強いられることになる。その原因は、搾取(死んだ労働による生きた労働の支配《コマンド》)にある。

さらにそうした「流通圏域の拡張」の可能性についてハートとネグリは、第一に資本‐主義的な圏域の「内部における既存市場の強化」をもちだしたうえで、しかし即座に、労働者における消費の基礎となる「賃金量」と資本家にとっての「蓄積の必要性」が制限となる点を指摘する。次いで第二に「追加的消費者」の資本主義的関係への新規導入という可能性もまた、労働者階級と資本家階級との「基本的には不均等な関係」によって否定される。こうして最後に「唯一効果的な解決」が提出されることになる。それが、資本がみずからの「外部を見回」し、剰余価値の実現を可能にする「非資本主義的市場」の発見である。

ハートとネグリにとっての「資本主義的圏域の外部への流通圏域の拡張」とは、こうして、資本が蓄積にとって不可欠としながらも同時にみずからの運動の不安定化の原因でもある、「内部」的な「不均等」の「外部」への置き換えである。すなわちこの〈内部の外部化〉は搾取という内部的アポリアを実現問題を介して外部における収奪へと転嫁する手段、と理解されているのである (E: 222-4)。

資本化：外囲の内部化――さらにハートとネグリは、こうした資本主義的内部における市場の強化と非資本主義的外囲の導入の双方によって「貨幣形態において実現」された剰余価値の「生産への再投資」を、不用意にも「資本化 capitalisation」と命名し[*18]、議論をさらに次のように展開する。その枢要は、再投資が必要とする「追加的な不変資本の供給〔…〕と追加的な可変資本の購入」が、さきに整理したローザ的な実現問題をより一層深く再生産する、という点に定められている。すなわち、この剰余価値の実現のための外部の発見は、ハートとネグリのいわゆる「資本化」を介して不断の「膨脹」として反復されるという点が指摘されるのである。だが、生産手段の追加的確保のための「非資本主義的外囲との関係とそれへの依拠」といった、資本にとっては実現問題として現れる搾取に端を発するこの矛盾の拡大再生産は、しかし、直接的な「外囲の内部化」あるいは「外囲」を一挙に「資本主義的にする必要がない」という意味で、ひとまず「外部は外部として留まる」と考えられている。これは資本のもとへの労働力の形式的包摂の帝国論的言い換えにほかならない。それはまた、すでに触れたように、搾取という内部の問題を外部を外部として維持しながら転嫁する、恐慌‐産業予備軍といった資本にとっての別なる、とはいえ本質的な、外部にも関わる、搾取と収奪との接合手段にほかならない。そしてこれが、二部門モデルを用いた日本資本主義にとっての農業問題、さらにはいわゆる途上国の経済発展の分析において（実質的に）採用された、ローザの分析枠組みであることは言うまでもない[*19]。

だがハートとネグリは、さらに進んで、〈外部の資本化による内部化〉がもたらすさらなる困難へと、議論を展開させる。すなわち、新規労働力の雇用（商品化）によるプロレタリア創出といった追加的可変資本の獲得それ自体を「絶え間ない非資本主義的な集団や諸国における新たなプロレタリアの創出」と捉え返し、その意味で「非資本主義的外囲の漸進的なプロレタリア化は本源的蓄積過程の絶え間ない再開」であるとしたうえで[*20]、それを「非資本主義的外囲それ自体の資本化」であると規定する。またこうしたいわゆる再版原蓄にほかならないいわゆる資本化にあって初めて、「外部は内部

＊18　概念としての「資本化 capitalisation」は、一般的には、擬制資本論における資本還元を意味するものであり、ハートとネグリのような語用は混乱を招く。スピヴァクもまた同様の誤りをおかしている（G. C. Spivak, *A Critique of Postcolonial Reason: Toward a History of the Vanishing Present*, Cambridge, Mass.: Harvard University Press, 1999）。

＊19　山田盛太郎『再生産過程表式分析序説』（『資本論体系』中、改造社版経済学全集、第一一巻、一九三四年、近藤康男『再版　日本農業経済論』日本評論社、一九四八年、大内力『日本資本主義の農業問題』東京大学出版会、一九五二年、森田桐郎『世界経済論の構図』有斐閣、一九九七年など参照。

＊20　M. Mies, *Patriarchy and Accumulation on a World Scale*, London: Zed Books, 1986; M. de Angelis, *The Beginning of History: Value Struggles and Global Capital*, London: Pluto Press, 2007.

化」されることが強調される。またそうした論点において、商品輸出と区別された意味でのヒルファディングのいわゆる「資本の輸出」論が導入されるが、それは資本のもとへの労働力の実質的包摂の帝国論的言い換えにほかならない。[*21] したがってハートとネグリにとっては、資本輸出によって輸出されるものとは、資本主義的諸「関係」それ自体であり、したがってそれはまた、資本が自己を内部化された外部において「生み出し複製する、社会的形態」でもある。またそうした関係の輸出あるいはここでの資本化が、マルクスの悪名高き、資本による「文明化と近代化」作用を意味すると理解されるのである。

そうした「資本による外部の内部化」[*22] としてのいわゆる「文明化作用」についてハートとネグリは、マルクス主義的空間学《ちり》の展開に依拠して、マルクス主義的帝国主義論は「不均等発展とそこでの潜在的な地理的差異の意味の過小評価」に陥っていると批判し、歴史現実的には「非資本主義的外囲の各領域が異なったやり方で変換」されたことに配慮する。だがハートとネグリは、そうした再版原蓄としての資本化によって「すべてが資本の膨脹身体へ有機的に統合」されたという現実（についてのマルクスの把握）を冷徹に直視してもいる。またそうした資本のもとへの労働力の形式的包摂からその実質的包摂への無慈悲な歴史過程に、「類似のモデル model of similitude」に即した「外部」という差異の併呑によって「一貫した身体において統一的に機能する異なった諸器官として内部化」される外部、という冷厳な表現を与えている。またそうした一連の包摂の過程が、ハートとネグリにとっては、外部の「資本主義的生産と蓄積の拡大的循環への統合」であり、「非資本主義的外囲（領土、社会的諸形態、諸文化、生産諸過程、労働力など）の資本のもとへ包摂」として統一的に理解されるのである[*23]（以上、E: 225-7)。

こうして資本主義的膨脹の基本的矛盾とは、ローザに全面的に依拠するハートとネグリにとっては、まず第一に資本の「外部、非資本主義的外囲」への依存、すなわち〈外部の外部としての温存-接合〉にもとづく内部(搾取)の外部化(収奪)とそうした内部矛盾の転嫁による剰余価値の実現であり、また第二にそうした外部によって辛うじて実現された剰余価値の「資本化」による「非資本主義的外囲の内部化」といった、通常は「継起的に生起する」とされる二過程の衝突に求められた。しかしこの衝突は、反復する不断の本源的蓄積によって「外囲」がひとたび「文明化」され、それが新たに膨脹した「資本主義的圏域の諸境界の内部に有機的に統合」されてしまえば、もはや剰余価値の実現のための「外部」としては作用しないという意味で、拡大再生産されるという困難を抱えている衝突でもある。こうして資本とは、不断に外部を必要としながらも、そうした外部を内部化することで外部の消滅を欲望する運動、あるいは〈一者-全体〉であることを求めながらも〈他者〉を不断に必

*21 R. Hilferding, *Financial Capital: A Study of the Latest Phase of Capitalist Development*, ed. by T. Bottomore, London: Routledge and Kegan Paul, 1981, p. 314 *et passim*.

*22 D. Harvey, *The limits to Capital*, Chicago: Universityof Chicago Press, 1984; N. Smith, *Uneven development: Nature, Capital, and the Production of Space*, Oxford: Blackwell, 1984.

*23 ハートとネグリにあっては、資本への労働力の形式的包摂と実質的包摂というマルクスの概念の拡大解釈が示されている。以降、資本のもとへの社会の包摂、したがって資本主義的な市民社会と国家の分裂の「止揚」として理解されている。

要とするほかない運動《エニグマ》である。

実現と資本化は、こうして、搾取《ないぶ》の資本における「論理的」表出とその転嫁《がいぶ》として措定された。そしてこの論理的矛盾が地球という地理的空間の限界に衝突するとき、それは「現実の矛盾」として現れるとしたうえで、ローザの「帝国主義は、資本の歴史的延命策であると同時に、その生存をもっとも手早く客観的に抑制するもっとも確実な一手段でもある」が引用されるのである。[*24] またそこから「帝国主義の悪魔」は、資本主義それ自体の「破壊」によってのみ紛粋されるという結論が導かれることになるのである（以上、E: 227-9）。

ローザにおける再生産表式論の誤解にもとづいた、したがって『資本論』に直結する、こうした帝国主義論の困難に対しては、レーニンやブハーリンをはじめ、すでに多くの批判が存在するが、ここではそうした批判が繰り返される必要はない。というのもここでの問題は、ハートとネグリが、ローザの資本主義論としての帝国主義論をその理論的困難を知りながらもあえて導入し、そこでの資本の「外部」と「内部」の中間における振動を〈交通〉と主権をめぐる脱領土化と再領土化との形態的な変態として議論することで、帝国とともに出現する多数性の絶対的肯定性すなわち絶対的〈外〉をも構想しようとする点にあるからである。

だがそうした問題に先立って、ハートとネグリにおける『資本論』体系の理解を整理しておく必要がある。それは『資本論』において失われた三つの理論的領野なるものへの彼らの執着である。[*25]

〈帝国－多数性〉の系譜学

ハートとネグリにとって、さきにみたローザ蓄積論の政治的な読解は、こうしてもはや単純な政治経済学的詮議ではない（むろんローザにとっても同様であったが）。むしろそれは「帝国主義から帝国への経路」の解明を戦略的に準備するものでなければならない。そうした戦略は、ハートとネグリにあっては、資本と労働力という相互に駆動しあう関係が〈包摂－存在〉論あるいは存在的敵対論において把握されている以上、「階級闘争という展望からの系譜学」としてもまた、解明されなくてはならない。階級闘争という「国家と支配的階級のイデオロギー」の隠蔽のもとにある運動を記述する系譜学の任務は、したがって、「階級闘争の主体性が帝国主義を帝国へと変換する微妙な経路」という内在的敵対の痕跡化でなければならない。しかし依然としてこの段階では、「帝国の経済的秩序の系譜学」として、それは行われねばならないとされる。またその目的をハートとネグリは、「世界市場の実現に向けた資本の諸発展を予期し、またあらかじめ描きだし」てきた「プロレタリアの階級闘争とその能力の世界的《グローバル》な性格」の確定に定めている。したがってその意味でこそ、旧来の帝国主義分析が「不充分」とされるのである。というのも、旧来の帝国主義論を政治的に読解したハートとネグリにとってさえ、あるいはだからこそ、それは依然として「資本自体の発展の矛盾」にのみ「集中」し、いまだ「主体性の分析」には到達していないからである。こうしてハートとネグリにとっての帝国

＊24　Luxemburg, op. cit., p. 446.
＊25　Negri, *Marx Beyond Marx*, op. cit.

〔主義〕論の目的は、「プロレタリア的な社会運動の主体性をグローバリゼーションとグローバルな秩序の構成における中央舞台へ押し出す理論的図式」の確定に措かれる。またそうした視点から、マルクスによっては書かれなかった賃金論・国家論・世界市場論が、しかし「プラン」に即したマルクスの当初の意図の完成ではなく、現状に即したその再構成が、必要とされることになる（以上、E: 234-5）。

したがってマルクスは不可避の出発点であり続けている。ハートとネグリは、冒頭に題辞としておいた、そして以下でも繰り返し顧みられるマルクスの「世界市場の創出という傾向は資本という概念それ自体に直接に与えられている。〔そこでは〕どんな限界も、剋服されるべき制限として現れる」から、次のような結論を引き出していたが、それは、各国民経済における搾取体制の差異にもとづく「利潤率の差異」が各国民国家という「領土」を確定すると理解されたうえで、次のようにまとめられている。

発展の異なった国民的場における価値実現の固有の国家による重層的決定によって、国民国家はその限界－境界の特異な組織化を遂行する。こうした条件のもとでは、国家の一般理論は偶然的であるほかなく、〔したがって〕また、もっとも抽象的な表現において理解されるほかない（E: 236）。

現状分析の次元における「重層的決定」といった非分析的な操作概念の使用の曖昧さについては、ここでは措いて問わない。むしろ注目すべきは、ハートとネグリのここでの狙いである。それは、「国家については、世界市場の〔実体的な〕実現」あるいは「国家と資本の実質的一致」までは書かれえないという主張の強調であり、逆説すれば、現状におけるグローバリゼーションの進捗・深化と世界市場の「完成」、またそれと相即する「国民国家の凋落」によって初めて、国家論が（帝国論として）具体的に書かれうるという、固有な逆説の強調にほかならない（LD: chaps. 2-3）。そうした理解は、さらに「国家と世界市場の分析は帝国において可能になる」という命題に繋がってゆくことになる。〈包摂－存在〉論的あるいは内在的敵対論にもとづく顛覆主体（多数性）を構想するハートとネグリにとってそれは、資本が世界市場（の完成）において「多数性と、無媒介に、直面」するという状況が実現することを意味し、またそこでの階級闘争は「国民国家の廃絶」とその「制限の剋服」による「帝国の構成を分析と闘争の場として提起」するという任務を担うものとされている。それはまさしく「資本と労働との直接的に敵対的な形式における対峙」の物質化という視座にほかならず、またそうした視座を担保するものとして、国家論・世界市場論・賃労働論が一体的に把握されることになる。逆説的に言い換えれば、三位一体的に記述されるこうした国家論・世界市場論・賃労働論の正当性は、まさに〈帝国－多数性〉という直接的対峙においてのみ物質的に担保されると理解されているのである（以上、E: 236-7）。

こうして世界市場の完成による資本と労働（多数性）との直接的対峙それ自体が帝国（論）を形成し、そうした帝国あるいは「平滑世界」における〈交通〉と主権をめぐる敵対が、まさに内在性において鮮明となる。またここでの主権は、さきにも触れたように、各国民経済における搾取体制の差異にもとづく「利潤率の差異」が各国民国家という「領土」において具体的に捉えられている。それはすなわち、資本にとっての「内部」と「外部」あるいはその主権的次元における表象である脱領土化と再領土化との反復＝振動という、〈交通〉をめぐる相互滲入（嵌入）の運動それ自体にほかならない。またこうした資本と労働の内在的関係性が、両者の敵対の（非－）場としての「平滑世界」を構成するとされるのである。

　とすれば、帝国主義から帝国への「経路」についての議論をこうした視座からふたたび読み返しておかなければならない。そしてその核芯は、グローバリゼーションを原因とする、これまで資本主義の内部という近代的主権の根拠を支えてきた外部の消滅によって新たな主権形態として登場する帝国と、そうした外部の消滅に呼応して出現する内在的な敵対としての絶対的〈外〉すなわち多数性との、〈交通〉そして主権のヘゲモニーをめぐる、まさに内在的な敵対の物質化にほかならない。

外部の「消滅－再構成」《グローバリゼーション》と内在する絶対的〈外〉――ハートとネグリは、近代ヨーロッパの国民国家と帝国主義との連関を国民国家の内部的な政治的矛盾（搾取－階級闘争）の「外部」への「転位」として捉えたレーニンをふたたび際立たせたうえで、レーニン帝国主義論を政治的な観点から、近代国家は「国内秩序と主権を維持するために階級闘争と内戦を輸出」する手段である、と規定している。またこうした「近代国家の進化における構造的段階」としての帝国主義という理解を、近代国家における「合意形成〔…〕の新たな手段」、より具体的には「イデオロギー的な国家構造の内部における多数性と階級闘争の自然発生的な諸形態を統合する方法」の問題として、描きなおしている。そしてこの手段・方法が「多数性の〔国民としての〕人民への変換」であり、こうしたレーニン理解が後にグラムシのヘゲモニー概念に受け継がれてゆくことを、ハートとネグリは強調している。この意味でレーニンは、資本主義的発展の「『内部』と『外部』との差異」とその相互滲入〔嵌入〕あるいは〈交通〉形態の検討から出発し、さらにそうした「内部」と「外部」の「差異」を「漸進的に弱めてしまう帝国主義の求心的動態」に着目することで、国民国家の「主権のヘゲモニー的要素としての帝国主義という解釈に基礎」を与えた初めての理論家として、高く評価される。また同様の意味で、「外部」にのみ注目するローザの帝国主義批判は、〈交通〉概念から見られたその先駆性において評価されながらも、しかし、〈交通〉形態と主権との緊張関係を階級闘争に結びつけ、資本による「外部の可能性の消滅」の展望に成功したレーニンに較べれば、不充分とされる。すなわち資本は、最終的には「帝国主義を剋服し、内部と外部との制限を破壊」する、すなわち近代的主権形態を「破壊」するに到る〈交通〉形態であり、したがって「批判の規準」はもはや「外部にではなく、近代的主権の危機の内部」に据えられねばならないのである〔以上、E: 232-4〕。

だがこの外部の消滅は何によって実現されつつあるのか？　それは言うまでもなくグローバリゼーションによってである。とすれば、ハートとネグリにおけるグローバリゼーション、ひいては帝国〈の両義性〉について整理しなければならない。だがもはや明らかだろう。そこではナショナリズムと結託するほかない単なる反グローバリズムは徹底的に排除されるだろう。それは多数性の潜勢力をも窒息させてしまうからである。

ところでハートとネグリは、いわゆるグローバリゼーションを位置づけるに当たって、「法的構制としての〔…〕世界秩序が存在する」という「単純な事実」が帝国の問題系を構成するという点をその出発点に据えるが、しかし、そうした秩序のスペクトラムを構成する両「極端」に「共通する概念は〔あらかじめ〕除外されねばならない」として、そうした排除されるべき両極端を次のように明らかにしている。それは資本主義の本質主義的規定を理論的に構成する二種類の予見の排除である。第一の予見は、あたかも「世界市場が自然で中立的な見えざる手によって編成された調和ある協調」であるかのように理解し、現在の秩序を「根本的に異質なグローバルな諸力の相互作用から自然発生的に立ち上がってきたとする観念」であり、また第二の予見は、グローバリゼーションをあたかも何ものか（例えば、アメリカ合衆国）による「陰謀」であるかのように理解し、現在の秩序を「グローバルな諸力に超越する合理性としての唯一の権力と中心によって嚮導《きょうどう》された秩序」と理解する観念である(E: 3)。そうしたグローバリゼーションについての本質主義的理解の否定は、資本主義をいわゆるグローバリゼーション以前から世界経済であると本質主義的に理解し、その「新奇さ」を否定しようとする世界システム論や、帝国を帝国主義の「完成」としか見ないグローバリゼーション理解に対して、[*26]その論拠としての資本主義の世界市場との「連続的で根本的な関係」とその「膨脹的な発展循環」を認めたうえで、しかし、この「シフトが経済権力と政治権力との一体化〔…〕政治権力がとる唯一の超国民的形象の〔…〕法的定義の資源」でもあることを強調している。それは、ハートとネグリによる、従来の「帝国主義権力の内部における衝突や競争を〔…〕重層決定し、単一的な方法で構造化し、決定的にポストコロニアルでポスト帝国主義的な権利‐法の共通概念のもとに扱う単一の権力」としての帝国の出現の強調にほかならない(E: 8-9)。

　以上のように、グローバリゼーションを、したがって言うまでもなく一国的な国家独占資本主義論とは根底的に異なった視点から、資本と国家との一体化を導きだす動因として理解し、帝国と多数性の直接的対峙の地平として階級主体論的に把握するハートとネグリは、グローバリゼーションを原因とする外部の消滅とそれにもとづいた資本と国家との一体化、またこうした新局面がとる主権の形態としての帝国を、資本に包摂され内在しながらも、それがゆえに顛覆主体として登場する、絶対的〈外〉としての多数性の視点から、次のように述べている。

グローバリゼーションに先立ってグローバリゼーションを予料した闘争は、生きた労働の表出であり、それは自己に押しつけられた厳密な領土化の体制からの自己の解放を追求する。〔…〕蓄積された死んだ労働に対する抗議が深化するにつれて、生きた労働は固定された領土化の構造、国民的組織〔…〕の破壊をつねに追求する。生きた労働の力〔…〕その弛みない行動、脱領土化する欲望、この切断の過程があらゆる歴史の窓を開け放つ。多数性、その主体性と欲望の生産という行動の展望が選び採られるとき、それが搾取と制御といった従来の構造の現実的な脱領土化を行使する限りにおいて、グローバリゼーションがいかに多数性の解放にとっての真実の条件であるかが理解されるだろう (E: 52)。

こうしてグローバリゼーションは、一方で帝国をもたらすという意味では資本による支配についてはなんらの変化もないが、しかし他方で階級主体が無媒介的に「主権的秩序と支配に絶え間なく衝突する

＊26　S. Amin, *Empire of Chaos*, New York: Monthly Review Press, 1992.

傾向性」を示すという意味で、肯定されることになる (E: 115)。またそれが、一九世紀と二〇世紀におけるプロレタリアのあらゆる「叛乱的出来事」によって準備されたという意味で、グローバリゼーションという外部の消滅にまで到った資本主義の最後の主権形態である「帝国の形成」は「プロレタリア国際主義への応答」であると、両義的に、理解されることになる (E: 51-2)。

こうした視軸にもとづいてハートとネグリは、いよいよ、帝国の定義に取りかかることになる。

物質化する帝国——物質化する多数性

帝国は近代的主権の黄昏から出現する (E: xii)。

帝国——以上の議論にもとづいてハートとネグリは、帝国を「グローバルな市場と生産のグローバルな循環‐流通に即して出現した、グローバルな秩序、支配の新たな論理と構造」を表現する「主権の新たな形態」であり、これら「グローバルな交換を実質的に制御する政治的主体、世界を支配する主権的権力」である、と定義する。したがって依然として抵抗の基体として残存するとはいえ、もはや国民国家は「至上の主権的権威」とは理解されない。こうした彼らの帝国理解のための「基本的仮説」とは、

唯一の支配の論理のもとに統合された一連の国民的かつ超国民的な有機体によって構成されてい

る、新たな形態を採った主権の新たなグローバルな形態、それが帝国であるというものである(E: xii)。またそのように規定された帝国は、それが外部の消滅によって歴史的に準備された以上、帝国主義とは対照的に、いかなる「権力の領土的中心も樹立しないし、固定された領界にも依拠しない〔…〕開放系」的ネットワークであり、またしたがって「膨脹する最前線の内部に徐々に統合する脱中心化され脱領土的な支配装置」であって、「混淆的なアイデンティティ、柔軟な位階、指令を変調するネットワークを通じた多元的交換の操作」を担ういわば〈交通〉──戦争──機械であると理解している。こうして、ここでの「指令」と「ネットワーク」とは、それぞれ、主権と〈交通〉の別名にほかならない。また帝国主義が「終わった」とされている以上、現実においては「特権的な位置」を占めているアメリカ合衆国をも含めたいかなる特定の国民国家も、帝国という「プロジェクトの中心を形成しえない」とされるのである。こうしてハートとネグリにとっては、外部と中心を欠如した関係性──〈交通〉それ自体──として成立した帝国とは、したがって、今日の「世界秩序」と古代の帝国あるいはその特権性においてアメリカ合衆国との「類似性」を証明するための「隠喩」ではなく、むしろ「理論的アプローチを要請する概念」にほかならない。

ハートとネグリは、こうした理論装置(作業仮説)としての帝国概念の根本的支柱を「境界の欠如」と「支配の無際限性」に求めたうえで、さらに次の四点に敷衍している。すなわち帝国は、まず第一に「空間的な全体性を実効的に包囲(包摂)」し、いわゆる「文明化」された「全世界支配の体制」を画定する、いわば絶対的内部である。したがって、いかなる「領土的境界もその統治を限界づけない」とされる。すなわち帝国は、外部の消滅と全面的に内部化された「平滑世界」において〈交通〉する主権として、自己を脱中心的にネットワーク化する。また第二に帝国は、「征服に起源をもつ歴史的体制」といった近代以前に実存した帝国というよりは、むしろ「歴史を事実上宙吊りにし(停止させ)、現状を永遠(の現在)に固定する秩序として自己」を提示し、その「支配を歴史の運動における推移的なモメントではなく、一時的といえどもいかなる境界も有さない体制として、その意味で歴史の外部あるいは終焉-目的」としてみずからを提示する、超越する運動とされる。僕が強調してきた〈帝国の想起〉とはこの意味においてであり、帝国は絶対的内部としての〈一者-全体〉へ生成することで、その商品化によって内部化(包摂)されてきた〈他者〉(としての労働)をみずからに内在する最後の絶対的〈外〉として、現実にそして直接的に析出することになる。したがってまた帝国は、想起される変幻自在な継ぎ手あるいは記憶装置として逆襲する「原国家」であるが、それはみずからに内在する最終的解決者もまた生みだすのである。そしてそれが、生きた労働である。さらに第三に、その「支配」は、流通化された生産(流通滲透の完成)という表層から「社会的世界の深部へと下降しながら膨脹」することで、「社会的秩序の全登録野」において作動し、その結果、版図(人頭と地図)の(官僚的)登録だけでなく、生活世界それ自体をまさに「創出」する生政治的な支配へと生成するが、それは「人間の直接的支配」すなわち絶対的〈外〉の最終的な内部化という攻撃にほかならない。最後に第四に、帝国への経路は「血塗られているとはいえ(…)歴史の外部における永遠の普遍的な平和」である(E: xi-xv)。こうしてハートとネグリは、帝国と多数性の対峙する平滑世界を導き出し、そうした対峙の平面を次のようにまとめている。

資本は平滑世界に直面している。〔…〕差異化と均質化、脱領土化と再領土化の新しく複雑な体制によって規定された世界に。これら新たなグローバルな流れの経路と限界の構築は、支配的生産過程の変更をともなっている。その結果は、産業工場の役割の縮減と通信、協同、そして情動労働の優先性である。ポストモダン化されたグローバル経済における富の創造は、僕たちのいわゆる生政治的な生産、社会的生（活）それ自体の生産に向かう傾向性を以前にもましてより強くもつようになり、経済的、政治的、そして文化的なことがいよいよもって重なり合い、相互に備給し合うようになっている（E: xiii）。

だがこうした帝国の二重の意味での逆襲は、それに内在する多数性によって、どのように再奪還できるとされているのだろうか？　またそれには現実性があるのだろうか？　それが問題でなければならない。

〈交通〉する多数性

世界共産主義革命か帝国かという二つの選択肢には深い類似性が存在する（E: 234）。

多数性の脱領土的な欲望は資本主義的発展の全過程を促進する原動力であり、また資本は絶え間なくこの力を包摂しようと試みている（E: 124）。

ハートとネグリのいわゆる帝国とは、「主権の内在平面」であり、国民国家の凋落に随伴する「市民社会の消滅と規律化する制度」のグローバルな支配であった。[*27] そこではまた、国民的領界といったドゥルーズ＝ガタリのいわゆる「条理空間」が「平滑空間」へと変換され、そうした平滑世界を制御するグローバルな社会の樹立は「世界市場の実現と資本のもとへのグローバルな社会の実質的包摂」とともに (MP: 592ff.)、進行するとされた。またそうした意味でこそ、「世界市場の完全な実現は必然的に帝国主義の終焉－目的」とされたのである (E: 332-3)。

であればこそ、ハートとネグリにとって、帝国への経路を掃き清めるグローバリゼーションは「解放の力への新たな可能性」を有するとされることとなる。したがって彼らにとっての「政治的任務」は、グローバリゼーションへの「単なる抵抗」ではなく、その「再組織化と新たな目的」の付与というこ とになることは避けられない。それは、ハートとネグリにとっては、この帝国それ自体に包摂されながらも、それゆえに帝国を内在的に担保する存在としての「多数性の創造的な諸力」にもとづいた、帝国への「対抗の自律的構築」でなければならない。したがってそうした闘争は「帝国的領野それ自体のうえで生起する」とされるだろう。それは「帝国を通じて帝国を超克する、新たな構成的権力の発案」でなければならないのである (E: xv)。したがってまた、グローバル資本に対抗するために国民国家への「郷愁」を作動させてはならない。というのも「帝国は近代権力の残酷な体制なしに済まし、解放の潜勢力を増大させる」と考えられているからである。またそうした多数性の反抗は、帝国という系譜学的には「ヨーロッパ中心主義的」主権形態が世界市場の完成という意味で外部の消滅と同義である以上、それ自体としては「いかなる地理的領域にも制限されない」のであって、したがって、必要とされていることは、そうした闘争の「系譜学、新たな地図作成術」であるとされることになる。こうしてハートとネグリは、帝国の構築は「即自的に善だが、対自的には悪」であると断言する。というのも包摂された多数性の欲望は、「顚倒的とはいえ、しかし現実的な方法」で帝国の運動を肩代わりしているからであり、その意味で「多数性が、帝国を存在させ」ているという存在論的逆倒にあるからである (E: xvi)。

この即自と対自の分裂を一身に担う存在、それがこれまで再三仄めかしてきた、資本に包摂され内在しながらも、しかしそうした資本主義が帝国への生成において外部を消滅させたという意味で、絶対的〈外〉として物質化した多数性にほかならない。『〈帝国〉』の冒頭でハートとネグリは、「帝国はわれわれの眼前で物質化しつつある」と書いたが (E: xi)、それは〈多数性はわれわれとして物質化しつつある〉の反転なのである。

＊27　M. Hardt, "The Withering of Civil Society," *Social Text*, No. 45, 1995.

第3章

ブリダンの驢馬と血気

人生は儚い (GT: 157)。

いずれにせよ〔「長期」という観点に立てば〕、われわれは皆死ぬ。嵐の中にあって経済学者が言えることが、ただ、嵐が過ぎ去ればまた静まるだろう、ということだけなら、彼らの仕事は他愛なく無用である。[*1]

期待形成に当たって、きわめて不確実な事柄の過大評価は愚かだ (GT: 148)。

ケインズの回帰なのか

貨幣政策が経済刺戟策としては無効な「特殊事例」と見做され[*2]、その「一般」理論としての価値を貶価されていたとはいえ、その画期性については高い評価を与えられてきたケインズの「不況経済学」には、七〇年代後半以降、その自然死に次ぐ二度目の「死」が献呈され、その政策《げんじつ》的有効性については、日陰へと敬して遠ざけられてきた。例えば、ケインズ殺害の下手人の一人として指名手配されたシカゴ・ボーイズの一人[3]、ロバート・ルーカスは、二〇〇二年に読まれたアメリカ経済学会会長への就任講演で、不況のみならず景気循環そのものが解決済みであると、ケインズ的なものの最終的な死を言い渡している[4]。また二〇〇四年、当時FRBの理事だったベン・バーナンキも、より洗練された貨幣政策による景気循環の実質的終焉を強調したうえで、もはや「大不況」ではなく、八〇～九〇年代の資本主義経済が呈していた「変動性《ヴォラティリティ》」の「大いなる緩和《モデレイション》」[5]こそ、理論的解明の中心的課題だと宣言した[6]。言うまでもなくそれは、いわゆる〈小さな政府〉論あるいは新自由主義的な市場原理

＊1　J. M. Keynes, *A Tract on Monetary Reform*, The Collected Writings of John Maynard Keynes, Vol. IV, London: Macmillan/St. Martins's Press, 1971, p. 65.

＊2　D. B. Papadimitriou, and L. R. Wray, "Introduction" to H. P. Minsky, *John Maynard Keynes*, New York: McGraw Hill, 2008, p. xii.

＊3　例えば、W. C. Biven, *Who Killed John Maynard Keynes: Conflicts in the Evolution of Economic Policy*, Irwin Professional Pub., 1989 などを見られたい。

＊4　R. E. Lucas, "Macroeconomics Proprieties," *American Economic Review* 93, no. 1, 2003.

＊5　例えば、政策当事者であったJ. B. Taylor, "Monetary Policy and the Long Boom," *FRB of St. Louis Review*, Nov./Dec. 1998 を参照されたい。

＊6　B. S. Bernanke, "The Great Moderation," Eastern Economic Association, Washington D.C., February 20, 2004 (http://www.federalreserve.gov)

主義の大らかな肯定、最近でははるか以前から存在したかのような風情を漂わせながら登場した「金融資本主義」なる理論的に曖昧で無限定な造語をもって語られるに到った、現代資本主義への讃歌であった。

注意されたい。それは、つい「昨日」のことだったのだ！

だが、こうした状況は、二〇〇八年恐慌を契機として、例えばクルーグマンの「不況経済学の回帰」に象徴されるように、[*7]一変したかにみえる。[*8]新契約政策《ニュー・ディール》によってではなく、第二次世界大戦によって初めて二九年恐慌から脱した〈彼《か》の時代〉以降の平和均衡を象徴するとされながらも、じつは危機の経済学者であったケインズは、いかなる実効性をもって、現代に再来するのか？

再来――また、とすれば、反「ケインズ」を以てその結集軸とし、新自由主義的な市場原理主義に到達したマネタリストや合理的期待仮説とはまったく異なった視点から、次のように問われねばならない。ケインズのこうした時節的――御都合主義的、と読め！――召還は反復が差異を創り出す生産的《ミュージカル》なリトルネロを資本主義に与えることができるだろうか？

その裡に地域性を異にした複数のサイクルを孕みながらも、過去約三五年にわたって世界を席捲してきた新自由主義がその箍《たが》を外した資本の脱領土化運動《グローバリゼーション》は、その間《かん》にあっても市場への政策的介入によって資本の脱領土化を掣肘‐促迫する唯一の主体であった資本主義国家そのもの〈脱領土化的な再領土化装置〉とその世界的な諸連関《ネットワーク》――それを中心なき〈帝国〉と呼んでも大過ない。というのも、危機だけが〈帝国〉を要請するからだ――をすでに大きく変質させてしまったのではないか？

問い換えよう。資本‐平滑と国家‐条里というその速度において機能を異にしながら協働する二つの脱領土化装置が形づくる脱領土化と再領土化との相互運動――ドゥルーズ＝ガタリのいわゆる相対的脱領土化――は、ある「限界《リミテ》」を超えて固有の「閾《スーユ》」に直面し、その動的編制《アジャンスマン》の変更を強いられる「次末音節《ペニュルティエーム》」に直面しているのではないか（MP: 528ff.）。またこの「次末音節」が、二〇〇八年恐慌にほかならないのではないか？　また、とすれば、現在という舞台にふたたび登壇を強いられたケインズが当初構想していた国家は、この現在から振り返って、再吟味されねばならないだろう。

ところで、こうした設題が正しいとすれば、何よりまず、「稀少性」の下ではなく「将来についての無知」を常態的所与とするいわゆる「不確実性」の下での資本の行動原理を論ずるためにケインズが導入した「期待」・「血気」・「慣習」[*9]、以下で看るように同語反復的に循環する三題噺《トリアーデ》を一つ乍《なが》らの機制として背後で――しかも絶対精神のように――差配するこの言説的な政治装置に[*10]、立ち戻って、ケインズの国家（像）を読み返す必要があるだろう。

＊7　P. Krugamn, *The Return of Depression Economics and the Crisis of 2008*, New York: W. W. Norton, 2009.

＊8　J. Meacham and E. Thomas, "We Are All Socialists Now," *Newsweek*, Feb. 16, 2009. 言うまでもなく、オバマ新政権の財政出動を受けて書かれたこの論攷は、約四〇年前のフリードマンの皮肉を捩ったものである（M. Friedman, "We Are All Keynesians Now," *Time Magazine*, Dec. 31, 1965）。なお Y. Nagahara, "The politics of the long run," *Radical Philosophy* 155, May/June 2009 も参照。

＊9　R. Skidelsky, *John Mynard Keynes: The Economist as Saviour, 1920-37*, London: Macmillam Press, pp. 538-9.

＊10　Ch. Marazzi, *Capital and Language: From the New Economy to the War Economy*, tr. by G. Conti, Los Angeles: Semiotext(e), 2008 を想起せよ。

ブリダンの驢馬

ところで、本章のタイトルを構成する〈ブリダンの驢馬《ろば》〉とは、同質・同量の秣《まぐさ》と水との間《パラドクサ》におかれた驢馬がどちらを喰らい飲むかを決め兼ねて餓死するという挿話を挙げて、「自由意志」なるものを論じたことで知られる一四世紀フランスのスコラ哲学者ジャン・ブリダンから採られた、優柔不断を指す譬喩である。スピノザが、「人間が自由意志によって行動せず、ブリダンの驢馬のように平衡状態にある場合には、どうなるか」と設問し、次のように応答したことはよく知られている。

〔そうした〕平衡〔同等‐安定〕状態ニ置カレタ人間 homo in tali *aequi-librio* positus（すなわち、餓えと渇き、ならびに自分から等距離にあるそうした食物と飲料以外には何も知覚しない人間）が餓えと渇きのために死ぬであろうことを私はまったく容認する。もし反対者たちが私に、そうした人間はむしろ驢馬と見られるべきではないかと訊ねるなら、私は次のように応えよう。みずから縊死する人間を何と見るべきか、また小児、愚者、狂人などを何と見るべきかを知らぬように、それを知らぬ、と。*11

このスピノザは、二つの選択肢を同等に説得的と――したがって、みずからを合理的に納得させることが同等に可能と――見做す人物《せんたく》は充分に合理的であることができないと示唆する、スピノザである。このスピノザをわれわれは、蓋然性（確率）ではなく二つの同等に確実と判断される選択肢に引き裂かれて選択しない、いわば第三の選択《けつだん》肢あるいは事態の意味（「短期」の死を合理的に選択する「非合理」）を言い当てたスピノザ、と読んでよい。[12]〈実行可能で尤もらしい feasible〉選択肢をその「自由意志」をもって無効とする「合理的」な選択肢の可能性が「死」という隠喩をもって指摘されているのである。であればこそ、その初期作品『形而上学的思想』では自由意志の存在を証明しながら、[13]後年の『エチカ』ではその不在を指摘するスピノザを当て擦り、一方で「意志の自由については疑いをいだくにいたった」スピノザが、にもかかわらず他方で「『ブリダンの驢馬』の仮定」そのものの「正当さについては、どうして一生涯、露ほども疑ってみようとはしなかったのか」と問い合わせ、最後に、エイヤッと許り《ばか》に、驢馬は「一瞬の躊躇もなく〔…〕猛然と水をのみ、秣を食う」だろうと、そのいわば追い詰められた「血気」――「長期」における死の必然を受諾してなお、「短期」に賭ける血気-精気《コナトゥス》[14]――を期せずして言い当てた花田清輝については、[15]後に触れるネグリだけでなく、最近のバディウやジジェクの立論に関わって、[16]本章にとっても非常に興味深いが、ここでは立ち入らないでおこう。さきに仄めかしたように、取り敢えず本章は、「相対的脱領土化」の「限界《リミテ》」から「閾《スーユ》」への移行によってその動的編制の変更を強いられている現代資本主義の危機（の意味）のまさに閾《きわ》に、

---

*11 B. Spinoza, *Ethics*, Book 2, Scholium; B. Spinoza, *Ethices*, Pars secunda, Scholium (http://users.telenet.be/rwmeijer/spinoza/works.htm?lang=E).

*12 ここでの「同等に説得力ある」は、後に立ち寄るケインズの『確率論』の定義で言えば、蓋然性ではなく、もっとも不確実なケインズのいわゆる〈確率 $1/2$〉状態に相当する。また「見做す」に傍点を付したのは、それが後に触れる決断（「血気」）をともなう判断-選択だからである。

*13 スピノザ『デカルトの哲学原理――附 形而上学的思想』畠中尚志訳、岩波文庫。

あるいは事後の高見に立って言い換えれば、以前の動的編制と以後の動的編制の間《あわい》に到達するために、ケインズの国家（像）をめぐる問題を次のような枠組みから提起するに留める。

すなわち、「血気」を沮喪して逡巡するこの驢馬に「血気」を奮い立たせる条件を内部観測的に外部注入し、その鼻っ面を引き回して秣を喰わせ、水を飲ます任務をその合理――あるいは、理性――において引き受ける国家、ケインズが想い描いたこうした国家像（と現代におけるその限界）が、それである。後に見るように、それをネグリは、大河内一男のいわゆる「総資本的理性」と労働力の「保全」論――戦争経済論――とは、その方向性において、対蹠する変革的視点から照射するだろうが、[17] その核芯には、「将来」への「期待」の「不確実性」とそれがもたらす恐怖を「現在」において否認し、「血気」をもって決断するために、「将来」においても「現在」は斯くあり続けるという「慣習」を「現在」においてつねに担保し、それによってかかる「慣習」への「確信-信認」を促すことで資本に「血気」を贈与するという生産的機能を担う国家、あるいは一時的に（？）資本に成り代わって「血気」の範を垂れる国家、すなわち、資本にとっての〈永遠の現在《いま》〉として機能するいわば「保全」国家を構想することで、「破壊党」「ジャコバン」「ボルシェヴィキ」（への恐怖）から資本主義システムそのものを護ろうとした、[18] 優れた経済学者であり、腹が据わった博徒であると同時に「リアルな」経世家《ステイツマン》でもあったケインズの、だが今日的な、意味《げんかい》への問い合わせがある。

そしてこの議論は、『一般理論』第二篇第五章に淵源する、同書第四篇における「本題からの逸脱」（GT: 149）についてのもっとも素朴で簡単な復習から、始まる。

循環論の退隠しつつ差配する公理系

期待　どんな教科書にも記載されているように、ケインズは、資本〔投資〕の限界効率を「収益への〔長期〕期待と資本資産の現時点における供給価格」という二つの要素、すなわち将来と現在の二時点によって定義されるとした。ここでの「現時点における供給価格」とは、これもまたよく知られているように、現在において資本に「資産の付加的一単位を新たに生産させること〔決断〕を誘発〔-推論〕させる〔導管に流し込む induce/*in-duct*〕にたる充分な価格」あるいは「置換費用〔取替原価 replacement cost〕」であるが、そのうえでケインズは資本〔投資〕の限界効率に「耐用期間中にその資本資産から

＊14　ケインズの「血気 animal spirit」がデカルトの〈精気 l'esprit animaux〉由来——「人間論」（『増補版デカルト著作集』第四巻、白水社、一九九三年）および死後公表された「情念論」（『増補版デカルト著作集』第三巻、白水社、一九九三年）——のものであることは知られている（D. E. Moggridge, "The Source of Animal Spirits," *Journal of Economic Perspective*, Vol. 6, No. 3, 1992 を参照）。

＊15　花田清輝「ブリダンの驢馬」『復興期の精神』講談社学術文庫版、一九九八年。

＊16　例えば、バディウについては、その論争的提起から、S. Critchley, "On the Ethics of Alain Badiou," in C. Tiera ed., *Alain Badiou*, Albany: SUNY Press, 2005 および do., "Ours is not a terrible situation: Alain Badiou and Simon Critchely at Labyrinth Books, NY, March 6, 2006" (http://www.slought.org) 参照。

＊17　最後に触れるネグリのいわゆる「資本のコミュニズム」に関わって、例えば、大河内一男『戦時社会政策論／国民生活の理論』や『社会政策の基本問題』日本評論社、一九四〇年（『大河内一男著作集』第四巻および第五巻、青林書院新社、一九六九年収録）などをみよ。

＊18　J. M. Keynes, "Am I a liberal?" (1925), in *Essays in Persuasion*, op. cit., p. 299.

得られると期待される収益によって与えられる年収益系列の〔割引〕現在価値をその資産の供給価格にちょうど等しくさせる割引率」という定義を与えた (GT: 135-6)。現在を将来に投射《プロジェクト》し、それが翻って将来を現在にあらかじめ固定することを必須あるいは初発の要件とする、この無時間的な定義は、言うまでもなく、投資が将来にわたって経年的に達成する産出にではなく、現在において新たに生産された資産に、その根拠を据えられている。それをケインズは、耐久財の結合的性質を例証として選んで、「経済の将来が現在と結び付けられるのは耐久設備の存在に拠っている。したがって、将来についての期待は耐久設備に対する需要価格を通じて現在に影響を及ぼす」とも、まとめたのである (GT: 146)。

投資すなわち資本は、したがって、その本質とそれが採る形式において、その「自由意志」を将来と現在に引き裂かれるにせよ、両者が現在において担保される長期期待においてふたたび結び付けられることを与件的前提としている。あるいは、むしろこの期待そのものが、資本あるいは投資にほかならない。その意味でまた、将来と現在はかかる期待において〈永遠の現在《いま》〉に措かれるのである。この〈永遠の現在《いま》〉は、しかし、ふたたび何によって担保されているのか？

ケインズのいわゆる慣習である。

慣習　ケインズは「慣習の本質」を「現在の事態が、変化を期待する特段の理由がない限り、これからさきどこまでも、このまま続いてゆくと想定するところにある」と定義するが、この規定にケインズは、即座に、これは「われわれが現在の事態が無際限に続くことを本当に信じていることを意味しない」と付け加えた (GT: 152)。この付加は、しかし、定義の限定ではない。むしろこれは、慣習が永続することに確信‐信認をおくことが「慣習の本質」を構成するもっとも重要な要因であることを意味している。またしたがって、長期期待が将来における変化を制御するわれわれ自身の能力への現在における確信‐信認以外の何ものでもないこともまた、この定義は含意している。

　これは、しかし、慣習が将来においても不変であることへの現在における確信‐信認である限りにおいて、皮肉にも、しかしケインズの真意において、いわゆる「無知の状態」――次に触れる「不確実性」の常態的支配――を裏返した言い方にほかならない。であればこそケインズは、計算された数学的期待値である「慣習的計算方法は、慣習の持続を当てにすることが可能である」限りにおいて、われわれが直面している事態に「相当程度の連続性および安定性と両立する」として、その理由を、一方における「組織された資本市場」の存在と他方における「慣習の持続」（という期待の確実性）を前提する限りにおいて、[19]資本にとっての「唯一の危険《リスク》」は「近い将来における情報の実質的変化がもたらす危険程度」に留まり、その「程度」もまた、「彼自身の判断を下すことができる」だけでなく、しかもその程度は「著しく大きくないと考えて自分を励ますことに大過ない」と考えることができる点に求めるだけでなく（GT: 152-3）、さらに踏み込んで、この「慣習への確信‐信認」が「投資の需要表そのもの」である資本の限界効率を「駆動し〔…〕決定する主要因の一つである」とも明言したのである（GT: 149）。こうしてケインズの「長期」は「短期」に縮減されて理解され、この縮減が慣習の不変への期待において担保されている（これはまるでルーマンを読むようである）。

　このケインズは、したがって、将来への期待と現在における「合理的な計算‐予測」にもとづくそ

＊19　R. Marchionati, "On Keynes' Animal Spirits," *Kyklos*, Vol. 52, 1999, 9. 421ff. 参照。

の担保の根拠に、現在における慣習持続への確信‐信認を繰り込むという、確信‐信認をめぐるある種の同語反復‐円環を勝義において是認している。ここでの同語反復あるいは循環‐円環論は、したがって、慣習の持続への現在における確信‐信認が将来への期待を形成‐担保し、それが投資を肯定的に駆動するが、翻ってそれがまた、投資が現在における慣習への確信‐信認を応答的に駆動することをも担保するという、いわば内部観測的で「相補」的な、[20]したがって、次に看る「血気」の円環への挿入によって予測それ自体が予測対象（将来）のみならず予測主体（現在）をも変化させてしまう、不確定な循環を意味している。[21]そしてこの循環‐円環を循環‐円環させる確信‐信認の危機へ退隠しながら差配する国家の固有な介入が、事後においてその正統性が証明される公理として、構想されるのである。こうして、ケインズには、資本の「血気」以前に、国家が慣習の維持においてかかる「血気」を誘導‐帰納する「血気」を発揮せねばならないという公理が、埋め込まれている。

　であればこそネグリは、国家の「介入主義の厳密な規定」における「第一形態」を論ずるに当たって、経済危機を「将来への確信‐信認と確実性」の「破壊」、あるいは当初の「期待」とその帰結との合致という「資本の基本的慣習」の「破壊」と定義したうえで、かかる危機に対するケインズの課題を「将来における恐怖を払拭」するために、「将来を現在として固定」する唯一の担保である「慣習の保証」を国家の任務として強調したのであり（LD: 40）、これがケインズによる〈セーの法則〉批判――有効需要の創出、したがって、労働《しょうひ》者階級の〈独立変数〉としての承認――の別様の表現であることもまた、明らかである[22]（GT: 23ff.）。

　こうしてケインズにとっての国家とは、「将来から現在を護る」ために（LD: 40）、現在における慣習の将来における担保－保全を請け合う〈永遠の現在《いま》〉として、資本を「励まし」し（GT: 153）、その「血気」を鼓舞することができる、最後に触れるネグリのいわゆる「統一的な」経済的「装置」であった。ケインズがいわゆる「確信－信認の状態」を現在において「最善の予測と思われていたもの」が結果－将来において「まったく過っていることが判明するかもしれないという可能性」を資本が現在において「どの程度に評価しているかということ」であると定義していることからも、それは明らかである（GT: 148）。現在における将来への期待の不確実性だけが将来を現在において担保し、そうすることで初めて、現在と将来は、かかる不確実性の許でのみ、結束されるのである。

だが、例えばネグリが続けて、こうした理解が冒頭で題辞としてあげた「いずれにせよ〈長期という観点に立てば In the long run〉、われわれは皆死ぬ」という名言に「新たな光を当てる」と言うとき（D: 40）、彼は何を言おうとしているのだろうか？　それは、「血気」を論ずる以下のケインズに関わり、

＊20　A. Plotnitsky, *Complementarity: Anti-Epistemology After Bohr and Derrida*, Durham: Duke University Press, 1994 を参照。

＊21　ケインズは、「産出量と雇用の決定因としての期待」を説いた『一般理論』の第二篇第五章で、「短期期待」と「長期期待」を分類している（GT: 46ff.）。

＊22　とはいえ、後に触れるネグリのケインズ批判に関わって言えば、ケインズ（そしてその正嫡を自負し「俗流ケインジアン」を批判するクルーグマン）の〈セーの法則〉批判には依然としてアダム・スミスが取り憑いている。J. M. Keynes, "The Balance of Payments of the United States," *Economic Journal*, 56 (222), 1946, p. 185 をみよ。

それはまた、冒頭に措いた〈ブリダンの驢馬〉と「血気」が出会う公理空間である〈永遠の現在《いま》〉が炙り出される三つの題辞への還帰を意味している。

不確実（定）性と血気　ケインズが〈死〉をどのように考えていたかを髣髴とさせる本章冒頭に措かれた二つの題辞に続く第三の題辞は、であればこそ、その裏面を支える〈生〉に彼がどのように対処していたかの一端を知らせてくれ、単独でも興味深いが、それは、彼がこの一文にある「不確実」という語にわざわざ付した註によって、いよいよその度合いを深めることになる。彼は、ここでの「『きわめて不確実な very uncertain』が『蓋然性〔確率〕がきわめて低い very improbable』と同じ事態を意味しない」と註記し、そのうえで、一九二一年に公表された彼の博士号請求論文『確率論』の第六章「推論の重み」への参照を要請しているからである。[*23] ここで「推論」という日本語が与えられている〈Argument〉はその真意において〈独立変数〉であるが、[*24] 第三の題辞がそのいわゆる「血気」が意味することの真髄であるとすれば、この「血気」は彼固有の独立変数《アーギュメント》である「不確実性」理解に担保されている。

そして何よりも注目すべきは、ケインズの「不確実性」がある種の絶対的に予測不可能な、したがって期待－確信に支えられた血気という独立変数の作動だけが確実であることを指していることである。その意味は『一般理論』出版の翌年に彼が公表した論文でより強く敷衍されているが、そこで彼は、次のように書いている。少々長いが、彼の議論が、短期でもなければ長期でもない、いわば絶対的な独立変数としての「危機」の経済学である所以が、ここでは明記されている。そしてこの一文は、決定的である。[*25]

新たな恐怖と希望がいかなる警告もなく人間の行動を左右する。幻滅を与えた力が突如として〔新たな〕価値判断〔見積もり〕の慣習的基礎 conventional basis を課すに到る。〔こうして〕整然と配列された取引所やよく制御された市場〔という公理的前提〔確実性を賦与された期待〕〕のために

＊23　岩波文庫版『一般理論』の訳者間宮が簡便な訳註を付している。経済学にあまり馴染みのない読者のために引用しておく（以下傍点は引用者）。「ケインズの確率論は人間の行う推論の確からしさを主題とする確率論である。前提となる証拠 (evidence) h をもとに結論命題 p を導くのが推論であり、h と p の二項関係、すなわち h をもとにしたときの p の蓋然性（p/h と表記される）が、ケインズの言う確率である。p に不利な証拠が増すと p の確率は減少する（improbable になる）が、〔その反面〕p に関する確実性は (certainty) は高くなる。なぜなら、以前にも増して、強い『確信〔信認〕』をもって p が偽であることを言いうるからである。この確信〔信認〕の状態を表すのが『推論の重み』であり、p に関連した証拠が増すと、p/h は増加する場合もあれば減少する場合もあるが、推論の重みは必ず増す」（前掲『一般理論』上巻、三九二頁）。なお詳しくは、伊藤邦武『ケインズの哲学』岩波書店、一九九九年、Marchionatti, op. cit., pp. 418ff.、T. Lawson, "Uncertainty and Economic Analysis," *Economic Journal* 95, no. 380, 1985, pp. 911ff. などを参照されたい。

＊24　さきに資本〔投資〕の限界効率の定義をめぐって「誘発－推論〔帰納〕」に敢えて〈induction〉と付しておいたが、ケインズ『確率論』の核芯を説く「推論の重さ」では、〈induction〉でもなければ、いわゆる不確実性にもとづく推論を指す〈conjecture〉でもなく、〈argument〉が用いられていることにふたたび注意せよ。間宮の表現を藉りれば、「p/h は増加する場合もあれば減少する場合もある」がゆえに、「推論の重みは必ず増す」ことが問題なのである。

＊25　J. M. Keynes, "The General Theory of Employment," *Quarterly Journal of Economics*, vol. 51, no. 2, 1937, p. 215.

拵えられたこれらのきわめて洗練された技法《テクニーク》も、崩壊を免れない。〔そうした〕つねに漠然とした恐慌《パニック》への不安と同様に漠然とした合理に適わない希望〔あらかじめ確たるものとして説明できない希望 unreasoned hopes〕は鎮まることがなく、そうした表層の裏面には細々とした一本の道が残されているだけである。

読者は、人間行為についてのこうした一般的で哲学的な考察がここで懸案となっている経済学理論から幾許か乖離しているように感じられるだろう。だが僕は、そうは思わないのだ。こうした考察は、われわれが市場でどのように振る舞うか、すなわち、われわれが市場でいかに振る舞うかを研究する〔合理的に説明する〕に当たってわれわれが考案する理論が市場という偶像－謬見に屈してはならないことを意味している。古典派の経済理論が、われわれが将来についてほとんど何も分からないという事実〔無知の状態〕を捨象することで現在に対処することを試みる、巧みで洗練された技法《テクニーク》の一種に堕していることを僕が批難する所以が、ここにある。

ここでは、『一般理論』を論ずるに当たってもよく取り上げられる譬喩「美人コンテスト」(GT: 156)を用いた市場の「自己言及性[*26]」――すなわち「慣習的な判断－分別 conventional *judgement*」への頽落[*27]――への批判が、より明確に語られている。こうしてケインズの「不確実性[*28]」とは、すなわち、絶対的な不確実性〔独立変数〕が函数内に存在していることの確実性であり、またそれがゆえにこそ、「血気」そのものを指しているのであって、したがってもっとも保守的な伝記作家スキデルスキーが指摘したような、計測不能な「真性の不確実性の残余」に起因する永遠の「厄災の可能性」と「システミックな過誤」をケインズが論じたわけではない。[*29] それは残余項ではない。彼はむしろ、「残余」なき——無条件の——不確実性を強調しているのである。であればこそケインズは、「投機による不安定性」とは異なる「人間性の特質にもとづく不安定性〔…〕数学的期待値のごときに依存するよりは、むしろおのずと湧き上がる〔悲観、と読め〕楽観に左右されるという事実に起因する不安定」を語ると称して、次のように書いたのである（GT: 161-2）。投資は……

> ひとえに、「血気」と呼ばれる、不活動よりは活動に駆り立てる人間本来の衝動の結果として行われるのであって、数量化された利得に数量化された確率を掛けた加重平均の結果として行われるのではない〔…〕

---

*26 S・ジジェク「馬鹿だなあ。肝腎なのは政治経済なのに！」長原豊訳、『現代思想』第三七巻第一号、二〇〇九年参照。

*27 Keynes, "The General Theory of Employment," op. cit., p. 215.

*28 だが、例えばポスト・ケインジアンの先駆者ミンスキーは、ケインズの「不確実性」を人間行動に根拠を与える「モデルへの合理的な確信の程度 the degree of rational belief の帰結」と理解し、一般理論の「合理的」洗練が可能であると主張している（H. P. Minsky, "Uncertainty and the Institutional Structure of Capitalist Economies," *Journal of Economic Issues*, Vol. XXX, no. 2, 1996, p. 358）。

*29 R. Skidelsky, "The Remedist," *New York Times*, December 12, 2008.

と(GT: 162-3)。

ケインズは、危機の常態性を将来についての現在における不確実性に起因する期待の崩壊として捉えたうえで、長期投資に関わるその結果と当初の期待との不一致はありふれた常態であり、したがってその意味では、資本はつねに危機に直面していることを認めるのである。不確実性としての「無知の状態」から出発して合理的評価を算出することなど、ケインズにとっては、論理的に撞着している所以である。したがって彼はまた、当然にも、同等に証明可能な「等確率 aequi-probabilis」を出発点として得られる「保険統計的な期待値〔加重平均〕だけ」に藉口して「合理的な計算 - 予測」に到達しようとしても、それは定義的に「無駄である」と述べるだけでは済まない(GT: 152)。彼は、さらに明確に、「個々の決断《イニシアティブ》は、合理的な計算 - 予測が血気によって補足され支持され〔…〕しばしば先駆者を襲う究極的損失への懸念が、あたかも健康な人が死の期待を念頭におかないように念頭から取り払われる場合において初めて、[30] 充分なものと言える」と記したのである[31](GT: 161-2)。ここには、非合理だけがその合理を支える資本の狂気〔と吃音〕というドゥルーズ的な資本主義理解とこの資本理解から導き出された「権力の組織化」という資本の任務が、聢《しっか》と受け止められている[32]。

例の〈ブリダンの驢馬〉を蹴散らすこの花田的とも言うべきケインズ、その意味で反スピノザ的なこのケインズにとって、血気とは、したがって、「合理的な計算 - 予測」を補角的に「補足」するだけでなく、「合理的な計算 - 予測」によって「支持」されもする、ドゥルーズ的に言えば、非合理から切り取られた合理の領域である。だが、いわばベルヌーイ的なこの〈山勘《ギャンブル》〉によって担保され、また翻ってこの〈山勘《ギャンブル》〉を担保しもする——ここでもふたたび循環論法が、あるいは好意的に言えば、ボーア的な相補性が、登場する――「合理的な計算‐予測」とは何か？　あるいはケインズ的な意味でもっとも不確実な〈確率1/2〉に直面して「推論の重さ」の増加を必至とする合理において逡巡する〈ブリダンの驢馬〉を将来に向けた現在において拭い去ることを許す、現在における「合理的な計算‐予測」とは何か？　それはふたたび、慣習の持続あるいは〈永遠の現在《いま》〉への期待（を担保する、超越する理性という期待を担った国家）にほかならない[*33]。〈セーの法則〉を批判することでみずからの理論を築き上げた、いわば短期あるいは危機の経済学者ケインズが、その死後に公表された、バン

*30　クルーグマンがこのいわば人生観を政策展開において受け継いでいることは、次の一文でも明らかである。すなわち、「景気後退は結果的には自分自身で回復する。これがケインズの発言の趣旨だが、それは、しかし、偶然に充ちた死亡率という事実を理由に生存に見切りを付ける人などいないように、事態を早急に終わらせる政策を無視する人もまた存在しないということを含意している。〔…〕もし景気後退が生産性における一時的ショックへの合理的な反応だと言うのなら、大恐慌はちょっとした長めの自発的休暇ということなのか？」と（P. Krugman, "Economist as Crusader: Arvid Subramanian interviews economist Paul Krugman," *Finance and Development* 43(2), Jan. 2006）。

*31　ケインズ理解における不確実性と合理的行動の整合化を試みる議論は枚挙に遑《いとま》がない。だがそれは、ケインズに悖《もと》る試みではないのか？　例えば、T. Lawson, "Keynes and Convention," *Review of Social Economy*, vol. 51, 1993; J. A. Kregel, "Rational Spirits and the Post Keynesian Macrotheory of Microeconomics," *De Economist* 135, NR. 4, 1987; D. Dequech, "Conventional and unconventional behavior under uncertainty," *Journal of Post Keynesian Economics*, vol. 26, no. 1, 2003 などを参照。

*32　Deleuze (avec Guattari), "Sur le capitalisme et le désir," op. cit., pp. 365ff.

コールに夢見られた人為の見えざる手を論ずる論攷で、スミスの安寧−長期（自然）に回帰しようとも[*34]、還るべき自然は、自己調節する市場という「自然（価格）」ではなく、ただ只管《ひたすら》に永遠を担保する国家によって自己調節を装う「自然（状態）」といういわゆる「自然」に反するものであるほかないだろう[*35]。あるいは国家とは「自然」なのだ。

またそうであればこそ、ネグリは、ケインズにあっては、国家が「現在と将来を結び付ける基本的な経済的慣習を保証することだけでは不充分」であり、国家それ自体が「一箇の経済構造〔…〕生産的主体」とならねばならない必然性が存在すると、労働者階級の独立変数としての社会的登場を想起しつつ（LD: 23ff.）、いわば基底還元論的に主張し、さらに続けて、次のように述べたのである。

> 現在を将来へ連結する慣習を保証することにおいて、いまだ国家は資本家に支《つか》える一つの構造にすぎない。国家がみずからを生産的資本として直接的に提示する。しかしこれは、国家が市場経済とその個別資本家との間接的関係が惹き起こす構造的摩擦をも剋服しようと努めることである。こうしてそれが、国家の新たな形態となる。社会的資本の国家、それが国家の新たな形態である（LD: 41）。

この解釈は、利子率の変動を用いて景気循環に反循環的に対抗する「単純な貨幣政策」――「市場という偶像−謬見」――機能に「疑念」を呈し、「資本財の限界効率を、長期的な観点から、一般的、社会的利益を基礎として、計算することができる国家が投資を直接的に組織するために今後ますます大きな責任を負うようになることを期待」するケインズによって（GT: 164）、担保されていることは確かだ。それでは、しかし、〈永遠の現在《いま》〉を担保する国家という「自然」における「自然」とは何か？　それは、危機という「例外状態」であるほかない。

資本のコミュニズムと対抗「血気」のために

こうして国家は、ケインズにとっては、資本が直面する将来に対する現在での不確実性を〈永遠の

＊33　伊藤は、この「等確率の原理が無制限に認められる」ことに対してケインズが「等確率は『無知』あるいは『不十分な理由』にもとづくのではなく」、ある現象の背後に存在する複数の説明仮説が或る「関連性」のもとで「無差別」であることが「直接知られていることにもとづ」くと主張したことを紹介している（伊藤前掲書二三〇頁）。なお *A Treatise on Probability*, op. cit., pp. 41ff. 参照。

＊34　Keynes, "The Balance of Payments of the United States," op. cit.

＊35　いわゆる「政治過程」を一変数として公然と導入するカレツキ的なケインズ理解に看られるように、だが国家という要素を公然と語ることが少ないいわゆるポスト・ケインジアンと、制度を語りながらそれを国家論として議論することが少ない制度学派との収斂の根拠がある。カレツキの議論は、合理的選択論によるマルクスの書き換えを目指す、社会民主主義を導く可能性を孕んでいる。例えば、一方で「不確実性を欠いたケインズは王子なきハムレットだ」と書いて、ケインズの『確率論』と『一般理論』との関係の重要性を強調したミンスキー（Minsky, *John Maynard Keynes*, op. cit.）は、他方で、前出のサージェントとケインズとの関係をも重視している（Minsky, "Uncertainty and the Institutional Structure of Capitalist Economies," op. cit.）。なお関連して、F. Ferrari-Filho and O. A. C. Conceiçao, "The Concept of Uncertainty in Post Keynesian Theory and in Institutional Economics," *Journal of Economic Issues*, Vol. XXXIX, no. 3, 2005 参照。

現在《いま》〉として否認し、資本のみならずみずから自身も血気を奮って範を垂れることで、現在を将来への期待の保証において繰り延べる経済装置である。ネグリは、こうした解釈から、資本の困難を肩代わりし、「社会的に生産能力を発揮する国家」という「形態」を纏うに到った資本主義国家が、それがゆえに第一に、その裡に「経済的諸階級との軋轢」を抱え込み、また第二に、初期において投資を支配していた銀行の役割の退潮とそれに取って代わる「生産場面それ自体が直接的に投資を決定する」局面の出現によって、ケインズが想起した「貯蓄と投資の一致」が「社会それ自体が工場となる」いわゆる「社会工場」を招来したと周知の議論を展開し、さらに資本が「消費されもしなければ、投資されもしない所得」の存在に典型的に現れる「資本の過剰生産」、すなわち「循環のあらゆる機能不全の痕跡と可能性」の「除去」をその任とする資本主義の「社会工場‐社会国家」的変質とそこでの「指令 prescription」国家の完成という解釈を提起したことは、よく知られている(LD: 42-3)。またそれが、ハートの「市民社会の消滅」論を導いたことも確かである。[*36] それは「総資本」の「血気」が採る理性的粉飾――「保全」する国家――を介した資本の許への社会全体の実質的包摂にほかならないが、これがまた、「資本のコミュニズム」の実現を資本の「経済科学」の先駆者として目指したケインズという理解に繋がることになる。この「指令」国家は、しかし、〈永遠の現在《いま》〉を「保全」する国家のコミュニズムという惨劇である(LD: 45ff.)。

だが、とすれば、過去約三五年にわたる新自由主義と市場原理主義の跳梁跋扈とそれによるフォーディズム体制の退潮とポストフォーディズム体制の出現は、資本が脱領土化したものを国家が資本の脱領土化の継続のために再領土化するという、いわゆる「相対的脱領土化」をその閾《スーユ》にまで追い詰め、その結果、旧来の意味での国家とその主権はその期待された機能を失いつつあることになる。[*37] またそこでは、国家主権をその額に打刻された通貨の絶え間ない売買に典型的に現れているように、国家とその主権までもが商品化され、さらには、ケインズが希った「金利生活者の安楽死」は、例の「金融資本主義」の許で、期せずしてわれわれが「死ぬ」前にすべて金利生活者になったという意味で、[*38] われわれすべての「死」を意味するに到っている。こうした状態におけるケインズの回帰は、これまで観てきたその国家論から、可能だろうか？

二〇〇四年、ナンテールで開催された『アクチュエル・マルクス』誌の総会でネグリは、「もはや〈国家〉主権はみずからを〈一〉としては提示しえない。あるいはむしろ、破壊的にも、戦争だけがみずからを（統）一的装置 *dispositif* unitaire として課すことができる。〔…〕戦争は主権の唯一の統一的装置として、またしたがって、政治の唯一の基礎として、機能する」としたうえで、アガンベンを引いて「例外状態が常態 – 慣習となる L'exception devunue règle」と語り、[*39] この例外状態に、ケインズの〈永遠の現在《いま》〉ではなく、「妖怪的多数」の「血気」を促した。[*40]

＊36　M. Hardt, "The Withering of Civil Society," op. cit. 関連して、K. Surin, "Marxism(s) and 'The Withering Away of the State'," *Social Text* 27, 1990 も参照。

＊37　Nagahara, "The Politics of the Long Run," op. cit.

＊38　L・パニッチ＋S・ギンディン「進行する危機」沖公祐・長原豊訳、『現代思想』第三七巻第一号、二〇〇九年を参照されたい。

この対抗「血気」とも言うべき情動は、何か？　それは、ケインズがその「血気」論を展開するに当たって依拠したデカルトが語ったように、「風あるいは非常に微細な焔のようなものなので、どこかに通路が見つかるとすぐに、一つの筋肉から他の筋肉へ急速に流れこまずにはいない」精気の永遠の流動influxである。[*41]　またその意味で初めて、ケインズの憂鬱な死生観に対蹠する真の意味での〈愛〉が問題となるだろう。[*42]　生きた労働は、「一般的知性」である前に、この「造型の焔」（マルクス）を意味している。それは資本のコミュニズムを終わらせるコミュニズムである。グローバリゼーションの帰結である二〇〇八年恐慌は、その一里塚であるほかない。[*43]

＊39　A. Negri, "Marx/Impero-Imperialism," in do., *Empire and Beyond*, tr. by E. Emery, Cambridge: Polity, 2008, p. 78. および do., "Sovereignty: That Divine Ministry of the Affairs of Early Life: A review of Giorgio Agamben, *Il regno e la Gloria: Per una genealogia teologica dell'economia e del governo*, Neri Pozza, 2007," *Journal for Cultural and religious Theory*, vol.9, no.1, 2008 を参照。また関連して、Marazzi, op. cit., pp.145ff. も参照。

＊40　A. Negri, "Monstrous Multitude," in do., *Empire and Beyond*, ibid., pp. 46ff.

＊41　R. Descartes, «Traite de l'Homme», op. cit., p. 137.

＊42　A・ネグリ『革命の秋《とき》』長原豊・伊吹浩一・真田満訳、世界書院、二〇一〇年およびA・バディウ『世紀』長原豊・馬場智一・松本潤一郎訳、藤原書店、二〇〇八年参照。

＊43　以下の論攷を一興として提示しておく。M. Leonard, "The left should love globalisation," *New Statesman*, 28 May, 2001.

第4章 「非有機的身体」の捕獲

ビッグ・データによってわれわれは、生産の管理から管理の生産へ移行した。[*1]
スピノザはオーウェルに反対だった。[*2]

例のビッグ・ブラザー?

あるテレビ・コマーシャルに付された件《くだり》——「この国のお医者さんは、この国のみんなことを知っている」——は、[*3] フィンランドの医療システムにおける生の——病としての——管理《ひてい》とそれに寄与する情報システム、またさらにそのための生データの統合的集積体制の「福祉《ウェルフェア》」にとっての意義を販促している。それは死《フェアウェル》の否定的販促である。イアン・ブキャナンは「インターネットは接続というよりもむしろ検索」装置となったと指摘したが、[*4] この指摘は、繰り返し出現し、ユーザーにはほぼ不可視の領域でまるで家具付きアパートの大家のように振る舞うその「供給者《サプライヤー》」に、利潤――むしろ、ある種の地代《レント》――を発生させる「接続」装置SNSの増殖にもかかわらず、間違ってはいない。だが、こうした医療――あるいはむしろ、すべてを覆い尽くすに到った〈生政治経済〉――体制では、一箇の身体を構成するさまざまな生の部品《パート》についての「可分的 dividuelle」データの統合的管理に象徴されるように、[*5] こうした「接続」による「分割不能な個別 individuelle あるいは人頭的《ニュメリック》な身体」の――消費者主権を当為的論拠とする市場における――自発的開示を通じて「管理される『可分的なもの』」の「検索」が、統合‐総数《シフル》的に機能している。その意味で「接続」と「検索」は不可分一体的に身体‐生を統治している。

いつの時代でも、マイクロな自発こそ、その集計《アグリゲイト》を超えるマクロな全体《ホール》を指令する要領《プロトコル》を創り出す当のものであり、後に見る「第二の自然」への自発的拝跪を嚮導するこの要領《プロトコル》こそ、その「可分的なもの」のデータとしての囲い込み《エンクロージャー》(身体‐生そのもののデータ的な、つまり「分割不能な個別身体」であるがままのその細分化を通じた、本源的蓄積‐暴力)を通じて逆流的に「分割不能な個別身体」の――占有《ベズィッツ》ではなく!――所有《アイゲントゥーム》を権原‐主体化する、当のものでもある。この現代で僕たちは、与《あずか》り知らぬ特定不能な(後に観るように、時間によって殲滅された空間《スペース》に代わる)場《サイト》に「可分的」に登記・蓄積されたデータの、「分割不能な個別」身体という可視的具体性における、逆流的な再所有化を無差別に強いられている。こうして僕たちは、已れの有機的身体にデータ(後にそれを所与《データ》と表記する)の不可能な所有《ほんらいせい》を――「原始的土地機械」がかつてそうしたように――刺青さながらに刻印されながらも

(AO: 169ff.)、この刺青によって、だが同時に、脱「本来」化(収奪)されてもいる。

それは、遙かな過去に起きたとされながらも、その形態を多様に変え現在においても継続されている労働力の商品化によって近代的個人という「分割不能な個別」身体にその起源《じんい》的所有を商品販売者として(のみ)強いた例の無理《できごと》との対比で言えば、規律社会を調整してきた「指令の言葉 *mots d'ordre*」を自発的に求めてそのための「合い言葉 *mot de passe*」の入手に整列する人びとが、その「可分的なもの」においてみずからを記号の群れ - 行列として再形成する、シャビーな剝き出しの生の姿にほかならない。したがって、それがもはや旧来の〈大衆 - 群れと個人 masse-individu〉という古典的対項を構成しないことは確かであるにせよ[*6]、しかし、ドゥルーズの〈*Individuum*〉と〈*Dividuum*〉という二つ

＊1　M. Bonenfant et al., "Big Data and Governance" (www.inter-disciplinary.net/critical-issues/wp- content/uploads/2f013/04/mondouxcyberpaper.pdf)

＊2　E. Balibar, « Spinoza, L'anti-Owell: La crainte des Masses », *Les Temps Modernes*, n° 470, 1985, p. 397.

＊3　jad.fujitsu.com/adver/life/global-medical

＊4　I. Buchanan, "Deleuze and the internet," *Australian Humanities Review*, Vol. 43, 2007 (no pagination).

＊5　当初は現物形態で取引されていたこうした部品における商品形態の変化と「知的所有権」による「囲い込み」については、L・アンドルーズ＋D・ネルキン『人体市場』野田亮・野田洋子訳、岩波書店、二〇〇二年やカウシック・S・ラジャン『バイオ・キャピタル』塚原東吾訳、岩波書店、二〇一一年を参照。

＊6　スピノザを検討するバリバールは〈大衆 masse〉と〈群れ multitude〉の連続性を強調している。E. Balibar, *Spinoza et la politique*, Paris: PUF, 1985 参照。

の結節環《ノード》は、だからといって、その裡に前者から後者への単線的移行を含むような単純な二元論ではないこともまた確かなのである。[*7] それは、例のスキャンダラスな作家であれば「インターゾーン」と呼んだであろう相対的脱領土化と絶対的脱領土化との間《あわい》に、後に触れる意味での一箇の過程として、永遠に留まり引き裂かれ続ける資本‐主義が病む分裂症の深部であり、またしたがってこの資本‐主義に形式・実質の両面から包摂され続ける人間（あるいはむしろ「数字《シフル》」としての人口）が罹患する分裂症の表層でもある。

　こうしたいわばソフト・ファシズム的な事態《ユーフォリア》の出来《しゅったい》に較べれば、[*8] フランシス・フォード・コッポラの一九七四年の作品《カンバセーション 盗聴》やトニー・スコットの一九九八年の作品《エネミー・オブ・アメリカ》などは、今となっては遮蔽幕《スクリーン》のそれとしてのみ楽しむことができる牧歌と言うほかない。まさに平和（市場）において進行する――つまり、「分割不能な個別」身体がその数字《データ》とそこから形成される意味《けいしき》（情報）をみずから進んで提供あるいはむしろ消費的に生産することで、「可分的なもの」として、不可視・非対称的に、だが統合‐総数《シフル》的に、登記される被管理の臣民‐主体におけるマイクロな自発の喚起――データ‐情報の収集‐発掘《マイニング》（さらには盗掘）・管理のこの実相、さらには個体における「記憶の外部化」[*9] すら、集合的記憶の国家や民族による統合囲繞的簒奪どころか、時間（との衝突）によってもはや識別不能となってしまった空間とは無関係‐無差別《インディファレント》な「巨大な所与《ビッグ・データ》」として分散‐配分的に生産・集積されるといった、この統合された単一の世界市場の実相は、[*10] 規律から管理への移行という分かりやすい〈*mots d'ordre*《スローガン》〉を呼号する人びとにとっては由々しき事態であるに違いないだろうし、一介の経済学研究者にすぎない僕といえども、彼（女）らが感じるこの漠とした身体的怖気《おぞけ》を共有せざるをえない。まただからこそ、ジジェクまでもが、例の〈WikiLeaks〉のアサンジやCIAおよびNSAの内部告発者スノーデンによる「盗聴」暴露に事寄せて、次のように語ったのである。

二つの隠し難い言葉がある。それは抽象化-取り去り《アブストラクション》と管理《コントロール》である。雲-集団《クラウド》を管理するにはその機能を制御する監視システムが必要であり、このシステムは、その本性からして、ユーザーには隠されている。掌《てのひら》に入る（スマホのような）アイテムが個体化され、使い勝手が良くなり、その機能において「分かりやすく」なればなるほど、〔これを駆動させる〕全体の仕組みは、ユーザーの経験を同期させるために他の場所で行われている広大な機械的循環といった作業に、より一層依存せざるをえなくなる。われわれの経験が非-疎外的で自発的、また分かりやすくなれば

＊7　以上は G. Deleuze, « Post-scriptum sur les sociétés de contrôle », in *Pourparlers*, Paris: Minuit, 1990, p. 247, 243-4 からの引用。

＊8　例えば、F. Guattari, *Soft Subversions: Text and Interviews 1977-1985*, ed. by S. Lontringer, New York: Semiotext(e)/Foreign Agents, new edition, 2009 参照。

＊9　F. Cormerais, « Les Technologies numériques et le numéraire: du capitalisme mondial à l'économie politique de la mémoire », *Atelier: Enjeux socio-culturels*, mimeo 参照。

＊10　F. Guattari, « Le Capitalisme Mondial Intégré et la révolution moléculaire," in do. *La révolution moléculaire*, Paris: Encres, 1977; F. Guattari et T. Negri, *Les Nouveaux Espaces de Liberté*, Paris: Dominique Bedou, 1985; Stéphane, « Préface: Une ou des révolution(s) moleculaire(s) » in F. Guattari, *La révolution moleculaire*, Paris: Les Prairies Ordinaires, 2012.

なるほど、自分にとっての重要課題だけに従う国家機関や巨大企業によって制御される不可視のネットワークに制御されるようになる。[*11]

例の監視社会《ビッグ・ブラザー》を説く時論家ジジェクのこの立場はもちろん決して間違ってはいないだろう。[*12] そこにはまた、例の超自我論も作動しているに違いない。僕たちがその欲求や欲望、さらには情動までをも市場（労働＝消費市場）において／を通じて進んで表明すればするほど[*13]——それは不可避だ！——隷従《シュジェション》を主体《シュジェ》－臣民において選び取るほかないという、いわば「可分的」な、まただからこそ些《いさ》かの残余もない、ふたたび例の作家であれば「液状化 Liquefaction」とすら呼んだであろう、[*14] 統治を作動させる最終的な包摂装置 *dispositif* に組み込まれていることは、確かだからだ。[*15] しかし、またそうであればこそ、「国家機関や巨大企業」に固定されるような、ジジェクが想起する現代の、だが古式豊かな、ビッグ・ブラザーといった簡単な事態は、もはや存在しないとも言わねばならないのである。

この点に関しては、ときに素朴《ナイーフ》なまでに矯激なジジェクの挑発に乗った感情的な（だがある意味では正しい）批判はさて措くとしても、[*16] このいわば「ビッグ・ブラザーなきビッグ・ブラザー体制」が、[*17] いまこそ素っ気なくも政治経済（学）批判として、検討されねばならないという点にこそ、問題の核芯——個別資本間の競争という視点を欠いた、単一の世界市場における不可能な「総資本《かんねん》」に照応す

*11　S. Žižek, "Edward Snowden, Chelsea Manning and Julian Assange: our new heroes," *The Guardian*, Tuesday 3 September 2013.

*12 取り敢えず、D. Lyon, *Surveillance Studies*, Cambridge: Polity, 2007 や『監視と社会』誌によく見られる論調、例えば逆行とも言える B. Simon, "The Return of Panopticism: Supervision, Subjection and the New Surveillance," *Surveillance & Society* 3(1), 2005 などもみよ。

*13 消費をめぐる旧来の議論——生産的消費と非生産的消費——はもはや無効である。さまざまな消費が生産要素として再回収される過程こそ、またそこでの回収装置こそ、ここでの主題であるビッグ・データにほかならない。その意味で、ゲーリー・ベッカーの人的資本論を「消費する人間は、消費する限り、生産者である。〔…〕消費者であると同時に生産者でもある者についての、生産者であると同時に消費者である限りにおいていわば自分自身との関係において分割されたものについての、何度も繰り返しなされてきた古典的な理論や分析、大衆消費についてのあらゆる社会学的分析〔…〕、これらはすべて、生産活動という観点からの新自由主義的な消費の分析との関係においては効力を失い、何の価値ももちません。〔…〕ホモ・エコノミクスについての考え方がここでは完全に変化している」と理解したフーコーの発言は、注意深く、再解釈されねばならない（M. Foucault, *Naissance de la biopolitique: Cours au Collège de France. 1978-1979*, Paris: Gallimard/Seuil, 2004, p. 232.）。

*14 「例の作家」については、ネグリ主義者である Timothy S. Murphy, *Wishing Up The Marks: The Amodern William Burroughs*, Berkeley: University of California Press, 1997 が最高である。

*15 ロルドンはラ・ボエシーの「意思的隷従」から初めて、マルクスとスピノザを交錯させ、「欲望と情動の奥深い他律性」を強調するが、分析されるべきは「自律」なるものにあらかじめ内在する根源的「他律性」の政治経済学的な内的構造の分析である（F. Lordon, *Capitalisme, désir et servitude: Marx et Spinoza*, Paris: La Fabrique éditions, 2010, p. 34）。

*16 S. Fuller, "Why Slavoj Zizek is a Waste of Space for the Social Scientifically Literate Left," *The Sociological Imagination*, Sept. 4, 2013 (sociologicalimagination.org)

*17 M. Lianos, "Social Control after Foucault," tr. by D. Wood and M. Lianos, *Surveillance & Society* 1(3), 2003, p. 418.

る唯一の理性国家《かんねん》という、怖気が立つ想定の意義——がある。さらにそれを言い換えれば、生粋のドゥルーズ主義者ブキャナンが、まるで《マトリックス》三部作を想起させるかのように、[18]「われわれは皆、それぞれ器官なき身体をもっているが、それはすべての器官なき身体の器官なき身体、あるいは平滑《コンシステンシー》の地平である一箇の或るより大きな実体に、接続されている」と言う場合のこの「より大きな実体 larger entity」とはいったい何かが、彼が用いた語〈entity〉——「実体 ēns」というよりも、むしろここでは、情報理論に素直に従って、一単位《ユニット》として処理されるデータ集合としての〈entity〉——の政治経済学的意味を軸に、問われねばならないのである。[19]それをより一般化して言えば、現代国家（準-条里空間）と現代資本（準-平滑空間）との絶対的脱領土化と相対的脱領土化をめぐる尽きせぬ過程である相剋《スキゾフレニー》関係が（MP: 592ff.）、時間《リアル・タイム》（の加速化）による〈時間-空間圧縮〉[20]、あるいは以下でマルクスを軸に足早に整理するように、いわゆる「多様な空間の時間による否定-絶滅 Vernichtung des Raums durch die Zeit」とこの時間そのものの最小化さらにはゼロ化という衝動が肥大化するなかで（Gr.: 424）、データ-情報の収集《マイニング》-発掘・管理あるいは盗掘を通じた生資源（とそのレント形式を介した再領有）の管理という、「ネオリベのダイアグラム」の態様（原国家の姿態変換）が論じられねばならないのである。[21]

　そのためには、多くの論者が正当にも依拠するだろうし、僕自身もすでに引いているドゥルーズの例の「追伸《ポスト-スクリプタム》」あるいは「書かれたもの《スクリプタム》の後《ポスト》」（つまり運動《プラクシス》）をただ単に規律《フーコー》から管理《ドゥルーズ》への移行といったその決して間違ってはいない部分だけを切り取って「社会発展の目的論的解釈」と批判し、さらにはドゥルーズの「非政治的」解釈に寄りかかって[22]〈汎スペクトロン主義 panspectrocism〉なるものを訴える連中を置き去りにするような、[23]ドゥルーズ=ガタリの政治経済（学）的な了解が、たとえそれがどんなに無味乾燥に見えようとも、不可欠なのである。[*24] というのも、僕たちは、僕自身がすでに一部で「巨大な所与《ビッグ・データ》」と記しているように、ラテン語の〈与える dare〉に由来するとされるデータ（datum

---

*18　*The Matrix and Philosophy*, ed. by W. Irwin, Illinois: Carus Publishing Company, 2002.

*19　Buchanan, op. cit.

*20　D. Harvey, *The Condition of Postmodernity: An Enquiry into the Origins of Cultural Change*, Cambridge, MA.: Blackwell, 1990; *Speed-Space. Virilio Live*, ed. by J. Armitage, London: Sage, 2001; M. Postone, *Theorizing the Contemporary World: Robert Brenner, Giovanni Arrighi, David Harvey in Political Economy of the Present and Possible Global Future(s)*, London: Anthem Press, 2007.

*21　M. Tiessen and G. Elmer, "Editorial Introduction to Deleuze/Foucault: A Neoliberal Diagram; Neoliberal Diagrammatics and Digital Control," *Media Tropes* eJournal, Vol. IV, No.1, 2013.

*22　M. Mandarini, "Marx and Deleuze: Money, Time, and Crisis," *Polygraph* 18, 2006, p. 73. むしろマンダリーニは「非政治経済学的」とすべきだった。

*23　K. Palmås, "The 'control society' thesis and the evolution of the corporation," Paper presented at the "Surveillance in the society of control" seminar, The Faculty of Humanities, Göteborg University, 5 December 2007およびパルマスが全面的に依拠するM. DeLanda, J. Protevi and T. Thanem, "Deleuzian Interrogations: A Conversation with Manuel DeLanda, John Protevi and Torkild Thanem," *Tamara: Journal for Critical Postmodern Organization*, Vol. 4, No. 4, 2005を参照。後者でデランダは、「マルクス主義はドゥルーズとガタリにとってのちょっとしたオイディプス」だと揶揄し、「汎スペクトロン panspectron」は「（人間の光学的な）視るではなく、人間の目には見えない登録現象（不可触なデータ……）であり、それは諸身体の秩序なきあるいは混乱した運動だけでなく情報や考え方の秩序なきあるいは混乱した運動も監視する《ポリース》」としている（ibid., p. 26）。

与えられたもの）の別名が与件‐所与――資本には生産不能とされ（そも不可能な起源ともされた）自然の「人間的自然 Mensch-Natur」として[25]――の（再）生産であることを知っているからであり、またとすれば、巨大な所与《ビッグ・データ》が今日、資本‐主義に与えている影響を、政治経済（学）批判という視点から、しかも「管理」という社会学的現象において、どのように捉えるかを問わねばならないからである。

さて身も蓋もない現実界の砂漠である。

巨大な所与《ビッグ・データ》――非有機的身体の有機的身体による／における拡大再生産

某政府系銀行の調査部は、二〇一一年には二七〇億ドルであったビッグ・データの世界市場規模が二〇一六年には五四六億ドルに倍増し、またビッグ・データの活用によるこの国の市場への波及効果を三・八兆円と見積もっている[26]。この事態をあるコンピュータ科学者は、こうした場合必ずと言っていいほど用いられる例の歴史的規定性を欠いた歴史用語を援用して「データの産業革命」と呼び[27]、それを肯定的に引いた『エコノミスト』誌は、俗流弁証法《ディアマート》の用語集から「量的変化が質的差異をもたらし始めた」という文言を臆面もなく選び出して、ビッグ・データの画期性を顕揚している。これがいわゆる「産業革命」であるか否かは知らない。だが「技術的である前に社会的である工学《テクノロジー》」[28]的なこの技術革新を政治経済（学）批判という視点から捉えるに当たって重要な読み方は、規律から管理へという社会学的憂鬱と対蹠するバラ色のビジネス・チャンスなるものを睨んだ『エコノミスト』誌によるこうした新たな利潤源泉の採掘という分かりやすい煽動よりも、むしろ同誌が冷静を装って思わず吐露した「想像もできないほど巨大なデジタル情報が急速に巨大になりつつあ」り、こうした「増殖がデータへのアクセス不能状況を急速に作り出している」という一見するに否定的な、だがじつは新たな非対称的な欠如‐稀少性（の実質的には暴力的な拡大再生産）という、経済的に肯定的な事態についての経済誌ならではの観測でなければならない。[*29]

なぜ僕は、情報理論を専らとする人びとにとってのこの常識をことさらに強調するのか。それは、これが新たな事態であるというよりも、むしろその始めから作動している「自分の極限に向かう傾向に突き進むと同時に、みずからこの傾向を妨げ抑制することも止めない」資本‐主義の分裂症を、つまりは「それぞれの手で脱コード化と公理化を同時に遂行する」資本‐主義に強いられている、新たな外部‐利潤源泉の不可能であるにもかかわらず絶え間なく繰り返される内部化的な仮構を、意味し

＊24　ドゥルーズ＝ガタリのマルクス的読解については、G. Sibertin-Blanc, *Deleuze et l'Anti-Œdipe: La production du désir*, Paris: PUF, 2010; do., *Politique et État chez Deleuze et Guattari: Essai sur le matérialisme historico-machinique*, Paris: PUF, 2013および *Actuel Marx: Deleuze/Guattari*, n° 52, 2012 に収録された論攷を参照。

＊25　経済学は、土地と労働を〈商品による商品の生産〉システムにおいて、「聖域」扱いし、特殊な商品としてきたが、その神話が毀れつつある。

＊26　「日本政策投資銀行 調査レポート」二〇一三年九月二六日。www.dbj.jp/ja/topics/dbj_news/2013/html/0000013481.html

＊27　J. Hellenstein, "The Commoditization of Massive Data Analysis," (radar.oreilly.com/2008/11/the-commoditization-of-massive.html)

＊28　G. Deleuze, *Foucault*, Paris: Minuit, 1986, p. 47.

＊29　以上、"Data, data everywhere," *The Economist*, Sep. 25th, 2010 より引用。

ているからであり、また「絶えず拡大する円環が大規模になる自分の内在的極限をつねに再生産する」資本－主義が強いられ続ける外部の（創造的な）制作という強迫過程を意味しているからにほかならない (AO: 42, 292, 279)。そしてこれは、以下に見るように、百数十年前のマルクスが語っていたことにほかならない。

この点を批判的な情報論の専門家たちは、[*30] 暗示的にはドゥルーズ＝ガタリの捕獲論を踏まえたうえで、「データの増殖はあまりに広範囲にわたり、データの捕獲と分析はますます人間の手に余り、その解釈には道具の使用とＩＴ的方法論が不可欠」と、急速に肥大し荒蕪《がいぶ》に資産《アセット》化されないまま置き遣られ未利用－搾取《イクスプロイット》となっている在庫的所与《データ》を十全に内部化する装置がいまだ欠如していること[*31]――だが同時に、不均衡の不断の均衡化が公理的に保証されて初めて成り立つ均衡論に依拠する限り、内部化が完成すればそこからは特別剰余価値（マルクス）あるいは企業者利潤（シュンペーター）が発生しないという、資本に宿命づけられた相対的脱領土化という分裂症的螺旋のもとで――を前提とした「産業革命」がむしろ今こそ必要であると指摘し、「ビッグ・データは、あたかもデータが現実界から（象徴的媒介を経由せずに）搾出－抽出された自然資源あるいは生の素材であるかのように、データを発掘《マイン》することにとても適している」とも続けている。

ここでの「生《なま／せい》の素材－原材料 raw material」という明け透けな表現に込められた含意はしばらく措くが、こうした資源論だけでは、しかし、問題の核芯に到達できない。僕たちが摑み取らねばならないのは、むしろ、彼らが、例の「追伸」に明示的に言及したうえで、さらに「ビッグ・データは時間が加速し、その結果、現実界とは基本的には一箇の過程であるという考え方が普及し、データのアクセスには一方でデータを進化させながら、他方でそれを捕獲する必要が出てくる」と、それを（資本の）時間論としても説いている点である。そしてこの原文で傍点《イタリック》を付された「過程」、精確にはむしろ時間こそ、資本の不可能な夢である絶対的脱領土化を不断に稀求しながらも、それが資本にとってのいわば死の欲動であるがゆえ、相対的脱領土化を反復せざるをえない資本‐主義が不断に必要とする、外部の仮構的制作に固有な過程‐時間にほかならない。そこでは、つまり、「最初の棒《ストック》」(K I: 199)が遅滞なく瞬時に（ゼロ時間で）還帰的に溢出《フロー》することを永遠に受け取り直す仕組み（キェルケゴールのいわゆる反復）、絶対的脱領土化には決して行き着かない――なぜなら、絶対的脱領土化は資本ではなく僕たちの世界の「合い言葉」だからだが――いわば寸止めが宿命的に課されている資本の相対的脱領土化による外部制作のための仕組みであることを踏まえた時間‐資源論として、巨大な所与《ビッグ・データ》が論じられているのである。

　こうした時間‐資源論から観られた巨大な所与《ビッグ・データ》は、それゆえにまずは、起源的自然のあらかじめの非在を踏まえたマルクスの「人間の非有機的身体 *unorganische* Körper」である「自然」そのもの（の変容）とその「有機的身体」である主体への「可分的」資源《しょよ》化としての――だが、当事身体からの許諾を要しない（搾取が契約という主体的行為にもとづいているように、有り体に言えば、合意にもとづく窃取）

＊30　以下は、M. Bonenfant et al., op. cit.

＊31　A. R. Galloway and E. Thacker, *The Exploit: A Theory of Networks*, Minneapolis: University of Minnesota Press, 2007 参照。

——逆流という視点から、捉え返されねばならない。[*32] ところでなぜ、許諾を要しないのか。なぜなら自然は、それがいかなる序数的順位にあろうと、つねに、あるいは繰り返し、端緒としての所与であり与件であり続けなければならないからである。とまれマルクスは、『資本論』のための断片《ノート》で……

自然的と言うのは、労働する主体が自然的個人、自然的定在［であった］ように、彼の労働の最初の客体的条件は、彼の非有機的身体 unorganischer Leib である自然、大地として現れたのであって、労働する主体そのものが有機的身体であるばかりでなく、彼の労働の最初の客体的条件は、主体としての非有機的自然 unorganische Natur als Subjekt だからである[*33] (Gr.: 392-3)。

と書いたうえで、「生産者が自分自身に属する非有機的身体に対する様態で関わるこの自然的生存諸条件」は、それぞれのものとして、「主体的自然」と「客体的自然」へ、分割不能な一箇の有機的身体において、「二重」化されている、と続けている (Gr.: 394)。有機的身体と非有機的身体との、それそのものとして、つまり有機的身体における、この実質的「二重」化という視点から言えば、市場を通じて、したがってその主体・自発性において、日々消費的に生産される巨大な所与《ビッグ・データ》が、「非有機的身体」として生産された自然——まずは分割不能な個体-身体にとっての外部——として、生産・蓄積され、次いでそうした「可分的に」生産・蓄積された所与《データ》が、分割不能の個体-身体に細分的《シフル》に着装可能な外部-自然として、半ば内部的に装着されることを指令するこの集積機械こそ、[*34] 巨大な所与《ビッグ・データ》の有機的身体における拡大再生産装置にほかならない。こうして序数的に起源-所与とされる自然は、ふたたび、人間に打刻された（透かし彫りの）刺青となったのである。それは平和な残酷である。

学生時代、マイケル・ハートに学んだギャロウェイは、有機的身体に接続されたこの種の巨大な非有機的身体装置をややベタに「第二の自然」と呼び、分散－配分型ネットワークやウェブあるいはメッシュデータに類する「中心なき一箇の構造的形式」であるダイアグラムと「他のいかなる機械の働きも担うことができる抽象機械」であるコンピュータといった技術《テクノロジー》をデータ領域を介して中心なく管理－組織する機構－原理である「プロトコル」機械に接続し、人間を集合化されるべくある分散型の整序機械《コンピュータ》 ordinateur として指令するに到った、現代の捕獲論を強調している。[*35]

こうした理解は、もちろん、中心なき〈帝国〉における生の生産・管理を理解するには興味深い枠組みであろう。またその意味で「半－平滑 *semi-lissé*」平面における「流れ《フロー》に挿入された純粋な電子《エレクトロン》」と化した[*36]管理社会を「可分的に」構成しながらもいまだ分割不能身体でもあり続ける僕たちは「社会体《ソシウス》

＊32　K. Marx, *Ökonomisch-philosophische Manuskripte aud dem Jahre 1844*, MEW 40, Berlin: Dietz Verlag, 1968, S. 506. なお、A. Schmidt, *Der Begriff der Natur in der Lehre von Marx*, 4., überarb. Und verb. Aufl., mit einem neuen Vorw. Von Alfred Schmidt. Hamburg: Europäische Verlagsanstalt, 1993, S. 74ff. も参照。

＊33　マルクスは〈Körper〉と〈Leib〉を互換的に用いている。

＊34　「まず」と「次いで」に傍点を付したが、それは論理的記述にとっての順番を示すだけで、形式的包摂と実質的包摂、あるいは規律と管理のそれと同様、両者はつねに同期的に重合している。

＊35　A. R. Galloway, *Protocol: How Control Exists after Decentraliztion*, Cambridge, Mass.: The MIT Press, 2004, p. 3, pp. 87-102. なお、同書への書評 S. N. Hmilton, "Control Matters," *Topia* 14, Fall 2005 も参照。

と生産の一種の集合的整序機械《コンピュータ》と同時にその内的欲動に取り付けられさまざまな革新の『自動誘導装置』を構成する」資本‐主義のいわゆる「記号‐症候化様式」にもっとも適した素材であり、作為された欲求‐欲望‐情動に促迫され、市場で、まさに主体の自発において、消費的に生産・蓄積される「非有機的身体」そのものが「資本主義の一次素材、その糧 diète」であって、その意味で資本‐主義は「直接的に人間労働や機械的労働ではなく、この機械的統合過程によって関係づけられた数多の構成要素の編成、社会体へのその挿入、再生産、流通に関わる記号的操作手段の総体」となったことを的確に捉えている。[*37]

したがって、現代資本主義が「もはや生産を目指さない〔…〕過剰生産の資本主義」であり、[*38] それゆえに〈セーの法則〉という公理《とうい》的幻想を奪われ、それを非市場‐制度的に二元論的に補填する国家‐政策装置を編みだすことでかかる過剰の解消に別のさらなる過剰を工学的に差し向け、例の実体経済なるものの本源的無意味を暴露した信用経済にのみ利潤源泉を求めねばならなくなった現代資本主義のレント資本主義へのさらなる変容に照応する、統治における規律から管理への移行の根拠を、[*39] 利潤源泉の最後の前線《ラスト・フロンティア》の取り込みという視点から追求することが、依然として重要なのである。敢えて言えば、むしろここでこそ、悪名高い経済主義的規定還元論が政治的に貫かれねばならないのであり、そしてそれには、少なくとも僕には、一九世紀中葉のマルクスに訊ねるのがもっとも妥当だと思われるのである。

さてマルクスは、さきにドゥルーズ＝ガタリにも表現を変えて出現し、[*40] また後二者が部分的とはいえ重大に依拠してもいるヴィリリオの時間‐空間論にも影響を与えていると言うほかない論点を、[*41] 次のように書いていた。そしてこのマルクスは、「第二の自然」あるいは所与《データ》として有機的身体に接続される巨大な非有機的身体に生成しつつある巨大な所与《ビッグ・データ》にも当て嵌まって、明快である。したがって

＊36 D. Ottaviani, « Foucault – Deleuze: de la discipline au contrôle », *Lectures de Michel Foucault*, Vol.2, ENS Éditions, pp. 72-3.

＊37 F. Guattari et E. Alliez, « Le capital, en fin de compte », *Change International un*, 1981, p. 101. この論攷には二つの微妙に異なる英訳が存在し、またこれら英訳はそのオリジナルとも異なっている。英訳のほうが理解しやすい構文となっているが、オリジナルに遡って用いた。二つの英訳とは、F. Guattari, *Molecular Revolution*, Prescott: Peregrin Book, pp. 273ff. と *Soft Subversions*, op. cit., pp. 248ff. に収録されたものである。

＊38 Deleuze, « Post-scriptum sur les sociétés de contrôle », supra., p. 245.

＊39 レント資本主義については、取り敢えず、A. Fumagalli & S. Mezzadra ed., *Crisis in the Global Economy: Financial Markets, Social Struggles, and New Political Scenarios*, tr. by K. Lebedeva and J. F. McGimsey, Postface by Antonio Negri, Los Angeles: Seniotex(t): 2010; Ch. Marazzi, *The Violence of Financial Capitalism*, New Edition, tr. by K. Lebedeva and J. F. McGimsey, Los Angeles: Seniotex(t): 2011 参照。

＊40 ドゥルーズは「私たちがマルクスでもっとも興味を惹かれた点は、資本主義を内在性のシステムとして分析していることです。つまり資本主義はみずからの限界を繰り返し押しやることで遠ざけることを止めないが、限界こそが〈資本〉そのものであるという理由から、ふたたび同じ限界を発見してしまうほかない」と書いている（G. Deleuze, « Contrôle et devenir », *Pourparlers*, op. cit., p. 232）。

＊41 P. Virilio, *The Information Bomb*, tr. by Ch. Turner, London: Verso, 2000; do., *Open Sky*, London:Verso, 1997; do., "Speed and Information: Cyberspace Alarm!", *Reading Digital Culture*, ed. by D. Trend, Oxford: Blackwell, 2001 などを参照。

僕は、その全文を適切に引くだけでよい（Gr.: 424, 438）。

> 資本はその本性上いかなる空間的制限 räumliche Schranke も乗り越えて突き進む。だから資本にとっては、交換の物理的条件 —— コミュニケーション手段 Communicationsmittel と運輸手段 —— の創造が、つまり時間による空間の否定‐絶滅 *Vernichtung des Raums durch die Zeit* が、それまでとはまったく違った規模で必要になる。
>
> 資本は、一方では交易‐交流 Verkehrs すなわち交換のあらゆる場所的制限 örtlich Schranke を取り払って、すべての大地 Erde を自己の市場として獲得しようと努めないではいられないにもかかわらず、他方では〔この獲得した市場〕空間を〔資本の〕時間によって絶滅しようとも〔…〕努める。資本は発展すればするほど、したがって、資本が流通する市場、資本の流通の空間的軌道となる市場が拡大すればするほど、資本は、市場をますます大規模に空間的に拡大しようとすると同時に、空間を時間によってますます大規模に否定‐絶滅させようとも努める。

マルクスが「諸資本の時間 Zeit des Capitals」と総括した[*42]、その完成態が例の〈三位一体の範式〉を資本と土地の所有については〈所有‐収入〉という二項的敵対関係《アンタゴニスム》に、だが商品化された労働力についてはその〈労働力の所有‐収入〉という人間身体における自己分裂にほかならない二項的敵対関係《アンタゴニスム》をその裡に取り込んだ二項的敵対関係《アンタゴニスム》[*43]に、収斂させる資本形式である「擬制資本」だとされる、この「流通

時間なき流通 *Circulation ohne Circulationszeit*」という資本の分裂的《スキゾフレニック》な「必然的傾向」についての論及で看過《みのが》してならないのは、しかし、空間的差異を価値的差異として生産する価値の運動にもとづいた(譲渡)利潤の獲得を追求する過程そのものが必然的に時間による空間の否定‐絶滅に逢着し、(歴史的には、商人資本の分肢である前貸資本や倉庫金融も含めた金貸資本——アントワープ!——に淵源する)信用経済に典型的な時間的差異を価値的差異として生産する価値の運動にもとづく利潤‐利子の獲得に収斂するほかないこうした資本の分裂症的な自己否定あるいはむしろ自己抹消が、取り敢えずまずは擬制資本に収斂するための「信用と資本のさまざまな危機回避装置 contrivance の基礎規定」であるという点だけに留まらない。むしろそれがさらに進んで、「流通時間＝ゼロ」ひいては「時間それ自体＝ゼロ」への衝動に典型的な、〈空間を否定‐絶滅した時間そのものの否定‐絶滅〉という自殺的衝動をその裡に孕んでおり、さらにはこのいわば死の欲動を「流通時間と流通との過程を媒介するさまざまの器官 *Organen* という形態の許で、流通時間そのものに生産時間の価値を、総じて価値を与えようとする企て」によって遅延させ、さらにはこの繰り延べそのものを資本が「流通時間のすべてを

＊42　僕が付した傍点‐イタリックに注意せよ。なお「資本の時間」については、E. P. Thompson, "Time, Work-Discipline, and Industrial Capitalism," *Past and Present*, No. 38, 1967 は言うまでもなく、E. Alliez, *Les Temps capitaux*, Tome 1, *Récits de la conquête du temps*, préface de Gilles Deleuze, Paris: Éditions du Cerf, 1991; do., *Les Temps capitaux*, Tome 2, *La Capitale du temps*, volume 1, *l'État des choses*, Éditions du Cerf, 1999 も参照。

＊43　武井邦夫『梅本克己論——辺境における主体性の論理』第三文明社、一九七七年。

貨幣として、またさらに進んだ規定では資本として」つまり再あるいは反復的にフロー化するという、いわば時間そのもの——だが、ゼロであることがもっとも望ましいはずの時間——の金融－証券化にあらかじめ埋め込まれた、資本の分裂症でもある点が重要である (Gr.: 543)。だがこうしたゼロの資本還元（資本化）は、そも理論的に可能なのか（だが、条里的主権の平滑的市場への価値的移転によって現在を将来に先送りする価値装置である国債という先例を考えれば、可能だと言わねばならない）。

その意味でこそ、ガタリ（とアリエズ）は、その受け手において形式《いみ》を帯びる所与《データ》の情報《イン-フォルマーティオー》への転換が「社会機械の最前線」に躍り出るや否や、「流通領域の単なる組織（化）に結びつくことを止め、独自のやり方で生産要素になろうとしているように思われる」とその核芯——つねに流通であり続けようとする資本の核芯——を衝き、この「生産要素としての情報こそ、サイバネティクス的な資本形成による社会体の脱コード化の最終的公式」であると書いたのである。[*44]

現代におけるこの「操舵手《サイバネティクス》 Κυβερνήτης」がどのように機能するかは、それそのものとして、巨大な所与《ビッグ・データ》だけでなく今後の資本－主義にも関わる重大な問題だとしても、とまれこの「公式」は、こうした「恒常的管理と瞬時的コミュニケーション」という一見するに悖反《はいはん》する資本にとっての課題に辿り着くことで資本の実現不能な衝動を実現しようとする資本の「努力」の取り敢えずの帰結にほかならない。[*45] その意味で言えば、その要件として「交渉《せつぞく》・探索《けんさく》コスト」だけでなく「監督《プロトコル》・強制コスト」をも不可避にともなう取引コスト論の導入によって経済理論の非現実性を修復しようとした新制度学派の儚い目論見は、こうして皮肉にも、均衡の瞬時の成立の不可能性を取引コスト論によって剋服しようとしたにもかかわらず、現実そのものにおける卓袱台返しによって剋服対象を奪われるという事態に直面しているのである（もちろんそれは、岩井克人を俟つまでもなく、資本あるいは貨幣にとっては投機的不均衡を不可避とするにせよ、そのこと自体がふたたび鞘取りといった利潤源泉として再回収されるだろう。なぜなら、投機による不均衡こそ残された最後の外部だからである）。

だがこれは、基本的には空間的差異の生産による利潤獲得という商人資本に典型的な譲渡利潤の無根拠－非「合理」性を、その定義において流通にほかならない資本の内部に流通にとっての異物である生産――人間労働による差異の生産（生産にとっては、だが、流通こそ異物だが）――を無理に包摂することで糊塗する過程で、搾取を隠蔽した産業資本が、搾取のさらなる不可視化のためにその書簡体的な完成である金融資本へと姿態変換する過程でふたたび外部の制作に取りかかるに当たって要請されるその利潤収取の新たな「合理」化を意味している、と言うほかない。[*46] だが、有機的身体が不断に生産し続ける巨大な所与《ビッグ・データ》を少なくとも新たな資源－非有機的身体へ逆流的に再内部化することで利潤源泉として位置づけ直すための、すでに空間を絶滅させている資本による、この時間の訓育という「過程」的努力では、分割不能な個別身体が主体・自発的な消費によって生産的に供与した所与《データ》の例の〈a larger entity〉における再所有権化といういわば「再版原蓄」の不可視的な暴力的行使が、しかもいまだ近代的あるいは市場的な交換－契約に規定される所有権法（平和）という姿態の許でのその

＊44　Guattari et Alliez, op. cit., p. 102.
＊45　Deleuze, « Contrôle et devenir », op. cit., p. 236
＊46　本書第10章参照。

行使が、不可欠である。そしてそれが、知的所有権などによる所有権そのものの囲い込み――歴史的には、イングランドにおける第一次囲い込みから議会的囲い込みへの「地所《エステイト》（-身分）の清掃」-「助産婦《ぼうりょく》」を介した移行過程を想起させるだろう（K I: 779, 756）――とレント形態を採ったそこからの利潤搾出-収取に典型的な新規の静かな暴力――「ビッグ・ブラザーなきビッグ・ブラザー体制」――にほかならない。[47]そしてこれが、資本-主義の純然たる搾出-収奪機械への一見するに「復古的な archaïque」姿態変換なのである。

したがって、「資本主義市場の不平等な性格 caractère inégalitaire は必ずしも復古主義 archaïsme に留まるわけでもなければ、歴史的な遺制でもない」と早くから指摘していたガタリ（とアリエズ）は絶対に正しく、またさまざまな議論のとば口になるとしても、[48]しかし、ガタリ（とアリエズ）がそれに即座に続けて指摘した「世界市場における『さまざまな交換』が市場的等価性にもとづくとする見せかけの平等主義は、情報不足 défaut d'information というよりも、むしろ社会的隷従のための手段をイデオロギー的に粉飾した帰結である」という指摘は、イデオロギー分析としても、あまりに単線的にすぎるだろう。というのも、確かにガタリ（とアリエズ）自身も指摘するように、新古典派的な視点から、単なる「情報コストの構造的『不完全性』」だけを問題にすれば事足りるとすれば事の本質を見失うことは確かだとしても、[49]このいずれにせよ資本にとっての「コスト」あるいは「空費」それ自体――じつは資本にとっては、労働-生産そのものが、また流通すらも、負担であるにもかかわらず――を何とふたたび生産過程に回収し、そのうえでさらにその〈金融-証券〉商品化によって時間のさらなる圧縮を目指すという迂路を経由するほかない資本にとっては、[50]つまり有機的身体自身が生産する非有機的身体という新たな資源からの単なる発掘だけでなくその金融‐証券化による利潤の搾出と収取にとっては、「数字《シフル》からなる管理の計数型言語」による「情報へのアクセスとその拒絶」の囲い込み的分断という暴力的機制が不可欠だからである。[*51] ドゥルーズの含意には、したがって、所与＝記号‐情報＝意味の捕獲にあらかじめ埋め込まれている非対称性——有機的身体の規律的訓育を経由し、有機的身体が市場を介した管理を自発的に欲望するように促迫する制度——への注視が込められているのである。その点から言えば、この事態が「指令による自発性また求めに応じた自然さが抱える矛盾とでも言うべき状態」を要請し、その結果、資本にとっての人間が、これまでは例の人的資本論の根拠とされてきた「人的資源 ressource humaine」どころか、「人間素材 matière humaine」そのもの

＊47 R・テシェーラ＋T・N・ロッタ「近代のレント生み資本——新たな囲い込み・知識レント・独占的権利の金融化」長原豊訳、前掲『情況 別冊』「思想理論編」第二号参照。

＊48 ガタリとアリエズのこの一節は敷衍して訳した。僕たちはいま、日本資本主義論争の現代資本主義に引き寄せた再検討を企画しているが、その論集でもこの問題が再論されるだろう。Guattari et Alliez, supra., p. 102. なお、後の〈コード化‐再コード化‐超コード化〉に洗練されるガタリの〈archaïser – réarchaïser –surarchaïser〉の三幅対と考え合わせてみる価値がある（F. Guattari, « Le capitalisme est un humanisme » et « La bourgeoisie est la classe du surcodage », in do., *Écrites pour L'anti-œdipe*, op. cit.）。

＊49 Guattari et Alliez, op. cit., p. 102.

＊50 誤解を避けるために言っておくが、この立論はいまだ〈市場‐制度〉の二元論に留まる伊藤誠の思いつき（「労働の金融‐証券化」）とは異なる（例えば、同『サブプライムから世界恐慌』青土社、二〇〇九年）。

＊51 Deleuze, « Post-scriptum sur les sociétés de contrôle », op. cit., p. 244.

をそれ自体として欲望していると指摘するロルドンは、マルクスのいわゆる非有機的身体から観た、時間‐資源《レント》化と規律から管理への移行との共時的重合そのものの歴史的展開に関わって、正鵠を射ていると言わねばならない。[*52]

新たな捕獲装置と脱出の可能性

ところで、近代的な分割不能の個別的で人頭的な身体が、そうであるがままに、それが消費によって自発的に生産した膨大な非有機的身体の「第二の自然」として捕獲されることによってほぼ平和裡に「人間素材」に、あるいは一箇の身体として可分的に、しかも与り知らぬ間に、売買される「奴隷」になってしまった僕たちには、つまり語の真の意味での生（労働と消費）それ自体が身包《みぐる》み「生の素材」としていわば採取産業にとっての資源‐搾出商品となった僕たちには、またそうした「生の素材」であるがままにレント資本にとっての――精確にはレントの利子率による資本還元によって――金融《デジタル》‐証券商品あるいは資産に姿態変換させられた僕たちには、もはや脱出口はないのだろうか。

かつてバリバールは、そのスピノザ論で、僕たちに次のような淡い希望を与えていた。

国家があまりに「錯乱し」、その結果、国家を構成している人びと自身のこれ以上圧縮できない個体性の最低限 minimum incompressible d'individualité、それ以下では人びとが自分自身にとって死んだも同前となるような最低限を脅かせば、最終的に群集‐多数性 *masses* の憤激が惹き起こされ、群集‐多数性が国家を破壊してしまう。[*53]

個体ではなく個体性 individualité と、人間をその抽象性において捉えるバリバールの意図の所在については注意を払わねばならないにせよ、だがこの「これ以上圧縮できない個体性の最低限」がいまや「可分的なもの」に、しかも消費‐生産的に解読《デシフル》されるべくある「数字《シフル》」として、分解されたうえで、有機的身体としての主体‐臣民の外部に所与《データ》として在庫化《ストック》され[54]、さらにはその時宜を得た――時間的差異に即したゼロ時間での――流体化《フロー》が、その所在を特定することがおそらく個別資本にとってすらもほぼ不可能な――あるいはコストを要する――「より大きな一単位の所与《データ》集合 entity」によって、有機的身体において確立される「個体性」に半ば内的であると同時に半ば外的に「接続」され、そのうえで「検索」対象となり、またそのこと自体がふたたび搾出利潤を発生させているいま、しかもそのために、この「接続↑↓検索」の「生の素材」となった僕たちがそれ自体（素材）として生産時間に繰り込まれ、そうした生産時間の圧縮のために二四時間というゼロ時間にその身体を投げ出し、居ながらにして金融‐証券化され資産となって流動しているいま、だがその裏面で、人びとの身体としての空間的移動がむしろ制限《パスポート・コントロール》されているいま、目的論的解釈と批判されたかつてのドゥルーズが、

＊52 Lordon, *Capitalisme, désir et servitude*, op. cit., p. 111.

＊53 Balibar, *Spinoza et la politique*, op. cit., p. 83. なお「これ以上圧縮できない個体性」についての同様の文言と「破壊」を「より無政府的な人民革命」と記したバリバールの文章については、Balibar, « Spinoza, l'anti-Orwell », op. cit., pp. 393 et suivi.

＊54 この「在庫」については、本書第10～11章参照。

一方で「資本主義には普遍的なものは一つしかありません。それは市場です。普遍的な国家が存在しないのは、普遍的な市場が存在するからにほかなりません。この市場から見れば、いかなる国家も投資の拠点、証券取引所にすぎません」と指摘していたとはいえ、[*55]他方で同時に、しかし、ジジェクと同様、結局は国家と資本の二元論に依拠して思い描いたある種の楽天主義は、功を奏するだろうか？彼はこう書いていたのである。

国家を思考することができる視座は、単一の世界市場という国家の向こう側 au-delà と、マイノリティ、生成変化、「不特定多数の人びと gens」という国家のこちら側 en-deçà との関係以外にありません。向こう側を支配しているのは貨幣 argent であり、伝達を行うのも貨幣です。〔…〕国家のこちら側では、管理の手を逃れた生成変化が芽生え、さまざまなマイノリティが繰り返し甦っては反抗を繰り返す。[*56]

冒頭の題辞で引用したように、巨大な所与《ビッグ・データ》は「生産の管理から管理の生産への移行」をもたらし、その要領《プロトコル》が僕たちを支配している。それは確かだ。だがそれ以上に、この「管理の生産」そのものが搾出資源としてレントを生み出し、このレントが、資本に合体された「二重性にある自然」あるいは端的に土地資本 *terre Capital* と同様、資本還元されて〈金融‐証券〉商品化あるいは資産化《アセット》されるに到ったとすれば、この「管理の生産」は市場を介した平和な搾取を踏み越えた直截な収奪なしには機能し得ないのではないか？　だが、だとすれば、〈彼方‐国家〉と〈此方‐マイノリティ〉という単純な敵対性《アンタゴニスム》はいま可能なのか?
ふたたび問う。この「これ以上圧縮できない個体性」の剝奪は、どのように、人びとに「憤激」を惹き起こし、「国家」を破壊するに到るだろうか? あるいは破壊されるべきは、「国家」ではなく、所在不明の彼《か》の〈a larger entity〉ではないのか? 大衆《マス》-多数性《マルチチュード》の「憤激」あるいは叛乱に信を置いて、オーウェルのビッグ・ブラザー論に異を唱える、バリバールが正しかったとすれば、いまこの「ビッグ・ブラザーなきビッグ・ブラザー体制」を主体・自発的に支え、またその利用-搾取を俟つ、この退蔵《ストック》されながらも〈可分的にフローする〉僕たちは、どのようにその憤激を表明し、この「体制」を破壊できるのだろうか? それは「憤激」といった情動ではなく、漠とした怖れに留まるのではないか? だとすれば、ある意味で外部の生産に否応なく加担させられているこの僕たちは、外部なき外部に溢出する逃走線ではなく、内部化された外部に居座ってまさに存在的な闘争線を引くという苦難《アゴニスム》を凌がねばならないのではないか? 資本にとってあらかじめ〈瑕疵〉を背負った〈空費〉存在として、あるいはそうであるがゆえに。そしてそのために僕たちは、蒸気機関とは異なる機関で駆動される分散型器官——〈Steely Dan〈張り型〉〉——、あるいは千の眼をもちながらも分散する組織《よる》を必要としているのではないか?

＊55 Deleuze, « Contrôle et devenir », op. cit., p. 233-4.
＊56 Deleuze, *Pourparlers*, op. cit., p. 208.

捕獲

国家

φ　国家は「つねにすでに、また其処《そこ》・彼処《かしこ》」に憑在し、その結果、「近代国家の類型学は、メタ経済学」となる。

α　国家は、近代におけるそれがその階級性を稀釈し、相対的自律性という歴史的粧いを帯びてなおも「ブルジョワ階級全体の共同事務を処理する委員会」であるその遥か以前に、また斯く成りかつ斯く有るためにも、その原（有）性 Urheit において、捕獲がその中心的衝動である丹下左膳である。丹下左膳――というのも、捕獲装置としての国家には、(1) 系統流《フィラム》を捕獲し、拘束行為《ネクサム》の魔術師である皇帝（隻眼－記号の神）とその超コード化がもたらす機械状隷従と、(2) (1)がもたらす脱コード化された流れ《フロー》を握取行為《マンチパチオ》－契約に変換する手続きを担う法律家・司祭としての王（隻腕－道具の神）とその帰結である主体化をともなう社会的服従が、社会体による国家の祓除《ふつじょ》－先取の離接的接合において働き続ける一身《ヤヌス》だからである。したがって、国家がその形態において(1)から(2)へ進化するにせよ、その唯一の内的存立性を保持するには、(2)は(1)に共鳴し、(1)を充塡し続けねばならない。その結果、国家は識別可能な縦断面の層の数だけ存在し、共振の冗長作用と領土の地層化作用に拠って立つ全体的統合となるが、この特質から国家は、その誕生においてすでに老成した金髪の野獣であり、そのものとして稲妻のように一挙に出現する。これが国家の「起源」が無限遡及（悪無限）に陥る所以であり、であればこそ、記憶が果つる無限遠点に拘束なく峭立する「原国家 *Urstaat*」が遡及的な流出原点として想定され、多様な意匠が施されて喚起され続ける。

β　国家は超コード化による捕獲装置の生成変化として進化する。というのも、国家による超コード化が、流れ《フロー》がもはや流れ《フロー》に固有なコードには属さず流れ《フロー》自身がコードから逸出するという意味でそこから漏出する膨大な脱コード化された流れ《フロー》を解き放つからである。その結果、脱コード化が脱領土化を促成し、都市－商人資本の自由度が高まり、その結果、再コード化が要請される。だが、これは再コード化の超コード化による代替を意味しない。なぜなら、都市は資本主義を祓除することでしか先取しないからである（オランダの衰微！）。

γ　資本－主義の国家との関係における勝利は、国家がその超コード化によってその傍らから脱コード化した種々の流れ《フロー》に対して公理系の実現モデルとなることで超越的範例《パラダイム》であることを止め、脱コード化された流れ《フロー》の公理系として、いまだ資本主義の祓い除けの先取りに惑う都市をふたたび服従させるときである（脆弱なイギリス封建制とイギリス産業資本の世界的勝利！）。

それは、その理念において領土化そのものである資本主義、国家に固有な脱領土化を遙かに凌駕するその脱領土化を減速－掣肘し、その代償として、資本に再領土化（国民国家－国民経済）を圧すことで初めて実現される。それは、流れ《フロー》を資本《ストック》－棍棒において捕獲する資本主義に即した捕獲装置としての国家（の比較と独占的領有の二契機へ）の姿態変換（市民社会－民法）を意味している。

δ　その肇《はじめ》から無国家的《アナーキー》経済秩序を発達させ、市場の名においてだけでなく国家を超える脱領土化（の速度）のために、その論理において国家に抵抗する資本主義は、しかし、公理系の実現モデルへと姿態変換した捕獲装置の憑在としての国家（倫理）をその裡に容れることでしか脱領土化を行えないという意味で、その意に反して相対的脱領土化に留まる。こうして国家は、時空間を貫穿して、遍在する。絶対的脱領土化は、この相対的脱領土化を打破するときにのみ、実現する。その主体は世界から資本と国家を控除する別なる残酷である。

地代

φ　地代は、等量の資本と労働が結合して生産する「差異を捕獲」する。これは「典型的な捕獲装置」であり、資本の「相対的な脱領土化」と切り離しては理解できない。

α　地代とは、或る主体が他の一切の主体を排除し、大地の一定部分を占有領域として独占的に支配することで成立する土地占有が収取する、経済的剰余である。地代は、経済外的強制に依拠する前資本主義的形態としては、労働地代・生産物地代・貨幣地代などの姿態を採るが、そこには継起の時間的序列は存在しない。これら前資本主義的な等価性を直接に担保する機制は、地代と利潤に列ぶ第三の捕獲装置、租税（→国家）であり、この捕獲装置が存在しなければ、交易を媒介する貨幣形態が発生しなかったという意味で、地代（とその起源としての租税）は資本主義の出現にとって決定的な機能を果たす。

β　全産業が資本主義的に経営されることを前提し、したがって経済外的強制を想定しない、資本主義的地代は、マルクスの論理学では「三位一体の範式（資本‐利潤〔経営者利得＋利子〕：土地所有‐地代：労働‐賃金）」――ドゥルーズ＝ガタリの論理学では、ストックが執る「三頭の捕獲装置（貨幣‐租税：土地所有‐地代：労働‐利潤）」へ改釈される――という集‐立《ゲ・シュテル》の峭立を前提して解かれる。それは、同一の捕獲装置の三側面の原理上の収束−同一性である資産《ストック》とその表層における流れ《フロー》の公理系であって、この一番《ひとつがい》に収束する捕獲装置の三連符に共通する二つの作動が、表層における量的「比較」と深部における「独占的な占有」である。またこれらの二作動では、つねに領有が先行し、比較を担保する。一般的な比較空間と領有のための可動的中心をなす捕獲装置は、労働は労働の独占的領有である剰余労働を、交易貨幣は比較方法の独占的領有である租税を前提して初めて存立するが、この顚倒に地代が深く参与する。

γ　資本主義的地代は、土地を直接比較する差額地代と土地の独占的領有を直接的根拠とする絶対地代（そして独占地代）という二（三）形態をもって、捕獲装置の二操作に応接する。

差額地代には二つの亜種が存在する。(1)同一面積の多様な地片に等量の資本と労働を投下することから得られる生産物は、当該地片の豊度と位置の差異を原因として一般的には不等であり、また生産物の最劣等《ペニュルティエーム》地における個別生産価格が市場調節的な生産価格となる以上、より優等な地片における個別生産価格との間に差額が超過利潤として生ずる。この超過利潤は、資本の平均利潤を社会的に均等化するために、土地所有に移転されねばならない。これが、差額地代の第一形態である。(2)同一地片に継起的に資本・労働を投下する場合を想定する差額地代の第二形態は、収穫逓減の法則によって、限界《ペニュルティエーム》投資の個別的生産価格が市場調節的生産価格となり、それ以前の投資がもたらした収益との間に差額が生じ、超過利潤をもたらすことに起因する。

また絶対地代とは、差額地代を生産しない最劣等地においても成立している土地の独占的領有それ自体と土地投下資本の有機的構成の低位性の両者から発生する。比較がつねに領有を前提する以上、差額地代は絶対地代という最大限界《オフェリミテ》に制約される。

論理的には、まず差額地代が解明可能だが、それは絶対地代を隠蔽的与件とする。

δ　差額地代と絶対地代の総額である地代は、比較によって認定される過剰を捕獲し移転することで、社会体（利潤率）における等質化と均等化を担うという意味で、相対的な脱領土化を果たす。領有を前提して比較された土地は、領土の外部に位置する収束の中心を領土から解き放ち、その結果、土地は都市の観念となるが、そこではその領有が比較をもたらすことから、地代《フロー》を長期利子率で除す資本還元という公理系的顛倒が生じ、それによっていわゆる収入の三源泉という公理的表層が担保される。この表層では、国家は退-隠し、資本主義機械による社会の唯一の主体の僭取が赦免される。

II

〈捕獲－恐慌〉

第5章

吃音——資本と労働の恐慌

人間と世界が〈と〉という高尚な不遜をもった小さな語によって間を分かたれ並んでいるのを見るだけで、われわれは爆笑する。[*1] 最小の間隙、それはいつも狡猾だ。可変の名人は位階を申し渡す不変の王と対立する (MP: 138)。

ごまかしじゃなくて、当然の結果として〔…〕。[*2] イデオロギーなど大した問題じゃない。問題は、イデオロギーでもなければ「経済とイデオロギー」という区分または対立ですらなく、(権)力の組織(化)なのだ。[*3]

前口上

なぜか例の「汚名に塗れた人びと」[*4]を想起させる「最小の間隙」であるこの〈と〉、あるいはニーチェを爆笑させたこの「小さな語」は、資本制近代における「人間と世界」がまさに労働と資本を軸に旋回するほかないという意味で、資本と労働の〈と〉においても同様の力を以てその「悪魔的」にも「高尚な不遜」を行使している。そこでは何事も「かのように」あるほかないが、それはしかし、「ごまかしじゃな」い。それは現実としてみずからを実現する「偽物 le faux の力」(C2: chap.6)、またしたがって「空費あるいは調子外れ le faux の力」を有している。ドゥルーズの「イデオロギーなど大した問題じゃない」という発言はこの事態の深部を摑んで放さない。だが、いわばフーコー以後の急進的研究者にとって自明であろうこの「(権)力の組織(化)」がマルクス主義の業界用語《ジャーゴン》であるいわゆる上部構造に属さないとすれば、それはいったい何か?

それは、論理が欲望する生産とその歴史へ字体-書記と文法-文体との相剋を孕んだ表現形式を携えて介入し、歴史を生き延びる僕たちに安堵-均衡《フィクション》と忘却を与える動的編制《アジャンスマン》である。あるいはそれを、表現形式が遡及的に内容とされるものに内容という名称《けいしき》を与えると同時にその逆過程もまた応答的に

＊1　ニーチェ『悦ばしき知識』信太正三訳、ちくま学芸文庫、一九九三年、三七六〜八頁。

＊2　宇野弘蔵・梅本克己『社会科学と弁証法』岩波書店、一九七六年、一九頁。

＊3　Deleuze (avec Guattari), « Sur le capitalisme et le désir », op. cit., pp. 367.

＊4　M. Foucault, « La vie des hommes infâmes », *Dits et écrits*, t. 3, Paris: Gallimard, 1994, pp. 238ff.

働くことで成立する連続的変動閾に傅い均衡‐静止を与える動的編制《アジャンスマン》、と言い換えてもよい。だが翻ってそれが、皮肉なことに、僕たちを生き延びやすくしてくれることもまた、確かなのだ。なぜなら、記憶という「残酷の劇場」が字体《アルファベット》を以て人びと（の身体）に刻みつけられているからである。忘却と軽度の神経症は僕たちに与えられたその代償だが、後に僕たちはふたたび、この代償に、だが異なった姿態のもとで、出遭うことを余儀なくされるだろう。ドゥルーズ＝ガタリは、ライヒとともに、しかし彼とは異なる生産概念によって、したがってまたマルクスとともに、しかし彼とは異なりいわゆる下部構造に例の上部構造を配列しなおして、こうした本然的に集合的な代償を問い続けた。代償、それは支配されることを欲望し悦ぶことの代償である。

一方で、この〈と〉は資本による社会体《ソシウス》の専一的な包摂《しはい》を（権）力として組織し、それが歴史《イストワール》と成り、それを即座に過去として、僕たちは「かのように」安堵‐均衡する。資本‐主義とは、その意味でこそ、正統な歴史の唯一の主体‐実体を僭称する運動にほかならない。だがそれは他方で、だからこそ同時に、社会体を力として解放しようとする労働における偽物‐調子外れの力をその潜勢力として蓄積させる。またしてもそれは、歴史《レシ》を欲望する生産に成るだろう。労働《せいさん》とは、そうした資本‐主義という社会運動を潜り抜けるほかない、新たな歴史《イストワール》‐物語《レシ》に成る、社会体の（蓄積）運動である。

こうして資本と労働は、その〈と〉において対話しあう歴史機械である。

ところで僕たちは、そこに安堵‐均衡ではなく不均衡を、後に触れるドゥルーズ的ケインズの不均衡を、まさに悦びとして、見いだすことができるだろうか？　あるいは僕たちは、その不均衡において爆笑する「非定型的《アティピク》」な虫《バグ》になれるか？

そうした均衡－不均衡という動態は、流通によって滲透的に包摂された生産がその過程で内部化せざるをえなかった、あるいは「二に裂かれる」ことでその裡に析出された、労働力という固有の商品部品の（再）生産と流通に関わっている。形式において包摂され端緒に〈有る／と être/e(s)t〉として措き換／違えられたこの〈と et〉は、だが実際には〈と〉で支えられる間《あわい》 entre-tien(entre-tenir) において他者《しほん》へ措き換／違えられ、そこで物として有れ（！）と指令された自己をまさに物の資格において間歇的に批評－臨床する。またそれが、間歇する出来事としての恐慌という表現形式を受け取って内容形式に挿入される。だがそれは、依然として、あるいは当面の間、形式においてのみである。したがって、労働にとってそれは、あたかも否定であるかのように突出し、また確かに資本（そして労働）の自己破壊という意味で否定しはするが、しかしそれは、次なる資本の時間の肯定において表現されるほかない、資本への批判－臨床の形式である。臨床《ベッドサイド》は同衾《ベッドフェロー》を意味している。労働は、資本とその協働性のゆえに、その資本批判を肯定において遂行するほかない、近代における唯一の〈来るべき者たち〉である。それは、円環することを予定－前提されて資本とともに商品として端緒に措き換／違えられたこの労働力としての労働《しょうひん》が、資本による／との同一《コマンド》性という表現形式において資本に共軛・併呑されながらも、その（再）生産においてはまったく異なり続けるほかないがゆえに、その相方《カウンターパート》である資本との〈と〉で喘ぎ爆発させる「爆笑」なのである。

然り。恐慌は爆笑である。そしてこの「爆笑」は、譫妄《あくま》的な「空費の吃音」を循環的に、さらには時間の累積のなかで慢性的に、発生（－発声）させる。まただからこそ、端緒に措き換／違えられたこの〈と〉の両端は、際限なく、あるいは端《はした》なく開かれて有る être/e(s)t がままに、ドゥルーズ＝ガタリのいわゆる「過程」それ自体として、あらかじめ集合的であるほかない来るべき者たちの力の有り様を指示することになる。それは肯定における絶対的脱領土化を目指すが、そのために再領土化と脱領土化との拮抗の尖端を出来事として経験する、あるいはそうした「過程」それ自体である、非人称的で集団的な配置にほかならない。ヘーゲルの弁証法的円環は、そこでは、この〈と〉によってあたかも円環するかのように運動するという表現形式を与えられながらも、内容形式における多様な分岐への潜勢力を孕んだ「過程」あるいは〈成ること devenir〉へと、みずからの姿態を変換させる。ドゥルーズは、強度‐内包をもって「過程」へ撫でつけられたように平たく引き延ばされたこの円環に、「顔‐正面 face」と「顔‐正面」あるいは同じ事だが「顔‐正面」と「背面 dos」を「背《そむ》け合わせ」にするのである。

だからこそガタリとともに受けたあるインタビューでドゥルーズは、明け透けな「かのように」の運動でありながらも、だが決して「ごまかしじゃない」この資本主義機械の狂気あるいは正常‐異常という二元論そのものを睥睨するこの機械に関わって、そのいわゆる合理性‐理性の起源を問われ、そうした二元論それ自体を単純に卻《しりぞ》けるのではなく、ただひたすらに潜り抜け、止揚を求めて対面するのではなく随伴する他者へ「背後‐背中 dos から忍び寄って異様なガキを孕ま」せることで、[*5] 端緒としての「顔‐正面」から不断にズレてゆく己れの「背面」を見せつけては動揺をもたらし、[*6] 合理‐理性によって非合理‐非理性と命名され非合理‐非理性として拘束された或る流れ（欲望）の復権‐解放を企図して、次のように一気に語ったのだ。何回でも繰り返そう。本書の胆である。

あらゆる社会は合理《りせい》であると同時に非合理的である。それらは、そのさまざまなメカニズム、歯車、接続システムにおいて、またそれらが非合理に割り当てた場によってさえも、否応なく合理的である。〔…〕合理とはつねに非合理から伐り出された領域であり、それは、非合理に対して庇護されているどころか、非合理的なことに横断-反駁され、非合理的な諸要素間のある型の関係によって規定されている領域である。さらに言えば、こうしたことは偶然の所産でもなければ本質的な意味で合理的でもない諸コードあるいは諸公理を前提としている。あらゆる理性《ごうり》の深部には譫妄が、大きな流れのうねりが、横たわっている。資本主義では一切が合理-理性的だ——資本あるいは資本主義それ自体を除けば。

マルクス主義を真面目に学びすぎた者にとってはその意味で、またマルクスを過去のものと看做して安易に排斥し、まさに歴史主義的にマルクス主義を整序する急進派にとってもまたその意味で、単なる良くできたトロープとして容易に読み飛ばされがちな、だが根底的に意義深いこの発言を、ドゥルーズは、資本制社会における「合理《りせい》的なこと」とは「つねに非合理《きょうき》の理性《ごうり》」にほかならないという定式に絞り上げたのである。ドゥルーズは、そうした命題に立って、マルクス『資本論』について従

＊5　G. Deleuze, *Pourparlers*, op. cit., p. 15.

＊6　A. Badiou, « Le noyau rationnel de la dialectique hégélienne », in do., *Les années rouges*, Paris: Éditions Les prairies ordinaires, 2012 参照。

来「適切に論じられてこなかった」ことは、マルクスがこうした「資本主義のメカニズムにどれだけ夢中になっていたか」という点である、と何事にも代え難いほど重大な論点を提起し、その原因を「システムが狂っているにもかかわらず、〔それゆえにこそ〕同時に非常に巧く働いている」という点に定めた。[*7] 言うまでもなく、マルクスの意味での政治経済（学）批判にとって解明されるべきもっとも大きな課題だったはずであり、マルクスにおけるいわゆる歴史主義を批難する人びとにとってもまたもっとも重大であるべきこの問題に、この「ごまかしじゃない」「かのような」動的編制《アジャンスマン》に、どのような表現形式が与えられ、それはまた内容形式にどのような震動または鎮静を携えて介入あるいは挿入されるのか、また（当面は）不可避なその逆過程はどのように進行するのか、といった偽物あるいは空費が発する吃音の力あるいは仮構の問題をも含めて、すなわち（権）力の組織化の問題として、ドゥルーズは応えようとしている。

こうして問題は、資本‐主義の動的編制《アジャンスマン》を観測し論理的に記述する言語体系が、記述対象それ自身（資本）がみずからの永遠の現在《いま》を合理《そきゅう》的に記憶‐物語化し記述するために有している言語《きんこう》体系に、その文法だけでなく文体までをも化体させるほかないという条件のもとで、すなわち記述対象そのものが自己《わたくし》をいわば死の欲動とも言うべき指令語をもって述定することでそうした自己を永遠の現在《いま》として創設し、その自己を社会体の唯一の主体と僭称するために使用する言語体系の均衡秩序に「夢中」になるほかないという条件のもとで、「批評」的記述がどのように「臨床《じっせん》」的に成立しうるのかという困難な問題《プラグマティズム》へと敷衍されうるだろう。言い換えれば、それは、対象に「夢中」にならない対象の記述はどのように可能となり、指令語のもう一つの側面である「いまだ来らざる文体なき文体」

あるいは「溢出力」をいかに労働において獲得し、生きた労働を悦ぶことができるのか、という問題にほかならない。

後に触れるように、このドゥルーズは、しかし、いずれにせよ依然として均衡概念に囚われている新古典派経済学は言うに及ばず、恐慌‐危機論（百歩譲って景気循環論）という理論装置を己れの装置としてもっているにもかかわらず、新古典派と大差ない均衡を原器《エタロン》‐種馬として不均衡を記述するしか術のない旧来のマルクス主義者や大方のマルクス経済学者に較べて、はるかにマルクス的である。そこには「下部構造における欲望の働き」とそこでのイデオロギーなるものの再生産という論点を喚び戻し、その単なる禁止ではない、歴史に即した制御という支配の技法《アジャンスマン》についての固有な歴史改釈を、「欲望」する生産「の歴史についての真の歴史」あるいはドゥルーズ固有の意味での「概念」の仮構として描こうとするドゥルーズ＝ガタリとともに歩み出す以前に、深部をそれを担う労働とその再生産過程もろともに形式においてのみ共軛した資本制社会の表層の分節という、マルクスの政治経済（学）批判が経由せねばならない問題閾が潜在している。

そこでは、均質を前提とした異質ではなく、均質それ自体がなお均質であるがままに吐き出す異質なモメントとして、それゆえに宇野の〈予定‐前提〉論が接‐切線の無限遠点に歴史《ろんり》的に仮構したいわゆる純粋資本主義以上に均質な時間‐空間の成立に内在するその絶対的「外 dehors」へ事情を察知して接続する *branché* ために機能する異質として、労働を把握することが必要とされる。したがって

＊7　以上、Deleuze (avec Guattari), « Sur le capitalisme et le désir », op. cit., pp. 365ff.

そうした分析は、歴史主義的でもなければ論理主義的でもなく、歴史と理論の記述における共犯性を批判する方法の問題として、提示されねばならないのである。

　僕は本章で、部分的かつ実験的であるにせよ、マルクスの政治経済（学）批判――とくに、宇野による『資本論』読解を批判するために正統派によって正しく命名された、そのいわゆる〈流通－表層《けいしき》滲透 *osmose* 視角〉――から、こうしたドゥルーズ＝ガタリ的視点を、しかし宇野がマルクスに応接した姿勢と同様できるだけ簡潔に、マルクス的論点へと措き換えることで、マルクスの政治経済（学）批判それ自体をドゥルーズ＝ガタリ的枠組みへ滲潤させようとするだろう。後に見るように資本との同伴出勤（どころか“アフター”）を強いられている労働は、表現形式におけるその変異が内容形式のいわば琴線に触れる仕方で「創造的吃音」を不均衡それ自体として動態化し、その結果、社会体に成り代わる潜勢力を担う位置に期せずして、あるいは無理やり、措かれることになるはずである。

　労働は、表現と内容という形式が「識別不能」になるまでに自由になる、肯定における絶対的脱領土化を経験する存在的な革命だが、資本は、一方で不断の脱領土化を欲望し、またそれがゆえに労働をも脱領土化しながらみずからを繰り返し公理化するが、他方で同時に再領土化を免れることができないという意味で、気の毒なほどに不自由な革命である。こうした争点は、僕に言わせれば、脱領土化と再領土化の尖端の交錯－邂逅《できごと》に懸かっており、以下に触れる脱領土化の三形態（段階）における相対的脱領土化の局面で間歇的に突沸するが、それはまたドゥルーズ＝ガタリのマルクス恐慌論にもとづく再読解という本章の暫定的な理論的領野を構制するのである。

　しかしそうした議論のためにここで構想的に素材とされるのは、『批評と臨床』に収録されているドゥルーズの短編、「……と彼《それ》は吃った *bégaya-t-il*」である。[*8] 言うまでもなく、この短編だけでなく『批評と臨床』収録の文章の大方が『千のプラトー』の断章四に密接に関わっており、率直に言ってそれは『千のプラトー』のうちで僕のような一介の経済学研究者にとってもっとも難解かつ厄介な部分でありながら、しかしなぜか通過せねばならないような気分にさせる重大な問題を呈示している。

　とはいえ本章は、理論に要請されている論理（循環‐完結）性に内在的に埋め込まれている論理（循環‐完結）性それ自体のいわば「吃音」を、論理（循環‐完結）性が〈あたかも……永久に保証されるかのよう〉に記述されるために不可欠・不可避に内在する絶対的な〈残遺 restance〉あるいは〈外 dehors〉において把握するという主題を、いわゆるカルチュラル・スタディーズやポストコロニアル的言説からマルクス（主義）へと不断に差し向けられているマルクス（主義）の歴史主義なるものへの――ある意味で妥当な、だが宇野自身にとっては無意味なほどに当然の――批判を意識しながら、拓くという試みである。その意味でそれはまた、均衡にとって機能《ないざい》的な不均衡への注視と言い換えられてよい。こうして冒頭のドゥルーズへ、だが僕の場合は、宇野による体系的純化に固有なその「無理」についてのいわば教科書的な復習を経由して、戻らねばならない。

　しかしその前に、なぜ僕はこの問題を冒頭のドゥルーズに関わると設定せねばならないのか？　繰り返さねばならない。いまだそれは、僕にあっては、資本‐主義における労働の労働力としての商品化を巡っているからにほかならない。それは、論理的かつ現実において反復せねばならない、だが歴

＊8　Deleuze, « Bégaya-t-il... », in do., *Critique et clinique*, op. cit.

史的にはその一回性において理念的に記憶（内面化）されてもいる出来事（すなわち資本の世界《あいだ》性）が、論理であるがままに論理において機能《ないざい》的に保持し続ける不均衡をその特殊歴史性としてそのつど表示する、労働の強度‐内包に関わっている。労働が、その再版する継続性をも含めた資本の「本源的ursprüngliche」という遡及的形容詞の許で不断に反復される蓄積の「循環」軌道の端緒に、労働力の商品化という歴史的な出来事として、だが遡及的に同伴させられながらも、論理的にはつねにすでに終了している、いわば死を宣告された出来事《ぐうはつ》として、その循環（完結）性へ翻訳‐縮減‐内面化され、その結果、あたかも永久に反復するかのように成立する景気循環に据え措かれながらも、しかしだからこそ恐慌としてみずからをいわば存在的「吃音」へ姿態変換し、そうした姿態の許で周期的に、次いで慢性的に、みずからを蓄積《ストック》しながらも、蓄積をふたたび相対的に脱領土化する手段をも不断に編み出す資本によって差異‐負債《フロー》化され流（逃）れ出てゆくといった、脱領土化と再領土化——相対的脱領土化——の〈と〉が惹き起こす事態に、それは変換されているからである。

したがってこの論点は、僕にとっては、端緒と終端すなわち両端が円環的に結託することによってのみ措定される閉じたあるいは閉じることを予料されている存在という視点《ヘーゲル》から（だけ）ではなく、（中）間あるいは〈と〉、さらにはその震動《はんぷく》としての〈数珠繋がり《アジャンスマン》〉として（も）、循環を担う資本と労働の強度‐内包において論ずるという、それ自体としては魅力的な方法に直截に取りつく視点《ドゥルーズ》から（だけ）でもなく、まさにその（中）間から開示されなければならない。

要するにここでの僕は、ドゥルーズと宇野にあらぬ邂逅《クリナーメン》を強いることで、一方で冒頭において仮構された資本制商品を端緒とする円環の弁証法という資本の偽物《フィクション》の力を受諾する。しかしそのうえで僕は、そうした円環の完成《フィクション》を不断に駆動しながらも、しかしその完成を保証するどころかむしろ円環から逃（流）れでてゆこうとする機制（脱領土化）として作動し続ける（中）間あるいは〈と〉において／として生産される「吃音」の所行を、すなわち歴史的であると同時に論理的《がいねん》でもある――非合理が理性において表示される――この出来事を強調することで、ドゥルーズと宇野において恐慌論を考え直すための新たな可能性を解《ほど》いてみたいのである。

結合

よく知られ、またすでに触れてもいることだが、宇野は、到来を予料される結末を予定‐前提することで、論理的にはつねにすでに商品化が終了しているとされる労働力をも含めた――あるいは精確には、含めていなければならない――資本制商品世界を論理の自己展開の端緒において措定すること（という要請《ポスチュレイト》）によってのみ想定可能な一社会全体だけでなく、そうした諸社会の世界的な諸関係についても、おおむね次のように述べている。

資本は生産過程を流通過程に完全に「解消し得るものではない」という限界を外に向かっても内に向かっても――exo/endo――不断に膨脹させながら、しかし他方で同時に、この資本の生産過程が「いかなる社会にも絶対的に欠くことのできない」、宇野のいわゆる「経済原則」をその根底において支える「労働＝生産過程」を資本という「特殊の流通形態をもって実現する」という形式をとることによって「経済法則」化するほかないという意味で、資本による社会体の専一的な包摂には「元来〔…〕最初からいわば無理」がある、と。これが宇野のすべての議論の端緒である。ドゥルーズ＝ガタり的にそれを、相互に衝迫しあう脱領土化と再領土化の尖端が拮抗しあいながら表示する限界を張り裂けんばかりに内側から圧し続けるまたは下から支える*sous-tendre/subtend*に当たって資本が露呈させる「無理」、と言い換えてもよい。すなわちこの「無理」は、相対的脱領土化においてその姿を露出するのである。したがって、宇野はこの「無理」を、そもそも「通され」るために定立されている以上、「通され」ねばならない〈passer par〉の「無理」でもあることの意味を、論理において、あらかじめ受け容れている。そこでは同時に「本来、単なる生産物でもなく、商品として生産されたものでもな」い、また「経済原則」の「経済法則」的な静態的均衡体系を表示するとされる「再生産の表式に〔すら〕あらわれな」いこの労働力（の「種属 Race」としての再生産）を「原理論で想定される純粋の資本主義社会における唯一のいわゆる単純商品」として商品化することによって、すなわち資本によっては商品として生産されえないという意味で「資本家的商品ではない商品」としての労働力を「特殊の商品」として商品化することによって、その「無理が通って」いる。ここでは、「無理」が「通って」いることもまた、「無理」の再生産として提示されている。[*9] そしてこの「無理が通る」根拠を、ひとまず宇野は、単純商品と資本制商品が相互に共軛しあうことを許す脱コード化あるいは脱領土化による公理系の「完成」という理念的な形式における共軛性に求めた。後に僕たちは、この「無理」が（中）間において「その力が確かになる」ことを目撃することになる。またそれが、恐慌――つまり「吃音」であり、「虚偽‐調子外れの力」――である。

絶対的脱領土化という、資本が資本‐主義それ自体に欲望し続けている純粋性のみによる世界の包摂という当初からの尽きせぬ夢の「無理」は、そうした特殊な単純商品である労働力に「賃銀なる形態」を与え、またこの労働賃金によって生活資料が買い戻されることによって「通る」ことで、労働力を「現実的に商品化」するという「生産過程を流通過程のうちに実現する資本形態に当然の現象」あるいは「廻り道」である。すなわち「廻れ」ば「通る」道である。だが、こうした「本来の生産過程における生産物ではなく、消費過程の生産物」であると同時に「資本主義社会の基礎をなす」労働力の「それ自身に〔おいて〕は無理」な商品化は、その意味で「資本主義が全社会を商品経済的合理性をもって規制」するための「いわば代償」を請求される。宇野は、この「代償」を、資本制的商品経済が「社会生活に本来的なるものとはいえない」外部的かつ部分的な動的編制《アジャンスマン》であり、決して「現実的には純粋の資本主義社会を実現するものとはならない、歴史的なる一社会にすぎない」ことの証左であるとし、この「無理」を社会体に関わる資本の論理の限界、だが同時に論理《ごうり》を支える限界-非合理として、論理《しほん》の歴史性へ転移させたのである。

端的に言い換えれば、この「無理」は、単純商品にあたかも資本制商品であるかのように振る舞え！　という指令語が突きつけられている状態を指しているのである。まただからこそ宇野は、この「代償」が「現実的に」合理の裡に支払われてゆく資本-主義に固有な表現形式に論理《ろんり》を与えることに「夢中」になったのである。またその代償が、論理に論理として内面化された資本の特殊歴史性にほかならない。したがって、ドゥルーズにとってだけでなく、マルクス-宇野にとっても、合理と非合理という二項は、不断に膨張し続けるこの限界によって同時に確定される事後的な両端にすぎない。

＊9　こうした議論については前掲『われら瑕疵ある者たち』を参照。

またその意味で、資本がその内部から圧し続けねばならないこの限界は〈中〉間の〈と〉にほかならない。こうした資本固有の限界についてマルクスは、次のように明快に述べていた。少々長いが、「限界」と「制限」を区別することなく〈資本の限界は資本それ自身である〉という一句だけで片付けられてきた部分を慎重に展開するマルクスを、引用しておこう。

> 資本は自己の制限を乗り越えようとする無制限で節度－尺度のない欲動 der schraken-und maaßlose Trieb である。どんな限界 Grenze も、資本にとっては制限（〔通行手形がありさえすれば通過可能な〕関所 Schranke）であり、またそうした制限たらざるをえない。さもなければ資本は、もはや資本――自己自身を生産するものとしての貨幣――ではなくなってしまうからだ*10 (Gr.: 249)。資本がそのような限界のすべてを制限として措定し、したがってまたイデアとしてそれらを超えているからとしても、資本がそれらを現実的に剋服したことには決してならない。そのような制限はいずれも資本の規定に矛盾する以上、資本の生産は、絶えず剋服されながらも、また同様に絶えず措定される諸矛盾のなかで運動する。〔…〕資本が絶え間なく指向する普遍性は、もろもろの制限を資本自身の本性 Natur に見いだす。これらの制限は、資本の展開のある一定の段階で、資本そのものがこの傾向の最大の制限であることをさらけだし、資本そのものによる資本の止揚へと突き進ませる (Gr.: 322-3)。

ここでは「限界」が「制限」に読み替えられ、またそれがゆえに「通され」るといった、資本が資本であるために不可欠な機制《あたかも》が示されている。したがってまたその意味でも、宇野のいわゆる「無理」は相互に外在しあう二項の単純な矛盾ではない。「限界」の「制限」への読み替えを予定-前提するマルクス-宇野にあってそれは、資本における合理がそうした合理からみて非合理的なモメントを導入することにおいてのみ成立し、またそうしたモメントに支えられてのみ運動をあたかも永久に継続しうるかのごとき根拠を与えられるという、労働力商品という単純商品が単純商品でありながら資本制商品でもあるという二重の役割を担い切ることができる限りで、予定-前提的に完成している円環的一者を相互内在的に駆動し合う、「無理」にほかならない。だからこそこの合理において掃き出された非合理のモメントは、端緒において措定された商品が資本制商品——資本によって生産されうる商品——とされるために、合理において予定-前提されていなければならない、いわば復帰-還帰 restitution である。[*11]

　こうして労働は、ひとたび形式において内容が包摂されることで「限界」に「制限」という表現形式が与えられ、またそれによって内容形式に均衡が与えられたとしても、またそうした均衡が与えら

＊10　この直後にマルクスは「〔制限は、克服されねばならない一つの偶然として現れる〔…〕Die Schranle erscheint als ein Zufall...〕」と書き加えている (Gr.: 249)。またこの「偶然-墜落」は当初「定《さだめ》 Schicksal」と表記されていた (Gr.: 835)。

＊11　J. Derrida, « Introduction », Edmund Husserl, *L'origine de la géométrie*, tra. par, J. Derrida, Paris: PUF, 1974, pp. 168-9. なお、同書の英訳の訳註を参照（*Edmunds Husserl's Origin of Geometry: An Introduction by Jacques Derrida*, tr. by J. P. Leavey, Jr., Lincoln: University of Nebraska Press, 1989, pp. 151-2）。

れたがゆえに、完成形態にある資本制商品とは永遠に異なる単純商品であるがままに、資本制商品と併行して運動することを強いられるだけでなく、さらには資本制商品の生産を根底で抜き難く支え、商品による商品の生産を自己増殖する価値の運動として実現することで社会体を包摂《しはい》する資本の不可避・不可欠の機制としても運動するという位置を与えられることになった。

だが、あらゆる財が商品としての資本によって商品として自立的に生産されうることを前提とする資本によって包摂されるこの資本制社会が、あらゆる財が必ずしも商品としての資本によっては商品として自立的には生産されえないことを不可避・不可欠の前提としてのみ成立することを、それは意味している。資本の「限界」は、それを「制限」とするという無理においてのみ運動するという意味で、その「限界」をどこまでも圧してゆかねばならない。またその意味の限りで（のみ）、資本の限界は資本それ自身なのである。それは、究極的には、資本の資本‐主義という社会体に対する外部性・部分性の現れにほかならない。とすれば、宇野のいわゆる「無理」は、本来商品化されるべきではない労働（人間なるもの）の労働力としての商品化あるいは物化という単純な疎外論的な視点によるそれではないことも明らかである（そもそも商品‐資本は物ではなく、諸構成項に外在する関係的事態あるいは事柄である）[*12]。繰り返し強調すれば、この「無理」は、商品化されまた物として流通するにせよ、依然として資本によっては商品としては生産されえない特殊な商品に留まり続けながらも循環することを強いられるだけでなく、さらにはそうした資本制商品にとっては異質である続ける特殊な商品がまさに資本制商品の生産を根底において支えることをもまた要請されるという「無理」に集約される、労働力商品という特殊な単純商品が担う二重の役割が暴露する「無理」である。そしてこの

「無理」が、一方では解消されねばならないが、しかし他方では解消されてはならないまま、なおも通されねばならない、のである。

もちろんそれは、すでに指摘したように、両者をひとまず共軛する形式性において通されてはいる。それは、冒頭にそうした単純商品が無内容 inhaltslos な形式を唯一の共軛性として措き換／違えられたからにほかならない。またその代償が、資本の円環運動それ自体に登記された歴史《げんかい》性とされた。だがこの歴史性あるいは「限界」は、「克服されねばならない〔それぞれ一つ〕ひとつの偶然 Zufall」として現れるほかない資本にとっての「制限」として、したがってそのつど「克服される überwunden」という意味における必然あるいは「運命 Schicksal」として成立し（Gr.: ebd.）、またその結果、それが遡及的に必然性において観察・記述されるといった表現形式を与えられ、それゆえにまた現実においても必然《うんめい》 Schicksal とされるという意味で、いわば論理という形式において表現された単なる論理《れきし》の属性にすぎない。

＊12　ドゥルーズはここで取り上げている問題について次のように述べている。すなわち「関係はそれを構成する諸項の外部にある」というテーゼは「諸関係のパラドクスを減少させようとする合理主義哲学の試みとの対照」において理解される。その試みとは「この諸関係をその構成諸項へと内部化する方法の発見か、あるいはこの諸関係がそれ自体として内的となるより深いそして包括的な項（用語）を発見するか」のどちらかであるとしたうえで、「どのように諸関係の非還元的な外部性を乗り越えることができるか」が重要だ、と（G. Deleuze, "Hume," in do., *Pure Immenence: Essay on A Life*, with an intro. by J. Rajchman, tr. by A. Boyman, New York: Zone Books, 2001, p. 37）。

とすれば、宇野が科学の名において、あるいは実践《イデオロギー》の問題としては語りえないとしたこの歴史性は、どのような終わりを資本に告げることができるだろうか。イデオロギーの生産がいわゆる下部構造に属するとすれば? またこの円環において、ドゥルーズ的に言えば、歴史とは切り離せない大地の深部に潜行する闘争は、この特殊かつ特種な歴史性をどのように観測し、どのように論理的な形式をもって記述し、それによって内容形式にどのように動揺‐鎮静を与えるのか? こうした問題を整理するに当たってふたたび確認されるべきは、ここではこの非合理が依然として合理にとってのいわゆる外部に存在する遺物を流通という形式において共軛されたそれにすぎない、という点である。言うまでもなくそれは、宇野が執拗に強調する、マルクスが「貨幣の資本への転化」で定式化した「流通部面で行われねばならないし、また流通部面で行われてはならない」という例の有名なアンチノミーに密接に関わっているが(K I: 181)、その意味でも、ここでは依然として、冒頭のドゥルーズの指摘の本意は汲み尽くされてはいない。というのも、ドゥルーズの本意は、この単純商品という資本制にとって枢要的に不可欠な遺物が[*13]、まさに遺物であるがままに資本の/という合理における不可欠・不可避の異物として措定される動的編制《アジャンスマン》が確立されたうえで、すなわち「形式」化によってその「内容」を無意味にすることで包摂する動的編制《アジャンスマン》が確立されたうえで、なおかつ依然としてそうした遺物‐異物が、その「限界」において合理を支えその「限界」を「制限」として乗り越えてゆくことを許す非合理の合理《りせい》として循環運動を駆動するモメントでもあることが、解明されねばならない。またその意味でこそマルクスは、資本に成り代わって、だが資本語の完璧な使用を制限されて、さきのアンチノミーを跳躍《ロドス》と捉え、このアンチノミーは解決されるのではなく「跳ばなくてはならない salta!」と、資本に要求したのである。それは、端緒に措き換／違えられることで忘却《よくあつ》されていた労働の労働力としての商品化という「無理」（の反復）が、そうした商品世界にとっての不可避・不可欠な駆動因でありながらも、同時に資本制商品世界における唯一異質の単純商品でもあり続けるという、均質という形式において表現された均質であるべき世界に甦る遺物‐異物という苦い記憶（警告‐内面化 Erinnerung）として、資本に還り来ったものほかならない。だからこそ資本は、そこで「踊ってみろ salta!」としか言われなかったのである。こうして資本にとっては、価値実現における命懸けの跳躍とともに、あるいはそれにも増して、単純商品とされたこの労働（力）こそが、資本に不断に取り憑き、間歇的に還帰し、まさに生きた可変資本となり、さらには死んだ労働（固定資本）によって不断に代替されながらも、主体《しほん》という形式を与えられた自己＝他者を批評‐臨床する、妖怪‐亡霊ではないのか？　だからこそドゥルーズは、端緒＝終端に措き換／違えられると同時に（中）間において間歇的に「爆笑」するという意味で同時遍在するこのいわば「量子（同次多項式）跳躍 saut/salto quantique」（C2: 359）を、マルクスとは異なり、資本と労働との〈と〉として「吃《ども》ってみろ！」と言い換えただけでなく、そうした「吃音」を自由で間接的な話法で表現する形式をも、変革論として論じているのである。

こうした論点について宇野は、資本制商品経済による社会体の専一的な包摂を完成させると同時に

＊13 〈遺物〉と書いたが、だからといって、いわゆる〈単純商品社会〉なるものを想定しているわけではない。大塚史学における〈単純商品社会〉も、宇野の論理構造における冒頭商品と同様に遡及的に〈要請〉されているにすぎない。問題は依然として歴史記述の問題である。

資本による資本制商品の生産を支えるという二重の役割を、資本によっては生産されえず「無理」やり商品化するほかないこの労働力＝単純商品が担うという「無理」が「労働によって生産される生活資料」の労働賃金による買い戻しによって「労働者の労働力として〔の〕再生産」によって論理的に形式化されうるという視点から、次のように論点を開示している。

すなわち、一方で、この特殊な——もちろん資本制商品という一般を僭称する一般にとって特殊な——単純商品の（再）生産は、「絶対的な労働人口としては出生と死亡とを通じて自然的に増殖されるもの」という意味で、「資本主義にとっていわば外部から与えられたものとして、土地と共にその与件をなす」以上、資本は「土地所有者に対すると同様の、或いは類似の譲歩」を強いられるが、他方で資本は、そうした外部あるいは与件を論理的要素として内面化する機構をまさに「現実的に」みずからの「再生産過程における生産力の増進」によって「資本家社会的に労働人口を形成」することで、それ自身の裡に実現することができる。それが、資本蓄積の律動に即した産業予備軍あるいはむしろ相対的過剰人口の膨脹・収縮を機軸とする宇野のいわゆる「資本主義に特有なる人口法則」を意味していることは言うまでもない。またしたがって同時に「経済学の原理論のいわば結論」をなし、資本と労働がそれぞれ同時に過剰《プレソラ》になることを根拠とする宇野恐慌論の構成領域にほかならない。*14

ここでは論理《しほん》において自己給付的に導出される信用から始まり、制度《がいぶ》的なそれを経由して、通貨《こっか》論的な信用論にいたる連関をも含めた、膨大な蓄積がある恐慌論を総覧する必要はない。依然として再確認されるべきは単純な論点、つまり恐慌とは、資本にとって不可欠・不可避な遺物‐異物であり続ける単純商品としての労働力の商品化が資本制商品とともに循環せねばならないという「無理が通る」ための暴力的な瞬間《モメント》‐機制にほかならないという点でなければならない。そしてそれが、あたかもこの「無理」が永久に繰り延べられながらそのつど通されるかのごとき循環として記述される意味である。その意味で「無理」は、通ってはいるが、通ってはいない。なぜなら真に通ってしまえば運動は停止するか、あるいは資本が社会体の唯一の主体であることを放棄するか、のいずれでしかないからである。ここでは、こうした均衡という形式を歴史的に準備した単純商品が二重の役割《フィクション》を担わされていること（だけ）が重要である。

　すなわち、資本の運動にとって不可欠な駆動力を担うこうした労働力の歴史的な商品化とその循環に永遠の単純商品として内属する商品化された労働（力）という「無理」が通らないように通す動的編制《アジャンスマン》、あるいは宇野の表現を藉りれば「労働力は本来商品化されるべきものではない」にせよ、産業予備軍を背景とする労働市場とそれに密接に関わって継続される、ドゥルーズ＝ガタリのいわゆる「家庭主義」に見られるオイディプス化された強制的な異性愛体制をも含めた、内に向かっても外に向かっても制度化された再版原蓄といった、（資本がみずからに反するとして非難して止まない暴力的な詐欺瞞着であるほかない）収奪によって担保される（資本が平等な所有者による正当な交換と称する）搾取によって、資本‐主義は「その商品化を続けていく、機構をもっている」のである。宇野は、「そういう本来的見地からの否定はできない」いわば「ごまかしじゃな」い合理と非合理が相互に動態的に作り上

＊14　以上引用は、宇野弘蔵『恐慌論』（『宇野弘蔵著作集』第五巻）岩波書店、一九七四年、五五〜六頁、六〇頁および宇野弘蔵『経済原論』（『宇野弘蔵著作集』第二巻）岩波書店、一九七三年、三八頁から。

げる限界を、あたかも資本制社会が「自立的社会」として「永久的に発展」し、「永久に繰り返す運動法則であるかの如くに、しかしそれと同時に、もはや新しく体系化を必要とするような発展を齎らすものとしてではなく、完全に体系化されるもの」であるかのごとくに解明する「原理論の確立に不可欠の純粋の資本主義社会を想定」し、またさらにそのために一歩進んで、「理論的」には依然として歴史的母斑に汚染されているマルクスのいわゆる産業予備軍を「相対的過剰人口〔という概念〕に純化」することで、崩壊論とは異なる次元で循環する恐慌論を作り上げたのである。しかしそれはまた同時に、表現形式によって内容形式が手つかずのままに――あるいは均衡的に――圧伏される手続きでもある。[*15]

このように宇野は、マルクス以上に、資本が自己を述定することで自己を創始し、そうすることで社会体の唯一の主体を僭称する論理《メカニズム》とそのための言語に「夢中」になり、そうした資本の言語に資本を記述するためのみずからの言語を化体させて、資本を資本とともに記述することを追究した。それは宇野のいわゆる原理論それ自体が「容れ物」に代わる瞬間である。そこでは、時間と空間から自由に遍在するという意味で、資本の夢が、資本‐主義においても、論理《ごうり》において実現される。そしてそれは、いわゆる日本資本主義論争を教訓としてイデオロギーと科学の分離という政治的課題に取り憑かれた宇野が、いまや失効したと言うほかない実体化された対象における反復という相においてのみ法則性を確認するという近代の科学観にもとづいて、閉じられた観測主体によるそうした（閉じられた）対象の外部観測が可能であると同時に必要でもあると考えていたからにほかならない。[*16]皮肉なことにそこでは、記述がそれ自体として記述対象に変化を及ぼすといった内部観測が、逆説的な意味で、記述対象に均衡を付与するという仕方で機能するといった知の権力的効果が作動している、とさえ言えるだろう。その意味で人びとは、資本という主体と一体化することで初めて主体たることを実体（生きた労働）において許される。こうして人びとは、資本とともに、景気はいつの日にか必ず恢復するもの（景気後退という再開 resume を約束された単なる中断 recess-ion）として循環すると理解する――また国家と資本はそれを「指令語」として生産し伝播させる術をもっているだろう。

こうして歴史的にも論理的にも社会体の唯一の主体を僭称する資本が自己を残余なく完結的に述定

＊15　以上引用は、宇野弘蔵・梅本克己『社会科学と弁証法』岩波書店、一九七六年、一五、一三九、三〇頁および宇野弘蔵『新訂 経済原論』（『宇野弘蔵著作集』第二巻）岩波書店、一九七三年、四六〇、四六二頁から。

＊16　宇野の悲劇は、イデオロギーと「政治」の混同にあり、その原因が日本における共産主義運動における同様の悲劇に存在していることは明らかである。実存主義的マルクス主義者あるいは主体性論者梅本克己との稔りなき交錯については、前掲『社会科学と弁証法』各所を参照。梅本が宇野に対して提起し続けた「循環」あるいは「円環」と「移行」という、否定・肯定の別を問わず、依然として有益な視点は、それぞれの立場からその意味が決して生産的に論議されることはなかった。というのも両者が、すでに近代的な観測主体の成立を前提したまま論議していることを理解せぬまま、語り続けているからである。だが、いまは立ち入らないが、宇野のいわゆる「方法論的模写」説は、今日のいわゆる内部観測論へと置き換えうる可能性を保持していたこともまた強調せねばならない。それについては前掲『われら瑕疵ある者たち』や W. Rasch and C. Wolfe eds., *Observing Complexity: System Theory and Postmodernity*, Minneapolis: University of Minnesota Press, 2000 参照。

する（という資本の究極的欲望を表現＝実現する）ために使用する「抽象的な形式主義」だけでなく、この「形式主義の狂った物質的化体でもある」商品（語）、さらに資本（語）にみずから自身の科学的論述のための言語を化体させた宇野が、[*17]「一時的不均衡は常にある」としても、しかし資本（‐主義）はそれを「均衡化〔す〕る機構を有して」おり、それがまた「価値法則の貫徹する所以であり、表式もまたそのことを示している」と書き付けるとき、[*18] さきにも単純商品としての労働力商品が再生産表式に表記されないことに関わって暗示しておいたように、マルクスの「経済表」である表式的均衡をも含めて、均衡（という合理）のためにあらかじめ排除されることを前提されて不均衡（非合理）が説かれるという表現形式が、抜き難く作動している。[*19] すなわちそこでは、内容と表現が形式という均衡において平和裡に一体化してしまっている。それは、資本語の表層《けいしき》的秩序にマルクス以上に「夢中」になった宇野にとっては、しかし、必然であり、それはまた、宇野自身がいわゆる「無理」に打刻した論理における歴史性という画期的な論点の可能性（非定型性）を不断の忘却のもとに措くことをも意味している。

　とはいえ僕は同時に、それを忘却機械などとは単純には呼ばないことにしよう。というのもそれは、いわば「洞察」の飽くなき追究が、それが厳密になされればなされるほど、「盲目」へと回帰するほかないという「理論への（理論自身による）抵抗」による忘却というほかないアポリアに措かれてもいるからである。[*20] 例えばデリダは、ニーチェ『偶像のたそがれ』を読みながら、「語られる作り話《フェーブル》が問題ではなく、むしろ作り話がみずからをどのように仮構してゆくかについての語り《ナラシオン》が問題なのだ」とし、また続けて……

あたかも本当の話が、この仮構、物語に想定される真実を乗っ取る危険を冒すそうしたまさに真実の世界のイデアにほかならないものを産出する仮構が、歴史の主体において可能であるかのように、語り手は語り続ける

と語ったうえで、「嘘が歴史をもつことを信ずることは困難だ」と断じた。本章に引き寄せてそれを言い換えれば、それは〈原理論が歴史をもつことを信ずることは困難だ〉ということだ。こうしてデリダは、結論的には（例によって仮綴じの）、「人が語ることができる唯一のものは、嘘の歴史かもしれないしあるいはそうでなければならないことだけだ――もしそうしたものがあるとすればだが」と

＊17　W. Hamacher, "Lingua Amissa: The Messianism of Commodity-Language and Derrida's 'Specters of Marx'," in *Futures of Jacques Derrida*, ed. by R. Rand, Stanford: Stanford University Press, 2001, p. 141.

＊18　宇野弘蔵『経済学方法論』（『宇野弘蔵著作集』第九巻）岩波書店、一九七四年、一五一頁。

＊19　世界資本主義論者である侘美光彦が『資本論』を新たな三部構成に組み替えるに当たって、再生産表式論を中軸とする『資本論』第二巻を静態的均衡において捉えるとき、ある意味で宇野以上にその論理的一貫性にこだわった世界資本主義論の陥穽が垣間見える。同『世界資本主義』日本評論社、一九八〇年を参照。

＊20　P. de Man, *The Resistance to Theory*, Foreword by W. Godzich, Minneapolis: University of Minnesota Press, 1997 参照。なおそうした議論の現在における展開については、T. Cohen, B. Cohen, J. H. Miller, and A. Warminski eds., *Material Events: Paul de Man and the Afterlife of Theory*, Minneapolis: University of Minnesota Press, 2001 の各論攷を参照。

繰り延べ的な逃げを打つだろう。[*21] そしてもちろん宇野は、みずからの科学論とは分離したうえで、それを是認するだろうが、ドゥルーズはどうか？ 彼もまた、ニーチェの真の天才を「真実のイデアがもっとも深遠なフィクションである」ことを示した点にあると書き (C2: 195)、またそうしたいわゆる「かのように comme si」という問題を同様に、しかしデリダとは異なり語用（用における譫妄《せいじ》）において顕揚することで、「誠実な人（であればこそ）、結局は嘘を止めることができないことを悟る」というニーチェをふたたび引いて、「捏造者は、彼が姿態変換しその中に這入り込む捏造者たちの連鎖から、逃れられない」と書いた。ここでは、いわゆる「偽物の力」あるいは仮構の問題が、それぞれ異なった位相から、問われ続けられている。

それはまた、冒頭のドゥルーズに宇野を活かして還るためにも依然として重要な論点を提出している[*22] (C2: chap.6 *passim*, esp. 174-5)。だがそれは、依然として僕にとっては、資本の蓄積運動における恐慌＝「吃音」を二重の役割を担う単純商品としての労働力という「吃音」から眺め返すこと、すなわち不均衡という視点によって非合理を合理の軛《くびき》から逃走させることを意味している。こうしてようやく僕は、ドゥルーズの「彼《それ》は吃っている……」の政治経済学的な読解に辿り着くことができる。そこでは僕がこれまで引用符なしで使用してきたドゥルーズ固有の「表現形式」と「内容形式」との関係が、もちろんここではすべてを論ずるわけにはゆかないとしても、均衡－不均衡および論理と歴史さらには必然と偶然との関連で、すなわち後にも触れるように、まず第一に脱領土化と再領土化の拮抗から、第二にいまだ理性と情念に囚われている絶対的脱領土化へ、さらに第三に肯定における絶対的脱領土化へという、それぞれの不均衡的過程の結節を構成する切断にほかならない恐慌の（形態変容の）問題として、論じられねばならないだろう[*23] (MP: chap.4)。そしてそれは、宇野、あるいはむしろ彼のエピゴーンにおける論理的単一性を疑うことにほかならない。言い換えよう。僕は宇野固有の「概念」の仮構である「無理」を宇野の体系における虫《バグ》に変態させたいのだ。

生成

ドゥルーズは、語調変化の技法あるいは話法に照らして書き手《エクリヴァン》を、例えばバルザックのように端的に現実に為す *le faire* を選択する場合と、マゾッホやメルビルあるいはカフカやリュカのように為すことなく言うこと *le dire sans le faire* を選択する場合に分類し、後者と「見掛けほどには隔たっていない第三」の選択に言及している。[*24] それは「言うとき、それが為すこと…… quand *dire, c'est faire...*」という問題である。言うまでもなくそれは、言表行為における行為遂行さらに固有には発話内行為という選択にほかならない。そしてこの第三の選択が第二の選択と「見掛けほどには隔たっていない」とされるには、言うがそれ自体として為すという状況が起きていなければならない。とすれば、そうした状

＊21　J. Derrida, "History of the Lie: Prolegomena," in R. Rand ed., op. cit., pp. 65-7, 98.

＊22　J. Marks, "Underworld: The People are Missing," in Buchanan, I. and J. Marks, eds., *Deleuze and Literature*, Edinburgh: Edinburgh University Press, 2000.

＊23　なお G. Deleuze, and C. Parnet, *Dialogues*, Paris: Flammarion, 1977, p. 87 も参照。

＊24　以下引用は、指示しない限り、すべて « Bégaya-t-il ... », op. cit. からである（引用頁は省略）。

況あるいは状況が起きるとは何か、そしてまた〈そのとき〉とはいかなる瞬間か、そもそれは〈とき〉なのか？　こうした問題が以下のすべてに関わっている。ともかくドゥルーズは、そうした分類の後に、そこでの「吃音」創出の意味を即座に説き始めている。

これは、吃音が既存の言葉motsにはもはや依拠せず、情動化する言葉をそれ自体として導入することで到来する、何事かである。もはやこれらの言葉はそうした言葉を選択・接続する吃音から独立しては存在しない。それは言《パロール》において吃る登場人物をもはや指示しない。それは言語を原因としその内部で吃る人に成る書き手であるl'écrivain qui devient bègue de la langue。書き手は言語をそれ自体として吃らせる。それは、情動的で強度‐内包的な或る一箇の言語体系 *un* langage であり、もはや話者の情動‐疾患《せんもう》とはいえない。

それは書き手自身の「言語《ラング》と他の言語《ラング》との混在」ではない――書き手みずからの「言語《ラング》の内部に異語が刻」まれていることに起因する或る事態の発生である。とはいえ、この「異語‐異《い》なる言葉」は先在的に外在するいわゆる異語‐異《い》なる言葉ではない。それは、書き手自身の「言語《ラング》それ自体に、叫び声をあげさせ、吃らせ、口籠もらせ、呟かせる」ことで、書き手自身の言語それ自体があたかも異語‐異《い》なる言葉であるかのように機能するという限りでの異語‐異《い》なる言葉である。それは、みずからの言語がいわゆる母語《メジャー》に留まり、その意味で母語《メジャー》であるがままに、その意味性の内部において異語《マイナー》へ変異し、母語《メジャー》との関係のなかで、吃り、叫びをあげ、その結果、内部なるものの根底的な意味での

〈外〉性を曝露するもっとも小さな瞬間《インターバル》である。

ドゥルーズはそれを、例えばメルビルがイサベラを描写するに当たって駆使した「異《い》なる語調」やカフカが用いたグレゴールの身体的なキーキーという声《おと》などに聴き分けられる、表現形式と内容形式との相互的な「介入」「挿入」として捉えた。「共同財産の運用」としての「顔貌－言語 visage-langage」に還元され、「記号の学習」によって習得され定着する「表現されたものの連鎖」にほかならない、そうした表現形式の既存（均衡－循環）性のいわゆる内部で、まさに語用《プラグマティーク》──「言語の政治学」──において変異・変態を創出することで、そうした表現形式とは機能的に独立し異質なもう一つの形式化である内容形式、すなわち「財の生産」とその「生産手段」である「手－道具 main-outil」に還元され、「物の学習」によって習得されてゆく「身体の組み合わせ」にほかならない内容形式の琴線に触れ、その結果、そうした内容形式に「振動・呟き・吃音・顫音・震動」を発生（発声）させる事態を、それは意味している。それは、言うと為すが期せず一致する、だが誤解を恐れずに言えば、意図された瞬間《ぐうはつ》である。字体によって身体に意味《きんこう》を残酷に刻み込まれた既存の内容形式に、語用《いみ》を政治として差し向けることで、変態《クィア》をねじ込み、言葉に「情動を共鳴」させ、声《おと》をあげさせ、その結果そうした「直接的な事態変化の近傍」にそのものとして留まりながらも、ある一つの「間接的な効果の対象を創りだす言語の情動」が創出されるとき、「異なる言葉それ自体が存在する」ことが顕わになる事態が、こうして現出する──そうした瞬間《せつだん》をドゥルーズは、固有の意味での出来事を創出する変革的な話法の可能性《とき》として触れようとしている。

したがってそこでは、永遠の均衡循環を原器－種馬として際立たせるためだけに還帰を約束されて登場する一過的とされる不均衡、あるいは均衡と不均衡との平和裡な交替や既存の内容形式を均衡において温存するために表現形式に変形を加えることなく語調を変化させるといった下手な奸計を弄するのではなく、表現形式の変形それ自体が言葉がもたらす物質的変容として内容形式に不均衡を響き渡らせるための語用《いみ》の問題が、言語の静態性を許容するその権力的な「定数」性や「普遍的特性」に対峙する「変化の能力」の問題として、論じられている。そこでのドゥルーズは、「経済学において」と同様、言語学においても、言語の恒常性あるいは定数性が、それ自体の意味性として実存するのではなく、むしろ変数の「普遍化や画一化」という権力的組織化（指令語）から導きだされるのであって、したがって定数とは「連続変化の処理と対立する変数の処理」の一つにすぎない、と理解している。その意味でドゥルーズが語ろうとするいわゆる「吃音」は、「不変な用語」あるいは語用と、同様に「不変」なそれらの「関係」によって規定される「均衡あるいは均衡状態に近い均質体系」から析出されたそれとは、絶対的に異なっている。したがってこの「吃音」は、言《パロール》によって容易に混同・吸収《きんこう》される程度の偏差やちょっとした工夫《ガジェット》と異なっていなければならない。それはいわゆる偏差の表見的な大小や多寡ではない。それは言葉の強度－内包に関わっている。だが対照的に、「個々の用語」がその権力的語用《いみ》によって定数的に形成してきた既存の関係的不変《ちつじょ》性をまさに語用によって「連続的な変動閾」に曝すことで、用語みずからがその「変数的処理」あるいは語用に委ねられるがままにそうした変動閾を「経過し続けるといった事態」が創り出され、またそう成ることで表現形式におけるそうした変形が「絶え間ない不均衡または分岐」すなわち身体の組み合わせや錯列の再構成という変容を内容形式に圧しつけ、言語体系に不可逆の変異・変態をもたらしうる強度をもっていれば、そうした強度的な言語《ラング》それ自体は、いわゆる「一対一対応」的な(AO: *passim*)拘束に領土化され「数多ある変動的位置や方向性のうちの一つに即してしか運動しない」とされる「言と混同《パロール》」されることなく、「震動し吃音を発し始める」だろう、と。以下で僕は、そうしたドゥルーズのいわば語用の政治学《プラグマティーク》を政治経済(学)批判に転釈するという実験を試みるが、そのためにもいま暫くやや踏み込んで、この問題に部分的な整理を与えておこう。

こうした表現と内容という機能的には独立・異質な二つの形式化にあっては、表現《シニフィアン》が内容《シニフィエ》を表象-代位するという常識はもはや叶えられない。なぜなら意味とは語用だからである。したがって表象の限界などというお為ごかしの言い訳は通らない。というのも表現とは、内容をその形式性において「予勘-遡行、緩慢-加速、分離-結合-切断」するためにその変形を内容へ「挿入」され、あるいは「介入」し、その結果、表現形式における「瞬時の変形の連鎖」がつねに内容形式に「連続的な変容の組み合わせ」をもたらすという介入・挿入の「過程-事行」とその逆行の「過程-事行」の往還として、理解されているからである。それをドゥルーズは、表現と内容という二つの形式化が相互に異質で独立しながらも前提しあう「配分的」な枠組みのなかでの「一方から他方への絶え間ない移動の形式」あるいは「一方の切片と他方の切片の不断の入れ替わり、滑り込み、滲入」の「過程-事行」の形式化であるとも述べている。彼は、そうした表現形式と内容形式という二つの形式化がその配分的相互性において介入-挿入しあう「度合い」を脱領土化と再領土化との緊張《テンソル》あるいは「相対的脱領土化」の問題閾として把握したうえで、「社会的地平」におけるそのそれぞれの現れを、表現(形式)に照応する「非身体的変形の集合」と内容(形式)に照応する「身体的変容の集合」としても、位置づけている。言うまでもなくこの「非身体的変形」こそが、まさにドゥルーズ固有の出来事あるいは〈成ること〉の定義にほかならないが、[25]ドゥルーズのいわゆる「吃音」は、そうした意味での出来事、あるいは、そのままで正常な変態に成る事態を指している。[26]それを彼は、例えば、ベケットに典型的に診られる「肯定的離接」とも呼ぶだろう。それは、「定められた*la*表現形式から或る内容形式への転移」すなわち均衡から不均衡への道筋がいかに拓かれるか、という問題でもある。しかし、こうした不断の不均衡それ自体への転移は、同時にまた「逆の経路を通って還帰－帰港する restituer 可能性」をも有している。円環の圧力である。前者は、登場人物とは別個にそれ自体として存在するに到る「言《パロール》を超える言語」への不均衡への道筋である。それに対して、デリダが深刻な問題として繰り返しさまざまに論及してきた帰港－再制度化 re(in)stitution にも関わるほかない後者は、[27]「有機的身体を超えて器官なき身体」へ「到達」する道筋であり、したがってそれは、もはや単純な帰港－再制度化とはされない。ドゥルーズにあってそれは、さきに簡単に触れたように、むしろ「地層固有」の「意味性において極まる」相対的脱領土化から、「絶対的」とはいえ依然としてその「否定（性）」において地層」化され、したがって「理性と情念」に憑かれ「主体化《れいじゅう》」に留まる脱領土化へ、またさらに最終的には「存立平面あるいは器官なき身体」のうえで、均衡において出来事として遡及され凝固されることどもが、しかしその連続的変動にあっては「偶発性」において連続的に出現し続けるという変態をこうむる、文字通りの「肯定的な絶対的脱領土化」への不均衡化の「過程」を、あるいは脱領土化が再領土化との「尖端」を邂逅しながら相互に尖ってゆく「過程－事行」と理解している（MP: 168）。この脱領土化と再領土化との拮抗的な円環を支える「帰港－再制度化」から「偶発的」な出来事を駆動因とする「螺旋状」的あるいは渦巻き的な運動への遷移の意味をも含めて[*28]、表現と内容のそれぞれの形式をめぐるそうした「転移」とその逆行の了解について僕は、これまでの議論を踏まえて、政治経済学的な補助線を実験的に引いてみようと思う。すなわち触発的なこのドゥルーズの議論を僕は、これまでの僕の議論（単純商品の二重の役割）に関わらせて、欲望の生産としての無意識が吃っていることを論ずる「彼《それ》は吃っている……」におけるある二つの文章を素材－力として、政治経済学的に転釈しようと思うのである。

第一の転釈は、これまで執拗に指摘してきた、資本制商品によって覆い尽くされて有ることが自明視されねばならない商品世界における労働力商品という唯一の単純商品が担う二重の役割における初発の形式的共軛化の側面、すなわちその〈遺物〉性に関わっている。マルクスはその出来事性を資本のいわゆる本源的蓄積において捉えた。また第一の論点に密接に関わる第二の転釈は、そうした単純商品がそうであるがままに資本制商品世界へ翻訳－内面化される際に景気循環において担う位置《はたらき》に、

*25 ドゥルーズの出来事についてのバディウの見解については、A. Badiou, « L'événement selon Deleuze », in do., *Logiques des mondes: l'être et l'événement, 2*, Paris: Seuil, 2006, pp.403-10 参照。
*26 マッスミは「本質とはつねに邂逅のそれであり、出来事である」と規定している(Massumi, *A User's Guide to Capitalism and Schizophrenia*, op. cit., p. 18)。また『千のプラトー』では「非身体的変形」あるいは「無人称性 *il*」がその代替語である (MP: 102-6, 109-12, 136-38)。
*27 例えば J. Derrida, *Ulysse gramophone: Deux mots pour Joyce*, Paris: Galilée, 1987.
*28 宇野・梅本『社会科学と弁証法』三〇頁における宇野の発言参照。

またさらに、宇野がそうしたように、この単純商品が合理の〈異物〉として景気循環で発揮するその〈遺物-異物〉性という存在的な不均衡《アンサンブル》を均衡へと還帰-帰港させるための論理的な動的編制《アジャンスマン》、すなわち具体的には、産業予備軍の相対的過剰人口への概念としての純化-静態化による〈異物〉の資本語固有の馴致に、関わる。そしてそれが、循環性恐慌である。

まず第一の論点-文章でドゥルーズは、言語は「為される諸選択」と「確立-立証される諸連鎖 suites」という「二重の過程-事行 procès」に措かれ、それらはまた「類似の離接または選択」と「組み合わせ可能なものの連鎖」と相同でもあると述べ、さらにこの「二重の過程-事行」における「離接」と「接続」は、言語が「均衡において考察される」限り、そこでの「離接」は〈あれか……これか ou bien〉といった「排他択一的」な語用に制限され、「接続」は、素朴な自然史的進化であれ、その洗練された了解形式であるヘーゲル的な遡及的整序であれ、いわゆる進展の序列を尊重した、〈だから、これはあれだったのだ C'était donc ça!〉として遡及的な整理を与えられるほかない〈だから……これである C'est donc...〉という「階梯的」な役割を担わされる、と指摘している (AO: 22ff.)。だがしかし、一旦こうした二重の過程-事行が「均衡から隔たって」考察されれば、それは「もはや言《パロール》の流れではなく、言語《ラング》の過程-事行」に措かれ、そこでは、いわば「揺れる千鳥足」のように、離接は「内包的あるいは包含的」となり、接続は「反省的」へとその語用を変態する。そこでは、それぞれの「言葉」は、二によってかつ二において「分割されながらも、その内部」にあり、二によってかつ二において「組み合わされ」ながらも、しかし「それ自身ととも」にある。その意味でそれは、〈これであれ……あれであれ soit … soit〉したがってさらには〈何であれ quelconque〉という分裂症的な「二つの吃音」——したがって多数の「吃音」の連続に、すなわち「一方でもなければ他方でもなく、他方になる一方でもない、多様性」へと変態する。[*29] このドゥルーズはさきに整理した表現形式と内容形式の配分‐事行的な挿入・介入における〈と〉について別様に語っているのだが、それをこれまでの政治経済学的な文脈へ翻訳すれば、次のように言うことができるだろう。

すなわち、その商品化によって分割・選択・離接されたうえで資本制商品のなかの唯一の単純商品である労働力——資本語を以て精確に言えば、可変資本——として資本に接続された労働は、そうした離接・接続が均衡において理解される限り、その再生産も含めて排他択一的に資本制商品として運動することを形式において自明視《せいげん》され、またそこで剋服可能な「無理」とされたこの「制限」は、それがゆえに資本制商品の生産を支える労働力商品という単純商品のもう一つの役割として、逆倒的に、その役割が均衡において永遠に継続されるかのごとくに記述される景気循環に「階梯」的に接続されるという事態が現実化する。まさに〈だから、労働は単純商品という「仮面」をかぶった資本制商品だったのだ C'était donc ça!〉とばかりに。だがそれがひとたび不均衡という連続的変動閾のなかで捉えられれば、そうした単純商品の離接は「分割されながら」も資本の運動の「内部に」あり、また資本に「組み合わされた」としても単純商品としての「それ自身とともに」強度をもって資本の蓄積運動に内包的に滞留し続け、またしたがって資本の運動へのその接続も、つねに資本に内在的な絶対的〈外〉として「反省的」に批評を加えることになる。こうした意味で、労働力商品という資本制商品

*29 Deleuze and Parnet, *Dialogues*, op. cit., p. 43.

世界における唯一の、しかし資本が決してみずからのものとしては処理しえず「無理」を再生産することを不可避・不可欠に強いられながらも内容形式を変容することなくそのままにおいて維持しなければならない資本にとってのこの単純商品《アルカイズム》は、その二重の役割を「二重の吃音」の「綜合《アンサンブル》」（数珠繋ぎ）すなわち「多様性」――〈なんでも quelconque〉――として表現することになる。さきにみた〈遺物－異物〉として同時に内部化される単純商品の二重の役割あるいは論理において表示された歴史性は、こうして、内包的あるいは包含的な離接と反省的な接続として、離接されながらも完全に抹消されることなく、接続されながらも完全に一体化されることもなく、循環運動を支え駆動しながらも、しかし同時にそこにそれ自体としてつまり存在的に切断《きょうこう》を不断に発生させる、その都度の出来事、すなわち母語において母語であるがままに異語－異なる言葉へと変態するものとして、「吃り」続けることになる。すなわちここでは、「いわゆる」資本の本源的蓄積においてであれ[30]、その後の資本蓄積の正規の循環軌道においてであれ、脱領土化の運動にほかならない資本が大地にコード化されていたそうした労働をどのように脱領土化し、またその結果、脱領土化された労働が労働であるがままに内部でどのように機能し続けるのかといった、概念の仮構において捉えられた歴史を問いかける脱領土化と再領土化の緊張《テンソル》そのものとして、あるいは内部の絶対的〈外〉性として、把握する視点にほかならない。そこでは宇野の「無理」がそうした緊張《テンソル》において表現されている。そしてこの政治経済学的な翻訳は、これまでも執拗に見てきたように、第二の論点－文章すなわち恐慌論的なドゥルーズ読解へと密接に関わることになる。

　ところでこれは僕の思い込みではない。じつにドゥルーズ自身が、物理学といったいわゆる「純粋科学」においてだけでなく、そうした近代科学の展開にもとづいてみずからの展開をも推し進めた政治経済学においても、「均衡から隔たった」あるいは不均衡累積的な「領域」が創り出す可能性を指摘したうえで、こうした論点の創出におけるケインズの功績を単なる不均衡ではなく、不均衡を「均衡ではなく好況boom状況に結びつけた」点に求めていることからも、それは明らかである。好況の末期における投機とその暴落《ガラ》などその時点では誰も予期しえないまさに欲望が肥大化する好況期に結びつけられたこの不均衡累積という問題閾の設定を、ドゥルーズは、記述あるいは分析に「欲望」、すなわち〈*le ça*〉という総称化された〈それ〉ではなく到るところで作動している〈それ ça〉を、欲望する諸機械として「導入する唯一の方法」であるとしたうえで(AO: 7)、そうした方法の枢要を「暴落《ガラ》krach－恐慌ギリギリの好況状態に言語を措く」こと、すなわちまさに張り裂けんばかりに脱領土化の「尖端」を肥大化させ、内側から圧し続けることしかできない資本の好況期が必然とするバブルがパチッkrachという音（声）とともに弾ける〈そのとき〉における商品《かへい》の（無）意味として、問いかけている。だがケインズだけでなく、例えば宇野も、類似のしかし形式化された方法のそれとして、そうした問題を次のように提起してはいなかったか？

宇野は、好況・恐慌・不況という「三段階《ママ》」あるいは三局面をあたかも永久に継続されるかのごとく反復する景気循環の「究明をいずれの段階《ママ》から始めるべきか」と問い、いわゆる資本の有機的構成

＊30　マルクスは資本の本源的蓄積というタイトルに「いわゆるsogenannte」をことさらに付加していることを想起せよ。

の好況期における〈横への拡大――有機的構成不変〉と不況期における〈縦への深化――有機的構成高度化〉という資本蓄積の内容形式に与えられた表現の二形式を「結合する――或いは寧ろ転換する〔…〕一環」として恐慌を捉え、決定的にもそれは「単に同一の過程を繰り返すものではない」と指摘したうえで、「表面的には資本の構成に変化なくして行われる蓄積でありながら、実はその内に前循環と比較しては資本の構成の一般的高度化をも含蓄しつつ、労働者の絶対数を増加するものであって、資本家的蓄積の増進そのものをなす」好況期こそが景気循環分析の端緒に措かれるべきであると説いている点に、それを読みとることができる。[*31] また実際ドゥルーズが、いわゆる無人称的で集団的な動的編制――資本‐主義あるいは資本主義機械と理解してほしい――の「一般的性格」を「水平的な軸」と「垂直の軸」へ分解したうえで、前者は内容と表現それぞれの「切片」が「相互に作用し合う身体の混成 mélange」である「行為と言表の集団的動的編制」あるいは端的に「身体の行動・受動の機械状動的編制」であり、それは「身体に向けられる非身体的変形」としての出来事にほかならないとする一方で (AO: 291-3, 400-406, 446-51; MP: 563-70, 575-91)、後者はこの出来事によって介入されたあるいは出来事を挿入された内容形式が、そうした変形の介入・挿入による変容を「制止」するべく応答する「領土的また再領土化される側面」とそうした「制止」をさらに「上回る脱領土化の尖端」との拮抗、あるいは端的に相対的な脱領土化を指示していると書くとき、ドゥルーズと宇野の恐慌論理解は、宇野における下部構造の論理的純化への閉域ではなく資本蓄積運動を上部構造と下部構造との総体《アンサンブル》としての動的編制《アジャンスマン》において理解するドゥルーズ的文脈のもとで、近接すると理解することができるだろう。

すなわちここでは、出来事による脱領土化とそれへの再領土化的な反応という表現形式と内容形式との相互配分－事行的な介入・挿入とその緊張《テンソル》が、生きた労働と死んだ労働のキアズミックな交錯、さらには固定資本による可変資本の代替とその肥大化、そしてその擬制資本によるその再流動化をともなった、恐慌という出来事の反復がもたらす差異として理解されている。

実際ドゥルーズは、この宇野の表現を藉りれば、内容形式の変更を迫る「結合」「転換」としての恐慌を、好況期からあるいは好況期とともに語ることで、単なる反復とは異なる景気循環を以下のように記述している。そこでの言語《ラング》を〈資本－労働〉あるいは端的に関係として外在する商品、またこの言語の「効果 efficacité」を決定する技術係数をも含めた資本の有機的構成という変数を「連続変化の過程」を意味する「文体」、そして言語体系あるいは語法を「経済法則」という資本－主義的に縮減された表現形式を与えられた社会体の歴史貫通的な「経済原則」あるいは「均衡の文法」と、それぞれ読み替えれば、以下の文章はまさに景気循環における好況が恐慌へと転換する際－閾を、しかし単なる円環的な循環という閉域としてではなく、歴史的な遷移の「過程－事行」における動的編制《アジャンスマン》の変化－危機を孕んだ開放系的な循環として、読み替えることができるはずだ。

＊31　前掲『恐慌論』六二〜三頁。『恐慌論』後、宇野は、おそらく景気循環の閉域（円環）化という論点を重視してであろうが、螺旋的開放型への可能性を孕むこうした蓄積形式の類型化を口にしなくなるが、形式化においては依然として利用可能な装置であると考える。またこの論点に関わっては、資本－主義の理解に関わっては全面的な賛意を与えることはできないが、Massumi, *A User's Guide to Capitalism and Schizophrenia*, op. cit., pp. 126ff. も参照。

すなわち「言語があまりに張り詰め、吃り・呟き・口籠もり始める」とき、言い換えれば利潤率と賃金率との剰余価値量をめぐる軋轢が——脱領土化の「尖端」あるいは擬制資本の価格である一般利子率を「予勘、逆行、緩慢、加速、分離、結合、切断」する媒介として——〈資本-労働〉の〈と〉を加速度的に「張り詰め」させるとき、そうした〈と〉すなわち「吃音」が「言語体系」すなわち「経済法則」という資本制的表現形式を付与された社会体を律する「経済原則」に、みずからのまさに内部で不可避・不可欠に接続されている単純商品にその「外 dehors」という離接の歴史性を与えることで、「経済法則」を中枢において担ってきた言語すなわち〈資本-労働〉を「沈黙に直面させる限界」あるいは「沈黙へ突き落とす圧力という試練を通過」させるのである。続けてドゥルーズは、こうして連続変化する「言語《ラング》の組成-経済」でもある「文体」は、言語に「言語における異語」としての〈と〉という「吃音」を強いることになり、それはついに、例えばプルーストのいわゆる「文体なき文体 **non-style** への生成」すなわち「いまだ存在しない来るべき文体」の「諸要素」として、みずからを変動あるいは変奏させ、肯定における絶対的脱領土化を準備する。したがってここでの「外」とは、〈資本-労働〉という形式的共軛性によって資本制商品において可変資本として表現されてきた単純商品である労働力商品が、恐慌において顕わにする、資本が通さなければならないにもかかわらず通してもならないという「無理」それ自体に与えられる「姿態」であり、最終的にそれは、表現と内容における「形式の二重性を超え〔…〕形式が『識別不能』となる」際に身につける現れ方を描いている (MP: 115-6)。言語《しょうひん》-交換の「吃音」は、こうして「言語体系をその限界、その外、その沈黙にまで圧してゆく〔…〕好況と暴落《ガラ》-恐慌」のようだ、とドゥルーズは書き終えている。

こうしてかの単純商品は、それが措き換/違えられた円環の端緒において「新しい言語が言語に対して外部的ではない」といった形式性において共軛され、またそのいわゆる終端においてもそうした「非（前）統語的な限界」はいまだ「言語体系にとって外部的ではない」ものとして、いわば脱領土化と再領土化の緊張あるいは端的に相対的な脱領土化という円環をあたかも永遠に循環するかのように（中）間で駆動させ、ついには「外部に au-dehors」とは決定的に異なる「外 *le dehors*」として、渦巻き状に還帰的溢出を遂行するという意味で、またしたがって円環の顔と背は背けさせ合うという意味で、絶対的な脱領土化を担保する潜勢力を担う機制として位置づけられることになる。こうしてこの商品化された労働（単純商品）は、恒常的に資本に「吃音」あるいは〈外〉への潜勢力として内在し、出来事としての非身体的変形として間歇的に「爆笑」する、恐慌である。

資本制近代以前における商品語以外の言語による「あからさまな命令」――マルクスのいわゆる経済外的強制――は、資本制社会の成立において「潜在的な前提としての指令語」すなわち商品語あるいは資本語――市場《けいざい》的交換――へと変形‐変容する。だがそれは、資本制社会の確立において「それが表す内在的行為あるいは非身体的変形」である恐慌において、まさに経済外的なもの（非合理）の経済（合理）的な逆襲として、しかも非合理をあからさまに顕示しながら、表現されることになる。そうした指令語の変形‐変容が、またさらに、その「変数になる言表行為の動的編制《アジャンスマン》」において、一方では死の宣告（あるいは死んだ労働）を蓄積しながら、他方ではその「葛藤や矛盾」というよりもむしろ「横断する逃走線」をも生きた労働として準備するという、連続的変動の一連の概念的に仮構された「過程‐事行」が、ここから想起できる（MP: 106）。ここではあたかもドゥルーズの反歴史的な

〈歴史〉が語られているかのようにさえ思われる。

非典型《アティピク》

ドゥルーズは「事柄の本質は決して端緒ではなく（中）間に、その展開の途上に、その力が確かになるときに現れる」と述べた（CI: 11）。それはドゥルーズの次のような発言にも明らかなように、目的論《ヘーゲル》的了解への彼の警戒と連続的変動閾の重視を意味している。すなわち

> ある事柄がその端緒 début に倣ったためにいつも誤って判断される〔…〕。なぜなら、事柄が端緒で捉えられれば、その後にそれがその事柄として現れてくるためには、それは〈その事柄を思わせるその事柄の仮面としての構造状態〉を装い、同じく〈その事柄の仮面としてのエネルギー状態〉を帯びざるをえないからだ。さらにその事柄が、端緒から、まったく別様の仕方で自分の仮面を利用し、じつはすでにこの仮面の下でまたはこの仮面を通して、最終形態や特殊な上級状態（つまり、後に全体的にそれ自体として定立されることになる最終形態や特殊な上級状態を）備給するということも承認される、

と（AO: 109）。しかしこれまで見てきたように、端緒に措き換／違えられながら（中）間において変態を惹起し、それによって端緒に措き換／違えられたことそれ自体をまさに非身体的変形として「爆笑」させる労働力商品というこの二重の役割を引き受ける特殊な単純商品は、円環それ自体による円環の

批評を反復的に潜り抜けながら、そうした円環からの切線的な逃走あるいは溢出の「過程」をも固有に蓄積する〈成ること〉にほかならないことを、「彼《それ》は吃っている……」は描き出している。とすれば逃走‐跳躍する者どもとは、誰か――否、何か？

ドゥルーズ＝ガタリは、レーニンの「指令語に関して」という一九一七年の政治文書を事例に、次のように述べた（MP: 105）。

> 身体としてのプロレタリアの条件が与えられる以前に、これはすでに群集massesから、言表行為の動的編制《アジャンスマン》として、一つのプロレタリア階級を抽出した非身体的変形なのだ。新しいタイプの階級を「発案する」第一回マルクス主義者国際会議の天才的な閃き。「万国のプロレタリアよ、団結せよ！」。社会民主主義者の分裂によって、レーニンはまさに官僚的な冗長性のシステムに陥っても、プロレタリア階級から言表行為の動的編制《アジャンスマン》として前衛を引き出し、「党」に、つまり区別された身体としての新しいタイプの党に向けられる非身体的変形を発案し、布告する。〔…〕「すべての権力をソビエトへ！」

ここでは身体としてのプロレタリアが論議されているわけではもとよりない。来るべきプロレタリアは非身体化された変動としてあらかじめ組織されねばならないことの画期性が言われているだけである。もちろん僕は、円環からの切線的な跳躍の「過程‐事行」を論ずるために、ドゥルーズ＝ガタリをレーニン主義者に仕立て上げようとしているわけではない。レーニンは終わっている――だからこそ別様に繰り返すにしても。その別様さは、しかし、まったく別様だろう。したがってまた僕は、恐慌論を従来の意味での危機論さらには革命論として主張しようとしているわけでもなければ、ましてやレーニン的な前衛論を引き戻そうとしているわけでもない。むしろまったく逆に、僕が模索していることは、脱領土化と再領土化との尖端の邂逅《できごと》で描かれる資本の円環という資本語に指令される運動のなかでしかみずからの絶対的な脱領土化を肯定において跳躍する手立てを見いだしえない労働にとっての〈かたち〉あるいは「不均衡の文法」と、それを生きて示す新たな「文体」を論ずる可能性である。すなわち、ドゥルーズ＝ガタリがここで語ろうとしている「脱領土化の尖端を成立させ、緊張《テンソル》の役割を演ずる」新たな「非定型」的な「吃音」、単なる接続詞《つながり》として誤解されるようなそれではなく「連続変化に導くあらゆるあり得べき接続」を与えてくれるそうした〈と〉を、来るべき者たちの「条件が与えられる以前」に「発案」する政治的な言葉の使用に想起することで（MP: 126）、この文章を仮綴（閉）じようとしているだけである。

僕は、その意味で変態的な虫たちの乱雑な行列を待望する。密集デモではなく、一箇所しか見ることができない——だからこそ、さまざまな監視網によって社会を最終的に消滅させようと謀る——権力の組織者たちとは異なり、数箇所に同時に存在する或るものの「断片」たちの発生－発声。名称を付けたがる啓蒙的急進派を後目《しりめ》に登場する者ども。もちろんその意味でそれは、いまこそ重大な論点を形成しつつある「非定型」な、いまだ組織というほかない集合の表現と内容における形式の問題であることは否定できない。だがここでの「組織」とは、言うまでもなく、冒頭で触れた（権）力の組織（化）との関係で論議されるべきそれにほかならない。レーニンの当該期における「二重権力」が、いまどのように構想できるのか？　そして僕は、この力の組織に「曲線と直線、円環と切線をともなう」という円環と「過程‐事行」において跳躍する「最小の間隙 le plus petit intervalle」の〈と〉——資本と労働の円環に留まりながらも、肯定における絶対的な脱領土化へ向けて跳躍する、尖端というイメージを、帝国的な内戦期のこの現代における二重権力に与えてみようと画策する（MP: 138, 115-6）。

第6章 包摂から捕獲へ

少なくともその初期では、剰余価値を強請り盗っているという己れの所業にシカトを決め込むことができなかった資本主義も、いまや、〈いや、誰も盗まれてはいない〉と宣言するに到った (AO: 284)。

はじめに

「木靴を履く」と題した論攷の後半でネグリを論じた僕は、*1 その掉尾を「資本主義的生産それ自身は、指令労働が資本所有から完全に分離し、街頭に彷徨い出る」までに完成したという『資本論』の文章で飾ってみた (K III: 400)。それは、しかし、アソシエーションなるものの物的条件の客観的完成といった願望などではなく、マルクスのいわゆる包摂——労働（能）力の商品《けいしき》としての取り込みとその生々しい「生産的」消費――論から展望されたプロレタリアートの新たな闘争現場、いわゆる「市民社会の消滅」にともなって全面化する社会体《ソシウス》全体への工場《せいさん》の滲潤とそうした「社会－工場」の占拠というマルチチュードの闘争空間を「街頭」として表示する主体への欲望だった。[*2] その背後にはまた、収奪と搾取という理論的－歴史的には峻別さるべき二概念を〈暴力－強制 Gewalt/Zwang〉論として離接的に綜合するための包摂概念の読み替え、[*3] さらには資本の下への労働の実質的包摂を「価値法則の完全な実現」と見做し、それによって「弁証法が融解」し「反復《タウトロギア》」が始まる「アポリア」と了解する、ネグリの価値（時間）論があった。[*4] このネグリは、その語が醸し出すいかなる含羞も生産することなく、ポスト近代の核芯を衝いている。

　包摂概念がいわゆる〈帝国－マルチチュード〉対項を支える概念装置の一つだとすれば、それはネグリを駆動するこの〈収奪－搾取〉――搾取とは「生ける造形的焔」である労働能力《デュナミス》 *Arbeitsvermögen* の収奪である (Gr.: 272) ――という視点から、再精査されねばならない。だが、その際、ネグリ固有の包摂

＊1　前掲『われら瑕疵ある者たち』参照。

＊2　Hardt, "The Withering of Civil Society," op. cit.; A. Negri, "Twenty Theses on Marx: Interpretation of the Class Situation Today," tr. by M. Hardt, in S. Makdisi et al. eds., *Marxism beyond Marxism*, London: Routledge, 1996 を参照。

＊3　〈包摂する subsumieren〉は、一般的には、〈……より包括的な概念・命題・条項などのなかへ包含する〉ことを指すが、それはラテン語の〈sumere〉すなわち〈nehmen〉と関連していることに注意されたい。すなわち、与件の受諾とその利用・採用を、それは含意している。

＊4　ネグリ前掲『革命の秋』参照。

概念が、その成否と正否は暫く措くが、『資本論』そのものというよりもむしろ『資本論』から『経済学批判要綱』へのいわば正立的な遡行、さらにはその媒介である『直接的生産過程の諸結果』（以下、『諸結果』と略記）を背景とした、[5] 資本の生産過程で労働過程が曝露する内在的矛盾を創始し、さらに再／超－コード化する暴力と強制の交錯的姿態変容に依拠していることを記述する文体が必要である。そこで本章は、後者に焦点を絞って包摂概念の原型を整理する。だが、まずは文献批判《テクスト・クリティーク》が避けて通れない。

暴力－強制と移行－生成

よく知られているように、『諸結果』は、一九三一年に発見された『資本論』第一巻の未定稿であり、彼《か》のアドラツキーの編集によって、まずソヴィエトで独露対照版として公表された。[6] マルクス自身が「第六章　直接的生産過程の諸結果」という表題を付していたことから、『諸結果』は、一八六三年草案における「六　ウェークフィールドの植民理論」に続く一節として『資本論』第一巻を総括し、[7]「流通過程論」との「架橋 *Uebergang*」という役割を担うことが予定されながらも、最終稿推敲の過程で『資本論』の他へ「分解整理」された一種のノートと見做された。[8] この了解に拠って、例えば頻繁に引かれる英語版『資本論』では、[9] その第一巻の末尾に補遺として、だが以下に紹介するアドラツキーの指示にもとづいて、復元されている。

だが本章で僕は、『諸結果』を、『資本論』の論理主義的読解が不純な歴史的記述として排除する、一方における資本の自立的かつ自律的な蓄積過程をその端緒において担保する「いわゆる本源的蓄積」や「近代植民理論」（第七篇の第二四章および第二五章）と第三篇（絶対的剰余価値の生産）における「労働日」などの〈始原的で剝き出しの暴力〉についての記述、すなわち経済外的強制（収奪）論と、他方における第四篇（相対的剰余価値の生産）における「協業」以下の〈法制度的な暴力〉についての記述、すなわち経済的強制（搾取）論——したがって、労働者の集合性の物的潜勢力——を文字通り「架橋」的に一貫する論述として解読する可能性について、あるいは以下の整理を先取りして約《つづ》めれば、前者（資本の下への労働の形式的包摂）と後者（資本の下への労働の実質的包摂）を資本の〈暴力–強制〉論——したがって労働者の叛乱論——として離接綜合的に読み替える作業の可能性を

---

*5　以下、K. Marx, *Erstes Buch, Der Produktionsprozess des Kapitals. Sechstes Kapitel. Resultate des unmittelbaren Produktionsprozesses*, Archiv sozialistischer Literatur 17, Verlag Neue Kritik KG Frankfurt, 1969 を用い、手稿の頁数を本文中に書き込んだ。その際、岡崎次郎訳『直接的生産過程の諸結果』（国民文庫、大月書店、一九七〇年）を利用させていただいたが、訳文を変更した場合がある。

*6　*Архив К. Маркса и Ф. Энгельса И.В. Ленина*, vol. II, 1933.

*7　R・ロスドルスキー『資本論成立史』全四巻、時永淑ほか訳、法政大学出版局、一九七三–七四年参照。

*8　ここでの記述は、岡崎次郎「解題」（前掲『諸結果』）、"Bibliographische Notiz," *Resultate des unmittelbaren Produktionsprozesses*, op. cit., S. i-iv および E. Mandel, "Introduction" to "Results of the Immediate Process of Production" in K. Marx, *Capital*, vol.1, tr. by B. Fowkes, London: Penguin Books, 1976 に依拠している。

*9　英語圏では、『諸結果』を『資本論』第一巻の一部と理解する傾向があるが、K. Marx, *Das Kapital*, Erster Band, Buch I, Dietz Verlag: Berlin, 1962 やホブズボウムらが監修した K. Marx, *Capital*, vol.1 in *Karl Marx/Frederick Engels Collected Works*, Vol.35, New York: International Publishers, 1996 には組み込まれていない。

探ってみたい。またこのように措いて初めて、エピグラフとした資本のドゥルーズ＝ガタリ的な意味での諦念＝開き直り《シニシズム》の内実が判然とするだけでなく、いまを去ること四〇年前、「労働力商品の矛盾」――労働力商品化の無理――を「資本の直接的生産過程に即して設定」し、相互に「自分の意志を強制し」あう資本家と労働者という「両階級のあいだの階級闘争以外に労働日の決定原理はない」としたうえで、「経済学の原理論に階級闘争論〔を〕登場」させることを主張した、岩田弘の不発の目論見（とその成否と正否）が見えてくるはずである。[*10]

さて、マルクスが措いた『諸結果』の任務は、第一に「資本の生産物、すなわち資本主義的生産の生産物としての諸商品」、第二に「剰余価値の生産としての資本主義的生産」、そして第三に「この直接的生産過程に特種に *spezifisch* 資本主義的という特徴を与える全関係の生産および再生産」の三点である。だが彼は、第一点を「最後に置かれるべきで、最初に置かれてはならない」とし、その根拠をそれが『資本論』第二部の「資本の流通過程への架橋－移行 *Uebergang*」である点に求めた。しかし彼は、にもかかわらず、即座に「便宜上、ここでは第一の項目から始める」と書き継いだ。アドラツキーは、「この指示に服し」て（?）、手稿の「第二の項目と第三の項目〔…〕を第一と第二の箇所に置き、第一の項目〔…〕を最後に置く」現行の『諸結果』を再構成したが(441)、これは、「便宜 Bequemlichkeit」という語にマルクスが込めた〈予定－前提《ヘーゲル》 Voraussetzung〉論を理解しない、[*11] 実質上の改竄である。またその結果、「問屋制家内工業やマニュファクチャアなどに関する経済史研究にとっても非常に重要な意義」という見方はまだしも、マルクス本人にも重大な責任がある、「商品から資本への移行、単純商品生産から資本主義的商品生産への発展における論理と歴史との関係」などといった〈歴史－論理〉

主義的な生産様式の実体化が、一時的とはいえ、蔓延《はびこ》ることになった。だがそれは、包摂概念そのものへの言及が、末尾に置かれた本来の第一稿である「資本主義的生産の生産物としての諸商品」を論じた部分に、包摂の帰結である労働力をも含めたあらゆる生産要素が「資本の生産物《しょうひん》」として論述されるという論点の強調を除いてほとんど観られないという、包摂過程を排除し、端緒に包摂の文字通りの「諸結果 Resultate」（だけ）を措く、円環する非歴史的な叙述＝研究である。すなわち、マルクス『資本論』体系では、まったく正しくも、物象化の相において〈移行‐生成〉概念としての包摂過程が消失している。またしたがって当然にも、「資本主義的生産は特種に資本主義的な生産関係の生産および再生産である」と題された第二の部分（本来の第三稿）は、最後に回された本来の第一稿の核芯——労働力をも資本の生産物《しょうひん》とする理論的地平——をいわば〈予定‐前提〉あるいは〈遡行‐背進 Rüchfrage〉的に繰り込んでいる。そしてこの円環が、逆説的にも、『諸結果』における本来の第二稿と第三稿を単独の包摂論として読むことを許すことになる。

こうした固有の欠性を逆手に、僕は本来の第一稿を到達すべき「諸結果」として〈遡行‐背進〉的

＊10　岩田弘『マルクス経済学』上、一四四頁。

＊11　ここでの「便宜」とは、マルクスが『資本論』第一巻第二版の「後記」に「叙述の仕方は、形式上、研究の仕方とは区別されなければならない。研究は、素材を細部にわたって、わがものとし、素材のいろいろな発展形態を分析し、これらの発展形態の内的な紐帯を探りださなければならない。この仕事をすっかり済ませてから、初めて現実の運動をそれに応じて叙述することができる」と書いている点に関わっている (K I: 27)。

に記述された本来の第二稿と第三稿をマルクスの包摂（過程）論として、いわば教科書的に整理する。言い換えれば、包摂概念を、それ自体として（あらかじめ到達点が明示されている）移行をその裡に孕む生成概念として、理解する。とはいえ、ここで重視されるべきは、「哲学者に背後から近づいて、子供を拵えてやる」という「おかまを掘る」作業を軽やかに語ったドゥルーズ宛《さなが》らに、[*12]『資本論』における研究 *Forschung* と叙述 *Darstellung* との新たな組み替えを構想し、「探求の不意をつき、[*13] 探求を転移させ〔…〕抽象的規定、傾向という方法、新たな叙述、そして研究分野の不意をうつ」というネグリの記述戦略を傍らにおいた、[*14] 本来の第二稿と第三稿を第一稿の〈歴史 - 論理〉的担保にすぎないとする了解から救済する、資本読解の「ルクレティウス」の探索である。またその旋回軸が剰余労働を強いる暴力 - 強制が採る形態である。

繰り返しになるが、「資本の下への労働の包摂」では二つの形式が分節された。「形式的包摂」と「実質的包摂」である。後者には「特種に *spezifisch* 資本主義的な生産様式」という別名も与えられている（441）。包摂を〈移行 - 生成〉概念とすることからすれば厄介だが、まず両者の相異を離接し、次いで前者から後者への移行 - 生成を綜合せねばならない。

離接——相異

マルクスは、形式的包摂を「労働過程が資本の下に包摂され（それは資本自身の過程である）、資本家が指揮者・管理者としてこの過程に入る」ことによって、労働過程を「他人の労働の直接的な搾取 - 利用過程」、すなわち「資本の自己増殖——剰余価値の生産——の過程である価値増殖過程の手段」に変える過程と定義する。だが、「特種に資本主義的な生産様式」という形式的包摂の到達点と予料される実質的包摂という別名に関わって、彼は、形式的包摂が「あらゆる資本主義的生産過程に一般的に通底するという意味で普遍的な *allgemein* 形態」であると同時に、「発展した特種に *spezifisch* 資本主義的な生産様式と並ぶ neben 一つの特殊な *besondere* 形態」でもあるという但し書きを付し[*15]、これに「特種に資本主義的な生産様式はさきの一般的形態を〔その論理必然性に措いて〕内包〔必要と〕する involvieren が、後者は必ずしも前者を含んではいない」という理由を与えた[*16](469)。〈bei〉や〈zu〉とは異なり隣接性を指す〈neben〉の含意、あるいは一般－特殊－特種という三幅対については暫く措き、形式的包摂がとる、「特種」とは異なる、「一般的」とは何か？　それは、形式的包摂の「結果」として事後において事前的必然とされる「特種に資本主義的な生産様式」がその裡に必当然的に存置させる「一般形態」に措かれた労働過程であり、高利資本や商人資本をも含むマルクスのいわゆる〈資本一般 Kapital *quand même*〉に照応する労働の包摂形態である[*17]。したがってその

＊12　Deleuze, *Pourparlers*, op. cit., p. 15.

＊13　〈不意を撃つ spiazzare〉には、不意を突いて守備側の位置そのものを失わせるという意味があることに注意せよ。文字通り〈後ろを取る（おかまを掘る fuck-over）〉のである。

＊14　Negri, *Marx beyond Marx*, op. cit., p. 14.

＊15　あるいは到達すべき「特種」を「一般（常態）」とする「異常な besonder」としてもよい。

＊16　この文章を英語版は「形式的包摂は特種に資本主義的な生産様式が不在であっても見いだしうる」と解している（*Capital*, vol.1, op. cit., p. 1019）。

核芯には、労働（能）力がその形式を商品として「一般的」に受け取るという了解がある。*18 すなわち、「一般」と「特種」を結節する機制は、その具体《れきし》的特殊を剝ぎ取られた、商品‐形式だけである。それは、資本が自立・完結的に商品という形式を労働（能）力に押し付けかつ継続するまさにその様式が形式的包摂と実質的包摂を分かちかつ結ぶ、結節点である。その意味でマルクスは、それが翻って包摂という〈移行‐生成〉概念に単純商品生産なる虚構を遡及的に実体化する装置であることを担わせてしまうにせよ、形式的包摂を「資本関係が出現するより以前にすでに発展していた労働様式の資本の下への包摂」と、その歴史（時間）性を剝奪することで文字通り「一般」化し、その「主要な」性質を、「一般」から「特種」への移行をも混雑させながら、以下の三点に集約する。

すなわち、第一に「剰余労働の取得者とその提供者」あるいは「労働条件所有者と労働者自身」が「純粋な売買関係または貨幣関係」に形式化されること。これである。これは、労働（能）力の買い手が「労働諸条件の所有者」である限りにおいて、売り手としての労働者を「経済的な従属関係」に縛ることを意味し、それは、したがって、後に資本がそこでは「誰も盗まれてはいない」と宣言するに到る「搾取関係」を「家父長制的および政治的な、あるいはまた宗教的な絡み合い」に「固定された支配・隷属関係」という収奪関係「から分離〔純粋なものとして抽出 *ausscheiden*〕」する必須の前梯条件である。第二に、その論理的な系（あるいは前梯‐前提）として、生活手段や生産手段といった労働者の主‐客の労働条件が「労働能力の買い手」である資本によって「独占」されるという意味で、資本は労働者に直接的に「対座」し、また「資本‐賃労働関係」と呼ばれるこの「対座」が「その形式において」完全になればなるほど、「実質的包摂の条件および前提」が完《まった》きを得る、とされる。第三に、とはいえ、ただ「経済的な支配・隷属関係が発達」し、資本家による「労働能力の消費」と「監視・管理」が強化され、労働の「連続性と強度および労働条件」における「節約が進展」するだけでは、「いまだ生産様式そのもの」には「変化が生じていない」としながらも、翻ってこれがなお、「労働能力の多様性の発達」をもたらし、資本における「剰余労働の〔…〕強制 *Zwang zur Surplusarbeit*」と労働者における「自由な時間の創出への衝動 Zwang zur … Schaffung *freier Zeit*」をも促迫するという、労働者にとっては両価的《アンビヴァレント》な実質的包摂をもたらすと見做されている[*19]（以上473）。

こうしてマルクスは、まず共時、すなわち端緒をその形式性において捉えられた形式的包摂が「現れて初めて、資本の下への労働の実質的包摂」が完成すると、包摂の二形式を自然史的時間性に寄り添った通時的段階性に措き直し、時間に関する欠性に措かれた形式的包摂を欠いては歴史的に出現する実質的包摂が存在しないとしたうえで、総括――なぜなら、マルクスにとって剰余価値生産の二形式は既述である――宛《さなが》らに、実質的包摂は形式的包摂が依拠する「絶対的剰余価値とは異なる相対的剰余価値を発展させるような諸形式のすべてにおいて発展」するという結論を与えるのである（478）。こうし

＊17　この誤解を招きやすい「資本一般」と訳される〈Kapital *quand même*〉を直訳すれば〈それでもやはり資本〉ほどのことだろう（K I: 778）。いわゆる「特種」を完成態あるいは理念系として戴く〈瑕疵資本〉である。

＊18　したがって前註にもかかわらず、資本の原型が差異の産出であるという意味で、商人資本（$G_1 - W_1 / W_1 - G_2 : G_1 + \Delta G = G_2$）あるいは高利資本（$G_1 \cdots\cdots G_2 : G_1 + iG_1 = G_2$）が「資本一般」である。

＊19　「労働能力」については、P. Virno, *Il ricordo del presente: Saggio sul tempo storico*, Torino: Bollati Boringhieri, 1999 および do., GM 参照。

て、その「諸結果 Resultate」から言えば、形式的包摂とは絶対的剰余価値の生産であり、実質的包摂とは相対的剰余価値の生産である。とはいえ、最後にドゥルーズ＝ガタリ固有の反歴史主義的歴史了解に凭《もた》れて示唆するように、一方で形式的包摂から実質的包摂が出現するとされる同時に、他方で実質的包摂が現前しなければ形式的包摂が把握できないという了解の許に、両概念が措かれているのである。

だが、とすれば、マルクスの論述はもとより、僕も長々とした引用を弄することなく、端的に形式的包摂とは絶対的剰余価値の生産であり、実質的包摂とは相対的剰余価値の生産であると定義化すればよかった。*20 それを問いを以て言い換えれば、次に見る形式的包摂のいわゆる「諸結果 Folgen」は、いかなる決定的機制を槓桿《てこ》として、「諸結果 Resultate」としての実質的包摂へ移行－生成（精確には、到達）するのか？

こうした疑問に応えるには、『諸結果』における包摂論の目論見が、マルクスにとって、またそれ以上にネグリにとっても、剰余価値生産における「絶対的」と「相対的」の分節だけにあったわけではないという理解が必要である。言い換えれば、彼らにとって、形式的包摂を駆動する（継続する？）初発の暴力 Gewalt とその後の絶対的剰余価値および相対的剰余価値の生産で「行使される」労働の「強制、*Zwang*〔の〕方法」の離接的な綜合の機制とは何かが決定的な設問であり（473）、またそこでは円環弁証法（という、ある種の安堵）が機能せず、弁証の端緒そのものをその結果が論理において変更する弁証（法）が必要とされることが、重要である。それはまた、搾取を「公正な」等価交換から発する単なる不払労働の存在だけに求める理解を踏み越え、変革を労働能力《デュナミス》の収奪としての搾取とその奪還－恢復と捉えるネグリの変革（後の社会）論を支える〈暴力－強制〉理解に、*21 さらに踏み込んで言えば、歴史的に多様な姿態を採って遍在する原国家 Urstaat の理論的位置づけに、関わっている。移行-生成の機制を整理する。

綜合——移行-生成

マルクスは、外部としての資本が社会体《ソシウス》の唯一の主体-実体を僭称するに当たってその「与件として」甘受せねばならない前近代的な生産過程を「資本一般」の概念的な生成過程《ゲネシス》として純化したうえで、こうした「資本一般」への労働の「一般的」包摂である形式的包摂の深化の「諸結果」として出現する実質的包摂を「資本関係に内在する神秘化」と言い直し、その完成態を「労働の価値維持力 Werterhaltende Kraft は資本の自己維持力 Selbserhaltungskraft として、労働の価値創造力 Wertschöpferische Kraft は資本の自己増殖力 Selbtverwertende Kraft として、概念的に総じて、対象化された *vergegenständlichte* 労働が生きている *lebendigen* 労働の使用者 Anwender として、現象する erscheinen」、実質的包摂がもたらした「事物の人間化であるとともに人間の物象（事物）化 Versachlichung」と定義している。それを約《つづ》めれば、死んだ・過去の労働による生きた・現在の労働の顚倒的な充用 Anwendung である。[*22] こうした形式的包摂から実質的包摂への移行-生成の過程をマルクスは、さきの形式的包摂についての定義に続けて、次のように叙述している。

＊20　これが現行『資本論』へ『諸結果』が「分解整理」された所以である。
＊21　これが、ネグリ前掲『革命の秋』が掲げる、変革論の理論的核芯である。

まずマルクスは、外部としての資本が直面せざるをえない所与性〈またその帰結としての資本の部分性〉について、労働過程の包摂が「旧来の多様な生産過程や異なる生産条件にもとづいて形成されていた所与の *vorhandenen* 諸労働過程」を根拠とする以上、資本は手工業的労働や零細な独立農民経営に対応する農業様式といった「利用可能な所与の *gegebenen, vorhandenen* 労働過程」を包摂するほかに術がなく、したがってその結果はただ「与えられた伝来の労働過程の資本の下への包摂から次第に生じてくる諸結果 *Folgen* でしかあり得ない」と書き[*23]、形式的包摂の最終的な「諸結果 Resultate」としての実質的包摂とは異なる「諸結果 Folgen」の実質的包摂にとっての不充分性を強調している。マルクス自身がここであえて強調《イタリック》を付した〈Folge〉という語は継起において発生する――しかも、どちらかと言えば、否定的な――結果を意味するが、その含意は、形式的包摂がそれ自体としては自動的に実質的包摂（特種に資本主義的な生産様式）に到達しない（どころか、経済史研究や途上国研究で繰り返し「実証」されているように、むしろいわゆる再版封建制や封建反動などといった逆流すらもたらしかねない）否定的状態、〈いまだ到来していないが、到来すべきとされている、完全 Un-voll-kommenes〉を呈することの強調である[*24]。マルクスは、形式的包摂から実質的包摂への移行過程を、「労働の強度」の高度化や「労働過程の継続時間」の「延長」、また労働の「連続」性や「資本家の監視」の強化といった、形態的と実質的の如何を問わず「どちらの様式にも共通する」――これがさきに触れた〈neben〉の、さらには〈allgemein〉の意味である――、だが主要には絶対的剰余価値の生産を支える、「剰余労働の強制 *Zwang zur Surplusarbeit*」がとる暴力的な「強制関係 *Zwangsverhältnis*」だけでは「それ自体として」進展しない、マルクスを藉口して言えば〈過程一般 Prozesses *quand même*〉と理解している。必然とされる移行には資本にとってのある種の外部あるいは資本と労働にとっての出来事が要請されているのである。にもかかわらずマルクスは続けて、移行の原動力を「労働過程が遂行される規模〔階梯段階 *Stufenleiter*〕、つまり、一方では前貸しされる生産手段の量、他方では同じ雇い主によって指揮される労働者の数」によって（のみ）「惹き起こされる大変革」であるとも書いている（以上470-71、490、474）。いまとなっては面映ゆい量から質への弁証法という機械仕掛けの神《デウス・エクス・マキナ》と出来事《ぐうぜん》が同時に同じ舞台に登壇しているかに見えるだろう。形式的包摂から実質的包摂への移行－生成には、漸進－連続と跳躍－切断が、すなわち必然と偶然が無媒介－直接的 **unmittelbar** に同時併存しているかに見えるのである。

マルクスは、第一のいわゆる単純商品生産から資本制商品生産への移行とも受け取られかねない形

＊22　マルクスはこれに「労働手段が労働者を撲殺する erschlagen」という厳しい表現をも与えている（K I: 455）が、『諸結果』では、「資本が労働を雇用－使用する Capital *employs* labour」という物象化の相貌を以て、またあえて英語で、表記している（490）。問題は、〈搾取する〉と禍々しく訳される〈exploitieren〉の日常語としての語感であり、その〈収奪する exp-ropriieren〉あるいは〈ent-eignen〉――〈（所有的）本来性〉なるものの剝奪――との連関である。

＊23　この外部としての資本が、みずから以前の――すなわち前近代的な――生産様式を与件として対処せざるをえないがゆえに、そうした拘束をいくつかのステップを踏んで公理的に内部化することを土地所有→地代→擬制資本について論じたものが、Y. Nagahara, "*Monsieur le Capital* and *Madame la Terre* Do Their Ghost-Dance," op. cit. である。

＊24　前掲『われら瑕疵ある者たち』参照。

式的包摂の過程と、第二のかかる形式的包摂の実質的包摂への（掟《さだ》められた）移行－生成の過程を、一方では非連続性として、他方では、しかし、平和かつ漸進的で自動的な連続性として、叙述しているのだろうか？　あるいは、〈移行－生成〉概念としての包摂の二形式は史的唯物論と唯物弁証法の合作《ダイアマット》にすぎないのか？

　ここで想起すべきは、当初構想されていた『諸結果』の『資本論』体系における位置づけであり、ネグリの国家－形態の変遷への注視であり（LD: prs. II-III）、ドゥルーズ＝ガタリの原国家（と公理系）の準原因的原理性である。それは、マルクスの叙述体系にあっては、一方で「いわゆる本源的蓄積」や「近代植民理論」と一続きの叙述であり、他方で絶対的剰余価値の生産における労働日や相対的剰余価値の生産における「協業」以下の記述を「総括」し、「流通過程」へ「架橋」する役割を担っていた。言い換えれば、そこには包摂そのものが、剝き出しの暴力から（契約）法的な強制への〈移行－生成〉過程を離接綜合的に説く叙述の許に措かれ、それが、じつはしかし、「それ自体、経済的潜勢力」という姿態を採って（再）出現する（原）国家という「助産婦」の介入過程として記述されていたことが（K I: 779）、あるいは「捕獲する権利」を始原的暴力として「制定しながら捕獲する暴力である法の暴力」が（MP: 559）、工場の内と外で、そして社会全体（街頭）が工場と化した社会体《ソシウス》で、制度化される「天賦の人権の本当の楽園」であったことが（K I: 189）、想起されねばならない。とすれば、包摂が資本による労働（能）力の捕獲を意味するだけでなく、この捕獲には、時に応じてその姿態を変態させながら出現（あるいは、すでに常駐）する、暴力と強制を執行する動的編制《アジャンスマン》が不可欠であることが前梯かつ前提として存在せねばならない。[*25]

捕獲装置

リカードによるマルクスの地代論（とりわけ差額地代第一形態）を限界効用と「ストック」概念から整理し、その脱領土化機能を論じたドゥルーズ＝ガタリは、「地代だけが捕獲装置ではな」く、このストックに関わって、土地の捕獲装置である地代の二側面「比較と独占的領有」が「人間活動の比較と労働の独占的領有（超過労働 surtravail）」を以て労働をも捕獲するが、それは、社会的必要労働を超える労働を剰余労働と捉える常識的把握とは異なり、「労働が超過労働を（遡及的に）前提する」ことを理解することで「初めて、価値労働 valeur-travail や社会的労働の量をめぐる評価」が可能となる事態である、と書いた。だがそれは、言うまでもなく、実質的包摂から形式的包摂への単純なマルクス的な遡行－背進でもなければ、到達点としての実質的包摂と〈大衆的労働者から社会化された労働者への移行〉といったネグリのある種単線的なその読み替えとも異なっている。というのも、捕獲装置の一機能である「比較」は、収奪 ex-propriation によってのみ担保される、捕獲のもう一つの機能「領有－充当－横領 ap-propriation」を「前提する」からである。[*26] またであればこそ、「労働は超過労働を、差額地代は絶対地代を、貨幣は税」を前提して初めて、すなわち比較（労働・差額地代・貨幣）を担保する評価《しゃくど》は暴力的始原である公理系（超過労働・絶対地代・税）——羈絆－陶冶《ディシプリン》——を前提して初

＊25　マルクスはトレンズ大佐が「未開人の石」に「資本の起源」を見いだしたことを紹介したうえで、「なぜ英語で stock（木の幹）が資本と同義なのか」と問い、剰余労働を暴力的、次いで平和（法制度）的に強制するために労働者を引っぱたく「最初の棒 stock」から説明できることを仄めかしている（K I: 199）。

めて、その意味作用を果たすのである。[27] そこでは、「超コード化」すなわち敢えて言えば「物象（事物）化」する残酷な（主権的）暴力がつねにすでに機能しているのであって、[28] 近代とは、それが「権力の資本化 - 資本還元 capitalisations de pouvoir」という姿態を採って主体 - 実体を僭称する時代を指している（にすぎない）。マルクスのいわゆる包摂過程の翻訳であるこの「権力の資本化 - 資本還元」がなければ、「脱領土化された労働者」と「脱コード化された貨幣」という「主要な」要素の「邂逅」は「起こらなかったかもしれない」偶発に留まっていたのであり（AO: 266-7）、マルクスやネグリとまったく異なった意味で、形式的包摂——労働（能）力への商品という形式の授与——は、その意味で、実質的包摂の前提とせねばならない。

　そもそも「生来の水平派《レヴェラーズ》」である資本は（K I: 421）、「人間労働を必要とせず、みずから自身を機械的に再生産することができる、純粋機械であることを以てその理念」とする「一個の人間主義者《ヒューマニスト》」だが、[29] にもかかわらず、超過労働を以て漸く労働をその不可欠の部品として包摂 - 捕獲することで、自己増殖を僭称するほかない価値機械であり、かかる内的な矛盾 - 譫妄を資本は、[30] 生《なま》もので本来厄介な人間労働の包摂 - 捕獲を「国家機械 machine étatique」という「フローの制御」をその役割とする〈領有 - 充当〉装置の暴力（もう一つの永遠の所与）に外部委託することで凌ぎ続けている。言い換えれば、円環を僭称する資本は（原）国家への不断の疚しさ（負債）を負っているのである。このように考えるとき、包摂は、始原の暴力（経済外的強制）であれ、近代における「捕獲する権利を制定しながら捕獲する暴力である法の暴力」としての剰余労働の（経済的）強制であれ、歴史的に絶対の外部である原国家——いわば常在する例外状態——に依拠するほかない過程なのである。

*26 ここでは次の二点に注意を喚起しておきたい。第一に〈appropriation〉が〈領有‐横領〉のみならず〈充用‐割り当て〉をも意味することと、第二に〈税 tax〉の語源がラテン語の〈taxāre〉すなわち〈触るから派生した評価する〉であるという二点である。

*27 ガタリは『アンチ・オイディプス』のためのノートに、次のように書き付けている。すなわち「資本の記号機械はあらゆる領土性に再コード化されたフローの〔尺度‐評価〕規準の主権を導入する。それは諸領土性が〔相互に〕認識し交換することを可能にする機械である。それは同一化機械である。この機械は再コード化のために働き、この再コード化を普遍化するために機能する。資本機械が脱コード化するのではない。科学‐技術的な機械主義の侵入が脱コード化する。〔…〕資本の記号機械は、その逆に〔例えば〕陶磁器を再コード化するために、すなわち復古化する réarchaïser ために、その為すべきことを為す」(Guattari, *Écrits pour L'Anti-œdipe*, op. cit. p.239)。念のために付け加えるが、A. Negri, *Fabrique de porcelaine: pour une nouvelle grammaire du politique*, Paris: Édition Stock, 2006の邦訳(『さらば〝近代民主主義〟』杉村昌昭訳、作品社、二〇〇七年)に寄せた「日本語版への序文」を、ネグリは、「非常に脆い素材を使って手作りで貴重なものをつくる」ことを含意し、それを敢えて「ブロンズ製造工場」と呼びたい、と締め括っている。だが僕は、このイタリア語を語源とする〈porcelaine〉をむしろ素朴に宝貝あるいは子安貝〔安産‐豊穣多産 *Alma Venus*〕と理解したい。この宝貝あるいは子安貝は「生ける造形的焔」あるいはデュナミスである労働能力である。

*28 Guattari, *Écrits pour L'Anti-œdipe*, op. cit., p. 236.

*29 Ibid., pp. 242 & 238.

*30 この「譫妄」については、Deleuze (avec Guattari), "Sur le capitalisme et le désir," op. cit.

第7章

捕獲する資本

墓碑文体－簡潔態

資本の記号論機械は、子安貝〔－原初貨幣porcelaine〕を再コード化し、ふたたび旧きものに見せかけるréarchaïser[*1]。

都市機械からブルジョワジーの本来性を暴力的に奪い取るexproprier（またはそうした傾向を示す）のは、資本機械や証券取引、そして市場などである。[*2]

資本主義の内植民的拡張はその公理系に書き込まれている不等価交換の法則を生にとっては不可避かつ致命的な事実に変えてしまった。[*3]　――内植民モデルmodele endocolonialは均質化を提起している。[*4]

展望

ドゥルーズをマルクスへと引き摺っていた当時のガタリが試用した〈archaïser–*ré*archaïser–*sur*archaïser〉という固有の概念装置《トリプレット》は、後にドゥルーズ＝ガタリが彼《か》の「二冊」で頻用することになる〈coder–*ré*coder–*sur*coder〉という概念装置《トリプレット》と一対を成しながらも、後には積極的に使用されなくなった概念だが、[*5] いわゆる現代資本主義的な蓄積様式の理論的核芯には、歴史を反歴史主義的に記述するために発案されたこれら新旧二つの三連符《トリプレット》によって資本主義的捕獲装置の論理を記述しようとする、マルクス主義者のガタリが観える。また、ある意味でその枢要は、第二の題辞、そして第三の題辞に一括したマッスミとヴィリリオの内植民論に集約され、それはふたたび、やや誤解を招きやすい表現とはいえ、「〔流通領域の〕資本主義的植民化」という現代資本主義論の考え方へと受け継がれている。[*6]

＊1　Guattari, *Écrits pour l'Anti-œdipe*, op.cit p. 239.

＊2　Ibid., p. 245.

＊3　Massumi, *A user's guide to Capitalism and Schizophrenia*, op. cit., p. 137.

＊4　P. Virilio, « Une société paracivile », in do., *L'insécurité du territoire*, 2e édition, Paris: Galilée, 1993, p. 156.

＊5　Guattari, *Écrits pour l'Anti-œdipe*, op.cit, pp. 239-47 参照。現代資本主義論から言えば、C. Vercellone, "From Formal Subsumption to General Intellect: Elements for a Marxist Reading of the Thesis of Cognitive Capitalism," *Historical Materialism* 15, 2007 なども参照。

＊6　Ch. Marazzi, *The Violence of Financial Capitalism*, op. cit., p. 50; do., "Financial Entropy: The Struggle Within and Against Empire," read at *Empire: A Retrospective*, The University of Pittsburgh: November 18, 2010.

こうした彼ら特有の歴史記述の作法をうけて現代資本主義をラフに括れば、それは、フォーディズム体制の危機に当たって高度に「洗練」された〈金融－情報〉工学を支えるそのアルゴリズムが過去から再借用した超復古《シュルアルカイック》的コードによって刻まれた、資本主義の蓄積様式にとっての「墓碑銘 Lapidar」である。それは、したがって、「簡潔態で im Lapidarstil」で書かれている (K I: 170)。現在それはまた、利潤源泉の最後の領土《ラスト・リゾート》に改めて明示的に指名された生そのものの捕獲を通じてその労働力能 Arbeitsvermögen/δύναμιςを再領土化するために (GM: 40ff)、その復古的——具体的には、家畜－人頭 caputo 税的——な「取財－貨殖術 χρηματιστική」の完成を急いでいる。[*7] その意味で現代資本主義はまた、人類史上長きにわたって継続されてきた生経済《バイオエコノミー》の、したがって、まさにそれ自体として生権力の、神学にほかならない。[*8]

ところで、〈exproprier〉が〈ex-propre〉という語をその語幹としていることから、疎外論的臭みを恐れずやや大胆に開いて、「ブルジョワジーの本来性の収奪」と訳した二番目の題辞、より解釈的には、資本機械による本来性（という事後に仮構された端緒《アルケー》）の倒錯的な再収用－収奪 *re*-expropriation とは[*9]、少なくとも捕獲装置《システム》としての資本主義に関しては、何を意味しているのか？

現代資本主義論を論ずるに当たって、事改めてマルクスのいわゆる三位一体範式を擬制資本論を軸に主題的対象とすることにした本章の視点から、それを結果 Folgen/Wirkung という予料された事後から「合理的」に——すなわち、平仄を仮構するために——遡及された端緒 Grund/Ursache の超コード化的な再回収システムの因果律と看做せば、この神学はむしろ、つねに－すでに斯くあり続け、旧い歴史をもっている、と考えるべきではないのか？　また誤解を恐れず敢えて言えば、マルクスに価値構成説の咎で批判され、いまやその分業論の破綻が指摘されている、最良の古典派（スミスやリカード）の視線に凭れ、そのように即自に埋もれて対自化することから始めることが得策ではないだろうか？　とはいえ、それは、例えば現代資本主義論がみずからとの相違をことさらに強調する、[*10]ヒルファディング流の金融資本主義論ではない。というのも、後に見るように、本章は、むしろ現代資本主義論の意――「利潤のレント化」――を受けて、三位一体範式で「土地‐地代」が果たす「前近代的」機能のポストモダンな変態を、擬制資本論との関連において、顕揚しようとしているからである。

後に整理するようにそれは、産業資本が、その技術が時代によって変化する情報流通の開閉‐加工規則集《アルゴリズム》あるいは指令集《コマンド》による空間の時間への「圧縮」[*11]にもとづいて「領土化された、欠如[*12]」――より精確には、ネグリのいわゆる「転位 dislocamento/spiazzamento」、すなわち、皮肉にも、いまや資本に

---

*7　Aristotle, *Politica*, bk 1, 1257b.

*8　S. Lucarelli, "La finanziarizzazione come forma di biopotere," A. Fugamalli e S. Mezzadra eds., *Crisi dell'economia globale. Merci finanziari, lotte sociali e nuovi scenari politici*, Verona: Ombre Corte, 2009, pp. 101-120 は基本文献だが、その元稿、S. Lucarelli, "Il biopotere della finanza," UNINOMADE, Bologna 12-13 Settembre 2008 も参照されたい。また、ある種のバディウ主義者であるフーコー論者レヴェルの簡潔な論攷（J. Revel, "Biopolitica: politica della viva vivente," *Posse*, novembre 2007）は必読である。

*9　疎外論的響きを拭い切れないこの〈本来性〉が掻き立てるヘーゲル的〈疚しさ〉こそ、それに抗してニーチェを持ちだしたドゥルーズ＝ガタリの尽きせぬ原動力であった。

*10　Marazzi, *The Violence of Financial Capitalism*, op. cit., pp. 26ff.

*11　D. Harvey, *The Condition of Postmodernity*, op. cit., p. 147.

よって実質的に包摂されるに到ったがゆえに資本にとっては獅子身中の虫へと転成した有象無象《ムルティチュード》の存在的な戦争機械である絶対的領土化に凭れることによってのみ絶対的領土化そのものを掣肘し、絶対的領土化を相対的脱領土化へと枉《ま》げ撓《たわ》めることで再領土化された欠如――としての稀少性によって無差別的差異を連続的に生産するという、その形式においては復古的《アルカイック》で「大洪水以前」に見えながらも、ただ只管《ひたすら》に（量的）差異の生産であり続けるという資本の本質から言えばもっとも力強い一貫性を象徴する商人資本（あるいは高利資本）の蓄積形式がその――脆弱な、またであればこそ暴力的な――唯一の根拠とする「譲渡（にもとづく）利潤 profit upon alienation」の搾出機構を遙かな過去から横奪的に超コード化することによって、国家主権の――貨幣的標章である通貨の為替市場を通じた――相対的脱領土化（商品化）や、国債または株式などに観られる私的「格付け」企業によって実質的にはその指値が表示‐指示される国家主権や企業そのものの非市場的な直接的商品化をも含めた、[13]貨幣・労働・土地というその構成要素のすべてを商品として脱領土化的に再領土化するという手順を踏んだうえで、それをふたたび擬制資本として相対的に再‐脱領土化するという二重の迂路を経由するほかない段階に到達していることを意味（し、[14]それに対峙するには、ふたたび彼《か》の獅子身中の虫による絶対的脱領土化だけが残されていることをも意味）している。[15]またその過程で、歴史的には、商人資本が個別の絶対王制（と後期重商主義）権力をその暴力装置としていたこととの対照において、現代資本主義は、これまで存在したあらゆる類型の国家にとっての塑型としてつねに密かに息づいてきた〈だが「稲妻のように到来する」(AO: 264)〉――いわゆる帝国をもその一姿態として含む――〈原国家 Urstaat〉が臨機応変に採るさまざまな形象を借景として、その蓄積運動を継続している。[16]

設題の最小化

このような実験的な一般的展望をあらかじめ措いたうえで設定された本章の課題は、[*17] そうした現代資本主義に高度に工学化されたガタリのいわゆる「新石器時代」性を確認するために、現代資本主義

---

*12　ガタリは、まったく正しくも（とはいえ、産業資本の一部である商業資本 Handelskapital と商人資本 Kaufmanskapital の概念的差異を無視するという西欧マルクス派に通有する問題を孕んでいるが）、「商人資本機械が盗むやり方は、産業資本主義のそれとはまったく異なっている。〔…〕商人資本にとっては、流れは領土化された欠如の解読 déchiffrage〔の仕方〕に左右される」と書いている（Guatari, *Écrits pour l'Anti-œdipe*, op. cit., p. 240）。

*13　「ムーディーズ」や「スタンダード&プアーズ」などの「格付け機関」のビジネスモデルは、まさに〈Google model〉に拠る認知資本主義そのものである。

*14　以下では、〈Das fiktives Kapital〉を架空資本ではなく、擬制資本と表記する。

*15　流通が生産を包摂するにせよ、歴史的には金融的側面が先行する。その意味で、いわゆる大航海時代とイングランドにおける産業資本の成立を結節する〈オランダ経済〉の成功と失敗の意味は、非常に重要である。Jan de Vries and Ad van der Woude, *The First Modern Economy: Success, failure and perseverance of the Dutch economy, 1500-1815*, Cambridge: Cambridge University Press, 1997 および G. Arrighi, *The Long Twentieth Century: Money, Power and the Origins of Our Times* (New and Updated Edition), London: Verso, 2010 参照。

*16　ガタリは「原国家では帝国的権力は『遠きより到来する』。この権力は自分の顔貌、自分自身の系譜をもっている（この権力は、〔しかし〕その深部においてはその旧き〔新石器時代のような〕秩序を手つかずのまま維持している）。ブルジョワジーとは、〔その〕一箇の腐敗である」と書いている（Guattari, op. cit., p. 244）。

*17　本章は、約一〇年前に書いた、〈地代－擬制資本〉論からグローバル化における「利潤のレント化」をいち早く論じたNagahara, "*Monsieur le Capital* and *Madame la Terre* Do Their Ghost-Dance," op. cit. の続編である。

論がその新規性として誇る理論的核芯を支える論点のごく一部を批判的に再認することに限定される。すなわち本章は、現代資本主義論が、ここ暫く、主要にはイギリスをも含めたヨーロッパ大陸で発信してきた熱気溢れるその急進的基調から、それがゆえに一時《いっとき》身を剝がし、手続き的には無味乾燥な記述に終始する。その意味で本章は、現代資本主義《ポストフォーディズム》がポランニーのいわば第一の「大転換」に継ぐ「大転換」を紛うことなき切断として経過しつつあると主張する認知資本主義論（の理論的核芯）の成否と正否にただちに立ち入らず、[18]それを掃き出し法的に浮き彫りにすることに終始するだろう。

　またしたがって、本章は、〈*Uni*NomadE〉[19]を結集軸とする現代資本主義論が政治的に提起した「金融危機についての10のテーゼ」に惹かれながらも、[20]しかし、それらを逐条的に吟味することはしない。というのも、そのテーゼの成否と正否についての本格的な吟味、とりわけ資本を一対の関係性として物象的に構成する三つの主要な生産要素――貨幣（資本）・労働（力）・土地[21]――のなかでも労働（力）の存在様式の変化という現代資本主義論の核芯をなすべき対象についての吟味には、地域類型とそのグローバルな類似性についてのさらなる実証研究、またそれに依拠するいわば理論的な中間モデルの蓄積と刷新が必要だと思われるからである。[22]こうして、本章の設題は、急速に展開する認知資本主義としての現代資本主義についての議論に較べれば退行的にさえ見えるほどに、慎ましい。

　またそのための素材《ショートハンド》として本章は、認知資本主義を軸とした現代資本主義論の理論化を積極的に担ってきた一人であるカルロ・ヴェルチェッローネが主張する密接に関連する二つの理論的核芯――「価値法則の危機」[23]と「利潤のレント化」――にあっても、資本（の所有）と土地（の所有）の両者を利子率を介して通底（均質化）させる擬制資本についての議論をより精緻かつ有機的に組み込んだうえで[*24]、なおもその論理の裡に認知労働・非物質的労働論をも首尾一貫させることができるのかという視点から、何よりもまず「利潤のレント化」論という理論装置の働きに注目する。またその際本章は、「利潤のレント化」の系譜学を『資本論』の視点から確認し、直接的検討の対象としてはここでは取

＊18　二一世紀初頭での認知資本主義論の総括的文書としては、O. Blondeau et al., *Capitalismo cognitivo, propiedad intelectual y creación colectiva*, mapas, 2004; C. Vercellone et al., *Capitalismo cognitivo: Conoscenza e finanza nell'epoca postfordista*, Roma: manifestlibri, 2006; Y.-M. Boutang, *Le capitalisme cognitif. La Nouvelle Grande Transformation*, Nouvelle Édition augmentée, Paris: Édition Amsterdam, 2007 などを参照。

＊19　〈*UniNomadE 2.0*〉については、http://uninomade.org

＊20　Uninomade "Appendix – Nothing will Ever be the same: Ten thesis on the financial crisis," EduFactorywebjournal, o issue, January 2010.

＊21　さきの「通貨」「国債」との絡みで言えば、ドゥルーズ＝ガタリの三幅対には〈国家‐税〉が咬み込んでいることをことさらに指摘しておきたい。

＊22　例えば、ヨーロッパ・モデルについては、A. Fumagalli and S. Lucarelli, "Cognitive Capitalism as a Financial Economy of Production," A. Fugamalli, C. Vercellone and V. Cvijanovic eds., *Cognitive Capitalism and its Reflections in South-Eastern Europe*, Frankfurt am Mine: Peter Lang, 2010 あるいはM. Koch, *Roads to Post-Fordism: Labour Markets and Social Structures in Europe*, Aldershot: Ashgate Publishing Ltd., 2006 などをみよ。

＊23　「価値法則の危機」については、何よりもまず、前掲『革命の秋』、とくに第一部を参照。

＊24　擬制資本については、取り敢えず Suzanne de Brunhoff, "Fictitious Capital," J. Eatwell et al, eds., *Marxian Economics – The New Palgrave Dictionary*, New York: Macmillan, 1990 がインフォーマティブだが、活動家視点から言えば、A. Nelson, "Fictitious Capital and Real Compacts," *Radical Notes*, 15/octobre 2008 が面白い。

り取えず除外した認知資本主義論にとってはもっとも困難な、だがもっとも重大な、論点――土地と資本を知 - 識（さらには一般的知性）と読み替えることで認知資本主義の蓄積運動を理解することを可能にする、[*25] 認知労働・非物質的労働の全社会的普及という主張[*26]――の可能性を探ることを試みる。[*27]

「利潤のレント化」論

すでに邦訳が数点あるマラッツィやラッツァラートとともに、[*28] 認知資本主義論を『ムルチチュード』グループ内部における分岐[*29]の理論的一要因であった認知労働・非物質的労働の評価に密接に関わる「利潤のレント化」論を基軸として積極的に展開してきた経済学者が、ヴェルチェッローネである。[*30] 彼はフォーディズム体制の危機に際会して資本主義がとった蓄積様式の転換を「さまざまなレント形態の圧倒的回帰」と労働（力）を含む全生産要素におけるその「増殖 - 成長 crescita」に見いだし、取り敢えずその論敵として据えられた彼らのいわゆる旧来のマルクス派と共通するほかないこの了解を、「利潤のレント化 devenire *rendita* del profitto」という理論的スローガンに、集約した。[*31] こうした論点の

---

*25　ケインズの「今日、利子は、土地から上がる地代と同じように、真っ当な犠牲の対価であるとは言えない。資本所有者は、土地所有者が土地の稀少性を根拠に地代を獲得するように、資本の稀少性を根拠に利子を獲得するが、土地の稀少性にはそれ固有の根拠があるだろうが、資本の稀少性にはそうした根拠はない」(GT: Chap. 24, §2.) という文言における、土地と資本を知識と読み替えるという理解を想起されたい（C. Vercellone, "Crisi della legge del valore e devenire rendita del profitto," in Fumagalli e Mezzadra, eds., op. cit.）。

*26　ヴェルチェッローネは、「認知労働」と「非物質的労働」というときに混同して使用される二語の厳

格な使用を「非物質的労働」概念の不充分性から指摘しているが、それはきわめて運動論的に主張されている（Vercellone, "From Formal Subsumption to General Intellect," op. cit., p. 16）。

*27　この点で本稿は、その推移を慎重に内部観測しているわけだが、認知資本主義論を主張する人びとをある意味で束ねてきた、例えばヤン・ムーリエ・ブータンとは異質の人物である、サンドロ・メッザードラが移民研究を軸とするポストコロニアル派であることは興味深い。S. Mezzadra, *Diritto di fuga. Migrazioni, cittadinanza, globalizzazione,* nuova edizione accresciuta, Verona: ombre cortes, 2006; do., *La condizione postcoloniale. Storia e politica nel presente globale,* Verona: ombre cortes, 2008. この指摘は、後に註記する「レント論」にとっての『帝国主義論』の著者J・A・ホブソンの重要性を喚起するためである。

*28　マラッツィとラッツァラートのトーンの違いについては A. Toscano, "Vital Strategies: Maurizio Lazzarato and the Metaphysics of Contemporary Capitalism," *Theory, Culture & Society* 24(6), 2007 参照。

*29　急速に進む分岐については、Toscano, "Vital Strategies" ibid. などを参照。こうした分岐に併行して、二〇〇九年にバークベック・カレッジ（ロンドン大学）で、「共産主義の理念」のコンファレンスが開催された。このコンファレンスの基調は、C・ドゥズィーナス＋S・ジジェク『共産主義の理念』長原豊監訳、沖公祐・比嘉徹徳・松本潤一郎訳、水声社、二〇一二年参照。

*30　「利潤のレント化」についてヴェルチェッローネは、他の論攷でもさまざまに論じているが、取り敢えず C. Vercellone, "Crisi della legge del valore e divenire rendita del profitto," in Fumagalli e Mezzadra, op. cit.（以下、同論文の引用頁数は省略する）; do., "La nuova articolazione salario, rendita, profitto nel capitalismo cognitivo," *Posse – Potere Precario,* 2006 が簡便である。なお、C. Vercellone, "Division internationale du travail, propriété intellectuelle et dévelopment à l'heure du capitalisme cognitive," *Géographie Économie Société,* vol. 6, 2004; do., "From Formal Subsumption to General Intellect," op. cit.; do., "La these du capitalisme cognitif: une misen en perspective historique et théorique," in G. Colletis et P. Paulré, coord., *Les nouveaux horizons du capitalisme. Pouvoirs, valeurs temps, Economica,* Paris: 2008; do., "Sens e enjeux de la transition vers le capitalisme cognitif: une mise en perspective historique," SEMINAIRE, 2009 などを参照。

集約には、さきの共通了解にもとづいて旧来のマルクス派が提起している「金融権力に抗するための賃金労働者と生産資本とのネオ・リカーディアン的妥協」にほかならない（最終的に資本の存立を容認する）政治路線の謬りを質すという、政治的な目的が担わされている。ヴェルチェッローネは、そうした批判をさらに次のようにも敷衍している。

すなわち、地代《レント》を古典派マルクスに倣って「資本主義以前の〈封建的〉残滓」と理解し、またしたがって「資本の継起的蓄積運動という動態にとっての障碍」と看做したうえで、「純粋で効率的な真の資本主義」――やや硬直した理解だが、いわゆる産業資本を指すと思われる――を「地代《レント》なき資本主義 capitalismo senza *rendita*」と理解する「リカード経済学を出自とするマルクス主義理論」の「謬り」に対する批判が、それである。これはまた、資本蓄積の歴史的現実における動態を方法的に模写し、[*32] その歴史モデルとして〈資本－労働〉の集合的人格化である二大階級を軸とする純粋資本主義モデルを抽出することに執着する、主流派的な『資本論』理解への批判をも含意している。

現代資本主義論からする地代論の再検討については別稿を準備するほかないが、[*33] やや乱暴に言えば、差額地代を通じて地代《レント》（という制約的外部）を資本の論理に馴致させることで地代《レント》そのものをその内部へ排除的に包摂し（その結果、辛うじて所有それ自体を体現する絶対地代を折伏し）た資本主義を「純粋で効率的な真の資本主義」とする資本の通説的了解を批判するこうした立場からすれば、当然とはいえ、しかし、地代《レント》の人格化――後に註記するように、この人格化は（階級）実体化にほかならないが――である土地所有者（階級）が、まず第一に地代形態そのもの、次いで第二に形式化されたかかる地代のその一般性における資本還元による擬制資本化という二重の迂回路を通じて初めて資本の論理の内部へ排除的に馴致されるのとは対照的に、賃金形態という迂路以外にその擬制化手段がなかったもう一つの瑕疵商品である労働力（の、本来的には、異性愛的生殖－「繁殖 Fortpflanzung」行動という (K I: 186)、資本の再生産過程にとっては、絶対的に外的な、労働力の「種属」としての生産と再生産）の「レント化」にとって、地代とその擬制資本化によって排除的に内部化されたまさに土地所有が、いかなる機能を期待されてその理論的帰還を望まれたのかが、問われねばならない。そしてその手段をあらかじめ抽象的に約言すれば、それは、後に触れる意味でのマルクスのいわゆる「もっとも無概念的な begriffsloseste」形式という (K III: 824)、商品それ自体がその特徴とする「非常に簡単で無内容な sehr inhaltslos und einfach」形式性にほかならない (K I: 11)。また地代が一般的意味でのレント概念として果たす資本システム総体に関わる重要性（「簡潔態」への収斂）への着目という意味で、このヴェルチェッローネがドゥルーズ

＊31　イタリア語における〈rendita〉は、その始めから〈unearned income/revenue/annuity〉を意味していることに注意されたい。

＊32　この「方法論的模写」という限定は、非常に重要である。というのも、彼らがこれまで「純粋資本主義」論に非常に批判的だったにもかかわらず、後に言及するように、同様の方法論的模写に依拠して、純粋資本主義の亜種である所有一元論に到達するからである。しかし、この一元論は、資本蓄積の側面から言えば、資本そのものの商品化論に依拠する世界資本主義論である。

＊33　日本資本主義論争以来のこの国における「地代論争」は現在まったく死に絶えているが、それは金融資本主義論だけでなく、都市論・都市雑業層論に関わっても、重大な障碍となっている（安易ないわゆるジェントリフィケーション論に原因がある）。

＝ガタリの「捕獲装置」論――三位一体範式の限界効用主義的な改訂版――を興味深く継承したうえで（MP: 529ff., 545ff.）、旧来のマルクス派が依然として執着する立論構制をこのように二大階級論という階級組成論において把握したうえで批判の対象とする根拠は、さらに以下の四点へ分節されている。

第一のそれは、さきの総括的批判から言えば当然だが、旧来のマルクス派が地代《レント》を、通時と共時の別を問わず「資本の蓄積動態の外部」におき、地代《レント》を「利潤とは範疇的に対立する」ものと看做す（という、歴史と論理に関わる手続きとしては、おそらくいまだ正当であろう）立論への批判である。[*34] その意味からやや強引に言えば、このヴェルチェッローネには、土地所有がもたらす投資制限が、固定資本の原型をなす土地資本 *Madame la Terre* という擬制資本――不動産の動産化――を通じて資本主義的に解除される（ことそのこと自体ではなく、むしろそのヘーゲル的意味での）表象様式《ずらかし》 *Vorstellung* が果たす社会イデオロギー的な効果への言及が、[*35] 皆無とまでは言わないまでも、記述戦略として稀薄であり、またその意味で、土地所有がもたらす投資制限を、皮肉なことに、差額地代というよりも、むしろ絶対地代（すなわち、所有それ自体）により強く引きつけて理解しているようにも見える。そしてこの点にも、しかし、ドゥルーズ＝ガタリにおける『資本論』読解に関わる理論配置の妙――反疎外論的な視点――を垣間見ることができる。[*36]

第二は、第一で批判された理論的構えを前提とするいわゆる「レントの回帰」に対する旧来のマルクス派による――土地所有者に代表される、所有しているという法的な事実‐権原だけをその稼得根拠とする不労所得に対する、その意味で自己瞞着する資本も賛同するであろうような、道徳的――批判が、[*37] フォーディズムの危機を原因とする分業と〈資本‐労働〉関係が採っていた旧来の形態の変容についての分析を、しかも金融部門の変容に関わる（むしろ牽引される）と立論されている労働の認知的・非物質的な次元の潜勢力についての分析を軽視している点が、指摘されている。いわゆる分析的マルクス派による不労所得（あるいは初期条件における不平等－差異）への道徳的批判にも当て嵌ま

＊34　これは、歴史的には、旧来の土地「占有」形態を与件として前提せざるをえない資本にとっての制限と、それをいわゆる「近代的土地所有」から「資本主義的土地所有」へと転換させた後における制限との関係に関わっているが、今は説かない。椎名重明『近代的土地所有』東京大学出版会、一九七三年および戒能通厚『イギリス土地所有権法研究』岩波書店、一九八〇年などを参照。

＊35　土地資本については、玉城哲の共同体論と密接に関わるその著作『土地資本研究』論創社、一九八四年が依然として刺戟的である。

＊36　ドゥルーズ＝ガタリは、「ペニュルティエームのメカニズム mécanisme du pénultième」の強調に観られるように、限界効用説をほぼ肯定し、地代論における差額地代の理論的重要性を指摘していながらも、他方で同時に、「差額地代は絶対地代を〔…〕前提する」とも書いている（MP: 545-55）。混乱しているかに見えるこの視座を、本章は戦略的に了としている。なお注意されるべきは、いわゆる限界効用説の論拠の一つにリカードの（差額）地代論があることである。

＊37　これまでは「地代」に「レント」とルビを振る場合と「レント」と書く場合に記述を分けてきたが、マーシャルのいわゆる「生産者余剰」を指す場合の「レント」の形態的原型が（土地）地代にあることは言うまでもない。さまざまな文献が思い浮かぶが、資本の蓄積形態の変容を論ずる現代資本主義に関わらせて、ここでは敢えて、まずは亀倉正彦「〝資源の生産力〟としてのレント概念」『三田商学研究』第四八巻第一号、二〇〇五年および大水善寛『J．A．ホブスンの新自由主義』九州大学出版会、二〇一〇年を参照。

るであろうこうした批判は、とすれば、ヴェルチェッローネ自身の展望から言えば、分業と〈資本－労働〉関係の形態における変容が金融部門のそれといかなる程度の「論理」的一貫性において不可分離に関連しているのかという、[*38] 彼自身の表現を藉口すれば「もっとも解明困難な」論点についての分析を、認知労働・非物質的労働の哲学的了解だけでなく、その経済理論的かつ実証的な分析としても、必要としていると言わねばならない。

第二点に密接に関わる第三の批判は、資本蓄積がとってきた「産業の論理」の役割の後退と産業資本主義における寄食的《レンティア》で投機的な傾向の擡頭の重要性の軽視に、関わっている。ここでの「産業の論理」の後退とは、剰余価値の搾出源泉が産業＝生産（いわゆる「実体経済」なるもの）から他の――生産だけでなく消費と分配をも含めた、総体として有機的に連結され社会工場と化した社会全体の再生産――部門への移行を指しているのであろうが、[*39] またその意味で、流通滲透を専らとする資本そのものの本源的な寄食性・投機性という側面（いわゆる「金融経済」なるもの）へのこうした歴史的な重点「移動」――後に触れるように、労働（力）さらには生そのものを倒錯（三位一体）的に資産化 assetization する移行――を指している。だがこれは、旧来の金融化論（さらにはレント化論）にこびり付いていた「反生産的」で「寄生的」な特徴（に対する非難に関わるもの）ではなく、アメリカ経済を実証的に分析したクリップナーに準拠したアリーギのいわゆる「非－金融経済の金融化」という全社会的な次元を帯びるという意味で、[*40] 第四の批判点、すなわち金融経済が発揮する経済全体への「滲透性 pervasività」によって「金融経済と実体経済がその区分を消失した」というその主張だけでなく、[*41] むしろ実体経済が表層から最終的に抹消され、平滑平面が全面的に出現するという、より深化した事態――だけでもなく、当該概念に分配過程をも含めるがゆえに、政策として露出する主権＝国家そのものの擬制資本化‐金融化[*42]——の軽視あるいは看過に対する批判に、密接に関わっているとせねばならないだろう。

こうして、批判全体にわたる論拠が、漠としてではあれ、〈生産‐労働〉概念そのもののゲシュタルト・チェンジ——本来的には流通それ自体である資本という運動態の先祖返り《アルカイゼ》（資本にとっては瑕疵商品としての労働力商品に対する資本の自閉的嫌悪）だけでなく、最後に触れる、資本にとってはまさに自己否定にほかならない流通‐時間そのもののゼロ化衝動（いわば資本における死の欲動）——に起因する、資本そのもののある種の「非物質（生産）」性への変態とそれを担保する制度的機制に関

＊38　この場合の「論理」的一貫性とは、地域的に異なる「制度」的側面ではなく、という含意である。

＊39　この点に関わっては、A. Toscano, "Factory, Territory, Metropolis, Empire," *Angelaki*, 9(2), 2004; do., "From Pin Factories to Gold Farmers: Editirial Introduction to a Research Stream on Cognitive Capitalism, Immaterial Labour, and the General Intellect," *Historical Materialism* 15, 2007 も参照されたい。

＊40　Marazzi, *The Violence of Financial Capitalism*, op. cit., p. 32; G. Arrighi, *Adam Smith in Beijing: Lineage of the Twenty-First Century*, London: Verso, 2007, p. 140; G. R. Krippner, "The Financialization of the American Economy," *Socio-Economic Review*, 3, 2005, pp. 173-208 参照。

＊41　Marazzi, *The Violence of Financial Capitalism*, ibid. および F. Bria, "A crisis of finance: financialisation as a crisis of accumulation of new capitalism," *ephemera* 9(4), 2009 などを参照。なお、Ch. Marazzai, "La chimera del governo globale nell'intervista a cura di Cosma Orsi," *Il Manifesto*, 20 dicembre 2009 が、啓蒙的に簡便である。

＊42　例えば、S. Lucarelli e J. Mazza, "Crisi del Welfare, Reddito di Esistenza ed Eutanasia del Rentier Cognitivo," Vercellone et al., op. cit., pp. 151ff. などを参照。

わっていることは明らかだが、[*43] こうした立場から旧来のマルクス派の「謬り」を正そうとするヴェルチェッローネがもっとも重要な論点としてまず第一に措いたテーマ、それが「理論的にも歴史的にも、レントと利潤を範疇的に分離する境界線がフレキシブルでモバイルになっている」ことの歴史的かつ理論的な解明であった。

とすれば、例によって新規なスローガンに飛びつくのではなく、何よりもまず、この論点をマルクスがどのように処理したかが問われねばならない。そしてこの焦点には、すでに仄めかし、また以下にも見るように、過程（流通）としての資本が、[*44] それ自身に利子を生む資本（擬制資本）という形式を媒介として、自己言及的に擬制化するという歴史的に一般化する事態――これは、単なる「利潤のレント化」ではなく、地代の擬制資本化を不可避の媒介環とする、賃金をも含めたあらゆる収入「源泉」のレント化である――がある。そしてそれは、以下の三つの理論的あるいは手続き的な領域に分割することができる。

順不同に言えば、第一は地代――土地所有の地代による第一次的馴致とこの地代を利子率によって資本還元することで土地所有を擬制資本化するという第二次的馴致――という二重の論理的迂路をめぐる論点、第二は、第一の地代の資本還元を可能にする利子率の社会的かつ世界的な均霑《きんてん》と平準化に併走する――「簡潔態」を不断に目指す資本の本然態に関わる――利子生み資本（擬制資本）論という迂路をめぐる論点、第三は、上記の二点によって了解可能となる、資本と土地の「資産」化（を軸とするいわゆる証券化）によっても依然としてもっとも厄介な労働力（商品）の「資産」化（そして証券化）を推進する制度的‐間接的なメカニズム――それは、生そのものの証券化を通じた経済外強制の「市場」化に到達するほかない――をめぐる論点である。すなわち、現代資本主義論がその主要な論拠としながらも依然として不明の点が多い最後の論点を除けば[*45]、これらのテーマそれぞれには膨大な議論（むしろ論争）が蓄積されているが、それをふたたび単純化すれば、エンゲルスが『資本論』の最後に付加した断片である三位一体範式（三大階級論）が、利潤の直接的なレント化ではなく、利子率を介した二つの擬制資本化――(1)利潤の利子化による資本の擬制資本化、(2)地代の利子率による資本還元を介した土地所有の擬制資本化――によって、利潤が間接的にレント化する（という論理的叙述の）過程を示してくれる、ということである。したがって本章は、論理的にも、これら二つの理論領域をいわゆる三位一体範式の整理によって代替させたいと思う[*46]。このような三位一体範式の読解

＊43 〈ムルチチュード〉派の分岐‐分裂の萌芽については、P. Virno, "La multitude es ambivalente: es solidaria y es agresive: Interview," *Pagina* 12, 25 Sept., 2006; do., *Multitude: Between Innovation and Negation*, LA: Semiotext(e), 2008をも参照。

＊44 過程あるいは流通としての資本と理解については、D. Harvey, *A Companion to Marx's Capital*, London: Verso, 2010, p. 92を参照。

＊45 理論的試みとして、取り敢えずA. Fugamalli (con J. Mazza), "Dalla rendita materiale alla rendita immateteriale: continuità o rottura teorica?" in *Atti del Workshop internazionale: Lavoro cognitivo e produzione immateriale. Quali prospetti per la teoria del valore?*, Quaderni di Dipartimento, n. 174, Università degli studi di Pavia, 2005を参照されたい。

＊46 取り敢えず、B. Neilson, "Politics without Action, Economy without Labor," *Theory & Event*, 13(1), 2010を参照されたい。

は、最終的には、前項（資本・土地所有・労働）から後項（利潤↓利子・地代・賃金）を読むのではなく、後項から前項を読むといったように、三位一体範式そのものの因果律をその恒等式化に依拠して顚倒することを意味している（スミスに仮初めに凭れてみせるとは、この意を指している）。

まずは簡単な復習を行い、次いで結論として認知資本主義論にとっての未決問題を提示する。

取財術の構造——三位一体範式の顚倒

言うまでもないが、三位一体範式とは、マルクスがそこに社会的生産過程の「あらゆる秘密」を読み取った「資本－利潤、土地（大地）－地代、労働－賃金」という収入の諸源泉が形成する三位一体 *Trinitas*（聖なる三 *Αγία Τριάδα*）を指している。[*47] ところで、マルクスがこの範式に関わって繰り返し強調する看過しえない論点の一つに、[*48]「資本－利潤（経営者利得＋利子）」と明記される利潤の経営者－利得 Unternehmergewinn と利子 *Zins* への現象的な分岐がある。[*49] この点に関わってマルクスは、この範式では「利子が資本〔所有〕本来の *eigentliche* 特徴的な所産」として現れる、と明言している。すなわちマルクスは、元本に貨幣価格である利子率を乗じたものとして利子を生む資本（擬制資本）への資本の転成あるいは「成り上がり」を資本の本来性と看做し（Gr.: 543）、またその対極では経営者利得が「資本〔所有〕には無縁〔に見える〕賃金として現れる」という仮象が出現する点を繰り返し強調している[*50]（K III: 822）。そのうえでマルクスは、みずから自身が「ブルジョワ的生産関係の虜になっているこの生産の当事者たち」の視点に立って、範式を「一見して明らかに不可能な組み合わせ」であるはずの「資本－利子、土地－地代、労働－賃金」に還元し、それをもって範式の完成態としている。ここでは、したがって、経営者の利得が賃金範疇に同等の資格で紛れ込む（労働者に身を窶《やつ》す）という仮象が「出発点」として成立し(K III: 825)、またその意味で、この範式の完成態では、一方における資本家には人格化、したがって実体化しえない内容を欠いた純然たる形式としての資本と、他方における「経営者」と労働者という人格化‐実体化可能な労働（経営者利得＋賃金）の二極が仮象し、それにはまた、商品としての資本の価格である配当率（資本市場）と貨幣の価格である利子率（貨幣市場）そして資産化した土地所有の地代率との――いわゆる「合理的」ポートフォリオによる――社会的な均霑・平準化を通じた、利得を一般において生み出す「資産（流動資産 asset）」の所有が照応することが予知されている。*51

この指摘は、しかし、資本・土地・労働が、それぞれ「その生産物であり果実」である「利子〈利

---

*47 後に触れるマルクスの資本了解という論点を予料して、敢えて〈三位一体〉の宗教的意味を記しておけば、それは「父なる神」と「その息子であるロゴスのキリスト」と「聖霊」は同等たる自立存在 ὑπόστασις/persona であると同時に実体として同一 οὐσία/substantia であるという了解である。

*48 この部分はマルクスの未完成な断片をエンゲルスが再構成したこともあり、反復が多いが、この繰り返しにこそ、マルクスの強調点を確認せねばならない。

*49 〈利子 Zins〉の語源〈Zensus〉は「人頭‐センサス」にあり、それは転じて〈封建地代（年貢・租税）cênsus〉を意味していたことは興味深い。すなわち、利子それ自体は、人頭 caputo/capita と所有にその根拠をもっている。

*50 〈利得〉には「(努力（労働）によって）勝ち取られた儲け」を指す〈Ge-winn〉が用いられていることから、それには、不労所得とされる〈利子〉との対比で〈不労所得ではない〉という資本家の願望が込められている。

潤ではなく *statt* Profit)」[52]・地代・賃金がまさに湧出する「源泉 quellen-Quellen」として「仮象する erscheinen」という物象化的倒錯を強調することだけを目的としているわけではない。というのも、この作業は、ある意味で、『資本論』第一巻の商品物神論で終了しているはずだからである。むしろこれは、より重要な因果律、すなわち、この範式によって、前者が「理由 Grund」あるいは「原因 Ursache」で、後者が前者の「必然する帰結 Folge」あるいは「作用の結果 Wirkung」であるという仮象が担保される社会的機制であるだけに留まらず、同時にそれは、この因果律の自己言及する恒等式への移行をも含意する、[53]「それぞれの源泉が、自分に反撥し自分から切り離された Abgestoßene ものとしての、生み出されたものとしての、それぞれの生産物に関係させられている」という (K III: 824)、いわば〈二に割れたうえで、みずからを起源としての一へ遡行的に関連させ続ける〉資本の絶え間ない自己言及であることの強調を目的としているのである。この神学的関係について彼は、資本一般の本能に関わって後にも触れるが、彼らしい皮肉を込めて、この改訂範式では「資本主義的生産様式を独特に特徴づける剰余価値形態」である「利潤」という疚しい部分が「幸いにも取り除かれ、〔その謬りが〕矯正されている beseitigt ist」と指摘している[54] (K III: 822)。

だがマルクスは、必当然的に明証とされるという意味で因果性を抹消された恒等式に措かれたこの原因 - 結果である資本 - 利子について、当然のごとく、次のように急いで付け加えている。

> 資本が貨幣で独立に表されたある価値額として捉えられるならば、ある価値がそれに値するよりも大きな価値であるべきだと言うことは、一見して明らかに無意味である。まさに資本 - 利子と

いう形態では一切の媒介が失せ Kapital–Zins fällt alle Vermittlung *fort*、資本は、そのもっとも一般的な、だがそれがゆえにみずからは説明できない、不合理な *absurde* 範式に還元されている (K III: 825-6)。この無意味さ——あるいは無概念性——、だが〈Da〉であるために不可欠であるこの〈不在 Fort〉を、彼は「ブルジョワ的観念の『合理的なもの』への到達‐懇請 anlagen」と皮肉な語調で呼び (K III: 826)、「現実の生産当事者たち」は、資本‐利子、土地‐地代、労働‐賃金というこの「疎外された不合理な形態」に縋って「我が家にいるような寛ぎを覚える… zu Hause fühlen」と (K III: 838)、他者の不気味に取り憑かれている安寧（中心）foyer を論ずる後年のデリダさながらの筆致で、皮肉っている。

＊51 〈asset〉の語源がラテン語〈ad satis（十分に）〉にあることは興味深い。後に触れるように、その所有者は「心安んじていられる」のであり、〈木の幹〉に語源をもつ〈stock〉の暴力性は消し去られている (K I: 199)。

＊52 遺された断片ということもあってだろうが、マルクスは、この「利潤ではなく」という挿入を執拗に繰り返し、強調している。

＊53 因果律（↓）の恒等式（Ⅲ）への移行は、価値形態論におけるマルクスの安易な両項顛倒に関わって、やや問題含みだが、ここでは三位一体範式においては弁証法的に何が綜合（第三項排除）するのかが問題である。現代資本主義は「レント」が第三項であるように思われる。この点に関わっては、神武庸四郎「『姿態変換群』の線型表現——『姿態変換』から『再生産表式』へ」『一橋論叢』114（6）、一九九五年が興味深い。

＊54 M. Husson, « Contre le fétichisme de la finance », *Critique communiste*, nº 149, été 1997 も参照。

こうして、この範式では、資本は「剰余価値の恒久的な汲出機」であり、土地は「資本が汲み出した剰余価値の一部分を引き寄せるための恒久的な磁石」である。この一文でマルクスは、しかし、労働‐賃金については、以下の資本や土地に較べて長い説明を、文章が毀れるのをものともせず、与えている。すなわち、労働は「それが造り出した価値の一部分を、したがってまた社会的生産物中のこの価値部分によって計られる一部分を、つまり必要な生活手段を、賃金という名目で手に入れるための、絶えず更新される条件であり、絶えず更新される手段である」と了解されるように仕組まれる、と(K III: 830)。これは、資本による賃金という形態をとった労働(力)の迂回的な馴致を、変革主体と目される労働者に免罪符を与えることで、救済的に整理しているかにさえ見える。またこの恒等式化した範式に照応して、賃金が(商品としての)労働力の所有者としての賃金労働者に、利潤をその背後に潜めた利子が(商品としての)資本所有者としての資本(投資)家に、地代が(商品としての)土地の所有者に、それぞれ人格(自立存在 *υπόστασις/persona*)化され、それぞれの収入源泉に照応する近代社会の三大階級をなすとされるのである(K III: 892)。

ところで、こうした物象化の相貌に措かれた三大階級を示す恒等式としての三位一体範式における「資本‐利子」関係については、マルクスは、すでに『資本論』第一巻で、資本一般――「内的に割礼を受けた」商人資本(ユダヤ人)(K I: 169)――に関わって、次のように述べていたはずである。恒等式おける「資本‐利子」の視点から「利潤のレント化」を論ずるに当たって重要なので、やや長いが引用する。すなわち、「流通G‐W‐G′(貨幣‐商品‐貨幣)」では、価値は〔…〕一つの過程の主体になるのであって、この過程で絶えず貨幣と商品の二形態を変換しながらその大きさそのものを変え、本源的価値 ursprünglicher Wert としての自分自身から剰余価値としての自分を突き放し、自分自身を増殖する。〔…〕いまや価値は、諸商品の関係を表さない。価値はいわば自分自身に対する私的な関係 ein Privatverhältnis zu sich selbst に這入るのである。それは本源的価値としての自分を剰余価値としての自分自身から区別する。つまり、父なる神としての自分を息子なる神としての自分自身から区別するが、父と息子も同い年であり、しかも、じつは両者は一身である (K I: 169)。

そして、その究極の形態が、「資本の最初の通訳 - 代弁者、重商主義者」すなわち商人資本の口を突いて出た「G - G′、〔より多くの〕貨幣を儲ける〔繁殖する〕貨幣 geld*heckendes* Geld —— money which *begets* [more] money」という資本描写である[*55] (K I: 170)。

このように資本一般（のホモ・オイコノミア *homo-oikonomia*）を論ずるマルクスの論法は、それを表現する文章をも含めて、資本 - 利子を論ずるさきのマルクスのそれとまったく同一である。彼はまた、これは「商人資本だけに特有な形態のように見える」が、しかし、産業資本にも一貫する形態であり、「最終的に」それは、「簡潔に短絡されて abgekürzt、媒介なきその結果として、いわば簡潔態 - 墓碑文体で im Lapidarstil/*en style lapidaire* 書かれる G - G′」という媒介性を秘匿した直接態 (K I: 170)、すなわち、それ自身に利子を生む資本（擬制資本）に帰着すると敷衍している。こうして、資本制システムでは、貨幣（→資本）の所有は、利子をその「必然する帰結 Folge」あるいは「作用の結果 Wirkung」とする

「理由 Grund」あるいは「原因 Ursache」として仮象するものとして、あらかじめつねに‐すでに措定されている。ここでは、したがって、結果としての利子が、終端として、しかもあらかじめつねに‐すでに、その端緒である貨幣（→資本）を摑んでいるのである。すなわち、三位一体範式の因果連関は、あらかじめ顚倒しているのである。

とすれば、利潤のレント化は、少なくとも「資本‐（利潤→）利子」に限って言えば、生産にその根拠をおく資本の形式的一般性が最終的にとる「簡潔態‐墓碑文体」で書かれた擬制資本では、あらかじめつねに必当然的な自明である。だが問題は、利潤が利子を通じてレント化するこの擬制資本が発揮するイデオロギー的な機制《あたかも》は、三位一体を構成する何によって、「合理的に」は担保されるのか？この機制の一端こそ、原因‐結果としての土地‐地代が担うそれにほかならない。

実際マルクスは、「資本‐利子」は「資本のもっとも無概念的」であるがゆえに、その形式性において有効な「定式」だとしたうえで、オウィディウス『変容譚』をやや軽率に引いて、「無機的自然そのものが、まったく野生のままの『粗雑な混沌とした塊 *rudis indigestaque moles*』」である大地・土地が地代との一対関係を形成したうえで三位一体範式に、しかもそれと――〈de facto〉と〈de jure〉の双方において――同等の資格で、参画する根拠を問い（K III: 823-4）、次のように展開している。これは、従来あまり注意されてこなかった「土地所有者の資本主義的生産過程における一つの役割」についての、決定的な指摘でなければならない。

すなわち、これは、土地所有が、単なる地代を通じた投資制限という「資本への圧迫‐負担 Druck」だけでなく、また資本のいわゆる本源的蓄積による「労働者（農奴）からの労働条件（生産手段）の収奪であり条件」であるがゆえに「資本主義的生産の前提と条件」となるということだけでもなく、「何よりも」まず、土地所有者が「生産条件におけるもっとも本質的な一条件の人格化 Personifikation einer der wesentlichsten Produktionsbedingungen」として現れることの意義を説くマルクスが (K III: 829)、ここでは重要である。[*56] そしてそれは、土地資本にまず象徴される固定資本を論ずるマルクスに、密接に関わっていると言わねばならない。いわゆる『経済学批判要綱』でマルクスは、次のように述べている。

> 固定資本は、なるほど不動産〔unbewegliches Eigenthum 固定された所有物〕一般と同様の意味において——すなわち、権原 *Titel* として——は、流通可能だが、だが使用価値としては、流通しえず、物理的意味で流通することもできない。本源的には〔…〕不動産に対して動産が増加することは、土地所有に対立する資本の上昇運動を示すが、資本の生産様式がひとたび前提されれば、資本が〔労働も含めた〕生産諸条件を自己に従わせている〔包摂している〕程度は、資本の不動産への転化 Verwandlung des Capitals in unbewegliches Eigenthum に表示される。〔…〕〔またそれに応じて〕土地

＊55 〈子供をもうける〉の〈もうける〉は〈儲ける〉であることは興味深いが、それはともあれ、一般的には親が男性の場合には〈beget〉を、女性の場合には〈bear〉を用いる。マルクスは、父親が子供を儲けるとしているのであり、生まれる子供は、したがって、ふたたび男児でなければならない、あるいは男児であり続けねばならない。

＊56 貨幣（資本）と労働（力）との偶然の邂逅を強調したドゥルーズ＝ガタリにとっても、大地の資本による領土化は、貨幣と労働とのそれよりも、重大な機制だったはずだ (AO: chap. 3; MP: 528ff.)。

> 所有が〔権原の売買を通じて〕交換可能な価値に顕わに転化すること——土地所有のこの動産化 Mobilisation——は、資本の産物であり、

また「資本の下への国家機関の完全な従属の産物である」としているからである（Gr.: 614）。であればこそ、不動産と化した資本（固定資本）の動産化が必要とされる場合の迂回路が、土地所有の擬制資本形態による動産化あるいは可動化手段を、模写することになるのである。そして、言うまでもないことだが、この可動化こそ、「利潤の」利子化を通じた「レント化」あるいは文字通りの地代《レント》化を支える倒錯にほかならない。

マルクスが、三位一体範式という「資本主義的生産様式の神秘化、社会的諸関係の物化、物質的生産諸関係とその歴史的社会的規定性との直接的合成の完成」において「ただの物」としての「資本氏 Monsieur le Capital」と「土地夫人 Madame la Terre」が演ずる怪しい舞踏会を特段に顕揚したのは（K III: 837）、この点に密接に関わっている。そしてこれは、地代（R）を利子率（*i*）でいわゆる資本還元することで求められる理論地価（R/*i*）に、今度は恒等式を逆流して、利子率を乗ずることによって（利子ではなく、あるいはむしろ利子の代わりに *statt Zins*）地代が算出されるという、両者にとっては相互に「不条理な absurde」倒錯的観念（旋律）に憑かれて踊り狂う資本と土地所有が主役のこの怪しい舞踏会によってのみ、維持されているのである。こうして、土地の資産としての所有が地代という形態を採る利子をもたらすという観念は、資本の利子生み資本（擬制資本）への転成とその気息を合わせている。かかる過程を総括的に示した**概念図**におけるブラックボックス（〈 〉と破線部分）は、こうして、

概念図

支配的資本の3形式	商人資本：G_1-〈W_1/W_1〉-G_2	$G_2-G_1=g>0$
	↓	
	産業資本：G_1-〈W_1\{A+P_m\}…P…W_2〉-G_2	$G_2-G_1=g>0$
	↓	
	金融資本：G_1…………G_2	$G_2-G_1=g>0$
利子生み資本	：G_1…………G_2 [$G_2=(1+i)G_1$]	$G_2-G_1=iG_1$(利子)>0
理論地価	：R/i（資本還元 capitalisation）→理論地価 × i=R	

G= 貨幣 Geld; W= 商品 Ware; P= 生産過程 Produktionsprozeß; A= 労働力 Arbeitskraft; Pm= 生産手段 Produktionsmittel; i= 利子率 Zinsfuß; R= 地代 Grundrente; g= 利潤 Profit

＊↓は歴史段階的な移行を意味しない。

〈利潤の利子を媒介としたレント化〉を理論的手続きとして表現している。地代を利子率で除すること（資本還元）で資産価値として表現されたこの土地所有にふたたび（だが、地代率ではなく）利子率を乗ずることで得られる価値額は、こうして、地代でありながらその仮象において利子に等しいというこの機制によって、担保されている。その意味で、資本は土地所有を擬制資本への転成において併呑したとされる。またであればこそ、「利潤のレント化」論が提起する旧来のマルクス派における〈資本－労働〉の二階級論に対する批判は、それ自体としては、撞着している。というのも、二階級論自体が土地所有を、絶対地代をも含めて地代一般（とその擬制資本化）を通じて――理論的には、まさに「利潤のレント化」によって――資本の論理の下へ包摂したことによって成り立っているからである。あるいはむしろ、現代資本主義論の理論的な階級論は、所有者と非所有者という「資産《クレーマタ》」をめぐる二「階級」を差配するレントの「取財（－貨殖）術」という一元論である。[*57]

とすれば、「利潤のレント化」の理論的新規性とは何か。

それは、さきの「ブラックボックス」あるいは「簡潔態で刻まれた墓碑銘」それ自体でなければならない。そしてこの論点についてもまた、マルクスはすでに、「資本の必然的傾向」として、次のようなヒントを与えている。それは、「ブラックボックス」それ自体の抹消《ゼロ》という、流通それ自体である資本にとってのいわば死の欲動である。それは、すなわち、資本が「信用と資本のもろもろの信用の仕組みとの基礎規定」すなわち金融化によって「流通時間のない流通 *Circulation ohne Circulationszeit*」を欲望するという「資本の時間 Zeit des Capital」の自己抹消にほかならず、またこれがふたたび、さきの死の欲動を通じて「成り上がった最高の結果」とされた擬制資本の機能であって、こうした擬制資本によって「集中してゆく個別諸資本という形式」の下で「諸資本の殲滅 Vernichtung」が遂行されるのである (Gr.: 542-3)。

だが、「ブラックボックス」それ自体のゼロ化にとっての最大で最後の障碍は、資本でもなければ、土地所有でもない。それは、依然として、「労働‐賃金」という不可避の一項である。だがマルクスは、三位一体範式における「労働‐賃金」に関して、まさに資本主義（による労働の実質的包摂）によって（のみ）開かれたその解放的側面を展望するかのように、次のように述べている。

> 一体のうちの第三位として、単なる幽霊 *ein bloßes Gespenst* ——労働「なるもの „die“」があるが、これは一つの抽象以外の何ものでもなく、またそれだけとして受け取れば für sich genommen、決して存在しない。〔…〕それは、人間が自然との物質代謝をそれによって媒介する生産的活動一般である。といっても、これは、どんな社会的形態も性格規定も剝ぎ取られているだけでなく、社会に関

わりなく、あらゆる社会から切り離されて、その単なる自然存在にあってさえもこのような媒介するものであり、また、生命の発現であり生命の実証でもあるものとして、およそまだ社会的ではない人間にも、すでにどのようにか社会的に規定されている人間にも、共通のものである(K III: 823-4)。

資本主義が望む三位一体範式に、瑕疵ある存在として、いまだ引き据えられている労働、すでに擬制資本形態を通じてその姿態を資産–収入《レント》へと変態している資本–土地の所有との「一体のうち im Bunde」にありながらも、「単なる幽霊」と評された労働、また労働が「社会的形態も性格規定も剝ぎ取られている」無概念性を帯びることとそのこと自体が、三位一体範式における他の二要素(資本と土地)との関係で首尾一貫したその条件を与えられるのは、資本の論理がその首尾一貫性を夢見る限り、労働(力)そのものの擬制資本化を措いて他に術がない。そしてそれはまさに、制度的には、認知労働や非物質的労働の全般化と消費そのものの全社会的な金融化を通じた賃金——精確には、生——そのものの擬制資本への変態を通じた「レント化」であろうが、このまさに現代資本主義論の要となるべき論点の理論と実証の双方における検証は、始まったばかりである。

*57 ラッツァラートが労働者という表現を断念し「少数派」と採択した所以が、ここにある。M. Lazzaratro, "Le lotte dei precari e dei disoccupati come lotte delle minoranze," in A. Fumagalli e M. Lazzarato, eds., *Tute bianche. Disoccupazione di massa e reddito di cittadinanza*, Roma: DeriveApprodi, 1999.

第8章

経済原則

「経済表」こその危険な起源《だいほ》

W′……W′〔商品資本の循環〕はケネー「経済表」の基礎である。彼はG……G′〔貨幣資本の循環〕に対立させてこの形態を選び、P……P〔生産資本の循環〕を選ばなかった。それは彼の偉大で正確な手腕を示している (K I: 103)。

自然《フィ》‐女性《ジオ》の支配《クラシー》

『親族の基本構造』は、人類の物質‐代謝〔交換〕Stoff-wechsel を表示する、詳細な「経済表」である。これは、題辞に引いた再生産表式の原則を説く『資本論』第二部のマルクス、すなわち商品‐貨幣〔価値形態〕論から始まり本源的蓄積で綴じられる『資本論』第一部の執筆とともにその草稿がすでに準備され、〔均一・同質の〕商品‐資本のみによる社会体《ソシウス》の組織化を説いた『資本論』第二部のマルクス、また貨幣が最後にいわば無用の瘤のように外与されるという記述を採るワルラスの一般均衡論、さらにはレオンチェフを嚆矢とする産業連関分析にも通ずる特徴である。この「経済表」によって、資本制近代におけるその現れが特異な「経済法則」であるような、あらゆる社会体《ソシウス》に通時的な「経済原則」（宇野弘蔵）が、その変形を貫く不変性としての「構造」分析において、[*1]通覧可能となった。[*2]

この「経済表」では、しかし、それがレヴィ＝ストロース自身にとっても巨大な発見であり、またそれがゆえに彼自身が強調しもした、歴史において所与－事前であり、論理において生成－事後的に顕わとなる言語と商品－貨幣というそれぞれの交換（流通－循環）手段（主＝客）は、客体としては沈黙する——主体から観れば沈黙を強いられる——陰函数である。また／だが、こうした手法によって初めて、かかる交換手段の存在とその動態的機能が社会体の組織化として曝露可能となる。

したがって、社会体《ソシウス》における唯一の主体にして実体であることをその冒頭から（神話的に）僭称するに到る（商品→貨幣→）資本による社会体の一貫性ある組織化をその共時的創世（形容矛盾か？）をも含めて一括表記するケネー、マルクス、ワルラスらの「経済表」は、レヴィ＝ストロースのいわゆ

＊1　レヴィ＝ストロースは「構造」を定義して、「要素と要素間の関係とからなる全体であって、この関係は、一連の変形過程を通じて不変の特性を保持する」と述べている（「構造主義再考」『構造・神話・労働』大橋保夫編、みすず書房、一九七九年、三七頁）。

＊2　随分以前に歴史論をめぐってレヴィ＝ストロースとマルクスを比定した興味深い論攷があったが、本稿はそれとはまったく異なる視点に立っている。J. Topolski, "Levi-Strauss and Marx on History," *History and Theory* 12(2), 1973.

る構造の特異な部分集合である。またその意味で、商品－貨幣は、市場交換（平和？）には決して収斂されえない「交通 Verkehr」関係である戦争機械という難問をひとまず措けば、[3]「交通の欲求・必要」を根拠とする言語の特異な部分集合でもある。[4]

だが、以下の点は反復を恐れず強調されねばならない。すなわち、社会体の「経済表」的記述における言語と商品（－貨幣）は、その帰結（あるいはむしろ、その端緒）において必然であると前提－予料され、また事実において自明でありながらも、表式それ自体においては、つねにすでに——だが、生成的に——陰伏し、また構造に一般均衡をもたらす定めにある、関係的に事後的な項であり、[5]またこの構造 teneur を事後的に浮き彫りにするにすぎないにもかかわらず事前においてそれを規定するかのごとき姿態を顕倒的に表示することになる、関係的な項 nœud——男性同士の関係の単なる「乗り物 véhicule」——に、「女性」の流動が（あらかじめ）指名されている。[6]これである。

『親族の基本構造』（第一版）が出来したのは一九四九年だが、のちにレヴィ＝ストロースは、『構造人類学』（一九五八年刊）に収録された論攷「言語と社会」（一九五六年執筆）で、『親族の基本構造』を次のように総括的に振り返っている。[7]

> 婚姻規則や親族体系は、一種の言語、個体および集団間におけるある種の伝達《コミュニカシオン》を成立させる演算《オペラシオン》の総体《アンサンブル》である。ここでは「伝達されるもの」が或る集団に属する女性であり、それが氏族、血統、家族の間を循環－流通する。〔…〕〔このように〕或る社会の言語の構造と親族体系の構造には形式における照応関係が存在するが、これを公理としよう（Postulon...）。

このようにレヴィ＝ストロースは、言語と親族体系との形式的な照応関係をその権利において論証無用な要請《ポスチュラ》－公理として構造の論理的構築のための端緒とし、その円環的自閉を循環－流通的に成立させる関係的に事後的な項を、異なる集団間を「循環－流通」する「言語」を化体する女性に、要《もと》めた。これは、公理として要請される——起源として事後に想起される——或る出来事の構造的一貫性への封入とその抹消という一撃によって初めて可能になる、構造の矛盾なき完結性にほかならない。*8 それ

---

*3　P. Clastres, *La société contre l'État*, Paris: Minuit, 1974; do., *L'archéologie de la violence: La guerre dans les société primitives*, Paris: Aube 2005 (1977) 参照。なお Octavio Paz, *Claude Lévi-Strauss o el nuevo festín de Esopo*, Barcelona: Seix Barral, 2008, p. 159, n°3 における言及をみよ。

*4　マルクス／エンゲルス『手稿復元新編輯版　ドイツ・イデオロギー』廣松渉編訳、河出書房新社、一九七四年、二八頁。また「交通」と「戦争」の連続的解釈については、L. Dumont, *Essais sur l'individualisme: Une perspective anthropologique sur l'idéologie moderne*, Paris: Seuil, 1983 参照。

*5　そこには、その冒頭で三階級が与件的に措定されている。ケネー『経済表　原表第3版所収版』平田清明・井上泰夫訳、岩波書店、一九九〇年参照。

*6　以下イリガライからの引用は、L. Irigaray, « Le marché des femmes », in do., *Ce sexe qui n'en est pas un*, Paris: Minuit, 1977。引用は、キーワードにのみ引用符を用い、頁数は省略した。ところで、ここでイリガライが用いている「乗り物 véhicle」は、言うまでもないことだが、男性に馬乗りにされる女性という通常の（?）意味での譬喩だけでなく、隠喩の主旨 teneur との一対において捉えられる隠喩の媒体（隠喩の主語が喩えられる概念）を意味している。

*7　C. Lévi-Strauss, *Anthoropologie structurale*, Paris: Plon, 1958, pp. 69, 71-2.

はまた、『親族の基本構造』における次の一節の要約でもある。

象徴的思考の出現は、女性が言葉《パロール》と同じように交換される諸々の事物 des choses qui s'échangent であることを厳密に要請するほかなかった。〔…〕それは〔同一の〕女性を相容れない二つの相のもとで徴募する percevoir という矛盾を克服するための唯一の手段であった。相容れない二相——つまり、女性は、一方では自分の欲望の対象であり、したがって性的本能と領有を刺戟するが、他方で同時に、他者の欲望の〔対象〕として徴募された主体、すなわち〔出自を絶って〕彼と縁組を結ぶことによって彼を繋ぎ止める〔拘束する〕手段である。[*9]

みずからを交換する諸々の事物。この事前‐事後と主体‐客体を顚倒的に表示する微妙な再帰性《フェティシスム》（あるいは遡行的に現前する神話）。ここでは、つねにすでに何事か——神話・物語——が、だが「失われた時を求めて」遡行する要もなく、[*10]すでに始ま（りつねに終わっ）ている。[*11]

こうした議論に伺われる、レヴィ＝ストロースにおけるモース出自の贈与（交換）論とヤーコブソンの構造言語学との邂逅が、ソシュールらとともに、潮流としての構造主義の先陣を切ったことをめぐる経緯の詳細については、その筋の専門家に任せるべきだろう。むしろ本章が立てるべきは、いわゆるポスト構造主義的潮流の尖端を、デリダらによるいわゆる脱構築を準備しながらも異なった位相から画期的に担ったフェミニストたちが『親族の基本構造』に代表される視座に浴びせかけた批判の、だが彼女たちにとっても予期せぬ、含意である。

すなわち、彼女たちは、すでに指摘したように『親族の基本構造』が人類の詳細な「経済表」だとすれば、その何を衝いた――あるいは、衝いていない――ことになるのかという論点が、ここでは決定的に問題である。これをマルクス（経済学）の解放をあれこれ考える者から結論先取り的に問い換えれば、さきの意味での「経済表」（『資本論』第二部）は「商品－貨幣（価値形態）論」（『資本論』第一部前半）とどのように切り結び、また「経済表」が成立するための公理的「起源」（『資本論』第一部後半）といかなる関係をもつのか？『資本論』第一部を前半と後半に分かつ結節に貨幣の資本への転化を担保する労働力の商品化が存在し、また第一部全体の末尾に本源的蓄積（近代植民）論が措かれたことを考慮したうえで、より精確に言い換えれば、労働力がその一般性において商品化され、均質化された（労働）時間に措いて尺度－度量《エタロナージュ》化されることそれ自体に先立つ「女性」の特異な商品（→貨幣）化――差異の抹消－簒奪（収奪）――とその尺度－度量としての「公理」的措定が意味する

＊8　ここでは詳論できないが、ここでのレヴィ＝ストロースの論法は、マルクスが『資本論』の第二版後記で弁明したその論法と酷似している（K I: 27）。

＊9　C. Lévi-Strauss, *Les Structures élémentaires de la parenté*, deuxième édition, Paris: Mouton & Co. and Maison des Sciences de l'Homme, 1967, p. 569.

＊10　C. Lévi-Strauss and D. Eribon, *Conversations with Claude Levi-Strauss*, tr. by P. Wissing, Chicago: University of Chicago, 1991.

＊11　M. T. Taussig, *The Devil and Commodity Fetishism in South America*, Chapel Hill: University of North Carolina Press, 1980 を参照。

こととは何か？

すでにレヴィ＝ストロースは、六〇年代後半から擡頭するいわゆるポスト構造主義的な潮流からの批判が広く展開される——と信じられている——遙か以前の一九五六年に、「われわれは皆、語が記号であることを認めており、かつて語が価値であったことを知っているのは、いまやわれわれのうちで詩人だけである」と記したうえで、さらに次のように続けていた。[*12]

> これに反して、社会集団が女性を本質的類型としての価値と見做しているにもかかわらず、これらの価値が意味作用の体系に組入可能であることがうまく解明されてこなかった。親族体系にかかる特質を賦与するという試みは緒に就いたばかりである。こうした両義性に起因する誤解は、『親族の基本構造』にしばしば向けられた批判にも、その滑稽な姿を確認できる。『親族の基本構造』を「反フェミニスト的な書だ」と言う人びとがいたのである。女性がもの《オブジェ》として扱われていることがその理由だったが、驚くべきはむしろ、女性に記号体系の要素という役割を与えることのほうではないか。

そのうえでレヴィ＝ストロースは、フェミニストたちからの批難に対して、次のような抗弁を即座に付け加えた。

> 語《モ》や音素《フォネーム》がその価値としての性格を失い（本当に失ったというよりは、むしろ見かけ上で失ったのだ

が）単なる記号に変わったとしても、完き同様の変化が女性においても再生産〔複製〕されることなどありえない。語は、女性とは異なり、話さない。他方、女性は記号であると同時に記号の生産者であり、そうしたものとしての女性を象徴や換え札《ジュトン》〔＝投げ入れられたもの〕という立場に切り縮めることはできない。

だが、この抗弁は、少なくともフェミニストにとっては、機能不全だっただろう。というのも、その感情的な苛立ちと正当な反撥を暫く措けば、次に触れるように、フェミニストによるレヴィ＝ストロース批判には、第一に、正しくもマルクスが「商品生産が資本主義的生産の一般的形態であるという事実は、貨幣が資本主義的生産において単に流通手段としてだけでなく、貨幣資本として演ずる役割をもすでに含んでいる」と指摘したように（K II: 490-91）、商品資本の循環（W′……W′）によって一社会体の「経済表」を描くというまったく正しい手法の背後に不可欠に陰伏する貨幣資本（G……G′）と生産資本（P……P）の二循環が、しかも量的増加が貨幣資本の循環においてのみ確認できる三循環の交錯が、主題として想定されているからである。マルクスは「絶えず回転している円環では、すべての点が出発点であると同時に帰着点でもあるが、回転を中断してみれば、どの出発点も帰着点であるとは限らない」と商品資本の循環をもって「経済表」を作成することの正当性を強調したうえで、「それぞれの特種な循環が他のそれを（暗黙の裡に）前提しているだけでなく、或る一つの形態での循

＊12 Lévi-Strauss, *Anthoropologie structurale*, op. cit., p. 70.

環の繰り返しは、他の諸形態で循環を描くことを含んでいる」とも書いている(K II: 105)。そしてこの指摘が、第二の論点に密接に関わっている。すなわちそれは、ここでの循環－流通するに到る「商品」の起源的措定をいかに了解するかに関わっている。後者にウェイトを置いてオクタヴィオ・パスが、「自分は人類学者ではないが……敢えて……」と前振りを置いたうえで、おそよ「控えめ」とは言えない次のコメントをレヴィ＝ストロースに献呈しているからである。

この仮説は、近親婚の普遍的な禁忌を用いて、親族関係と婚姻の諸規則についての非常に優雅かつ厳密な説明を与えるが、禁忌そのもの、禁忌の起源や普遍性は、どのように説明されるのだろうか？　有り体に言って、いっさいの道徳の源泉をそこに看ることも根拠なしとしない一つの揺るぎない規則《ノルマ》──それは人間が自然に対して発した最初の《否》であった──が、ただ単に一過性の規則、女性たちの交換を容易にすることを目的とした手段であるとは、およそ信じられない。[*13]

この「一つの然り」を含む「普遍的な否」を創設する後者──初発の一撃──については、しかし、さきに仄めかしたように、すでにレヴィ＝ストロース自身が画期的な発言を残し、またそれが後年の神話研究に繋がることも明らかである。この点については最後に走り書きすることにして、それを導き出すためにも、まず前者を整理することにしよう。そしてそれには、ゲイル・ルービン的な論攷よりも、[*14]むしろ、いまや過去という櫃に鎖《かぎ》さし蔵《をさ》められ、不当にも顧みられることが少なくなっている、イリガライの有名な論攷が恰好の素材である。

女性‐商品——不可能な贈与の一撃

一貫してレヴィ＝ストロースを「彼《か》の人類学者 l'anthropologue」あるいは貞淑な女性と一対を為す「紳士的な人類学者 l'honnête anthropologue」と冷たく突き放したイリガライは、遅くとも七〇年代前半には書かれたであろうその論攷「女性の市場」を、次のように書き始めている。[*15]「彼《か》の人類学者」は、「近親婚禁止という名で知られる規則」を説明するに当たって、まず断言した——私たちが知り、私たちのそれである「文化」は「女性の交換」にその根拠をもつ、と。さらに彼《か》の「紳士」は断言した。かかる女性の交換を欠けば、社会は「自然界の無秩序」と「動物界の偶発性」に舞い戻ってしまう、と。

それを根拠にレヴィ＝ストロースは主張した——「社会秩序」「象徴秩序」、約めて言えば「秩序それ自体」への移行は、男性あるいは男性集団が女性を相互に循環‐流通させることによって担保される、と。

「彼」の主張をそのように纏めたうえで、イリガライは昂然と訊ねた——なぜ女性の交換だけなのか、と。そしてこの設問は、「彼」の次のような応答を予期していた。すなわち、女性が「集団生活に

＊13　Paz, op. cit., p. 23.
＊14　G. Rubin, "The Traffic in Woman: Notes on the 'Political Economy' of Sex," in *Toward an Anthropology of Women*, edited by R. R. Reiter, New York: Monthly Review Press, 1975.
＊15　Irigaray, « Des marchandises entre elles », in *Ce sexe qui n'en est pas un*, op. cit.

とって稀少化されかつ基本的な複数の商品 commodités *raréfiées* et essentielles」だからである、と。[16]

ここでは取り敢えず、だがただちに、『親族の基本構造』と「女性市場」の邦訳がともに「稀少な」と訳している部分は、決して誤っていないが、正しくは「稀少化された」と厳密に訳されるべきであることを強調せねばならない。[17] それは、交換対象がかかる措定に先行する「構造」によって「稀少」なものとして関係的に作為される「干渉‐発生〔売り惜しみ〕そのもの l'Intervention」によってのみ発生するという、[18]「構造」の根幹〔端緒〕を正しく論じているからである。[19] ある固有の事物を稀少とし、それによって仮構された稀少性を化体する特定事物を流通‐循環させる機制は、流通‐循環する事物に事後に端緒として措定されたうえで先在するとされる構造（による起源的な要請）であり、ここでは、女性‐身体は女性‐商品という「贈与の一撃」が要請されたうえで抹消の下におかれねばならない形式にほかならない。そして、レヴィ＝ストロースとイリガライは、大方のフェミニストたちの解釈‐期待を裏切り、[20] この事実をともに、だがそれがゆえにその方向を違えて、よく理解し、またしたがって、正しくも背中合わせに対話しているようにさえ思われる。その意味で――だが、仮初めの――本当の諍いが始まるのは、ワルラス父子が強調した交換価値の根拠としての稀少性をその裡に打刻されている、[21]「稀少化された生産物の体制 *régime* du produit raréfié」そのものをめぐってである。[22]

実際、イリガライの叱責は次のように続いている。すなわち、男女の出生数に生物学的均衡がある――これにはいかなる生物学的根拠もないが――にもかかわらず、女性の男性に対する相対的な「不足〔稀少性〕raréfaction」だけが女性の交換の根拠とされねばならない所以《しんわ》とは何か、と。

この設問にイリガライは、「彼」の次の応答を対置した。[23] すなわち、それは「一夫多妻というすべて

＊16　イリガライは引用頁を明記していないが、それは以下の文章を端折ったものである──「女性を集団生活にとって、一方では稀少化され、他方では基本的な商品として同化吸収することを認めるに当たって、花婿を『商人』と呼び、花嫁を『商品』と呼ぶ大ロシアの婚姻語彙を思い起こす必要はないだろう」(*Les Structures élémentaires de la parenté*, op. cit., p. 43)。

＊17　レヴィ＝ストロース『親族の基本構造』上巻、馬渕東一・田島節夫監訳、番長書房版、一九七七年、一〇六頁、およびイリガライ「女の市場」同『ひとつではない女の性』棚沢直子・小野ゆり子・中嶋公子訳、勁草書房、一九八七年、二二三頁。なお、前掲『親族の基本構造』では「商品」が「必需品」となっている。

＊18　*Les Structures élémentaires de la parenté*, ibid., p. 37 *et passim.*

＊19　レヴィ＝ストロースに貫く「稀少生産物に関する体系」という考え方と「稀少性」概念に関しては、ここでは説けないが、当該期フランスにおけるサルトル（そしてワルラス）の存在を欠いては論じえない。とりわけ、J.-P. Sartre, *Critique de la Raison dialectique*, T.1, Paris: Galimard, 1992, Livre I-C-1 参照。また言うまでもなく、C. Lévi-Strauss, «Histoire et dialectique», in do., *La pensée sauvage*, Paris: Plon, 1962, Chapitre IX も参照。

＊20　この点については、D. Leland, "Lacanian Psychoanalysis and French Feminism: Toward an Adequate Political Psychology," *Hypatia* 3(3), 1989 を参照。

＊21　レオンが父オーギュストから継受したもう一つの概念は「耐久性」であった。女性は、したがって、耐久財でもあり、それは物権──所有権──概念と密接に関わっている。

＊22　*Les Structures élémentaires de la parenté*, op. cit., p. 38.

＊23　ここでもイリガライは引用頁を明記していないが、原文は以下である──「あらゆる男性のなかに明白に認められる根強い一夫多妻への傾向は、女性を使い捨て可能な流動資産にするために、その数がつねに不足しているかのように見せかける」(*Les Structures élémentaires de la parenté*, op. cit., p. 45)。

の男性に存在するとされている根深い傾向が、[*24] 自由に使い捨て可能な流動資産〔空席待ち〕disponible である女性の数がつねに不足しているかのように見せかける」という、[*25] スミス主義的な臆見を根拠とする稀少性概念規定にほかならない。そのうえで「彼女」は、「彼」が迂闊と言うほかない筆致で書き付けた「稀少性」をめぐる一文を以下のように要約し、反撃を開始するだろう。

それは、「男女が同数存在するとしても〔…〕欲望をそそる désirable 女性は少数」であるという、稀少性についての「彼」の論拠である。[*26] これを言質として「彼女」は、正しくも、次のように言うだろう。「すべての男性が同様程度に〔女性の〕欲望をそそるのか。女性には一妻多夫の傾向はまったくないのか〔…〕ましてや、なぜ男性が女性間で交換の対象にならないのか」[*27] と。約めれば、なぜ男性が稀少性を打刻されて女性（集団）間を流通－循環することがないのか、と。この十分に有り得べき可能性に準備されたレヴィ＝ストロースの然り気ない応答（とその後の神話研究への移行）こそ、オクタヴィオ・パスによるレヴィ＝ストロース批判とは逆に、レヴィ＝ストロースの構造概念を起動－創設させた公理とそれを遡行的に担保する神話論の核芯なのだが、それには後に触れるとして、レヴィ＝ストロース自身をも含めた男性のこの物悲しくも愚かな妄念《マスキュリニズム》を突いた稀少性概念（についての何気ない発言）そのものを問う設問への、イリガライによる応答は、しかし、レヴィ＝ストロース的公理と同様程度に、明快である。

女性の身体が――その使用、その消費、その流通によって――、社会性と文化が成り立つための有り得べき条件を保証しながら、しかし、その発展では《下部構造》〔男性の下《しも》と呼べ！〕と誤認されたままだからである。女性という性化された素材の利用－搾取は、私たちの社会－文化的な地平そのものを形成しているがゆえに、この地平では女性身体の利用－搾取は解釈不能である〔…〕よく知られているように、これが、『親族の基本構造』が初発より「家父長制的社会を組織する交換

＊24　この「根深い傾向」という表現とスミスの「交換性向 propensity to exchange」という考え方が照応していることは言うまでもない（Adam Smith, *An Inquiry into the Nature And Causes of the Wealth of Nations*, Book One, Chapter II）。ここにこそ、交換主義 échangiste を排除し、〈出自－縁組〉という二項関係を重視するドゥルーズ＝ガタリとレヴィ＝ストロースとの交錯が存在する（AO: *passim*）。

＊25　ここではマルクスが、『経済学批判要綱』や『資本論』で産業予備軍を描くに当たって、〈disponible〉という語を用いたことを強調しておいてよい。

＊26　レヴィ＝ストロースの原文は以下である――「かりに女性が、数において、男性と均衡がとれていたとしても、彼女たちのすべてが男性を等しくそそる――この言葉に、通常使われているようなエロティックな含意以上の広い意味を与えたとしても――わけではなく、また当然の如く――ヒュームがその有名なエッセイで的確に指摘したように――もっとも欲望をそそる女性は少数であるということを付け加えておこう。女性に対する要求は、したがって、実際上あるいは事実において、つねに不均衡で緊迫した状態にある」（*Les Structures élémentaires de la parenté*, op. cit.）。

＊27　この点については、レヴィ＝ストロースにおける女性の交換とエロティシスムとの関係という視点の欠如というバタイユの指摘が存在する（G. Bataille, *La part moudite: Essai d'économie général: L'Histoire de l'erotisme, Œuvre complètes*, VIII, 1976, esp. pp. 23ff.）。

体系」を自明とすることで「男性同（士）性愛ho(m)mo-sexualité」を「正当化」し、「男性同（士）性愛帝国の創設」を試みるための理論《だんせい》的企てであるいう、イリガライによるレヴィ＝ストロース批判の根幹である。[*28]「男性は、女性を取引する。だが、女性と交換〔歓〕することなどない」この「〈歴史〉のこの新たな母胎」では、男性は「自分の似姿として男性を生み出」し、「妻・娘・姉妹は、男性同士の関係が成立可能となるための賭け金として機能する価値」に貶められる。[*29] ここでは、母としての女性である妻は「再生産的自然」、したがって生殖という女性身体の耐久財としての使用価値に、[*30] 娘・姉妹としての女性はその「処女」性――未使用――において「純粋な交換価値」に、そしてその残余は、その「自然」性なるものがすでに「使用済み‐摩耗した usée」とされる「売春婦」へと役割分解することになる。[*31]

『親族の基本構造』を「経済表」と理解し、すべての社会に歴史的に一貫する「経済原則」を構造として記述した人類の〈重農《フィジオ》‐自然《クラット》〉主義者レヴィ＝ストロースによるいわゆる自然からの離脱論に不可欠とされた女性なるものの収奪――〈本来性を不可能に加重される存在〉の簒奪――をこのように批判するイリガライの根拠は、理論的にはしかし、「経済表」を陰伏的に循環させる（商品循環というよりも、むしろ）貨幣循環に依拠（むしろ跳躍）しているように思われる。それはまた、「自然」がつねにすでに――モンテーニュ、パスカル、そしてマルクスの――「第二の自然」たるほかないという意味で、不可避でもある。このことは、資本制近代を指すほかない「〈歴史〉のこの新たな母胎」というイリガライの表現だけでなく、「マルクスが資本主義的富の基本形態としての商品について行っている分析は、したがって、家父長制と呼ばれる社会における女性の位置の解釈として理解できる」

という一文にも、明示されている。またレヴィ＝ストロースに対するこの生産的「誤読」は、流通－循環する商品－女性という、いわば（つねに）すでに「第二の自然」である習慣としての自然（すなわち社会）を言語の（貨幣というよりも、むしろ）商品との類似性によって構造分析を完成させるという、レヴィ＝ストロース自身にとっては避けられない「経済表」の表記法にも原因がある。あるいはむしろ、イリガライはレヴィ＝ストロースによる「経済表」的な構造分析の完成度の高さを逆手にとって資本制近代を自己批判させるに当たって、価値法則――「経済原則」の特異資本制的な近代における顕現である「経済法則」――に組み込まれることがあらかじめ論理的に必至な冒頭商品の（さらなる）起源－遡行を翳したかにも見える。なぜか？　じつは、二つの論理が順次重合するイリガライの次の一文そのものが、それを証しているからである。

> この社会組織とこの組織を根拠づける象徴界の働き――この働きの手先、代理人は、父なる神という固有名である――は、マルクスが規定した初期段階における資本主義体制の特質を〔すで

＊28　M. Whitford, *Luce Irigaray: Philosophy in the Femine*, London/New York: Routledge, 1991 なども参照。

＊29　女性抜きの〈父－息子〉関係についてマルクスの理解を想起せよ (K I: 169-70)。

＊30　豊穣としての生殖については、L. Irigaray, « Fécondité de la caresse: Lecture de Lévinas, *Totalité et infini*, section IV, B, 'Phénoménologie de l'éros », in do., *Éthique de la différence sexuelle*, Paris: Munuit, 1984 参照。

＊31　長原豊「〈包み込む〉の非－力学」『現代思想』第二四巻第一一号、一九九六年および前掲『われら瑕疵ある者たち』参照。

に」含んでいる。すなわち、《自然》を使用価値と交換価値として構成することで《自然》を男性の《労働》へ従属させ、女性‐商品を男性間で、だが社会秩序に関わる生産者‐搾取者と被搾取者との関係として、交換する、私的な生産者‐所有者間の分業を作り上げ、女性の等価性を決定する固有名《ほんらい》に即した女性の尺度‐度量化を行うが、それは、富の蓄積傾向、つまり、もっとも《固有‐本来的な propres》名称の代理人——長たち——が他の男性に較べて女性をより多く資本還元する傾向を有しており、象徴界の社会的働きが次第に抽象化されてゆくことである。

ここでは、その前半で「諸商品に対する原器〔‐種馬 étalon〕」という貨幣‐等価性の役割を担うがゆえに、もはや「諸商品としては機能しない生産‐主体」が存在し、他方でその結果、「みずからは主体として参与することなく交換物の循環‐流通を担保する客体‐商品」が抹消的に存在するという分割（性化）された社会体が成立することを指摘したうえで、その後半では、その起源にさらに踏み込んで、こうした社会体の性化された分割以前に、それを創設する固有性の簒奪（ex-propre）が起こっていなければならず、またこの収奪 ex-propriation によって初めて「女性‐商品が男性にとって／の価値鏡」に貶められているという、[*32] イリガライの世界了解が提示されている。すなわち、商品‐貨幣（価値形態）論から再生産表式論へ、言い換えれば『資本論』第一部前半から『資本論』第二部へと移行する、人類の「経済表」における「女性」の位置づけについての批判が、しかも労働力一般の商品化だけでなく、その歴史的具体過程であった本源的蓄積（『資本論』第一部後半）にも先立つ女性の商品化という、ベンサムの楽園からも排除されたその端緒‐起源の問題として、展開されている。

だが、マルクスと同様、詳細な人類の「経済表」の構築から作業を開始したレヴィ＝ストロースにとっては、商品‐貨幣（価値形態）論と「経済表」との結節に労働力の商品化に不可避に組み込まれたうえで抹消される強制的異性愛体制――取り敢えず、家父長制と読め――によるその生殖‐再生産の（自動的）継続が「経済表」には不可避であることは、自明の与件である。[*33] また、であればこそ、レヴィ＝ストロースは、『親族の基本的構造』による「規則（‐尺度 régle）」の解明によって初めて「つねに神秘に包まれている問題である言語の起源」を照射することができる、[*34] と述べたのである。すなわち、言語‐女性‐商品の起源（という贈与の一撃）の討究を欠いては「経済表」の検証が完成しないことは、レヴィ＝ストロースにとってあらかじめ自明であったのである。さらに言い換えよう。レヴィ＝ストロースは、人類の詳細な「経済表」を作成することによって、労働力商品化の一般性における解明だけでなく、それをまさに起源的一撃において担保する公理的な女性‐身体の商品化をまさにその起源に立ち戻って解くことを『親族の基本的構造』という「経済表」の作成そのものによっ

＊32　言うまでもなく、イリガライの「価値鏡 miroir de valeur」という表現は、マルクスの「価値鏡 Wertspiegel」の援用である (K I: 67)。

＊33　この点に密接に関わる論点は〈トランスヴェスティズムあるいはクロス・ドレッシング〉である (G. Rubin, "Thinking Sex: Notes for a radical Theory of the Politics of Sexuality," in H. Abelove, M. Borale and D. Helperin eds., *Lesbian and Gay Studies Reader*, New York: Routledge, 1993)。

＊34　*Anthropologie structurale*, op. cit., pp. 69-70. なおレヴィ＝ストロースは「規則 code」という表記も用いている (ibid., p. 71)。

て強いられていることを、[35] たとえ彼が稀少性を説明するに当たって不器用な表現を用いたとしても、知悉している。そしてそれは、次節の冒頭においた一文に集約されている。

「規則－尺度」の起源

「じつに規則－尺度という事実そのものが、その存在様式とはまったく別に、近親婚禁止〔構造〕の真髄にほかならない」――これである。[36]

この「規則－尺度」の公理的導入の（二元論的）意味分け（分類学《タクソノミー》）、これが神話研究の「真髄」にほかならない。マルクスは、「原罪が神学で演ずる」役割を経済学では本源的蓄積が担っているとしたうえで、「この罪の起源は、それが過去の物語として語られることで説明される」と述べ、それはまた決して「牧歌的」ではないことも指摘した（K I: 741）。またパスは、レヴィ＝ストロースの神話研究への移行の論理を、近代人を含めて「あらゆる未開人は、[37] 歴史的事実の『内容を空虚にする』ことに努める。〔…〕神話は歴史の特異性を抹消するための解決策を提起する。〔…〕時間の外にあり、真の今日になりうる昨日。非時間的な昨日とは、各瞬間を架橋する橋にほかならない。〔…〕儀礼は神話を具体化し、過去を効果的に現在に導き入れ、各瞬間の歴史性を抹殺する」点に求め、[38] バタイユに依拠して異論を呈した。というのも、そこではマルクスの「内容を欠き簡単な inhaltslos und einfach」という冒頭商品規定を髣髴とさせる「空虚な形式／内容を欠いた形式 forme vide/forme sans contenu」を携えて（K I: 12）、「野生の思考」さらには神話群の（二元論的）分類学に移行（遡行）し、現代に還帰するレヴィ＝ストロースが、[39] 依然として存在するからである。とすれば、ここからは、アルチュセールに導かれて、[40]マルクスにとってのリカードとスミスの位置にフロイトとレヴィ＝ストロースを据えて両者を再論するために、〈性／ジェンダー体系〉という枠組みを提起し、かつそれをみずから顛倒しもする、ルービンらの議論が振り返られねばならないように思われる。

＊35 であればこそ、「〔…〕《歴史》上のすべての社会体制は一つの生産者《階級》である女性の利用－搾取にもとづいて機能している。女性が有する（子供と労働力の）再生産的な使用価値とその交換価値としての構成が、この《労働》に対する貨幣的対価が支払われることなく、現行の象徴秩序を担保している」というイリガライの一文は、問題を不払い労働論へと切り縮めてしまう危険性を孕んでいる。問題は〈初発の暴力〉とその制度－規則的な宥和でなければならない。

＊36 *Les Structures élémentaires de la parenté*, op. cit., p. 37.

＊37 もちろんパスは「近代人を含めて」とは書いていない。これは僕の越権的「付加」である。なぜか？それは、ここでは論じ得ないのだが、アルチュセールによるレヴィ＝ストロースに対する批判が念頭に置かれている（L. Althusser, «Sur Lévi-Strauss (20 août 1966)», L. Althusser, *Écrits philosophiques et politique*, Tome II, Paris: STOCK/IMEC, 1995）。

＊38 Paz, op. cit., p. 81.

＊39 C. Lévi-Strauss, *La Pensée sauvage*, op. cit., p. 154 *et passim* 参照。

＊40 L. Althusser, "Du « Capital » à la philosophie de Marx," (1965) L. Althusser et al., *Lire le Capital*, Paris: PUF, 1996, pp. 3-79.

Interlude 3

シネマ的価値形態論

運動は、組み入れるというその運動のなかでみずからを形づくり、それは運動の息継ぎ-中断として表現される (C1: 202)。

設題

題辞は流通滲透《オスモーズ》と通称される過程をドゥルーズ的に描いている。それは、静態的共同体を外部から囲繞・滲透し、その「なかで」流通-流動 in-flux としての資本が動態的に生成する運動を表現している。続けてドゥルーズは、外部は内部を囲繞するだけでなく内部と往還し、両者の意（味）-方向を通《かよ》わせながら、内部を総体たらんとする外部《みずから》の裡にその部品として組み入れ、移動する境界の内と外へ同時に向かう際限なき拡張というその任務を促成する (C1: 202-3)、とも書いている。資本はその補集合を内外に不断に創り出しながら結果において宇宙のように肥大し続ける全体集合たらんとする不断の相対的脱領土化の運動だが、その意味から言っても、このドゥルーズは、資本による社会体《ソシウス》の表層的包摂という出来事を『シネマ』全体の大命題である時間的表層《イメージ》へ結晶化する運動的表層を援用して解明する筋道を与え、それはまた、彼《か》の「準原因」あるいはいわば不均衡動学に関わっている。とすれば、多義的意味作用を担うさきの題辞における「息継ぎ－中断 *respiration*」あるいは「中間休止 caesura」は、何を意味するのか？この設問は、以下に引用するドゥルーズ固有の〈貨幣の資本への転化〉とそれによる〈資本そのものの再流動－擬制化〉という、出自資本と縁組資本との邂逅－危機に関わっている。

というのも、題辞の文章を刻んだ『シネマ1』のドゥルーズは、『シネマ2』で、その文脈から言えば唐突にも見える二つの「マルクス」を対比的に援用しているからである。それは、「時間の結晶」を論ずる第四章の第一節の末尾に、マルセル・レルビエの〈映画－貨幣〉論を絡めながら、ともに八〇年代初頭に制作され、しかも映画そのものを自己言及的に映画（商品）化するという点においても共通している、ヴェンダース《ことの次第》やゴダール《パッション》、そしてトルストイ『にせ利札』を逆方向から翻案したブレッソンの素晴らしい遺作《貨幣《ラルジャン》》などについて説く際に登場する、以下の一文である。

マルクスが提示した二つの範式にあって、商品－貨幣－商品（M－A－M）は等価性の範式だが、貨幣－商品－貨幣（A－M－A′）は不可能な等価性の範式、あるいは瞞着の下で非対称となった交換の範式である[*1]（C1: 104）。

ここでは、その三機能にあって交換過程と深く交錯する〈流通手段としての貨幣M－A－M〉を説く範式と、その顚倒形式である、古式豊かな商人資本に淵源しながらも資本の蓄積運動の原型（差異の生

＊1　ここではドイツ語表記の〈W(are)－G(eld)－W(are)〉をフランス語表記の〈M(archandise)－A(rgent)－M(archandise)〉で一貫させる。

産）を表示し続け、究極的には、媒介する商品Mがドゥルーズ的意味において「省略‐楕円《エリプシス》」化すなわち二焦点化され（C1: 222）、マルクスの表現を藉りれば〈A‐A′〉と「簡潔体」で書かれることで資本の完成態を抜き身で表示することになる、「資本の一般的範式A‐~~M~~‐A′」という範式が（K I: 170）、直接対比されている。閑話休題的幕間としての本章は、この一文をドゥルーズの時間《シネマ》世界的な価値形態論あるいは「資本」論の核芯として論ずることだけを課題とする。

　とはいえ、『シネマ2』に発見されたこの記述には『資本論』の叙述構造から看て前哨が存在せねばならず、それはまた現に存在し、『シネマ1』の叙述構造の骨格をなしている。それが、バーチの「大形式」から出立し、[*2] バザンの「法則」を経由して、[*3]「小形式」というマルクスの「命懸けの飛躍 salto mortale」（K I: 120）に照応する「質的な飛躍‐急騰 bonds qualitatifs」（C1: 247）によって「時間の結晶」（貨幣形態）さらにはドゥルーズ固有の（行動《ろうどう》↓時間）価値論に到る、大小二つの「形式」である。この論点を経由し、さきに引用したドゥルーズの「マルクス」に立ち戻ることによって、さきの課題への応答が可能になる。まずドゥルーズの（労働）価値論が、「時間の結晶」を念頭に置いて、引用される。

前哨——二つの形式

　ドゥルーズの価値論はまず、「運動‐移動するカメラ」が、この「運動《カメラ》によって表現」され、あるいはこの表現のために「利用され」るすべての空間「移動のための手段」を表示する「一般的等価物に類似している」という一文に刻まれている（『シネマ1』）。このカメラの「自律性」（C2: 37）が、「一般的等価物」として「時間の結晶」に凝固する（『シネマ2』）。さらに彼は、この「時間の結晶」を「シネマ的運動イメージに固有なもの」が、隠喩《ひょうげん》がその諸目的を達成するために用いる「諸媒体あるいは諸流動‐運動体」から「それに共通する実体である運動を抽出する」ことによって、[*4] あるいは「諸運動からその本質である流動－運動性を抽出する」ことによって、得られる（C1: 37）、とも書き継いでいる。ここでは、抽出されるべき「共通する実体」が、いわゆる実体ではなく、出来事が起こる――（間の）場をもつ――「運動」あるいは「流動」において構想されている。この視角は、後に触れるように、ドゥルーズの価値形態論にとってきわめて重要である。

映画《シネマ》を〈イメージ〉における〈運動〉から〈時間〉への移行において摑まえることを主題とする作品『シネマ』において、〈運動イメージ〉を説－解くことをその任務とする『シネマ1』を支えるこの視点は、『シネマ』全体に据えられた論理を貫く嚮導装置であるベルグソンの〈運動－時間〉論というよりも、僕にとってはむしろ、この流動に措いて捉えられた実体を形態に措いて表現する価値形態論とさきに引用した二つの範式を直接的に対比するドゥルーズ固有のマルクス理解に共鳴し（C2: 103-5）、この視点が毀誉褒貶ある『資本論』の一節を想い起こさせる。それは、「貨幣または商品流通」を論ずる『資本論』第一巻第三章の冒頭に措かれた、価値を尺度しながら商品の交換（過程）を媒介（形成）し、その過程で価値を社会的に実現するという、貨幣の一機能である価値尺度を論じて労働価値論に到る一節である。

諸商品は、貨幣によって通約可能kommensurabel

＊2　N. Burch, *Theory of Film Practice*, Princeton: Princeton University Press, 1981, chaps. 2-3.

＊3　バザンについては、『言語文化』三二～三四巻（一九九五～七年）に収録されている、野崎歓「アンドレ・バザン論」を参照。

＊4　〈véhicule–teneur〉については、A. I. Richards, *The Philosophy of Rhetoric*, Oxford: Oxford University Press, 1965 参照。

になるのではない。逆である。すべての商品が価値として対象化された人間労働であり、したがって、それら自身として通約可能だからこそ、すべての商品は、自分たちの価値を同じ独自な一商品で共同に計測することができるのであり、またそうすることによって、この独自な一商品を自分たちの共通な価値尺度すなわち貨幣に転化させることができるのである。価値尺度としての貨幣は、諸商品の内在的な価値尺度の、すなわち労働時間の、必然的な現象形態である（KI: 109）。

ここには、価値の実体的把握――素朴な労働価値論――と危うく交錯しながらも、自己を計測することを委託する一商品を商品集合から疎外‐外化（控除）するための共同作業やこの一商品が「時間の結晶」として位置づけられる道行きなど、『シネマ』全体に散見される論旨がマルクス的に記述されている。

直截に言おう。『シネマ』は、その叙述構造と手続きにおいて、『資本論』第一巻第一篇（商品と貨幣）に酷似している。それは、斯界の業界用語《ジャーゴン》で言えば、価値形態論と交換過程論が一体となったドゥルーズの価値形態論あるいは価値《いみ》論であり、空間《うんどう》の時間への「結晶」的変換論に支えられる意味《かち》論である。そうした視点によって、『シネマ』の叙述構造を次のように纏めることが可能となる。

『シネマ1』は、まず〈運動イメージ〉に則って、マルクスのいわゆる「簡単な価値形態」から「拡大された価値形態」へ、次いである種の「顛倒 l'inverse」によって（C1: 211）、「拡大された価値形態」が「一般的価値形態」へ（自己!?）展開し、以下で触れるように、『資本論』初版に措かれた幻の「形態IV」に酷似する要素連続‐辞列 sequence を経て「貨幣形態」に生成し、[*5] 労働価値論（時間の結晶）へ到達する、マルクスの価値形態論を映《なぞ》っている。〈運動イメージ〉から〈時間イメージ〉への移行を論ずる『シネマ2』の論理は、したがって、マルクスが予定‐前提《ヘーゲル》的に性急にも実体論的に「労働時間の必然的な現象形態」とした「貨幣形態」が、第三と第四の「ベルグソン注釈」を介して、[*6]『機械状無意識』のガタリを受容した「時間の結晶」論として展開され(C2: 110)、それがまた、『資本論』第三巻末尾に措かれた資本が採る表層的完成態である「三位一体の範式」を予定‐前提する『資本論』第一巻第一章第四節「商品の物神的性格とその秘密」に応接する仮構‐創造、すなわち「偽なるもの——擬造‐空(費) faux——の諸力」として、展かれている。『シネマ』では、商品としての労働力を予定‐前提《ヘーゲル》的に導入し、貨幣の資本への「無理」なき転化Verwandlungというよりも、むしろ「無理を通す」ための危機‐峠越えとしての移行Übergangの過程を必要とする『資本論』第一巻第二篇以降における「資本」論は、それそのものとしては、説かれることはなかった。それはむしろ、「時間の結晶」として特殊な使用価値を担う商品である、時間の貨幣としての結晶化の完成から遡及的に説かれるマルクスの〈資本‐賃労働〉関係が、表層論的にいわば「機械状無意識」として、説かれている。

　マルクス的業界用語《ジャーゴン》の無意味な羅列に見えるであろうこうした整理を、本章は、第一に、『シネマ1』の第九章から第一〇章で論じられる「行動イメージ」における二形式——「大形式」と「小形式」——の不可分離の交錯という、ドゥルーズ的な価値形態論として論ずる。次いで第二に、第一二章で論じられた「行動イメージの危機」をマルクスの価値形態論で喧しく論じられた「顚倒の論理」として論じたうえで、最後に、さきに触れた唐突に出現したかに見えるドゥルーズの「マルクス」——最後に足早に触

＊5　Karl Marx, *Das Kapital. Erster Band*, Erste Auflage, Hamburg: Verlag von Otto Meissner, 1867, S. 34ff.

＊6　『シネマ』に組み込まれたベルグソンの〈空間‐時間〉論についてはP. Hallward, *Out of this World: Deleuze and the philosophy of creation*, London/New York: Verso, 2006を参照。

れる、自立して自己言及的に内訌《ないこう》する結晶（貨幣－時間）としての「映画（作品）中映画（作品）」の論理に顕著な「識別不可能性 l'indiscernabilité」――をマルクス的な意味での資本の形式的な完成形態の論理（差異の生産）として展くことで、結論に代える。

価値形態

> 平面《ショット》それ自体はそれ以上分割不能な間－場 mi-lieu であり、諸概念はその間－場の完全さやその連続性を断ち切ることなく、その間－場に割り振られる。*7

大形式：一般的共軛性――「行動イメージの総体《アンサンブル》」あるいはその「最初の形式」を行動によってもたらされた「新たな状況S′」とかかる行動を起動せしめる「端緒にある状況S」との「一対」関係に求めるドゥルーズは、この一番《つがい》を行動Aへの収斂と新たな状況への拡散という二つの螺旋《スパイラル》であるその意味－方向において背面する二項関係において捉え、この二項関係が「空間と時間を同時に捉える」と理解している。この「空間と時間」は、のちに「秩序」における「構造」と「生成」という相互に前提しあう二つの機制に読み替えられるが（C2: 94）、こうした負荷を担う二項関係をドゥルーズは、バーチに倣って「大形式」と呼び、それを、或る状況から「運動する仲介を通じて変換され」た新たな状況への移行として、「S－A－S′という範式」で表記している（C1: 197）。さらに彼は、〈S－A〉と〈A－S′〉の二項を、これもまたさきの「秩序」における「構造」と「生成」に関わって、「有機的なもの」と「行動的－機能的なもの」を指示する「記号」にそれぞれ読み替え、状況Sの購入（受け止め）を強いられる（ことに起因する）行動Aという前者〈S－A〉を「環境（間《あわい》－場）、さまざまな事物の状態あるいは或る一定の条件の許に措かれた時－空で現働化される〔剥き出しとなる actualisées〕ものとしての質－〔強制〕力」の有機的「総体《アンサンブル》」と捉え、パースの記号論を援用してそれを、「共記号 synsigne」と命名した。[*8] また前者を完結させるとつねにすでに予料されている、状況Sによって余儀なくされた行動Aが販売（提示）する新たな状況S′という後者〈A－S′〉を、その能動性を表示する「決闘的二元性 duel」において捉え、それを「二項表現（相方）binôme」と呼んで、複数の「勢力 force」あるいは「意志」が「措かれた状態」が「敵対」である場合は必ず、この「二項表現」が出現するとしている (CI: 198)。

これは、〈S⇒S′〉という状況変更を間《あわい》において媒介する交換行為主体（間《あわい》－場）である行動Aが、確かに前提されながらも、しかし結果的には消滅しつつ媒介する媒質として、[*9] 省略され――またその結果、後に触れるように、状況Sと状況S′という抜き身の二焦点によって楕円化され――たうえで表示される、マルクス価値形態論における「簡単な価値形態」〈xA⇒yB〉――x量の商品Aのy量の商品Bとの交換――に相当している。逆説すれば、それは「簡単な価値形態」に交換過程における意志主体Aがあらかじめ導入された形態表記――〈S⇒A̸⇒S′〉――である。

ここで注目すべきは、以下の点である。すなわち、ドゥルーズがその固有な価値形態論を始めるに当たって、歴史的画期を描いて「世界《コスモス》」あるいは「叙事詩《れきし》」と成った〈S－A－S〉は、いまだ「単純

*7 G. Deleuze et F. Guattari, *Qu'est-ce que la philosophie?*, Paris: Minuit, 1991, p. 39.

*8 R. Dawkins, "Deleuze, Peirce and the Cinematic Sign," *The Semiotic Review of Books* 15(2), 2005 参照。

*9 マルクスが「交換過程」論の末尾に、「媒介する運動は、運動そのものの結果では消滅し、何の痕跡も遺していない」と書いていることを想起されたい (K I: 107)。

で個別的、あるいは偶発的」な「構造」に留まり、滲透すべき内部として与件とする「共同体を介して、環境と変わらないものに生成」するという、真の意味での生成としては失敗し、その結果、「環境に変更」をもたらさないばかりか、「環境の循環的な秩序を回復する」ことで、旧来の環境を再構築してしまうことである。すなわち、Sに強いられて行動Aを選び取りながらも、最終的には新たな状況S′ではなく端緒と同様の状況Sに還帰するという、静態的どころかむしろ交換行為にとっては無意味でさえある「円環」的な回帰行動、したがってマルクスの「簡単な価値形態」にとってさえそれ以前の状態に留まっていることである。問題は、ドゥルーズが、にもかかわらず、この形式をあらゆる交換行為を包摂する一般的な「大形式」として措定することを重視した点にある (C1: 203)。これは、しかし、マルクスの方法に符合している。というのも、マルクスもまた、交換の成立を支える商品という形式的共軛性がその「単純で無内容な」一般性 (K I: 12.) ―― さらには、マルクスの「資本一般 Kapital *quand même*」を捩って言えば (K I: 778)、〈交換一般（それでもなお交換 échange *quand même*）〉 ―― において、措定しているからである。したがって、バーチ＝ドゥルーズの「大形式」は、マルクスの形式的共軛性において摑まれた商品の運動に相応している。[*10]

だがドゥルーズは、大航海時代とイギリス資本主義の成立を歴史的に結節するオランダにおける資本主義の発展＝後退の位置を僕に想起させる、ジョン・フォードの作品の歴史的位置に注目する。それは、「挿話〔偶発〕的に起こる秩序の危機を回復するだけでは満足しない」行動イメージという出来事であり、一般的共軛性を形式性においてのみ指示する、だが現実の交換過程においては無意味な、差異なき「円環（S－A－S）」の形式的二項化が、端緒の状況Sと帰結の状況S′との差異が生産される間《あわい》－場（出来事）を固有に担う行動A、すなわち〈S－A－S′〉という「螺旋」への変異である。この間《あわい》－場（出来事）では、行動Aが、結果において、差異を生産している。この差異の生産をドゥルーズは、〈それ〉以前を画定する「叙事詩」ではなく、〈それ〉以後における「倫理」の形式であると見做している(C1: 204)。

ここでの「倫理的」という表現は、したがって、微妙である。[11] というのも、〈S－A－S〉は、マルクス的に言えば、差異生産なき等価交換という当為だが、〈S－A－S′〉では、商人資本(貨幣－商品－なぜか増加した貨幣)のそれと同様、同一の(交換－間《あわい》)行動Aを介した〈S－A〉から〈A－S′〉への移行である限りにおいて、合理的根拠が存在しないにもかかわらず、現に差異が生産されているからである。そしてこの無根拠を圧してなおも時－空的な差異の創造－仮構によって差異が現に生産される平面《ショット》、[12] それがまさに資本の蓄積運動の表層にほかならない。ドゥルーズは、それを「時間の観点あるいは場面－平面《ショット》の連続」に据え直し、次のように展いている。

行動イメージが有機的〔構造的、と読め!〕に組織するものは、〔SからSではなく〕SからS′への移行であり、〔SとS′の間－場が/において仮構－創造的に出来《しゅったい》する/される〕大いなる息継ぎ

*10 マルクス主義的なフォルマリストたるバーチの典型的立論は、N. Burch, *To the Distant Observer*, Berkeley: University of California Press, 1979 に読める。

*11 ドゥルーズの「倫理」については、G. Deleuze, « Spinoza et les trois ‘Ethiques’ », in do. *Critique et clinique*, op. cit. が簡便である。

*12 すでにルビが仄めかしているように、英語の〈ショット〉はフランス語では〈plan〉あるいは〈champ〉すなわち「平面」である。これはドゥルーズ(＝ガタリ)の内在平面(「映画中映画」あるいは『ハムレット』)を含意している。

〔中断－間《あわい》respiration〕である。これは、〔回帰－構造への〕収縮の瞬間と〔変換－生成への〕膨脹の瞬間が交替〔する危機を孕んだ非連続の連続〕であり、外部と内部の交替〔外部が内部を包摂－滲透し、「意（味）－方向を通（交）わす」こと〕であって、主要な状況をそれらのすべてが包摂的任務を担う諸々の小さな局所的任務でもある副次的ないくつかの状況に分割することである(C1: 210)。

この大いなる息継ぎ（中断－間《あわい》）、これがまさに、出来事としての「準原因」による差異の創造－仮構である。ドゥルーズは、行為《うんどう》を介した端緒の状況Sの帰結である状況S′への移行を消滅しつつ媒介する行為Aを、すなわち〈$S \Rightarrow \not{A} \Rightarrow S'$〉という真の意味での「簡単な価値形態」であるこの構造化する生成としての変換を、大きな「包摂する任務」あるいはマルクス的な意味での「一般的範式」へ拡大するために、〈$s_1 - a_1 - s_2$、$s_2 - a_2 - s_3$、$s_3 - a_3 - s_4$、……［$s_{n-1} - a_{n-1} - s_n$; subject to $n \to \infty$］〉と遡行的に表記することで、非連続に連続化する「小さな局所的〔軌跡を描く〕責務」の（帰結を予期される共）連鎖－筋書con-séquenceに「分割」するが(C1: 216)、これを図示したものが図2である。それは、図1に示したマルクスのいわゆる「拡大された価値形態」と、図3に示した貨幣による商品流通の社会的拡大を同時に描いた商品流通を媒介しつつ価値を尺度する運動体である貨幣の機能の表示との合作に、一致している。

とすれば、マルクスとドゥルーズに即してここで注意すべきは、以下の二点でなければならない。まず第一に、冒頭に提示した、抽出されるべき「共通する実体」が、媒介しつつ消え去りながらも交換を斜交いに流動して残遺する「運動」、すなわち〈a_n (subject to $n \to \infty$)〉の「息継ぎ」を介した流動において、捉えられているという点である。また第二に、「簡単な価値形態」を商品の形式的共軛性という一般性においてまず摑んだ「包括的（組み込みつつ全体化するglobal)」な、言い換えれば、外部から内部

図１　マルクス「拡大された価値形態」

等価形態を商品Aとする集合	等価形態を商品Bとする集合
pA → xB	pB → xA
qA → yC	qB → yC
rA → zD	rB → zD
……	……

等価形態を商品Cとする集合	等価形態を商品Dとする集合
pC → xB	pD → xB
qC → yE	qD → yC
rC → zD	rD → zE
……	……
……	……
……	……
↓	↓
∞	∞

図２　局所的任務の総体と「大形式」

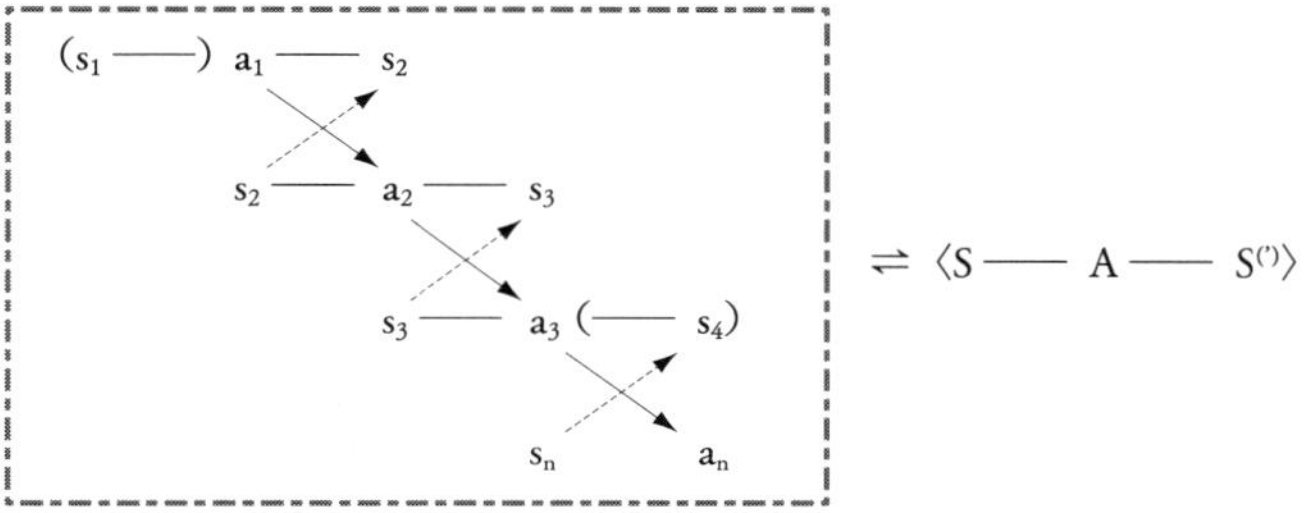

図３　商品流通の社会的拡大

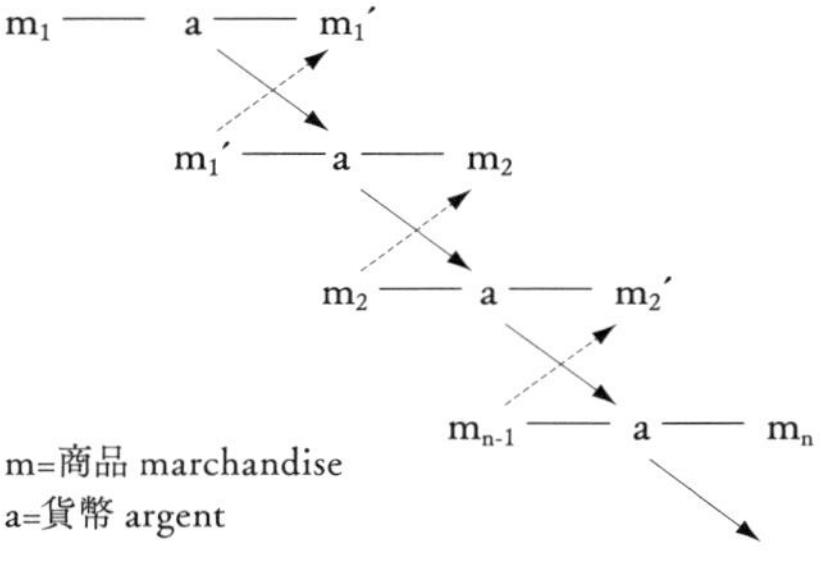

への流通滲透的な「任務」が、その外部と意（味）－方向を通（交）わせながら、その外部と往還する内部における「局所的な任務」を担う多様な、「簡単な価値形態」に分割されている点である。これは、図1が示唆する、等価形態にある諸商品と相対的価値形態にある諸商品のそれぞれの拡大が交換行為の社会的拡大として了解される、価値の形態論（外部）と交換の社会過程論（内部）との混淆が、流動性としての行為（＝貨幣→時間の結晶）の要素連続的《(コン)セカンシェル》な拡大において場をもつことを表示している。であればこそ、ドゥルーズは、まず〈S－A－S〉をその形式的共軛という一般性 *quand même* においてそれでもなお *quand même* 交換を表示するものとしながら、それが〈S－A－S′〉というフォード的「螺旋」すなわち放散的「螺旋」を辿り始めなければ、変化（差異生産）が訪れず、「円環」に留まると理解したのである。こうしてドゥルーズの価値形態論はその裡に交換過程論を不可分に孕んでいる。

　とすれば、しかし、ドゥルーズの価値形態論では、等価形態にある商品が或る一つの固有な具体的使用価値を有する商品Nに収斂する様《さま》を表示する「一般的価値形態」（図4の左側）が欠け、「拡大された価値形態」から一挙に「貨幣形態」（図4の右側）への跳躍が表示されているように見える。それは、しかし、マルクス価値形態論の形態移行の論理においても問題となった、『資本論』研究業界に固有な論点を孕み、それはまた、図1の「拡大された価値形態」から図4の「一般的価値形態」（次いで、それとほとんど同義の「貨幣形態」）への形式的な「顚倒の論理」と平静な移行の妥当性という問題に関わっている。

　図1からも明らかなように、「拡大された価値形態」は「簡単な価値形態」のさまざまな集合《セット》の並列的積算《セリ》にすぎない。したがって、現行版『資本論』の主張とは異なり、それは「展開された」価値形態ではあっても「全体的」なそれではない。それは等価形態に立つ商品の増加につれて交換関係の社会的拡大（流通滲透）を意味するにせよ、永久に未

図4　マルクス「一般的価値形態」から「貨幣形態」へ

pA	⇒	xN		pA	⇒	xM
qB	⇒	yN	➡	qB	⇒	yM
rC	⇒	zN		rC	⇒	zM
	……				……	

完の表現形式の集積に留まり、そこには商品の全面的交換を保証する根拠が存在しない。言い換えれば、等価形態に立つ諸商品A、B、C、D……∞は、交換の社会的拡大を表示するにせよ、それはいわゆる代表単数に生成した任意の一商品quelconqueに留まったままである。ここでは、したがって、相互に部分集合を増殖させながら無限に拡大する諸集合を全体集合へ纏め上げるいわば強制－促成栽培*forçage*によって、特異な任意quelconque singulierを共同的に控除－外化することが要請されている。

この問題に直面したマルクスは、「拡大された価値形態」から「一般的価値形態」への移行を次のように説明した。

展開された相対的価値形態は、単純な相対的価値表現すなわち第一形態の諸等式〔簡単な価値形態〕の〔集計的〕総計から成っているにすぎない。例えば、

二〇エレのリンネル＝一着の上着

二〇エレのリンネル＝一〇ポンドの茶

などの総計からである。だが、これらの各等式は、顚倒された同一の等式rückbezüglich auch die identische Gleichungである。すなわち、

一着の上着＝二〇エレのリンネル

一〇ポンドの茶＝二〇エレのリンネル

……そこで、われわれが、二〇エレのリンネル＝上着一着＝茶一〇ポンド……という序列を顚倒Rückbeziehungすれば、すなわち、われわれが実際上の序列にすでに含まれていた逆関係を

表現すれば〔…〕

一般的価値形態が〈われわれにとっては für uns〉に得られる、と(K I: 79)。

これが、価値形態論におけるいわゆる「顚倒の論理」と呼ばれる(判じ物である)。すなわち、マルクスは、つねにすでに控除され睥睨する者 surnuméraire として、「拡大された価値形態」の両辺を「顚倒」するだけで、「一般的価値形態」がおのずと得られるとしているのである。この形式的顚倒(に論拠を与える等号表記=)の正当性は、ここでは立ち入らないが、冒頭におけるマルクスの実体的な(労働-時間)価値論に拠っている。[*13] この難点を明確に意識していたマルクスは、したがって『資本論』初版で、この顚倒を、「拡大された価値形態」と「一般的価値形態」を繋ぐ「形態IV」として、「リンネル二〇エレ=上着一着　または=コーヒーu量　または=v量の茶　または=x量の鉄　または=y量の小麦　または=等々」といった数珠繫ぎをもって表記するという無用な試みを行ったが、[*14] この永遠に未完の数珠繫ぎ《セカーンス》が、マルクス自身のイタリックを付された「または *oder*」の息継ぎ-中断ではなく、ドゥルーズの「そして(次に) et (plus)」の息継ぎ-中断において、問題なのである。[*15] というのも、これは、まさに図2で示したドゥルーズの「分割」された数珠繫ぎ《セカーンス》とその「空間〔構造〕的かつ時間〔生成〕的な中間休止〔非連続の連続化〕を含んだ展開の螺旋」の連鎖を表現しているからである(C1: 210)。それをマルクス価値形態論に言寄せて言い換えれば、価値形態と交換過程の「同視」にほかならない。[*16] あるいは精確には、資本そのものが交換過程を価値形態の展開において組織しているのである。

であればこそ、「相互に換位するモンタージュ montage alterné」は、〈S⇒S′〉という移行が「状況S′の近傍に措かれた意志決定する行動A」、すなわち、本章の最後に「結晶イメージ」と「識別不可能性」の問題に関わって触れるように、新たな状況S′の達成をつねにすでに意志し、その意志をつねにすでに実現してもいる行動を介してなされるがゆえに、もはや交わることのない「並列ではなく」、一点への「集中あるいは収束」(↑「時間の結晶」)だとされるのである。そこでは、端緒への回帰を指示する形式的な共軛可能性を一般的に表示する「共記号は収縮」し、相対する交換の「敵対的二元性」という〈売り〉と〈買い〉の分離を司る「第二の法則」が支配的となり、それが「SからAへの移行を支配」すると理解されるのである(C1: 210)。また、そうすることでドゥルーズは、相互‐互換的な組立《モンタージュ》が或る状況に規定された行動への移行(S‐A)にとって不可欠だとすれば、状況Sと状況S′、すなわち差異によって「挟撃された〔締め上げられた resserrer〕行動A」では、両者が形づくる「敵対的二元性の奥底にあらゆる相互‐互換的な設定《モンタージュ》に抵抗する何事かがある」と言うこともできる。また、だからこそ彼は、この「第二の法則」を「顚倒」させた「第三の法則」を「バザンの法則」として論ずることができたのである(C1: 211)。そしてこの「顚倒」こそ、「拡大された価値形態」を「一般的価値形態」へ「顚倒」させるマルクスの――冒頭での労働‐時間の集積を価値とする――「論理」と相同している。このドゥルーズ版「顚倒の論理」について、ドゥルーズは次のように記している。

一つの効果‐帰結を生産するために共同する二

＊13 宇野弘蔵編『資本論研究』I、筑摩書房、一九六七年、および廣松渉『新版 資本論の哲学』勁草書房、一九八七年を参照。

＊14 *Das Kapital*. Erster Band, Erste Auflage, ebd., S. 34ff.

＊15 それはさきにみたドゥルーズの「吃音」にも関わっている。

＊16 鈴木鴻一郎『経済学原理論』上、東京大学出版会、一九六〇年、三三頁。

つの独立した行動が一つの設定《モンタージュ》の支配下に這入る場合、その生産された効果－帰結には、二つの項が対峙し、それ以上は縮約〔省略〕しえない同時性において捕獲されねばならない一つの瞬間－機制が必ず存在する。その場合、一場面《ショット》とその切り返し《リヴァース・ショット》といった編集《モンタージュ》に頼ることができない (CI: 211)。

ここでは、自己にのみ関係するカメラ＝平面《ショット》といういわば「内在平面」が、「そして〔次に〕et (plus)」あるいは間－場という「一つの設定」として、その両端を顚倒的に支配することが述べられている。この文章は、すなわち、「一般的価値形態」を論ずるに当たってマルクスが述べた、「ただ商品世界の共同作業 gemeinsames Werk としてのみ成立〔し〕〔…〕〔そのために〕商品世界から撥〔刎〕ねられた ausschießen〔外化－控除された〕〔…〕〔一商品である〕等価物商品〔に〕一般的等価物という性格を押し付け」担わせるという、一般的価値形態についての文言を彷彿とさせる (K I: 81-2)。この「第三の法則」は、「第一の法則」である──この表現をドゥルーズ自身は用いなかったが──偶発的な単なる差異の生産である〈S－S′〉でもなければ、〈A－S〉への移行を必ずしも保証されていない（したがって、「命懸けの飛躍」が要請される）第二の法則〈S－A〉でもなく、いまやそれそのものにおいて自律的に内訌する「Aそのもの」に関与し、またそうした「進行」の指揮の下に包摂されて初めて、「主人公〔貨幣〕は〔自閉的に〕行動する」ことが「可能に」なる。それはまさに、行為の力が交換過程を消え去りつつ媒介する「包括者 l'englobant の力」すなわち表層－貨幣《シネマ》に「組み入れられる」という、「最後の展開法則」に律される行動〔貨幣↑「時間の結晶」〕を意味している。また、であればこそ、「状況Sと来るべき行動Aとの間」には、その行動が賦活されるために不可欠な状況Sとの「大きな距たり」が存在せねばならないにもかかわらず、この「大きな距たり」が、同時にしかし、図2に示した、それと同数の往還〔「前進と後退」〕

を孕む「いくつもの中間休止」によって「標しづけられた過程によって充塡されるためだけに存在している」媒介しつつ消滅する意味交換の機制としても理解されねばならないのである(C1: 211, 213-4)。だがこれは、すでに「小形式」の核芯を指示している。

小形式——貨幣形態

ドゥルーズの「小形式」とは、或る状況からその状況の変更を強いられる行動へ進む形式である〈S⇓A̸⇓S′〉という「大形式(S-A-S)」の現働態を顚倒させた、「行動から状況へ進んで新たな行動へ向かう形式」、すなわち〈A⇓S̸⇓A′〉を指している(C1: 220)。ここでは、「顚倒」がつねにすでに終了している。それは「二つの行動の間のきわめて微少な差異」すなわち〈A⇓S̸⇓A′〉を表示している。それは、すなわち、行動Aが状況Sを購入し、これを転売することで行動A′をもたらすだけでなく、究極的には、状況Sが省略され、異なる行動が二焦点となった、楕円軌道である。それはまた、諸状況(〔……⇓〕S⇓A̸⇓S′〔⇓……〕)に巨大な「距たり」あるいは状況Sと状況S′との直接性を遮断する「法則」、あるいは継起していたはずの〈A⇓S〉と〈S⇓A′〉を遮断する「法則」であり、貨幣-行動がより多くの貨幣-行動を産む——「money (action) begets more money (action)」(K I: 170)——省略《エリプス》がもたらす楕円《エリプス》運動(C1: 222)、言い換えれば、一方における「諸器官と諸機能」をその裡に部品として包摂し、滲透する「一義的な大きな有機体〔構造〕」である〈S⇓A̸⇓S′〉と、他方における「一つの多義的な有機的組織化のなかで徐々にみずからを構成してゆく諸行動と諸器官〔生成〕」である〈A⇓S̸⇓A′〉が「原因に関連づけられた全体 tout」という「大形式の法則」と準原因に関連づけられた「質的飛躍」——「命懸けの飛躍」——を不可避とする「小形式の法則」(の総体 ensemble)との、絶えざる邂逅である。そこでは、したがって、「大きな共記号-敵対的二元論」である価値形態から小さな「指標記号-ベクトル」である貨幣関係への顚倒的移行が、生じている(C1: 222,

224, 247)。

価値の表層的表現である価格が、こうして、支配的となる。貨幣は、金《きん》ではなく、「時は金《かね》なり」の金《かね》となる。あるいは、〈l'argent〉は〈la monnaie〉となる。「時間の結晶」が浮上する。とすれば、「時間の結晶」を足早に纏めねばならない。

時間の結晶——貨幣

> 識別不能なものは、それが或る状況で作用素として機能しているにもかかわらず、まさにこの状況そのものにおけるいかなる明示的な任命からも、みずからを控除する。[*17]

> 価値関係の媒介によって、商品Bの現物形態は商品Aの価値形態になる。商品Bの身体 Körper が商品Aの価値鏡 Wertspiegel になる (K I: 67)。

バディウの「控除」は、価値尺度財《ニュメレール》がそれによって尺度される財集合の一つの元でありながら、その集合から当該集合を構成する諸元の共同作業によって外化‐疎外（マルクス）あるいは控除（バディウ）されながらも、なおこの財集合の内部へ逆倒的に作用する有り様を描いている。他方、マルクスの「価値鏡」についてドゥルーズは、それ自体が「回路と切り離すことができない〔…〕交換」が「辺の数が増加する多辺形」すなわち結晶に「関与するとき、いっそう活性化」する点から捉えている (C2: 94-5)。それは、**図2と図3**に示した局所的な任務の分割的拡大による「多辺形」の増殖と「拡大された価値形態」から「一般的価値形態」への「顚倒」的移行で〈ニュメレール〉が「価値鏡」としてみずからを結晶化させる過程を示唆している。

この顚倒的に控除されるもの——バディウ的に言えば、基数を序数化する大いなる出来事である空集合Øである――を「結晶イメージ」において表現しようとするドゥルーズは、正しくも「鏡のイメージ」を用いて、それを客観性を有する「錯認」をもたらす「識別不可能性」としての「交換」装置において捉えている。それはまた、二項関係――マルクス的に言えば、「身体（使用価値）」と「価値鏡（交換価値）」――にそれぞれを「振り分けることが不可能」な「換位的前提あるいは可逆性」の許で「一項が他項の役割」を担う「現働的なものと潜在的なもの」という「一対」がその極限で「一つの尖端」あるいは「最小の内的回路」を形成するに到る「構造」と、こうした「諸構造の裡」で顕現する員数（-外）(sur-)numéraire の「生成」という「二つの秩序-次元」によって構成されている。これが、ドゥルーズの貨幣イメージである。ドゥルーズは、したがって、この不透明-不可解な現働的なものと透明-明快な潜在的なものとの交換の表現を引き受ける、「判然とはしているが識別不能な物的一点」として、交換価値から貨幣への変遷を論じている。この貨幣的な交換装置が設える構造では、もはや両者が互いに鏡を向けあう「外的位置」（「簡単な価値形態」）ではなく、「媒質-間《あわい》の場に対する結晶核-発生起源（端緒 germe）の内的配置」（貨幣形態へ到るあらゆる価値形態をその生成として内包する形態一般）に還元されるものとして、結晶（-貨幣）が捉えられ、交換構造（円環）と貨幣へのその生成が一つ乍《なが》らの過程として説かれているのである（C2: 94-6）。

ドゥルーズがレアリスモからネオレアリスモへの移行に照応する「行動イメージの危機」を論ずるに当たって、己れの死についての「陰鬱《メランコリック》でヘーゲル的な反省を通過すること」が避けられなかった理由を「もはや語るべき〔細々とした〕物語-歴史 histoire はなく、映画〔それ自体〕がみずからを対象と見做し、もはやみずからの物語-歴史（死）についてしか語

＊17　A. Badiou, *L'être et l'événement*, Paris: Seuil, 1988, p. 425.

り得ない」ことに求めたのも、媒質‐間《あわい》の場に対する結晶核‐発生起源（端緒）の内的配置に還元された結晶（‐貨幣）の交換過程における位置づけに密接に関わっている。それは、〈S⇓A̸⇓S′〉の一般的な形式的共軛性〈S‐A‐S〉にもとづいた〈A⇓S̸⇓A′〉への顛倒と、そこでの〈S〉の省略による〈A⇓A′〉という楕円の成立こそ、運動イメージの時間イメージへの移行を標しづけているからである。そしてそれが、構造‐円環に刻み込まれた生成――〈大きな物語‐歴史Histoire〉の終焉《いんぺい》――を表現する「映画中映画」「作品中作品」「劇中劇」（縁組資本との結託を隠蔽し、純粋を装う出自資本）の完成に貨幣‐時間の結晶という客観性のある錯認あるいは識別不能性という貨幣の自己言及機能を重ね合わせるドゥルーズの視線である。また「産業的芸術を規定する」のは「機械的な複製（再生産）ではなく、貨幣との関係において内的となった関係」であるとされるのも、ここでは、楕円〈A⇓A′〉という資本主義的な結晶的成立が（C2: 122）、自己増殖する貨幣――「私は一人の他者である」から「〈私〉＝〈私〉という等式への転換」（C2: 174）――をもって表示される「資本の一般的範式」として、捉えられているからである。

ゴダールやヴェンダースに典型的な一般的等価物としての「カメラ‐貨幣」による換位運動は、まさに〈カメラ‐貨幣（時間の結晶）〉の「自律性」として顛倒され（C2: 37）、その相互交換にはいかなる「等価性も平等性も決してない」という発言はこれを指し、マルクスの二範式――等価性の範式（M‐A‐M）と不可能な等価性（A‐M‐A′）のそれ――との対比は、したがって、一方における「交換の総体あるいは等価性」あるいは「対称性を不変に維持する」ことを任務とする〈運動イメージ〉と、他方における「不等価交換という共謀あるいは等価性の不可能性」を表現する〈時間イメージ〉との対比を介した、時間世界としての資本主義が内在平面の、ドゥルーズならではの、定義である。ドゥルーズはこれをもって「時間は貨幣であり〔…〕貨幣あるいは貨幣流通〔は〕時間」としたが、それは〈運動イメージ〉から〈時間イメージ〉への移行が貨幣への直面という危機－顚倒を経て初めて語ることができる。[*18] そしてその枢要に「映画中映画」という自己言及へ遷移する出来事がある (C2: 174)。この自己言及する時間世界（－貨幣）では「時間はもはや運動によって計測されず、それ自身運動の数《ノンブル》あるいは運動の尺度〔手段－韻律〕」であるという「同語反復」が抜き身となる。[*19] そしてこの時間に、「偽－空の運動 *faux mouvement* である逸脱する運動」が依存する (C2: 355)。

---

*18 ここに僕は、むしろヴィリリオの空間の時間との衝突を感じ取っている。P. Virilio, *L'inertie polaire*, Paris: Christian Bourgois, 1990 を参照されたい。

*19 この事態をネグリは、商品の二重性（使用価値と交換価値）の弁証法的展開に支えられた価値形態論における弁証法の停止（同語反復）と表現した。それについてはネグリ前掲『革命の秋』参照。

III

〈ヤサグレの主体〉

第9章

自称する

はじめに世界は、われわれにとって贈与である。[*1]

はじめに

エドワード・P・トムスンは、ウィリアム・モリス『ジョン・ボールの一つの夢』から、次の一節を二度にわたって引いている。

人びとはいかに闘い、いかに敗れたのだろうか。彼らが闘い獲ろうとしたことはその敗北にもかかわらず起き、その到来は彼らの企図とは異なって現れ、異なった名のもとに彼らが企図したことを他の人びとが闘い獲らねばならなかった。

トムスンは、この一節をうけて、「男たちと女たちは、統御しえない歴史の、つねに蹉跌に塗れながらもつねに甦る、行為者」である、と述べた[*2](PT: 88)。僕はこの文言に急き立てられて、トムスンの歴史記述の方法を「価値」論として、またその主体（形成）論を「経験」論として読み解くだろう。

価値論

ところでここでの価値論とは、トムスンが彼の生としての現在から過去を能動的に再‐記述し、そうすることで彼自身の生を、未来にとっての過去の物証として、彼が生きられない未来へ譲り渡そうとする、歴史記述の能動的文体を指している。こうした文体は、トムスンが歴史における「伝統や痕跡」の連続性に囚われながらも、しかし同時にまた、その「切断や境界」を重視し、そうすることで歴史の「安定」構造を攪乱し「出来事を闖入」させるという、いわば歴史過程の記述主体における

＊1　L. Althusser, *Sur la philosophie*, Paris: Gallimard, p. 41.

＊2　もう一つは E. P. Thompson, *William Morris: Romantic to Revolutionary*, rev. edn., Cafllifornia: Stanford University Press, 1955, p. 722 で引用されている。モリスの原文は W. Morris, "A Dream of John Ball," in *Three Works by William Morris*, London: Lawrence and Wishart, 1977.

「非連続性」を記述する、彼の試みに密接に関わっている。[*3]

ところでそこには、トムスン固有の価値論における密接に関連した二側面が現れている。

第一の側面は、記述対象とされる人びとが主観的に選択する価値をそれそのものとして歴史記述するという価値論である。いわばトムスンの「実証」主義である。そこでは歴史の表見的な連続性を中断すると同時に、そうした価値選択をともなって担うことによって、非連続にふたたび連続性を与える、歴史的主体の形成が発見されている。それはまた、後に見るように、〈われわれは〜である〉と主観的に〈自称〉する人びと、すなわちみずからをみずから述定する人びとを、客観的に発見しようとする試みでもあるだろう。こうした非連続と連続を同時に担う主体——したがって、過程‐事行としての主体——を歴史過程として記述しようとする試みとなるだろう。したがってここでは、歴史過程が人びとの価値選択の過程総体《アンサンブル》であると理解されている。それゆえにまた、そうした過程に先立つ主体が自存的に先在するとは考えられていないのである。

また第二の側面は、こうした歴史過程それ自体としての人びとの〈自称〉——主観的な述定——行為を、そうした〈自称〉行為に寄り添って記述しようとする、トムスン自身における価値選択された歴史記述という意味での価値論あるいは文体である。

そうした価値論は、彼の記述に制作的な文体を与えることになった。しかしそれは、彼の最初の仕事が前掲のモリス論であり、最後の仕事がブレイク論であったという意味だけに留まらない。[*4] すでにいくつかの伝記的トムスン論が挿話的に指摘しているように、[*5] 彼は詩人であった父と兄の影響を受けて当初詩人をめざし、また彼の歴史研究がしばしば詩人や詩的構制によって枠づけられていることにも、それは現れている。[*6] 彼の歴史記述がディケンズを想起させるというそれ自体問題含みの指摘は、[*7] 彼の記述が物語−制作的想起 narrative voice であることを示している。しかしここでは、彼の歴史記述の文体が、ときとして記述の主語−主体を記述対象に嵌入させ、その結果かかる主語−主体が非決定なままに記述それ自体に交錯してしまうという、いわば文法的論理を犠牲にした記述対象の記述による凝固を回避するための制作的な価値論にもとづいていることが、僕にはむしろ重要である。

制作過程としての歴史

僕は以上の問題を、彼の主著『イングランド労働者階級の形成−過程』のタイトルにある、[*8] 形成−

＊3 M. Foucault, *L'archéologie du savoir*, Paris: Gallimard, 1969, pp. 12-3, 23-5.

＊4 E. P. Thompson. *Witness Against the Beast*, Cambridge: Cambridge University Press, 1993.

＊5 トムスンの個人史に論及したものは枚挙に遑がない。ここではとりあえず B. D. Palmer, *The Making of E. P. Thompson*, Toronto: New Hogtown Press, 1981; do., *E. P. Thompson: Objections and Oppositions*, London: Verso, 1994; L. Chun, *The British New Left*, Edinburgh: Edinburgh University Press, 1994; I. Davies, *Cultural Studies and Beyond. Fragments of Empire*, London: Routledge, 1995 を挙げておく。

＊6 H. J. Kaye, *The British Marxist Historians*, Cambridge: Polity, 1984, p. 171.

＊7 W. H. Sewell Jr., "How Classes are Made: Critical Reflections on E. P. Thompson's Theory of Working-class Formation," in *E. P. Thompson: Critical Perspectives*, ed. by H. J. Kaye and K. McClelland, Cambridge: Polity, 1990, p. 51.

＊8 E. P. Thompson, *The Making of the English Working Class*, 3rd edn. with a new preface, Harmondsworth: Penguin, 1980 (1963).

過程という語が指示する歴史記述の方法に、すなわち〈(in the) making〉という語が含意する詩作－制作または建設－過程という視座に、関わらせて理解しようとするだろう。[*9]

しかしここでの過程という語に、僕は次の二様の内包を発見したい。第一のそれは、線形的な進行としての過程、したがってイギリス日常語においては「惨敗」をも意義する過程 procession である〈連続性〉。また第二のそれは、作用・隆起・加工・化学変化という、臨界的な励起をその裡に孕む非－線形的な過程 process である（非連続性）。こうした二様の内包を孕む過程という語にあって、僕は、彼の歴史記述の意味を〈目的論－事後〉的な時間性に固着させる、外部観察という眼差しの暴力である第一の内包には求めない。僕は、加工し－加工される主体、したがって常態としての鎮静を繋ぐ非－日常的な制作的《ポイエーティク》励起（生－快楽－悦び）の過程に注目する。また、そうした過程にある主体を措定しない限り作動しえない第二の内包を顕揚するトムスンの、いわば内部観測的な記述の意味を際立たせたい。それは、アルチュセールの「構造」を「鯨のように口を開け過程を呑み込ん」でしまう理論的抑圧と批判し、そうした抑圧に「構造という胃袋のなかで不幸にも生き延びる」過程を対置する、トムスン固有の主体論を抽出する試みでもある（PT: 91）。

生成変化という過程にとって不可欠の中断である出来事性＝帰結 eventuation として、構造に記載される行為的主体。主体という概念がみずからを瞬時に分割することで、行為的主体に纏わり憑く固着性を不断に生成変化させる過程でありながらも、また同時に再構造化の機制でもある主体。こうした主体として現れる人びとの、日常－非日常を貫いた制作過程の歴史記述にこだわるトムスンの歴史記述について考えることが、ここでの課題である。[*10]

それはまた、〈ここがロドスだ、ここで跳べ！ Hic Rhodos, hic salta!〉の〈現在《いま》－此処《ここ》 now-here/nowhere〉が曝けだす、主体の行為的な是態[*11]、過程としてそのつど刻まれる主体生成とその解体の危機の反復へのトムスンの注目を、見逃さないためでもある。そうすることでトムスンの批判者がしばしば言挙げる、彼の記述の位置の非決定性こそが、むしろ彼のメリットであることが明らかとなる。

言い換えれば、記述者と被記述者との外部観測的な境界の壟断[*12]、すなわち彼の中心的な諸概念が記述者としてのトムスンに帰属するのか、あるいは彼の記述対象である歴史的変化をもたらした人びと自身に帰属するのかという文法的固定を「巧みに言い逃れる」――あるいは商議－折衝する *negotiation/pourparlers/handle*――記述の入れ子的な文体を肯定的に議論することが、ここでは可能となるだろう[*13]。

＊9　H. Abelove, "Review Essay of *The Poverty of Theory*," *History and Theory* 21, 1982, p. 142.

＊10　日常としての規範 *Nomos* は、語源的には〈*la loi du partage*〉を意味している。それは分－有 partage の掟としての日常である（C. Castoriadis, "*Phusis* and Autonomy," in do., *World in Fragments: Writings on Politics, Society, Psychoanalysis, and The Imagination*, ed. And tr. by D. A. Curtis, Stanford: Stanford University Press, 1997, p. 331ff.）。

＊11　〈是態 hic/hecéité〉は、「この土地の」「出席している」「ここに有る」という意味で空間性と同時に「現在の」「目下の」という意味で時間性を指示し、さらには「問題の」「われわれの」という意味でいわゆる主体の結合状況的な位置性を指している。結論的に言えば、空間と時間は主体において綜合されながら同時に主体を分割する。したがってそれは〈現在《いま》－此処《ここ》 now-here〉の根源的ユートピア性 no-where を示している。

＊12　R. Rosaldo, "Celebrating Thompson's Heroes: Social Analysis in Hisotry and Anthropology," in Kaye and McClelland, op. cit., p. 140.

ところでこうした作業は、トムスンがこだわった歴史における「経験」という概念を考えるという、僕の課題の限定に関連している。それは、彼のアルチュセール批判で強調される「人間主義的な」マルクス理解を、[*14] そして男たちと女たちを、「新しい諸々の〈此処《ここ》〉と〈現在《いま》〉が尽きることなく湧出する場である『人間学的諸賓述』を超える自由で野生的な状態」に解き放とうとする試みでもあるだろう。[*15] この試みに呼応する僕のここでの試みは、トムスンにおける経験の本質主義化を価値論として戦略的に是認することであり、またその機制が彼の歴史過程論のなかにすでに存在することを発見することである。[*16] それは、ここでは主題化しないが、サミュエル・バトラーの『エレホン』に「多くを負う」モリスのユートピア *u-topoi/nowhere* 論を顕揚するトムスンに潜在する、[*17] 欲望論へと連接されねばならないはずである。

こうした作業は、不断に生成変化しながらも、しかし、つねに覆い包むかのごとき全体性として顕現する所与としての構造にあって、部分的に実在するにせよしかしいまだ見えない多数の要素との偶然の邂逅である複合状況とそのつど商議する人びと。みずからの言語とは異なる他者の言語を過程に即して駆使しながら生き抜く人びと。そうした人びととの経験世界を価値（選択）として分節化することで、さまざまな述定の束あるいは述語綜合としての主体を発見しようとする、トムスンを認知することである。

こうして僕は、トムスンによるアルチュセール「批判」である『理論の貧困』を中心的な素材として、[*18] 第一に彼の歴史記述における記述の能動性（価値論）、第二にそうした視点の装置化である経験

＊13　F. Hearn, "Remembrance and Critique: The Uses of the Past for Discrediting the Present and Anticipating the Future," *Politics and Society* 5(2), 1975.

＊14　トムスンのアルチュセール批判が「深みとニュアンスを欠き〔…〕体系的分析の新機軸または必然性を登記することに失敗」したという批判（P. Anderson, *Arguments Within English Marxism*, London: Verso, 1980, p. 79）は、あまりに紋切り型である。とはいえ、彼のアルチュセール批判におけるあまりに「明け透けな論争スタイルと戯画的な誇張の隠喩的な使用」が、彼の議論の力を減殺したことは認めざるをえない（N. Stevenson, *Culture, Ideology and Socialism: raymond Williams and E. P Thompson*, Aldershot: Avebury, 1995, pp. 93-4）。

＊15　G. Deleuze, *Différence et répétition*, Paris: PUF, 1968, p. 3.

＊16　経験にこだわる所以は、女性史における経験とドゥルーズ的なフェミニストによる生成論の問題視（R. Braidotti, *Patterns of Dissonance: A Study of women in contemporary philosophy*, New York: Routledge, 1991; E. Grozs, *Volatile Bodies: Toward a Corporeal Feminism*, Bloomington: Indiana University Press, 1994）、そしてギルロイの問題提起（P. Gilroy, "It ain't where you're from, it's where you're at: the dialectics of diaspora identification," in do., *Small Acts: Thoughts on the politics of black cultures*, London: Serpent's Tail, 1993 (1991)）に関わっている。こうした論点からのトムスン批判は多いが、ここではJ. W. Scott, *Gender and the Politics of History*, New York: Columbia University Press, 1981だけを挙げておく（本稿はジョーン・スコットから影響を強く受けていることを否定しない）。なおアルチュセールをめぐるイギリス内での論争には、トムスンをはじめ多くのマルクス主義者が参加したが、女性の〈声〉は聞かれなかったことだけは確認しておこう（T. Lovell ed., *British Feminist Theory*, Oxford: Basil Blackwell, 1990, pp. 24-5）。

＊17　Thompson, *William Morris*, op. cit., p. 692.

＊18　この論争の背後は、B・ヒンデスやP・ハーストらのイギリス・アルチュセール派批判と*New Left Review*誌のエディトリアル・ボードをめぐる政治闘争が存在する（Chun, op. cit. をみよ）。なお後にヒンデス／ハーストは、いわゆる分析的マルクス主義（合理的選択論にもとづくマルクス理解）へ接近する。

という、概念たることを拒絶された記述装置による〈階級的〉主体の非決定な述定論、という二点に執着するだろう。

歴史を書き戻し・書き送る価値論

ゲシヒテは、完成した歴史ではなく、現在〈進行〉形の歴史をさしている。この歴史も、またおそらく多くは、すでに終わった過去によって決定されているだろうが、〈しかしそれは〉多くを決定しているとはいえ、その決定はやはり部分でしかない。[*19]

トムスンは、「マルクスの歴史的方法から出発しながら、静止の構造主義」へ逢着した(PT: 4-5)、とアルチュセールを批判した。そうした批判は、マルクスの歴史了解が、「存在 being だけでなく生成変化 becoming」という機制にもとづき、したがってあらゆる歴史は「先行した過去と未来への流動の方向性の目録」にほかならないという論拠によっている(PT: 47)。

こうした見解は、マルクス主義的な〈下部‐上部構造〉論批判を直接の対象としながらも、しかしそれ以上にむしろ『存在』の以前に政治が存在」し、この政治こそが「過程のさまざまな機制の目録」を記述するという言説と、深く、響きあっている。[*20] しかしそうした共鳴する二つの言説は、「事実」の科学とされてきた歴史記述に重大な変更を迫ることになるだろう。この点についてトムスンは、時間に働きかける歴史記述を引責し、さらにそうした歴史記述によって暴力的に対象化された人びとへの加担‐応答をも決意しながら、次のように語っている。

　僕は貧しい靴下づくりや、ラダイト参加者、「時代遅れ」の手織職人、「ユートピア主義」の職人、そしてサウスコットに惑わされた追随者ですら、後代からのひどく恩着せがましい解釈から救い出したい。彼らの技能や伝統は後ろ向きだっただろう。彼らの共同主義的な理念は、幻想だっただろう。彼らの叛乱の陰謀は、無謀だっただろう。しかし彼らは、われわれが生きなかった現実の社会的混乱の秋《とき》を、生きたのだ。彼らの願望は、彼ら自身の経験に照らして妥当だったのだ〔…〕われわれの判断基準は人びとの行動が、継起する発展に照らして、正当化されるか否かには、おかれていない。[*21]

次に引用する文言と同様、トムスンを議論するものなら誰しもが引いてみたくなるこの魅力的な言説は、〈過激派《ラディカルズ》〉が存在したという打ち消しえない出来事‐帰結の意味を、彼の〈現在‐此処〉において確保し、未来へ差し出す（贈与する）ための、歴史記述の典型的文体を示している。それは、記述者自身が現在と未来において過激派たらんとするための歴史記述の文体でもあるだろう。トムスンの

＊19　Althussser, *Sur la philosophie*, op. cit., p. 45.
＊20　G. Deleuze, *Dialogues*, op. cit., p. 24; do., *Empirisme et subjectivité*, Paris: PUF, 1953, p. 127.
＊21　Thompson, *The Making of the English Working Class*, op. cit., p. 12.

歴史記述は、記述者をいわゆる歴史過程から分離することを消極的に拒否するだけではない。彼は、記述それ自体を歴史過程に能動的に内挿することによって、歴史を現在において非決定の過程としようとするのである。したがって彼は、次のようにさえ言いうるのである。

われわれは、ウィンスタンリーやスウィフトに、賛成投票することができる。またわれわれは、ウォルポールやチャドウィックにも、反対投票できる。われわれの投票は〔過去の〕何をも変えないだろう。しかし異なった意味で、それはあらゆることを変えることができるかもしれない。なぜなら他でもなくこの価値（の判断）が、この歴史をわれわれにとって意味あるものとするからである。われわれがわれわれ自身の現在において圧し拡げ維持しようとするものこそ、この価値（の判断）だからである。〔…〕われわれは、この手でスウィフトを揺さぶることができるのだ（PT: 42）。

記述によるこうした時間への制作的な働きかけは、彼の価値論に根拠をもっている。[*22] トムスンにとっての過去とは、こうして「死んだ、不活発な、制約的」な実体化された「事実」つまり史実などではなく、価値的に選択された事実、あるいはむしろ出来事である。それは、「現在を維持し、可能性を予示する、創造的な資源にみちた記号と物証」を担う、創発的な emergent 機制であり、そうした資源は、歴史記述の内部で、記述によって加工・構想され、現在そして未来において進行する過程を記述することに資するものと理解されている。[*23] トムスンにとって記述とは、こうして、価値判断をともなう実践《プラクシス》であり、出来事の加工・構想による再記述・書き戻しにほかならない。彼は、歴史記述と過去の連関について、次のように書いている。それは、過程としての歴史についての、彼なりの一般的定義である。

> 過去とは、非連関的で個別な discrete 歴史の集積ではなく、人間行為の統一的な総体であり、そのそれぞれの側面は何らかのあり方で他に結合している。〔…〕こうした諸行為や諸連関が変化の原因となる限り、またそれが合理的な探求の対象となる限り、われわれはこの総体を歴史「過程」と定義してよい。すなわち「諸実践」は合理的に秩序づけられ、構造化されている (PT: 40)。

トムスンは過去を――彼の「合理」については後に触れよう――、まず人びとの連関的という意味で連続的な行為の統一的な総体と、水平的に把握する。そのうえで彼は、過去を歴史的な「過程」である、と定義する。したがってここでの連続とは、水平的な連関性に集約（翻訳－想起）された過去と

＊22 それはまた、マルクスの価値－価格論 value/price を意識するトムスンの価値－価格論 experience/axios であり、さらにはカントのいわゆる「経験の可能性 Möglichkeit der Erfahrung」へと展開せざるをえないのだが、ここでは触れない。なおカントの経験の可能性は、「有限な知を本質において可能ならしめるものの統一的な全体」である可能性 *possibilitas* であり、またそれは〈*essentia/realitas*〉と同義である（M. Heidegger, *Kant and the Problem of Metaphysics*, 4th Edition, Enlarged, tr. By R. Taft, Bloomington: Indiana University Press, 1990, §24）。

＊23 E. P. Thompson. "The Politics of Theory," in *People's History and Socialist Theory*, ed. by R. Samuel, London: Routledge & Kegan Paul, 1981, pp. 407-8.

しての過程である。こうしてここでの過去は、単なる時間の垂直的な進行としては、定義されない。ここでの過去は、水平‐横断的な関係性のなかで秩序づけられ、構造化された人びと、そうした人びとの抜き差しならない諸実践《プラクシス》の総体である〈過程としての歴史 Geschichte〉へと翻訳されて、理解されている。その意味で彼は、〈現在‐此処〉における歴史記述は「過去の存在論的な地位を変化できない」と、ひとまず述べるのだ(PT: 40)。

ところでこうしたトムスンは、さきにみた時間性に働きかけるトムスンに背馳し、したがって、歴史の連続性の顕揚に帰結しているのだろうか。

トムスンは第一に、存在論的に動かしえない過去に方向性を与えるために、価値論的な読解を是認する。またそうした読解‐記述によって、みずからの歴史記述をも含めて、行為を選択する主体を再発見しようとする。彼はこうした点について、さらに次のように、述べている。

われわれにとっての歴史の「知解可能性」とは、歴史過程の合理性(例えば因果性)についての理解を意味する。これは客観的知識であり、決定的な物証との対話において開示される。しかしこの「知解可能性」は、同時に、過去の「意義」、すなわちわれわれに対する意味をも含意している。それは価値評価的で主観的な判断であり、そうした問いかけに対しては、物証はいかなる回答をも与えない。〔とはいえ〕そうした記述行為が不適切だということにはならない。われわれは(ポパーとともに)、それぞれの世代、それぞれの歴史家は、「観点‐問題意識 point of view」を表明する権利をもつことに、あるいは(コラコウスキーとともに)、こうした「内在的な知解可能性」を「信念の行為 act of faith」として歴史に帰属させる権利をもつことに、賛同する。これはしかし、科学的手続きにではなく、「諸価値の選択 choice of values」に依拠している限りにおいてである(PT: 41)。

ここでの「観点‐問題意識」「内在的な知解可能性」「信念の行為」「諸価値の選択」とは、記述対象とされた人びとに存在した行為選択の準則あるいは常識《モラル》にほかならない。と同時にそれは、記述がその対象とされた人びとの行為選択をいわば対象に寄り添いながら再記述‐書き戻す実践であることをも含意している。

さきのトムスンにおける「合理」とは、こうして記述対象における主観的合理性に記述者の価値評価を同定‐一致させることを意味している。彼に虚偽意識という考え方が存在しない所以である。それは、いわゆる「合理」がつねにすでに価値論的に言説構制されてしまっていることを前提としている。こうしたうえで彼は、次のことに「なんら恥じることなく」同意する。すなわち「『意味』にかかわる判断」とは、〈現在‐此処〉の記述主体が「記述された人びとの価値と目的（にみずから）を同定‐同一化」し、記述者と被記述者を重ね書く「方法」であり、したがってそうした歴史記述は「不可避に規範的」である、と。トムスンにとって記述とは、それ自体としてはいかなる回答をも与えない物証という物質性と価値判断をともなって商議——対質‐対話 handle/dialogue——することにほかならない。[*24]

したがってそれは、第一に「暫定的で不完全（とはいえ、誤っているというわけではなく）」であり、第二に「選択的（とはいえ誤っているというわけではなく）」な、そして第三に「限定的で、物証に対して問いかけられた問題（意識）によって定義」される、いわば「擬似問題の発生」とその「擬似解決」の反復という、内部観測の過程である。そうした価値論的な再記述は、しかし、決して物証の客観的な実在性への疑義ではない。それは「複雑性についての単純な言表」にすぎない。とはいえその複雑性とは、さまざまな出来事の集積としての歴史の複雑性ではなく、みずからの行為に価値を賦与し、したがってその意味で、主観において合理的に存在する「われわれ自身」の諸行為の複雑性、「社会的な自己‐知のあらゆる形態」に入り込んでいる行為‐知の複雑性についての言明である。こうしてトムスンにとっての過去は、つねに記述と記述が依拠する物証との「対話」、しかも現在《いま》における「対話」で生起する。それは、「価値についての議論の効果‐帰結」として、存在している。言うまでもなくそれは、価値をともなった想起という選択的で再帰的な過去の呼び戻しにほかならない（PT: 41-2）。

　こうしてトムスンの歴史記述の文体は、皮肉なことに、例の「問題視《プロブレマティーク》」という方法に近似する。次の言明は、みずから（の記述）を、〈生《なま》の素材‐原料〉として未来へ贈り届ける、唯物論者の自負と希望＝敗北に充ちた宣言、人間存在の有限性あるいは冒頭のモリスからの引用に、深く関わっている。[*25]

　結局われわれは、〔われわれが過去に発見した〕人びとと同様、死ぬだろう〔未来にとっての過去となるだろう〕。われわれの生は、済んでしまった過程に、不活性のままに〔未来にとっての物証として〕措かれるだろう。われわれの意図は、われわれが決して意図しなかった過去の出来事の内部に、同化されてしまうだろう。われわれが望みうることは、未来の男たちや女たちが〔素材と

> しての〕われわれ〔すなわち未来にとっての過去〕に戻ってくることであり、われわれの意味を〔彼（女）らの歴史記述あるいは実践によって〕肯定・刷新することであり、われわれの歴史を彼（女）ら自身の現在のなかで知解可能なものとしてくれることである。彼（女）らだけが、われわれの〔ゲシヒテである〈現在‐此処〉としての歴史〕過程の多くの部分から、選びとり〔価値化し〕、彼（女）らの進歩〔未来〕に供する力をもっている（PT: 42）。

実践としての歴史記述によって、みずからを物質性として、贈（送）り届ける。こうした未来の人びとへの信任あるいは信認を彼は、「われわれ自身の系譜を求める価値の位置」とも呼んでいる。またそうした「系譜学は、物証」においてのみ「実在」するとも表現している（PT: 42）。しかしこの系譜学、この「過程としての歴史」は、「変更可能で非決定な出来事性‐帰結としての歴史」との商議あるいは切断（としての主体）によって、非連続化される。それは、記述者による宙吊り《エポケー》として画期《エポック》を、主体として設定し、解釈学的に過去を発見することなのだ。それは例えば、主体という「範疇が固有の

＊24　Thompson, *The Making of the English Working Class*, op. cit., p. 9.

＊25　時間の問題については P. Osborne, *The Politics of Time: Modernity and Avant-Garde*, London: Verso, 1995 および J. Fabian, *Time and the Other: How Anthropology Makes Its Objects*, New York: Columbia University Press, 1983 をみよ。なお冒頭で引用したモリスの『ジョン・ボールの一つの夢』は、ネグリらの〈Operaismo/Workerism〉を叙述するに当たってふたたび引かれている（Y. Moulier-Boutang, "Introduction," to Antonio Negri, *The Politics of Subversion: A Manifesto for the Twenty-first Century*, Oxford: Polity, 1989, p. 34）。

文脈」において、そのつどそのつど暫定的に定義〔創出〕され、また「連続的な再定義化に曝」され、その結果、非連続化される過程を歴史過程として記述しようとするトムスンの価値論を意味しているだろう。[*26] したがってトムスンにとって記述とは、「価値を負荷あるいは賦課された判断」あるいは「規範」において、「構造を所与ではなく変幻自在」とするための、対抗言説の制作装置である。またその限りで歴史は、「形態においても、その連接においても、連続的に変化」するとされるのである(PT: 84)。この価値判断、この規範は、「変化」をもたらした人びとの行為を動機づけたであろう主観における合理性に記述の合理性を重ね書くという、記述者と被記述者との距離の危ういまでの横断‐壟断によって、許容されている。

こうしてトムスンの歴史記述は、いわば「内部から記録に働きかけ、仕上げ〔…〕記録を組織化し、截《き》りとり、区分し、秩序を与え〔…〕記録のテクスト自身のうちに、さまざまな統一、総体、諸関係」を捉える試みである。[*27] すなわち記述の規範的な引責‐応答を、地層化されたいくつもの時間を刻むこととして遂行することなのだ。ここではマハンティのフーコーについての一節がトムスンにも妥当するだろう。

一枚岩的な「全体的」歴史、連続的な「大きな物語」だけでなく、一枚岩的な非連続なナラティヴをも拒否すること〔…〕大文字の時間Timeというよりは、いくつもの時間timesが存在すること、社会的構成の多くの層がそれぞれの時間をもつこと、概念としての「歴史」と「歴史性」は、それ自身、歴史的な起源をもつこと。[*28]

こうしてトムスンにとっては、後にも見るように、「構造と生成との『葛藤』あるいは『対立』」など存在しない。[*29] 歴史記述とは、未来に贈り届けられる〈現在 - 此処 **now-here**〉である一箇の是態である。したがって記述者の現在において、それはいまだ確証しえない無 - 処 *no-where* である未来における物質性なのだ。サルトルは、「歴史は秩序ではなく無秩序である。合理的な無秩序である。それが秩序を維持するまさにそのときに、すなわち構造化するときに、歴史はすでにそうした秩序としての構造を、遡及的に取り消しつつある」と、[*30]〈全体化の機制なき全体化〉の過程について述べたが、トムスンはこのサルトルを無条件に引用する。そうすることによって彼は、いわゆる構造主義的なマルクス主義なるものに、次のような経験する人びとを対峙させたのだ。

すなわち、不断に生成変化し贈り届けられてゆく過程を、価値をともなって選択的に構制する、主観的に合理的な人びと。そうした人びとによる歴史の非連続化（主体的な画期《エポケー》）を、記述者が価値をともなって規範的に発見し、さらにそうした歴史過程に記述者みずからを重ね書くこと。こうした二

---

*26　この主体の「暫定性」については、T. de Lauretis, *Alice Doesn't: Feminism, Semiotics, Cinema*, Bloomington: Indiana University Press, 1984 をみよ。

*27　Foucault, op. cit., pp. 14ff.

*28　J. Mohanty, "Foucault as a Philosopher," in *Foucault and the Critique of Institutions*, eds. by J. Caputo and M. Yount, Pennsylvania: Pennsylvania University Press, 1993, p. 40.

*29　Foucault, op. cit., p. 20.

*30　J.-P. Sartre, *Critique de la Raison Dialectique*, t.1, Paris: Gallimard, 1960, pp. 161-2.

重の意味での価値選択的な記述という実践において／によって非連続を連続させること、これである。スピヴァクであればそれを、ヘーゲルの「大きな時 Time」に対立させて「時を刻むこと timing」と表現するだろう。[*31]

したがってここでは、連続性と非連続性は対立させられてはいない。[*32] 彼はそうした歴史記述を「発生学」と名づけたが（PT: 38, 71, 31, 170-71）、それは史実として固化されたあれやこれやの歴史的出来事の編年的な語り narratorial voice ではない。それはむしろ、過去に過去として発見された人びとの未来へ向けた想像‐構想力または期待、すなわち〈現在‐此処〉にとっては不断にいまだ来らざるものとしての未来に、歴史記述者として価値論的に加担するための語りの集摂 narrative voice である。[*33] したがってまた「精神のうちで主体が構成する時間の綜合」という、〈批判的歴史〉についての歴史記述なのである。[*34]

とすればトムスンが「歴史の行為者がみずからについて知る以上に、彼がこうした行為者を知悉していることを要求」し、その記述を「先験的な分析的枠組みの助け」を借りて遂行しようとしていると彼を批判しても、[*35] 無意味である。なぜなら彼は、「決然」と、また「なんら恥じることなく」、まさしく「規範的」に、そうするからである。またトムスンがアルチュセールを「過去と歴史を同一視」していると批判したことを採り上げ（PT: 30, 40）、あたかもトムスンが「歴史は過去に起きたことすべての記録」であると主張しているかのように描き出すこともまた、[*36] 明らかに誤っている。むしろトムスンは、ペリー・アンダーソンが囚われて止まない、こうした過去と歴史との同一視を、まさに顚倒し、過去を歴史記述をとおして未来へと開こうとしているのである。ここでは、次の引用が不可欠である。

時間は、瞬間の反復にかかわる根源的綜合のうちにのみ、構成される〔…〕根源的綜合は、生きられる現在あるいは生ける現在を構成する。時間が展開されるのは、まさにその現在においてである。過去も未来もまさしく現在に属する。過去は先行するさまざまな瞬間がそうした縮約contractionのなかで把持され〔習慣づけられcontracter〕る限りで現在に属し、未来は期待がその同じ縮約〔習慣〕のなかで先取りを遂行するがゆえに、現在に属している。〔…〕生ける現在は、おのれが時間において構成する過去から未来へ、それゆえにまさに個別から一般へ、進むのである。[*37]

こうしてトムスンの歴史記述の文体は、個々の領野で、そのつど真なるものを〔擬似的に〕創造・産出し、既存の観念を攪乱すると同時にいわば創発する、文体である。それは、みずからとそうした

---

*31 G. C. Spivak, "Time and Timing: Law and History," in *Chronotypes: The Construction of Time*, eds. by J. Bender and D. E. Wellbery, Stanford: Stanford University Press, 1991.
*32 Foucault, op. cit., p. 17.
*33 期待については長原豊「遡及的に変形される私の慥な『記憶』、あるいは分-有される私の想起」『現代思想』一九九七年一二月号参照。
*34 Deleuze, *Empirisme et subjectivité*, op. cit., p. 102.
*35 R. S. Neale, *Class in English History 1680-1850*, Oxford: Basil Blackwell, 1981, p. 98.
*36 Anderson, op. cit., p. 13.
*37 Deleuze, *Différence et répétition*, op. cit., p. 97.

みずからが記述する人びととを、主体として、同時に案出する。と同時にそれは、そうした案出を信念し、またそうすることで歴史の非連続を記述において価値論的に連続させるための文体でもある。後に論ずる「経験」というトムスンの述定装置は、さまざまな〈現在‐此処〉として文脈化される主体の価値の案出とその価値への信念を記述する、方法なのである。こうしてトムスンの価値とは、測り・熟考し・圧力をかける peser、そうした力をめぐる闘争、または（権）力への意志である。[38] さらに僕は、こうしたトムスンの歴史記述においてもっとも重要な位置をしめる、価値を過程的な主体として述定する装置、すなわち「経験」についての議論を読むことにしたい。

経験という述定装置——過程としての主体

いたるところで邂逅‐偶然が邂逅‐偶然を重ねることから世界が生まれる。[39]

不可能な階級へ、あるいは経験

トムスンにとっての「経験」は、階級と主体（形成）への重大な出発点を形成している。それは、マルクス主義的な世界了解において抑圧的隠喩に変質した〈下部‐上部構造〉論に対する批判である。彼の議論は、戦略的にまず階級意識へ、次いで階級意識から不可能な——すなわち不断に、そしておそらくは永遠に、先送（贈）りされる——階級の形成という、生成過程の反復の論理へ開かれている。彼の階級論は、実体主義的な視点から、〈階級なき階級意識論〉としばしば論難されたり、[40] 素朴なアルチュセリアンから、経験論を批判しながらも経験主義的言説の罠にはまる「経験論の微妙な執拗さを示す、もっとも興味深い事例」であるとされてきた。[*41] またさらには、言説的交換の透明性を信仰し、社会的なことの複雑性をシステム的な閉域へと「縮約」してしまう社会学者からは、彼の経験が「外的な条件を意志的な行為に結びつける、謎に満ちた難点」をもつと非難されもしてきた。[*42] であればこそ、トムスンにおける主体を述定する装置としての経験に検討を加えることは重要であろう。

彼は、階級について、次のように述べている。

> 階級とは、人びとが〔過去から〕引き継いだか、または〔〈現在 - 此処〉において〕分けもった共通の経験の所産である。それは、彼（女）らの内的なものとして、また異なる（そして普通は対立する）利害をもつ他者に対するものとして、利害の同一性を感じ、かつそれを分節化するときに起きる *happen*。かかる階級的経験は、人びとが生まれ落ち、また非意志的に這入り込んだ生産

＊38　Foucault, op. cit., p. 158.

＊39　Althusser, *Sur la philosohie*, op. cit., p. 40.

＊40　Anderson, op. cit., p. 42; Sewell, op. cit., p. 54; A. J. Litchtman and V. French, *Hostorians and the Living Past*, Illinois: AHM Publishing Corp, 1978, pp. 110-11; Neale, op. cit., pp. 98ff.; J. Foster, *Class Struggle and the Industrial Revolution*, London: Methuen, 1974 参照。

＊41　S. Resnick and R. Wolf, *Knowledge and Class*, Chicago: University of Chicago Press, 1993, p. 30.

＊42　C. Calhoun, *The Question of Class Struggle*, Oxford: Basil Blackwell, 1982, p. 22 参照。

諸関係によって決定される。階級意識とは、そうしたさまざまな経験が文化的表現（語彙）すなわち伝統、価値体系、理念、制度的諸形態に体現されたものと「対質的に処理する handle」方法である[*43]。

トムスンにとっての階級とは、したがってまず何はともあれ、階級的経験である。それはまた、過去として継受－蓄積され、〈現在－此処〉で分－有される、経験の諸効果（－動産物件）effects としての階級意識である。さらにそうした経験は、人びとが個別の利害関係の異同をめぐって、集合性の内部あるいは外部において、階級生成的な分裂－邂逅として、他者を発見することを主体形成的に再認するときに起きる偶発 happening/*alea* とされている。すなわちここでの階級意識は、所有され（え）ない過程である。それは不断に起き（てい）るのである。こうして階級とは、蓄積され継受された過去としての経験との、〈現在－此処〉における、偶発的邂逅（またそうした邂逅による記憶の再編－想起）である。それはまたしたがって、論理的には、あらかじめ集合的な経験世界である。またさらにそうした階級生成的な経験は、非意志的に人びとに贈与されて有る生産諸関係によって、最終的に決定される。とはいえしかし、そうした「決定」は、限られた（あるいはマルクス的に言えば、支配的思想の許《もと／ゆるし》にある）伝統、価値体系、理念、制度的な諸形態という「文化的表現（語彙）」による自己の表象－述定をめぐって、人びとが商議することに媒介されねばならない。したがって経験は、単純な「個人的あるいは集合的な心理学」ではない[*44]。そうした邂逅－抗争の場をトムスンは、「意志的で主観的〔…〕倫理的で修辞的かつ偏執的」な商議そのものとして[*45]、実体としての階級に不断に先立つ階級意識を肯定しようとする。[*46] さらにトムスンはそうした商議を、「男たちと女たちが、彼（女）らの生産諸関係を生きる」こと、とも言い換えている。こうして男たちと女たちは、生産諸関係に完全に支配される存在でもなければ、生産諸関係からまったく自由に生成するのでもない。彼（女）らは、述定の束としての諸制度を偶発する邂逅の場所《プレイス》－場《サイト》とするさまざまな経験と客観的には何ら保証されえない主観や

＊43　Thompson, *The Making of the English Working Class*, op. cit., pp. 8-9.
＊44　Neale, op. cit., p. 110.
＊45　Anderson, op. cit., p. 40 参照。
＊46　それゆえに、ジョーン・スコットがトムスンの「ナラティヴに女性が不在」であること以上に、その「形象の無様さ」に衝撃を受けることの意味は、看過できない（Scott, op. cit., p. 71）。トムスンは、「フェミニストの歴史家は次のように言うだろうし、また言わねばならない。すなわち歴史書が男性によって書かれたからではなく、記述者が適合的な物証を無視したか、あるいはまた概念的に不適切な問題を立てたから誤っており、したがってマスキュランな『意味』または偏向が記述に刻印された」のだ、とフェミニストからの批判に応答している（PT: 41）。この押し付けがましくも尤もらしい反論は、しかし、第一に「適合的」な物証自体が、すでにマスキュランで構造的に合理主義的に構築された言説編制をもつことを忘れており、それゆえに第二に、そうした「適合的」な物証の背後に忘却された「適合的」な非合理な物証に対質する（読解する）トムスン自身の価値が背後に退いており、また第三に、彼の「概念的」に適切な論理それ自体がマスキュランであることを忘れるという意味で、トムスン自身に反している。すなわち適合的な物証とは、それ自体として、マスキュランな言語によって過去にとっての未来である現在に贈り届けられていること、そうしたことが忘れられている。

偏執を携えて商議しながら、生産諸関係を歴史具体的に生きるのである。トムスンはそうしたことを、それ自体として、記述しようとする——スピヴァクの表象‐代理の差異へのこだわり、[*47] あるいはフランス小農を馬鈴薯袋と描くマルクスの例の唯物論は、ここにこそ存在するだろう。アガンベンが述べるように、人びとは経験を「堪え忍ぶだけであって、決して所有できない。経験は、全体性には近づきえず、全体的な社会過程の果てしない近似においてのみ、完全」となるとすれば、[*48] 人びとの経験との商議とは、彼（女）らが、その誤解、妄執、偏執、後悔、愛、憎悪、狂気、欲望、欲求、欲情を決然と主観的に露出させ、そうすることで有限性にある彼（女）らの生（性）を〈抗い〉として生きることを、それは指していると言わねばならない。こうした過程においてこそ、述定し／される階級意識が起きる‐偶発するのである。ここでの階級は、モリスを読むトムスンによれば、先送り‐贈り届けられる無意識としての「夜見る夢」、あるいは「科学とは異なる〔…〕想像」である。だからこそ彼は、モリスの「昼見る夢ではなく、夜見る夢に、僕が行わねばならないことのすべてを見た」という言説に関わって、[*49] 次のように言うのだ。

モリスは、「過去を現在の一部にする力」を再領有（奪還）し、それを想像の未来へと拡張する。〔…〕過去への期待が、それ自体新たな意味を帯びて、挿入される。「過去が照射され、僕にとってもう一度生きる」。現在によって「僕は僕の希望を測りはしないし、その悦びも僕を動かしはしない」。死への恐怖は、こうした期待によって未来の人びとの気持ちを想像し感じとることで、未来へと拡張され、それにつれて薄らいでゆく。モリスはそうした社会を想像するとき、次のように問う。「いかに彼（女）らは生きるだろうか？」ではなく、「とすればわれわれはいかに生きるだろうか？」、[*50]と。

すなわちトムスンは、〈いかに彼（女）らは未来で生きるだろうか？〉ではなく、〈此処という現在を生きるわれわれは、いかに未来でもう一度生きるだろうか？〉を、過去とされる人びとを此処という現在へ呼び戻すこと（記述）によって、考えようとしているのだ。言い換えれば、彼は、モリスに事寄せながら、将来における「目的の設定」でもなければ、現実という受苦を「補償する幻想」でもない夢、[*51]そうした「夢の集合化」について、[*52]語っているといってよい。それは「人びとの権力に対する闘いは、忘却に対する記憶の闘い」でもあると記したクンデラを、[*53]あるいは歴史の残骸《デブリ》を聚摂する

＊47 G. C. Spivak, "Can the Subaltern Speak?" in *Marxism and the Interpretation of Culture*, eds. by C. Nelson and L. Grossberg, Urbana: University of Illinois Press, 1988.

＊48 G. Agamben, *Infancy and History: Essay on the Destruction of Experience*, tr. by L. Heron, London: Verso, 1993, p. 34.

＊49 Thompson, *William Morris*, op. cit., p. 793, 675.

＊50 Ibid., p. 809.

＊51 R. Levitas, *The Concept of Utopia*, New York: Philip Allan, p. 119.

＊52 J. Goode, "William Morris and the Dream of Revolution," in *Literature and Politics in the Nineteenth Century*, ed. By J. Lucas, London: Methuen, 1971, p. 275.

＊53 M. Kundera, *The Book of Laughter and Forgetting*, London: Faber and Farber, 1982, p. 3.

屑拾《シフォニエール》いを選びとったベンヤミンを、[*54] 想起させる。

とすれば、こうした人びとの商議である〈抗い〉に、合理あるいは非合理という形容詞を与える「決定」の機制は、彼（女）らが再帰的に生きる場として擲《な》げ込まれた社会的諸関係の総体である、物質化された——あるいは物象化の相貌にある——諸制度であるほかない。その意味で、人びとが再帰的に生きる（価値的に選択する）ことは、人びとにとっては、つねにすでに、そしてそのつど、価値的に合理的である。しかしそうした人びとの商議は、生産諸関係によって（またその生産諸関係にとっての合理性に即して）、人びとの与り識らないところで、あるときは合理として、またあるときは非合理として、整序－他称されるのである。彼は、こうした点について、次のように述べている。

ゲームを「行う」こととゲームを強いられているということとの差異は、歴史的な出来事のルールに縛られた構造化（そこでは男たちと女たちが彼（女）ら自身の歴史の主体として残存する）と構造「主義」との差異を示している。〔…〕〔構造主義は〕すべての人間的な企図、努力、制度、そして文化すらもが〔…〕「大文字の他者」として人間の外部に聳立し、人間に対立しているかに描き出す〔…〕そうした他者は、昔は〈神意〉または宿命と呼ばれ、今日では構造と命名されている（PT: 152-3）。

こうしてトムスンにとって「生きる」とは、唯一「決定的な状況」としての〈現在－此処〉を経験し、人びとが時間を跨ぐ経験と空間的な差異性に即して商議することであった。しかし人びとは、そうした決定する「社会的諸関係の総体」に直面しながらも、「伝統と価値体系」という継受された文化の語彙を駆使して、生きるのである。すなわち人びとは、過去という蓄積された経験をみずから述定するための「武器庫」「貯蔵庫」としての記憶、そして「理念」としての未来へ向けた「期待」という招来されるべき経験（または想起）に衝迫されて、生きるのである。[*55]

アンダーソンは、こうしたトムスンの経験が二段階的に変化しているとして、次のような解説を加えている。

当初、トムスンの経験は、厳密に「対象的な出来事に対する意識内部における主体的反応」または「精神的かつ情動的な応答」であったが、後にそれは「存在と意識との『間《あわい》』に挿入」され、「階級と文化との応答を産出するために『商議される』」と定式化されなおした、と。そのうえで後者の定式が「応答の差異と多様性」をより広く許し、その限りで経験は、社会的存在の客体的な領野として維持されうると評価したのである。こうしてアンダーソンは、後者こそが「過程または固有の社会的意識を産出するための主体による商議であり、そこでこそ同一の経験と異なったやり方で商議する可能性が、認識論的に確保」される、[*56]とトムスンをいわば切り縮めている。

＊54　ベンヤミン「歴史哲学テーゼ」『ベンヤミン著作集1』高原宏平・野村修訳、一九六九年参照。

＊55　E. P. Thompson, "Eighteenth-century English Society: class struggle without class?", *Social History* 3(2), 1978, pp. 149-50; do., "Folklore, Anthropology, and Social History," *Indian Historical Review* III-2, 1977, p. 265; Kaye, op. cit., p. 201.

＊56　Anderson, op. cit., pp. 25-6, pp. 29-30.

こうしたいかにも明晰なアンダーソンらしい分かりやすい整理には、しかし誤解が、さらにはトムスンの経験という主体を述定する装置の豊かな可能性を圧し潰す抑圧が、存在していると言わねばならない。というのも、後に詳述するようにトムスンは、さまざまな出来事が主体なるものに対して自存的に先在し、そうした出来事に対して同様に自存的に先在する主体が反応‐応答すること、そうしたことが経験であるとはしていないからである。また彼は、存在と意識なるものが経験に先立つとも述べていない。むしろ彼は、経験はさまざまな出来事との偶発的邂逅として立ち現れ、そうした過程自体が社会的存在と社会的意識を、生成変化でありながらも、（再）制度化されるものとして、決定する、と主張しているのである。

トムスンはこうした具体的な邂逅に、「愛する人がいなければ愛をもてない（のと同様に）、地主と（農業）労働者がいなくてはそこに服従はない」[*57]、と乾いた文章を与えている。それは、交換過程における売りと買いとの切断と、その切断の命懸けの飛躍による連結（貨幣‐言語）を、片想いに事寄せて語った、マルクスを想起させるだろう。

もしあなたの愛するという行為が、愛として相手の愛を生み出さなければ、もし愛する人間としてのあなたの生きることが、その表現をつうじて、みずからを愛されている人間としないならば、そのときあなたの愛は、無力であり、一つの不幸である。[*58]

人びとの主観そして愛は、容易に受容されない、つまり価値実現されない。その結果、それは主観そして愛であることさえも許されない。そこでは命懸けの飛躍が要求されている。しかしこの命懸けの飛躍すらも、価格（経験）として制度――市場＝交換――化されなければ、その価値（階級）を実現しえない。こうして経験によって生成する階級意識は、決して「綜合や一個の主体の統一化機能」を意味してはいない。それはむしろ、「さまざまに異なった規約や場所において、主体が言説を述べるときに占拠し、受忍しうる、さまざまに異なった立場」における、そのつどそのつどの、「非連続」で「実践的に単独」な〈現在‐此処〉であるほかない。こうして経験は、それは〈現在‐此処〉としての「主体の分散 dispersion du sujet」であるほかないのだ。こうして経験は、トムスンにあっても、「主観性のさまざまに異なった立場に対する規則性の領野」であり、それはまた、「自己自身との非連続性が画定される総体」としての制度的な場所と場においてのみ、物質化する。[59]

こうしてトムスンは、マルクスの価値形態論と交換過程論を意識しながら、人びとの経験との商議を交換過程論（社会形成論）として捉えようとする。それはマルクス価値論の競争論的な読解と相同の構制を与えられている。人びとは、主観的な〈自称‐述定〉を圧し付けあう価格（経験）の抗争過程――〈抗争‐模索 différend/tâtonnement〉――を介して、水平的で非決定に価値を実現しようとする。

＊57　Thompson, *The Making of the English Working Class*, op. cit., p. 8.
＊58　マルクス「一八四四年の経済学・哲学手稿」『マルクス＝エンゲルス全集』第四〇巻、大月書店、一九七五年、四八九頁。
＊59　Foucault, op. cit., p. 74.

そうした様（すなわち歴史）を、トムスンは歴史記述しようとしたのだ。[*60]とすれば、彼の「経験を可視化する試みは、システムとその歴史性の分析を排除」するというジョーン・スコットの批判は、性急にすぎると言わねばならない。[*61]それは、トムスンの商議または生成変化の過程にフーコー的な制度分析として見いだされねばならない意義を、見逃しているのだ。

このように理解すれば、トムスンの歴史記述は、しばしば誤解されているように、〈無告の民／暴徒〉なるものの諸経験を無邪気に本質化し、その反資本主義的な急進性を讃え・救済することなどでは決してないことがわかる。それは、不断に制度的な場に緊縛されながらも、そうした制度的な場を生成変化させると同時に再強化しさえもする人びとの〈抗い〉について、語っているのである。したがって彼は、「『前体系的なもの』や、本質的には無言に属する『前言説的なもの』」などを想定しているわけではない。[*62]またトムスンの経験が、社会的存在と社会意識を媒介すると実体化したり、[*63]またそれが「無定型」で、階級形成「理論」において「限定的な役割を割り振ることが困難」であるとして、その所以を彼の経験が「経験が媒介するとされる（存在と意識という）両項を包含」している点に求め、この経験が社会的存在と意識を媒介するというよりは「理論的な構造が実現する媒介」であると解析してみせたりすることも、[*64]彼の経験を歪めることになる。ここでの問題は、むしろその無定型の自由度の高さそして商議の非決定が制度的な場で経験によって述定されることの意義、あるいは意味生成作用（固有な言説空間としてのモラル・エコノミー）でなければならない。

アンダーソンとはまったく逆に、[*65]経験と行為との照応関係が多数的であることは、人びとが過去の想起と未来への期待、一言で言えば時間をめぐる「仮構」作業という、歴史的な〈現在－此処〉における経験のこれら二つの側面を、〈現在‐此処〉であるそのつどの暫定的な主体として、物質（制度‐慣習）化しながら、さまざまに商議される生成変化それ自体なのだ。トムスンにとっての階級（的主体）とは、こうした意味で、過去と未来に開かれたままにある非決定の〈現在‐此処〉であるという意味で、偶発（‐邂逅）にほかならない。トムスンはこうしたことを、「構造化されると同時に決定する」、能動的に受動的な、そして受動的に能動的な、経験の過程であり、こうした経験の反復によって階級は、他律‐他称的な「決定と自我的な行為との交差で発生」するとも、あるいは「作り出されると同程度にみずから」を制作する過程とも、言い換えている（PT: 106）。

ところでアンダーソンは、このトムソンを「共‐決定 co-determination」と巧みに定式化してみせた。[*66] とすればトムスンの経験を、能動的な「見聞・実地としての経験 Erfahrung」というよりは受動的な

＊60　僕が〈negotiation/pourparlers〉を交渉あるいは折衝とせず、あえて商議とするのは、人びとの所与としてのシステムとの交換が、言語‐貨幣的あるいは市場的な過程を媒介せざるをえないからである。

＊61　J. W. Scott, " 'Experience'," in *Feminists Theorizes the Political*, eds. by J. Butler and J. W. Scott, New York: Routledge, 1992, p. 25.

＊62　Foucault, op. cit., p. 74.

＊63　E. K. Trimberger, "E. P. Thompson: Understanding the Process of History," in *Vision and Method in Historical Sociology*, ed. by T. Skocpol, Cambridge: Cambridge University Press, 1984, p. 212.

＊64　Sewell, op. cit., p. 60.

＊65　Anderson, op. cit., p. 80.

「珍事・奇聞としての経験 Erlebnis」である、とした彼の揶揄はまったく顚倒していると言わねばならない。[*67] トムスンの経験的主体は、能動と受動という二元論を峻拒しながら提起された、生成変化とその（再）制度化の反復としての経験 Erfahrung である。したがってそれは、決定する構造という受苦に充ちた外部をみずから形成しながらも、しかし、その外部の変革に向けられた、商議 handle/er-fahren なのである。またそうした過程でこそ、人びとは内部という行為的主体を暫定的に制作するのであり、それはまた制作される危機 Ge-fahren として人びとに新たな価値選択を促すのである（さきに言及したドゥ・ローレティスの主体の「暫定性」とは、こうした過程を描いている）。

鯨飲する構造とあまりに流動的 - 饒舌な経験

トムスンはこうした過程を、経験によって述定される主体に即してさらに「適合」「矛盾」「非意志的な変化」という三点に分節し、マルクス主義的な〈下部 - 上部構造〉論との対質を試みている。[*68]

ここでの「適合」とは、人びとが固有の生産諸関係を生きることに必然的に随伴する「規範、期待、価値」という意味である。人びとは、確信犯的な抵抗主体としてだけでなく、「最小の抵抗の線にそって期待が構造化される〔…〕協調」を生き抜く、静かなるあるいは静かであってほしい日常を経験する主体でもある。また「矛盾」とは、まず「生活と規範、地域共同体と職業協働体」との矛盾、「支配的な外部の社会」との応答を抵抗・騒擾・叛乱として生きる主体のそれである。トムスンは、人びとにおけるこうした適合と矛盾という商議の二重性を、「同一人物における服従的な側面と叛乱的な側面」と素っ気なく表現し、[*69] そうした二重性を、アルチュセールのイデオロギー（的国家諸装置）論に対峙させる。それは「非意志的な変化」をもたらす人びとの価値論を、その具現としての制度（慣習・法・権力）論として、統一的に理解しようとする試みであろう。

トムスンにとって歴史過程とは、こうして、〈下部－上部構造〉ではなく、諸制度の内部で生起する、人びとの現実に対する否定であると同時に肯定でもある、制作的な生（性）における〈抗い〉によって、規定される。またその意味で生産諸関係における変化は、まず「社会的かつ文化的な生活」における経験、次いでそうした経験がふたたび「人びとの理念や価値に屈折的に投射－企図《プロジェクト》」され、最終的には「行為、選択、信念」とその制度化によって、人びとに差し戻され・働きかけ返されるという、差異生成的な反復の過程である。[*70] ヘーゲルはそれを、〈善の理念〉という主題のもとで、「自分自身のために客観性を取り戻そう」とする主観の問題として、その「即自かつ対自的な規定性のなかでもつ、みずから自身の確実性は、みずからの現実性の確実性であるとともに、また世界なる非現実性の確実性」でもある主観の問題として描いたが、[*71] ここでの人びとの〈抗い〉は主観的な信念が客観

＊66　Anderson, op. cit., pp. 30-31. なお W. Roseberry, "Peasants, Proletarians, and Politics in Venezuela, 1875-1975," in *Power and Protest in the Countryside*, eds. By R. P. Weller and S. E. Guggenheim, Durham: Duke University Press, 1982, p. 108 および Kaye, op. cit., p. 174 も参照。

＊67　Anderson, op. cit., p. 28.

＊68　Thompson, "Folklore, Anthropology, and Social History," op. cit., pp. 265-6.

＊69　E. P. Thompson, *Customes in Common*, New York: New Press, 1991, p. 10.

＊70　Thompson, "Folklore, Anthropology, and Social History," op. cit., p. 266.

的な確実性を求めることに衝迫されている。世界が非現実的であり、そうした非現実性に対する異和に人びとは動機づけられて、現実を取り戻そうとしているのだ。

トムスンは、こうしたことをさらに畳みかけるように、階級概念に関わらせて、次のように決定的に述べている。階級がさまざまに述定される非決定であるがゆえに、階級を「時間において固定的に停止させようとしたり、その構造を解剖したり」しようとすれば、それは「分析から逃れだす流動－饒舌性 fluency」であるほかないだろう。過程としての歴史を「所与の点で停止」させれば、「多数の経験をもった、多数の個人がいるだけ」であって、そこには階級は存在しない、と。トムスンにとって階級とは、こうして、経験によって不断に述定される過程的な非決定であった。それゆえにこそ逆説的に、人びとはそうした経験によって、いわばそのつど恣意的に閉域化し、歴史の連続性を切断－中断することで、過程的に主体化するのである。したがって「それぞれが独立で、次いでその独立の階級が相互関係に這入るというような二つの明確な階級」などは存在しないのである。

こうしたさまざまに述定されることを許容する階級の流動－饒舌性、あるいはその概念化が不可避にもつ過剰（残遺 restance）の強調は、階級を「もの thing」と考え、「それ it」を中性代名詞的に無人称化し、次いで「それ」が「もつべき階級意識」を画定－凝固するといった実体主義的な手続きを拒否する仕種であった。そうした意味でトムスンは、経験は「決定的」であるが「階級意識はそうではない」と、経験の直接性と階級意識の非決定性を顕揚するのだ。

こうした立場は、階級とは「人びとがみずからの歴史を生きるときに、人びと自身によって定義され、最終的にはそれが唯一の定義」である、という言説に到るだろう。人びとは決定する構造によって呼びかけられながらも、過程において不断に、そして主観的に合理的に、〈自称‐自己述定〉し、そうすることで（ビ）カミング‐アウト be-coming out しているのである。*72

彼は、そうした点に関わって、アンダーソンとトム・ネアンの階級論を「知性主義」と批判し、*73さらに次のようにも追及する。彼らの階級概念は、「意志、意識的目的そして道徳的資質をもった個人的同一性という属性」を人びとに無理強いしている。そこでは階級が一貫して「理念的な同一性」という拘束衣を着せられている、と (PT: 279)。それは、彼らが「範疇の奴隷」に陥り、階級を均質な「同一性に切り縮」めることで、「歴史主体を消失」させ、人びとの生成過程を「物象化」し、「脱‐歴史化 Geschichtenscheissenschlopff」することに対する批判であり、「非歴史的な糞 unhistroical shit」に対する怒りである (PT: 295-6, 107)。こうした怒りをトムスンは、さきに引用した一節に近似する文言でさらに繰り返すだろう。

階級とは、社会的、文化的、そしてしばしば制度的な表現を受けた構成である。それは、究極的には、抽象または孤立ではなく、他の諸階級との連関でのみ、「時間」――行為と応答、変化と抗争――という媒体によってのみ、定義可能になる。或る階級について論ずるとは、きわめて緩や

＊71　G. W. F. Hegel, *Hegel's Science of Logic*, tr. by A. V. Miller, London: George Allen and Unwin, 1969, p. 818.
＊72　Thompson, *The Making of the English Working Class*, op. cit., pp. 8-10.
＊73　T. Nairn, *The Break-Up of Britain: Crisis and Neo-Nationalism*, second expanded edition, London: Verso, 1981.

かに定義される利害、社会的経験、伝統そして価値体系について同一の集摂narrative voiceを分け持ち、階級として〈行為する傾向・配備・作戦計画・処分権能disposition〉をもつそうした人びとの集合について論ずることであり、〔…〕階級それ自体はものではない。それは生起・偶発性である。[*74]

トムスンはこうした点を、アルチュセールの階級が階級闘争に独立して先在すると批判したJ・ルイスに対するアルチュセールの反批判、すなわち「階級と階級闘争は分離しえず、両者は同一である〔…〕階級闘争は最前列におかれねばならない」という反批判を意識しながら、[*75]アルチュセールのこうした言いようは自分の階級論と「共通の規定を共有するかにみえる」が、しかしこの「偶然は見かけ倒し」だとして、次のように展開している。

男たちや女たちは、ある決定的な生産関係において、彼らの敵対的利害を識り、闘争を開始し、階級的に考えかつ価値判断する。したがって階級編制の過程は「所与」の条件のもとではいえ、みずからを形成する過程である。だがアルチュセールにはこうした見解に我慢ならない。なぜならそう考えることは、主体を過程に差し戻すことになるからである。過程とは、そこで男たちや女たちが（いかに蹉跌に塗れ、いかに行為主体にとって限定的な空間であれ）担い手であり続ける場である（PT: 106-7）。

トムスンにおける階級闘争の重視は、一に懸かって、そうした過程への、経験を介した、「主体の差し戻し」であった。こうしてトムスンにとっては、階級闘争がもっとも「重要」であり、より「普遍的」なのは、さきに指摘したように、先在する階級がまわりを見渡し、敵対的な階級を発見し、おもむろに闘争を開始するというような「分離された実体」ではないからであった。人びとは、「搾取」「収奪」などの出来事を経験するたびに、「搾取者に対する力を維持する必要性に駆られ、対立点を具体化し、そして闘争の過程で階級意識としてそれを発見」する。そうすることでみずからの商議において、既存の限られた文化的述語のなかから表現を選びとり、発案するたびに、主体をそのつど励起させる。[*76] またそうした経験を反復する過程で、階級‐形成の途上にあるみずからを明滅の主体として、意識する。またそうした関係性それ自体が、不断に未完で非決定の階級である。そこで生起しているのは邂逅にある敵対的《アンタゴニスティック》という機制であり、それが「階級的経験」と呼ばれるのである。それは男たちと女たちがみずからの経験を、「価値について語る」ことで表現する、空間化された時間であるだろう。

トムスンの階級と階級意識は、こうして「いかに主体は存在するのか」という設問に不可避に憑き

＊74 Thompson, *The Making of the English Working Class*, op. cit., pp. 9-11, 939.
＊75 L. Althusser, *Essays on Ideology*, London: Verso, 1984, pp. 81-2.
＊76 マルクスの歴史観が反映されていることは言うまでもない（マルクス「ルイ・ボナパルトのブリュメール一八日」『マルクス＝エンゲルス全集』第八巻、大月書店、一九六二年、一〇七頁）。

纏う、「生成の説明に先立つ文法的な『主体』」を前提する立論とは無縁である。その意味で彼は、バトラーを藉口すれば、「主体の文法」はただ「過程の結果 - 効果」としてのみ現れる、[*77]という行為遂行性を強調した歴史記述者であった。彼は、このように歴史の文法的記述を拒否することによって、いわば主体形成過程の文体の多数性・差異性を強調したのである。それは目的を明示しない不断であり、不断であるという意味で未完の、尖端にある「最終」また尖端＝反復である。したがってそれは、主体の縁どりそれ自体であるという意味で、主体の縁どりの解体である。この縁どりは「外部を知らない限界 Schranke ではなく、閾 Grenze すなわち空無でなくてはならない、外部の空間との接触領域」それ自体である。[*78]

トムスンは、階級が一九世紀の産業資本主義社会に現れたとき、「普遍性に対する要求」など一切もっておらず、そうした意味で階級は、階級闘争から発生した「歴史的構成の特殊な事例」であると述べるが、トムスンの核芯は、この点にこそあるだろう。[*79]

したがって彼は、次のようにも繰り返したのである。

そうであるとしても、またそうであるがゆえに、過程は「構造という胃袋のなかで、不幸にも生き延びる」だろう、と。したがって構造は「共時的な手続き〔…〕『歴史』を瞬間的な停止に凝固させ、静止の瞬間に『切片』を採り上げ、『全体性』の分節を分析することだけでは明らかにされない」と。なぜなら呑み込まれた「過程は、構造の内部に書き込まれ、そうした構造の形態の展開として生き延びる」からである（PT: 91）。トムスンにとって過程とは、こうして咀嚼されないままに鯨飲されたがゆえに、構造にとっての過剰（残遺）として、「構造の属性」を徴づける、変化の機制である。それゆえに彼の過程は「構造の可能な順列、組み合わせ、形態の歴史」となって構造を苦しめ－変動させる（PT: 93）。またこの構造を苦しめるものは、こうした構造＝受苦とともにある「犠牲 victimhood」、すなわち過程で審問－事行にかけられる行為遂行者なのである。

こうしてトムスンにとって「過程の構造化」は「生成変化」である。またそれは、構造を出し抜く「二枚舌的な記号の瞬間＝機制」である。彼は、みずからの〈いま〈結合状況〉〉とアルチュセールのそれとのあいだに横たわる架橋しえない深淵を、「必然性〈ヴィーコの神意〉とモリスの〈つねに蹉跌に塗れ、つねに蘇ってくる人間的な行為者〉との間《あわい》に墜ちゆくもの〔Zufall＝偶然〕」として、把握しようとするのである（PT: 98-103）。また彼のマルクスは、その深淵からふたたび立ち上がってくる。

経験の場——力の領野あるいは慣習・制度

こうしてトムスンは経験へ立ち戻る。しかし今度は、その物質性である価値化－問題視された諸制度の具体性－慣習を携えている。彼の階級は「みずからが形成されると同様程度にみずからを形成する」経験的過程であり、「決定する経験」「意識的なやり方での経験との『商議』」であった。階級編

＊77　J. Butler, "Conscience Doth Make Subjects of Us All," *Yale French Studies* 88, 1995, p. 15.
＊78　G. Agambenm, *The Coming Community*, tr. By M. Hardt, Minneapolis: University of Minnesota Press, 1993, p. xvi. なお、この「限界」と「閾」についての別様の解釈については本書のいたるところで論じられている。
＊79　Thompson, "Eighteenth-century English Society," op. cit., pp. 147-9.

制と階級意識は「決定する圧力に従属しながらも、時間を貫いた他の諸階級との闘争という、『関係』の非‐決定的な過程」において、そのつど結果を出来《しゅったい》させる（事）eventuateものとして、生起し続ける過程であった（PT: 116）。

とすれば彼は、アルチュセールによるフランス版『資本論』の脚注に依拠した「過程」の字義的な定義を悪し様に棄却するのではなく、むしろより尊重してもよかっただろう（PT: 116-7）。なぜならそれはトムスンの過程を見事に剔抉しているからである。

過程 Procèsという語は、その現実的な条件の総体ensembleにおいて考察された発展を表現している。〔…〕フランスでは、当初は幾分かおずおずと、ラテン語で〈processus〉という語として導入され、次いでこの衒学的姿態を外されて化学、物理学、生理学などの書物、そして形而上学の書物に紛れ込んだ。最終的には、それは完全な土着の証書を獲得する。ついでに言えば、ドイツにおける日常会話では、フランス語と同様に、〈Prozess (procès/process)〉は法的な意味〔…〕を指示する。[*80]

マルクスの脚注は、化学・力学・生理的な生成変化としての過程を含意するために挿入されていると同時にそれは、人びとの抗争の場である（法）制度的な商議を表現するためにも付されている。そしてそれは、明らかに、トムスンの過程である。それは、経験と主体を境界し・結節する、述語の束としての〈制度（慣習）‐（権）力〉についての議論であり、そうした文脈における「文化」の間接的な主題化である。ここでのトムスンの「文化」は、物質性を保持しながらも、しかし決して固定性に緊縛されない。それは、人びとの闘争を緩やかに包み込む - 備給する invest、「環境 ambience」あるいは「心性 mentalité」として、描かれるだろう。[*81]

トムスンは以上の議論を、アルチュセールらが経験論の名のもとに罵り叩きだそうとする「人間の経験」という「失われた語の発見」であると、ふたたび経験の問題へ約《つづ》めたうえで、次のようにも述べている。

男たちと女たちは同様に主体として帰還する。〔…〕自律的主体そして自由な個人としてではなく、彼（女）らの決定的な生産条件との関係を経験する人間として、欲求、利害、敵対、そしてこの「意識」と「文化」〔…〕の内部でのもっとも複雑な経験と「商議・対質 handle」（そうだ、これこそが相対的自律性である）する人間として還ってくる。次いで〔…〕彼（女）らを決定する状況に働きかけ返す（PT: 164）。

とすれば、男たちと女たちはどこから還ってくるのか。非意志的に生み落とされた関係性である生産諸関係、所与としての構造からである。彼（女）らは、どこへ還ってゆくのか。経験が反復され〈抗い〉がなされる場である諸制度へである。彼（女）らは、限定された選択肢の集合である、そうした

*80　K. Marx, *Le Capital*, Livre Premier, t. 1, Paris: Édition sociales, 1975, p. 181.
*81　Thompson, *Customs in Common*, op. cit., pp. 2-3, 8, 102.

決定する生産諸関係と商議せざるをえない。こうした「部分‐主体で（部分的にのみ従属する）、部分‐客体（部分的な対象であると同時に、部分的にのみ異議申し立てする）part-subject/part-object」として（PT: 88）、彼（女）らは生き延び、そして還ってくる。そうした所与としての構造、その下位集合である価値、そしてその価値に表現を与える形態である諸制度を場として遂行される、彼（女）らの経験という商議あるいは表象の総体が、トムスンにとっての「文化」にほかならない。

こうしてトムスンにとって、階級闘争とは文化である。またこの文化は帰港としての（再）制度化re-(in)stitutionでもある。したがって彼の「相対的自律性」とは、意識される必要のない、または領有しえない経験にもとづく、人びとの所与＝構造との相対的に自律的な、商議の反復過程である。

こうしたトムスンの経験は、レイモンド・ウィリアムズの文化と互換的であるかにみえる。[*82] しかしそれを単純にトムスンの「人間主義の基本的な要素」へ切り縮めることはできない。[*83] トムスンは、アルチュセールまたはフーコーとの同時代性において、経験を「あらかじめ与えられた、固有の文化的またはテクスト的な諸実践の外部の何か」としてではなく、「力の構造にすでに内属」し、そうした「力がもはや文化（社会的であること）の外部」ではなく「意味生成作用する諸実践」の内部に存在するものとして、理解しているからである。[*84] トムスンはそうした文化としての経験を、その限界＝境界あるいは思考の不可能性として、さらに次のようにも述べるだろう。

〔しかし〕論点は経験の限界ではなく、その到来または産出の有り様だ。経験は、自然発生的に、社会的存在の内部に登場する。しかしそれは思考なしでは登場しない。〔…〕彼（女）らがみずからに起きつつあることと世界について思考するからこそ、経験は登場する。〔…〕社会的存在を組織する観念や期待から独立した、いかなる社会的存在の形態も考えることができないし、思考なしでは一日たりとも社会的存在はみずからを再生産できない。〔…〕経験はドアをノックすることなく這入り込み、死、存在の危機、塹壕戦、失業、インフレ、皆殺しを宣言する。〔…〕そうした一般的な経験に直面して、旧い概念体系はぼろぼろと崩れ去り、新たな問題系がみずからの存在を顕わにする (PT: 8-9)。

以上をトムスンは、次のように約めている。すなわち「存在が思考されるように、思考はまた生きられる――人びとは、限られたなかで、社会的もしくは性的な期待を『生き』る。そうしたことは支配的な概念範疇によって彼(女)らに書き込まれる」のである。そうした意味で「思考と存在は単一の空間に棲まっている。その単一空間とはわれわれ自身」のことである、と (PT: 9, 18)。この言明は、これまでの議論をうけて、しかし精確には、以下のように言い換えられるべきだろう。思考と存在には隔たりが存在する。しかしそれを、時間が折り畳まれた単一空間としての〈われ−

*82 T. Eagleton ed., *Raymond Williams: Critical Perspectives*, Oxford: Polity, 1989; F. Inglis, *Raymond Williams*, London: Routledge, 1995 参照。
*83 S. Hall, "Cultural Studies: Two Paradigms," *Media, Culture, and Society*, No.2, 1980, p. 63.
*84 L. Grossberg, "Strategies of Marxist Cultural Interpretation," *Critical Studies in Mass Communication* 1, 1984, p. 409.

われ〉という集合性として書き込むものこそ、「支配的な概念範疇」である。こうした述定は、諸制度という場で、反復的に遂行される。経験はドアをノックすることのない無意識（夜見る夢）である。しかしそれは（昼に）思考 - 想起される。人びとはみずからを考えるがゆえに、支配的な範疇によって整序され、意識に書き込まれる。階級たれ！　女たれ！　男たれ！　異性愛者たれ！　国民たれ！　夫たれ！　妻たれ！　など、固有に人びとたれ！　と支配的な範疇に呼びかけられる interpellate —— Hé, Vous là-bas!、すなわち〈他称〉されるのである。人びとは、否応なくそうした呼びかけに振り返るほかないだろう。まさに共謀的に商議するために。またそうした一連の過程それ自体が、諸制度として不断に物質化されると同時に「刷新」され、また不断に再生産され、案出されてゆくのである。そうした人びとの実践は、価値化された諸制度を領野とするだろう。トムスンはそれを「力 - の - 領野 field-of-force」と命名し、グラムシのヘゲモニー論と交差させた。[*85]

こうしてトムスンは、マルクス的な「厳密さにおける空白または不在」あるいは「沈黙」のうちに消失していた経験という語を、「構造と過程との連接 = 交錯」であると同時に、到来する新たな「代替的な伝統とそれとは相容れない（旧い）伝統との離 - 接」でもあるものとして、マルクスの内部に再興しようとした。トムスンは、マルクスのこの「沈黙」について、インタビューで次のように語っている。

生産関係によって決定され、固有に折り畳まれた人びとという存在は、物質的な経験を文化的に商議する仕方、価値体系が存在しなければ、把握しえない、ある生産様式や生産関係と適合的な価値体系あるいはその有り様などについての沈黙。[*86]

トムスンにとっての経験とは、こうして構造と過程を連－接するものである。と同時にそれは、離－接する述定としての結合状況であった。その意味で、またその限りで、人びとは、そのつど〈現在－此処〉として明滅する、多数的な主体と成る存在である。しかしここでは、そうした明滅する主体は、物質性である諸制度という価値体系からのみ、述定のための賓辞を供給される。したがってトムスンは、「労働者階級とは一つの叙述的な語である。それは定義すればするほど定義から逃れ出てゆく。それは個別で不連続な現象の束を緩やかに結束する」と表現するのである。[*87]この緩く結束され、またそれゆえに素早い速度で固着から逃走する、概念にとっての過剰－饒舌性である階級とは、それゆえに幾重にも、そして幾度となく、文化的で制度的な政治過程で述定されることによって、そのつどさまざまに主体化の過程におかれる、そうした人びとの有り様を総称したものにほかならない（PT: 46）。したがって述語の枯渇とその想起あるいは案出が、そして「過去」の引用＝想起が、変革において問題となるのだ。[*88]

＊85　Thompson, *Customs in Common*, op. cit., pp. 93-4, 151.
＊86　M. Merrill, "Interview with E. P. Thompson," *Radical History Review* 3(4), op. cit., p. 23.
＊87　Thompson, *The Making of the English Working Class*, op. cit., p. 8.
＊88　前掲「ルイ・ボナパルトのブリュメール一八日」の冒頭を参照。

こうして「最終審級の孤独な時間は決して訪れない」と陰鬱に語ったアルチュセールと同様、[*89]トムスンは階級を語りながらも、終わり＝目的がない不断の階級‐形成の過程＝生成変化を語っている。人びとは階級を、諸制度のなかで、不断に、差異的に、多数に、〈達成しえない理念〉として、意識できるだけである。

このようにトムスンは、経験という失われた語を介して、「構造は過程へと性質を変え、主体は歴史へとふたたび参入」すると言明し、構造を決定の主役から引きずり降ろそうとしたのだ。またこうした経験によってこそ「社会的な生活は構造化され、かつ社会的意識はその〔価値の〕実現と表現〔形態〕」を見いだすだろう。またその具体的分析の対象は「親族関係、慣習、社会的統制の不可視かつ可視のルール、ヘゲモニーと服従、支配と抵抗の象徴的形態、宗教的忠誠と千年王国的な衝動、マナー、法、制度とイデオロギー」であると、トムスンは諸制度に関わる一般的規定をさらに具体化しようとするだろう (PT: 170-71)。

トムスンは、価値は「生きられる。それは理念と同様に物質的な生活と関係の同様の網の目の内部で生起する。価値は必然的な規範、ルール、期待のようなものであり、生きることのハビトゥスの内部で学習される。〔…〕男たちと女たちは価値について議論する。彼（女）らは価値を選択する。〔…〕価値の抗争そして価値の選択がつねに生起している〔場を得ている〕」と述べることで (PT: 174-5)、支配的イデオロギーがすべてを覆い尽くすことを、歴史的には言うまでもなく理論的にも、否定しようとしたのだ。[*90]

しかし問題は、ふたたび次のように立てられねばならないだろう。トムスンはそうした経験の媒質をいかなる具体相で捉えようとしたのか、と。少なくともトムスンは、階級を経験の所産であると語りながら、階級形成という生成変化の過程すなわち非実体的な階級について述べ続け、そうすることで価値化され、不断に生成変化する、制度分析へのとば口を提示しようとした。しかし彼は、人びとの経験がどのような媒質によって人びとに制度的に受容されるかについては、一般的に語っているにすぎないかにみえる。

しかしトムスンにとっても経験は、「文化や言語を介して歴史的担い手によって構築」される、[*91]言説的編制の過程でもなければならない。[*92]その意味で形成過程にある階級意識としての非決定の階級は、「単純な経験ではなく、経験の固有な言語的秩序」によってのみ分節化されるだろう。こうした論点に対してトムスンの関心が稀薄であるという批判は、確かに認められねばならない。とはいえ無媒介に、経験は「存在論的実体性というよりはむしろ言説的実体」である、[*93]という定式へと跳躍すること

*89 L. Althusser, *Pour Marx*, Paris: Découverte, 1965, p. 113.
*90 N. Abercrombie et al., *The Dominant Ideology Thesis*, London: Allenn & Unwin, 1980.
*91 R. Gray, "History, Marxism and Theory," in Kaye and McClelland, op. cit., p. 177.
*92 G. C. Spivak, *In Other Worlds: Essays in Cultural Politics*, New York: Routledge, 1988, pp. 241ff.
*93 G. Stedman-Jones, *Languages of Class*, Cambridge: Cambridge University Press, 1983, pp. 7-8, 101-2.

はできない。なぜならトムスンにあっても、すでにそうした言説的構制は、それ自体、物質的な諸制度〈述定の束〉として、捉えられているからである。むしろ彼の具体的な歴史記述は、そうした叙述に溢れているとさえ言ってよい[*94]。そこには、応酬する人びと・談義する人びと・陰謀する人びと・共謀する人びと・盗む人びと・笑う人びと・諧謔する人びと・殺す人びと・謡う人びとという身体的に行為する人びと、そして何よりもさまざまに闘い造反する人びとにおける、理《ことわり》が描かれている[*95]。本章で繰り返し言及してきたトムスンの商議とは、経験の述定化を求める言説的な行為遂行過程にほかならなかったのだ。

*94 例えば、E. P. Thompson, *Whigs and Hunters: The Origins of the Black Act*, reprinted with a new postscript, Harmondworth: Penguin, 1977; D. Hay et al eds., *Albion's Fatal Tree: Crime and Society in Eighteenth Century England*, Harmondsworth: Penguin, 1977.

*95 なお J. C. Scott, *Weapons of the Weak: Everyday Forms of Peasant Resistance*, New Haven: Yale University Press, 1985; do., *Domination and the Arts of resistance: Hidden Transcripts*, New Haven: Yale University Press, 1990 なども参照。

第10章 プロレタリアート雑感

不敵な言葉――俺は無だが、一切でなければならないはずだ――を投げ付けるだけのあの革命的な大胆さ……プロレタリアートがこれまでの世界秩序の解体を告知したとしても、それはただ自分自身のあり方の秘密を表明しているにすぎない。なぜなら、プロレタリアートはこの世界秩序の事実上の解体だからである。[*1]

空集合Ø

『資本論』にはプロレタリアートが不在である。このことを明記したのは、バリバールだった。彼は、であればこそ、マルクスにおける階級政治の概念を求めて、この不在の所在を探索した。[*2] ネグリもまた、この不在を確認した。この不在を彼は『資本論』における叙述の「客体的」な性質に求め、『資本論』のために集積された草稿集——いわゆる『経済学批判要綱』——の読解を通じて、むしろこの不在をまさに不在において「主体」へ反転することを試みた。またこの試みが、彼を「多数性《マルチチュード》」に導いた。それ以降も、プロレタリアートが〈何処《どこ》〉あるいは〈何時《いつ》〉また〈いかに〉存在あるいは不在するのかという問いは繰り返され、そのつど新しい名称が発案された。例えばランシエールも、同様の問題を、しかし、まったく異なった視点から、追い求めてきた者の一人だった。*3

事実、社会における唯一の主体にして実体を僭称する資本の円環的運動を論理的に解明することを主題とする『資本論』には、唯一つのカウンター・パート（ナー）が存在するだけである。言うまでもなくそれは、最終的には擬制資本へ変化する土地所有という特異性を除けば、賃労働である。それは商品としての労働力であり、またその（法的）人格化である、資本がみずからに恃《たの》みとする合理性と同様の合理的選択を以て意思決定する、労働力《しょうひん》の所持者である。それは、したがって、それ自身では市場に赴けない商品《ろうどうりょく》の合理的運搬人でなければならない。『資本論』が論理において記述する商品世界では、プロレタリアートは、特殊とはいえ、商品形式を纏っていなければならない。この商品世界では、「死んだ労働（資本）」と同様の論理を以て意思決定することを強いられる「生きた労働」——精確には、生きながらにして死んでいる労働——だけが、その生存を許されている。したがって、プロレタリアートは、『資本論』が描き出す商品世界では、〈北斗神拳〉に秘孔を突かれ、生きながらにして、すでに死んでいる。例の〈お前はもう死んでいる〉というケンシロウの科白が、そこではすべてである。それは流動資産 disponible の一分肢である（可変）資本という任務を強いられている。

いかにマルクスが労働者の数を「資本の価値増殖欲求に合わせるようにと能書きを垂れる経済学の知恵の愚かさ」を論《あげつら》おうとも（K I: 674）、マルクスは資本の経済学を物象化の相貌あるいは論理学において記述することに徹したのである。

バリバールが明示したプロレタリアートの不在とはこれを指し、したがってネグリの主体論はその反転を指している。[*4] その意味で、両者はともに、『資本論』のマルクスが意図的に到り着かなかった来るべきプロレタリアートを、[*5] いわば〈掃き出し法〉に依拠して、言い換えれば、論理的に解明可能な全要素をシステム的総体としての資本から逐次的に解明（すなわち控除）することによって掃き出

＊1　マルクス「ヘーゲル法哲学批判序説」『マルクス＝エンゲルス全集』第一巻、大月書店、四二五頁。

＊2　E. Balibar, “In Search of the Proletariat: The Notion of Class Politics in Marx, in do., *Masses, Classes, Ideas: Studies on Politics and Philosophy before and after Marx*, New York: Routledge, 1994 およびdo., “The notion of class politics in Marx,” tr. by D. Parent-Ruccio and F. R. Annunziato, *Rethinking Marxism* 1(2), 1988.

＊3　J. Rancière, *La nuit des prolétaires: Archives du rêve ouvrier*, Paris: Fayard, 1981; do., *Le philosophe et ses pauvres*, Paris: Fayard, 1983 などを参照。

＊4　この問題をいち早く提起しながら頓挫したマルクス経済学者は岩田弘である。彼の世界資本主義論とは別個に、これは画期的であった。岩田弘『マルクス経済学』上巻、一四一頁以下。もちろん、姿を変えてこの岩田を継承した理論家が存在した。野口眞「資本・技術・労働」、佐藤良一編『市場経済の神話とその変革』法政大学出版局、二〇〇三年などをみよ。

＊5　バリバールが強調する、哲学に「到り着かない *en deçà*」と哲学を「超えてゆく *au-delà*」との間で永遠に揺動するマルクスの記述方法が、これである（E. Balibar, *La philosophie de Marx*, Paris: Découverte, 1993, p. 6.）。

された論理的に解明不能な残余をまさに残余の不在《ゼロ》において証明するという論法をとっている。すなわち、『資本論』のプロレタリアートは、単なる不在ではない。それは、有《あ》る無《ゼロ》である。

題辞に挙げた「俺は無だが、一切でなければならないはずだ」の「はずだ」に込められている、来るべき事態への確信は、この空集合Øに支えられている。言い換えれば、『資本論』におけるプロレタリアートは、「一切」であると同時に、この「一切」を構成する論理的に解明可能なすべての元を「一切」から順次掃き出すと最後にその姿をおのずと顕す残余が――しかし――空集合Øであることが、しかも事後的に（のみ）浮き彫りにされる、一つの出来事である。こうした、いわば空集合Øへの理路を以て僕たちは、「徴候的読解」の一つと理解することもできる。とすれば、プロレタリアートは『資本論』に埋設された不可避のカウンター・パート（ナー）である労働力商品が〈無存在《ゼロ》〉あるいは資本にとっての瑕疵として惹き起す「革命」以外の何ものでもない。

『資本論』において論理的に解明された搾取をその論理を切断する変革（主体形成）へと連結させる理論的努力を重ねてきた人びとにとっては、例えばブータンのように、かかる事態を「自由な賃金労働者（制）は隷従労働の一種である」と単純化することができれば[*6]、その荷はどんなに軽かったことだろう。というのも、そこでは、「労働力の売買がその限界のなかで行われる流通または商品交換の部面は、実際、天賦の人権の本当の楽園だった。ここで支配しているのは、ただ、自由・平等・所有、そしてベンサムである」と論理的に書かねばならなかったマルクスに期待された（K I: 189）、彼の有り得べき本音――じつを言えば、僕たちは（賃金）奴隷なのだ――が、声高に語られるだけでよかったからである。だがこれは、一度でも商品販売者としての労働者という名の賃金奴隷になったことのある者なら誰でも骨身に凍《し》みて体験する、近代契約法——所有権法——にもとづいた「等価交換」という名の搾取《へいわ》であるにすぎない。それはすべてが平和に推移している表層なのだ。だがプロレタリアートには、平和は相応しくない。とすれば、『資本論』におけるその不在を指摘されることで事後的にその〈無存在《ゼロ》〉——Øという残余《レスターンス》——が浮き彫りにするプロレタリアートとは、論理的には、市場交換という平和以外の何者か、あるいは市場交換という平和以外の何事かによって駆動される何者か、なのか。

自分自身のあり方の秘密（搾取）を世界秩序（資本‐主義）の解体として宣言する、だが労働力商品の所持者（それは労働者と呼ばれる）とは異なる、プロレタリアートが、その存在において即自的に、世界秩序の事実上の解体（の潜勢力）だとすれば、このプロレタリアートは、定義的に、専ら不在あるいは論理的残余（だがØの残余）であることを以てその存在性とする存在——あるいは、媒介しつつ消滅する刹那存在[*7]——である。言い換えれば、その存在が彼（女）が属しかつ構成している資本世界の即自的な解体である者は、資本世界の解体を対他的に宣言する必要のない存在である。プロレタリアート、それは「一切」にして「無Ø」であることの対自なのか！　だが、とすれば、しかし、世界秩序の解体を宣言する存在は、論理的には、プロレタリアートであってはならないとは言わないまでも、少なくともいまだプロレタリアートである必要のない者なのか？

＊6　Y.-M. Boutang, *De l'esclavage au salariat: Économie historique du salariat bridé*, Paris: PUF, 1998, p. 18.

＊7　F. Jameson, "The Vanishing mediator; or, Max Weber as Storyteller," in do., *The Ideologies of Theory 2: Syntax of History*, New York: Routledge, 1988.

こうした問題が生起するがゆえに、論理において無資格な存在がその資格を求めて宣言する事態が起きる。未来を現在において語る資格を歴史・論理的に顕示する者たちが出現する。だが、とすれば、この宣言する無資格者はその存在性に措いて、みずからの有資格性を証明せねばならないだろう。こうして、プロレタリアートの不在はみずからにプロレタリアートの正統性を求めてさまざまな意匠と衣装を纏うことになる。[8] プロレタリアート、それは変革的公理なのか？ プロレタリアート、それは千の目を持つ〈党〉なのか？ プロレタリアート、それは政治過程における出来事あるいは邂逅なのか。とすれば、〈党〉あるいは出来事‐偶然は、Øでなければならない。あらかじめ言っておこう。この問題《アポリア》は解けない。あるいは、より精確には、この問題《アポリア》を解いてはならないのだ。
だが、こうした問題《アポリア》の一端を来るべきプロレタリアート——その名称はどんなものであってもよい[9]——を語る者たちの言説に垣間見ることが可能だ。それは、マルクスがそこに搾取現場を指定したいわゆる「関係者以外立入禁止」の労働＝生産過程でもなければ（K I: 189）、とはいえ、近代契約法にもとづく労働力商品の「等価交換」空間でもなく、この生産‐流通の論理的補集合（以外——外部ではない！——）にあって両者を担保する（とされてきた）「産業予備軍」概念を語るいくつかの言説である。以下では、広い意味で同一の陣営に属する二つの（対蹠するかに見える）了解——ネグリとヴィルノ——とこの国での了解——侘美光彦[10]——とを交錯させることで、問題を提起しよう。

産業予備軍

よく知られているように、『〈帝国〉』以降のネグリは、さまざまな機会を捉えて、「産業予備軍」概念の実効性の消失を仄めかしてきた(E: 447)。彼はまた次のようにも書いている。

> 実質的包摂の許にある社会は社会的交換だけでなく敵対によってもまた支えられている社会であることが判然とする。可動性とは、したがって、労働市場と社会全体の双方にわたる主体的な潜勢力である。だが、とすれば、いかなる識別形態が可能なのか？（いわゆる）労働市場を一つの全体として構成している〔という意味で〕労働市場の構成的部分である労働‐力を〔全体と識別したうえで〕排除し分離することで形成される〔労働力概念を〕概念的な諸範疇として擁護することは、ますます困難になっている。すなわち、語の厳密な意味では、もはや〔労働市場と社会全体は〕それ自体としては識別不能である〔またしたがって、労働‐力の〔産業〕「予備軍 *esercito di riserva*」という概念はまったく陳腐となる〕。他方では、しかし、関係を総体的に包括する方向性へと圧し遣られている現代国家の能動性は、「労働市場」をみずからに即して作り直し、「労働市場」を〔社会から〕分離したうえで、線分的に階層化し、みずからの分析因子的な諸機能に縮減することをも試みている。こうすることで資本は、環界に温和《おとな》しく順応する従順で包摂的な時間に、すなわちプロレタリアートの運動が孕む可変的柔軟性《ヴェルサティリタ》に、〔堅い時間という〕その拳を叩き付けている。[*11]

＊8　N. Thoburn, *Deleuze, Marx and Politics*, London: Routledge, 2003, chap. 3 を参照。
＊9　命名行為と命名されたものについては、前掲『革命の秋』参照。
＊10　侘美光彦『世界資本主義――「資本論」と帝国主義論』日本評論社、一九八〇年参照。

ネグリの包摂概念については再論しない。

他方、ネグリと同様、多数性《マルチチュード》を論ずるヴィルノは、「労働社会の危機は〔…〕マルクスが『産業予備軍』、すなわち失業分析に当たって用いた諸範疇を通じて、ポストフォーディズム的な労働力をまるごと描き出すことができる」事態を意味し、ここでは「失業は不払労働〔報われない労働 lavoro non remunerato〕であり、労働は有給の失業〔報われた失業 disoccupazione remunerata〕」であって、「従属労働者 lavoratori dipendenti の総体は、超過労働によって散々な目に遭わされているときですら、『過剰人口』あるいは『産業予備軍』」と見做されている、と書いた (GM: 107-9, 119-20)。

産業労働者が一つの緊密な統一体としては存在せず、そのいわゆる「非物質的パラダイム」によって規定されたネットワーク内の数多くの労働形態の一つとして機能している以上、もはや「産業軍」――この国の特殊な左翼用語で言えば、労働者本隊〔正規労働者?〕であろう――は存在せず、また就業者と失業者との社会的識別も困難になり、いかなる労働力も社会的生産過程の外部には存在しないといった (M: 131)、いわゆる「社会工場」論あるいは〈外部なき社会〉論を根拠にネグリは (LD: chap.2)、産業予備軍を外部と捉える理解――だが、何の外部と理解されているのだろう?――の現代における「陳腐」さを強調するが、これはマルクスのいわゆる「その入口に関係者以外立入禁止と書いてある」空間が、社会全体に隈なく拡がったことを根拠にしている。言い換えれば、ネグリの労働市場とは、実質的包摂が完了し、もはや外部が存在しえない現代では、いわゆる内部労働市場そのものである。[*12]

他方ヴィルノは、マルクスの「産業予備軍」における三類型――流動的・潜在的・停滞的――を整理し、次のように書いた。

流動的・潜在的・停滞的な〈相対的過剰人口〉は、マルクスに拠れば、失業者の集団であって、決して就業労働者階級ではない。労働力の周縁的なセクターが問題とされているのであって、その中心部分が問題とはされていない。ところが、労働社会の危機〔…〕によって、これら三規定が、現実の労働力全体に当て嵌めることが可能になった。流動的・潜在的・停滞的な〈相対的過剰人口〉は、いまや、就業中の労働者階級それ自体になった (GM: 107-8)。

ヴィルノの産業予備軍は、就業者と失業者との社会的識別の困難性というネグリと同様の観測に立ちながらも、しかし、論法的には、ネグリにおける労働市場の〈外部なき内部市場化〉論とは異なる（かに見える）、労働市場の全面的な外部（市場）化論と言ってよい。ネグリは、世界的規模で純粋資本主義——純粋世界資本主義[*13]（!?）——が成立するという理解を根拠に、産業予備軍の消失（内部への全面的包摂）を説くが、ヴィルノは労働力全体が産業予備軍という外部として内面化‐包摂された資本世界（というもう一つの純粋資本主義）を描き出したうえで、ネグリと同一の観測に到達した。あ

＊11　Negri, *La costituzione del tempo. Prolegomeni*, op. cit., p. 131.

＊12　「内部市場」論については、とりあえず、今井賢一・伊丹敬之・小池和男『内部組織の経済学』東洋経済新報社、一九八二年を参照。

＊13　これが彼《か》の「帝国」論の経済学的了解である。この国の文脈で言えば、世界資本主義が純粋世界資本主義へ最終的に生成変化したということである。

るいはそれを、前者が資本平面の内部世界としての完成を、後者が労働平面の外部世界としての完成を、それぞれ描き出し、社会の消失をともに論じていると言い換えてもよい。したがって両者はともに、いわば、内部と外部をメビウスの輪のように円環させる資本世界の完成――社会の消失、したがって社会主義の失効[*14]――を論じている。またその意味で両者は、資本が、労働力という特殊な商品から、異なった仕方とはいえ、最終的に自由になったがゆえに、拘束されていることをともに想定としている。それは、労働力商品という在庫を保管‐保全するバックヤードを完き内部に求めるのか、あるいは完き外部に求めるかの違いであり、ここでは問わないが、それはまた、両者がともに「生政治」を論じながらも、「生政治」の名の許で分岐してゆく所以でもある。[*15]

しかし、「非物質的パラダイム」という産業構造の変化とそれに付随する社会変容という安易な理解が横行しているが、それについては暫く措き、ここでは或る一つの重要な問題が浮上している。すなわち、両者が過剰人口に冠された形容詞、「相対的」について決して厳密に語ることがないという問題である。だが、この「相対的」が決定的に重要なのだ。というのも、〈産業予備軍とは相対的過剰人口である〉と言われるとき、[*16]また晩年の宇野弘蔵がそれをいよいよ以て強力に論理に統一し、産業予備軍を論理的概念としての相対的過剰人口に純化するとき、[*17]それはマルクスが資本によるその「生産」を論議されねばならなかった理由、いわゆる景気循環論としての恐慌論に関わっているからである。

相対的過剰人口

マルクスは、「相対的過剰人口は、考えられる限りのあらゆる色合いで存在する。どの労働者も、彼が半分しか就業していないとか、またはまったく就業していない期間は、相対的過剰人口に属している」とし (K I: 670)、正しくもそれを「資本の平均的な増殖欲求から見て過剰な人口」と資本蓄積（の継続）という視点から定義したうえで (K I: 662)、その類型論を大胆に――不必要にも――整理している。その第一の形態が「流動的過剰人口」である。

近代産業の中心〔…〕では、労働者はときには弾き出され、ときには一層大量にふたたび引き寄せられて、生産規模に対する割合では絶えず減少しながらも、大方の場合、就業者の数は増加する。この場合には〔相対的〕過剰人口は流動的な形態で存在する (K I: 670)。

これは言うまでもなく、景気循環の過程で労働市場から排除（失業）・吸収（雇用）される労働力商品

＊14　Negri, *Goodbye Mr. Socialism*, op. cit.

＊15　P. Virno, *Il ricordo del presente*, op. cit. および B. Neilson, "*Potenza Nuda?* Sovereignty, Biopolitics, Capitalism," *Contretemps* 5, 2004.

＊16　『資本論』第一巻第七編第三節の表題が「相対的過剰人口または産業予備軍の累進的生産 Progressive Produktion einer relativen Übervölkerung oder industriellen Reservearmee」であることに注意されたい。マルクスは両者をほぼ同一のものとして捉えている。

＊17　例えば、宇野弘蔵「講演　恐慌論の課題」（一九六六年一〇月二二日　武蔵大学）、宇野弘蔵没後30年研究会実行委員会、二〇〇七年。

を化体する相対的過剰人口の原型について論じている。また第二の類型である「潜在的過剰人口」について、マルクスは、

資本主義的生産が農業を占領するやいなや、または占領する程度に応じて、農業で機能する資本が蓄積されるにつれて、農村労働者人口に対する需要は絶対的に減少するが、ここでは、農業以外の産業の場合とは異なり、労働者人口の排出がそれよりも大きな吸引によって埋め合わされることはない。したがって、農村人口の一部分は絶えず都市プロレタリアートまたはマニュファクチュア・プロレタリアートに移行しようとしていて、この転化に有利な事情を待ち構えている。〔…〕したがって、相対的過剰人口のこの源泉は絶えず流れている。しかし、諸都市へのその絶え間ない流れは、農村そのものに絶えず潜在的過剰人口が存在することを前提とするのであって、この過剰人口の大きさは、ただ排水溝の特別に広く開かれるときだけ眼に見えるようになる。それゆえ、農村労働者は、賃金の最低限度まで圧し下げられて、片足はいつでも貧困の泥沼に突っ込んでいる（K I: 671-2）。

これは、農業部門において資本主義的経営が一般化したことを前提としたうえで、なおも産業としての農業の特殊性（土地所有＝地代という障壁）に起因する相対的過剰人口の農村部門における潜在的滞留の必然性について語っている。さらに第三の類型である「停滞的過剰人口」についてマルクスは、

停滞的過剰人口は、現役労働者軍の一部を成しているが、その就業はまったく不規則である。したがって、それは、自由に利用できる労働力 disponibler Arbeitskraft の尽きることのない貯水池を資本に提供している。その生活水準は労働者階級の平均水準よりも低く、そして、まさにこのことがそれを資本の固有な搾取部門の広大な基礎にする。労働時間の最大限と賃金の最小限がそれを特徴づけている (K I: 672)。

この「停滞的な〔相対的〕過剰人口」についてマルクスは、さまざまな具体的記述を残しているが、しかし、彼のいわゆる「流動的過剰人口」との類型的差異は必ずしも判然としない。とまれそのうえでマルクスは、ネグリが『マルチチュード』で「貧者の富」の名の許でその重要性を異様なまでに顕揚した、「相対的過剰人口の最低部の沈殿物」である「救恤貧民 Pauperismus」、すなわちルンペンプロレタリアートを「三つの類型」に整理して、次のように書いた。マルクスの記述の通りに、しかし、彼にあるルンペンプロレタリアートへの反感を強調する形式で、引用しておこう。

第一は労働能力があり〔ながら労働しない〕者 Arbeitsfähige である。〔…〕第二は孤児や貧児 Waisen- und Pauperkinder である。〔…〕第三は堕落した者 Verkommene、零落した者 Ver*lumpte*、労働能力のない者 Arbeitsunfähige〔…〕救恤貧民は、現役労働者軍の廃兵院 Invalidenhaus、産業予備軍の死重 tote Gewicht をなしている。救恤貧民の生産は相対的過剰人口の生産の裡に含まれており、その必然性は相対的過剰人口の必然性の裡に含まれている。救恤貧民は相対的過剰人口とともに富の資本主義的な生産および発展の一つが存在するための前提条件になっている(K I: 673)。こうしたルンペンプロレタリアート像が、例えば、以下に引く『ルイ・ボナパルトのブリュメール一八日』におけるマルクスの否定的な歴史具体記述に繋がり、それをどのように捉えるかをめぐって論争が起きたことは言うまでもない。

如何《いかが》わしい手段で暮らしを立て、素性のほども如何わしい、零落《おちぶ》れた放蕩者や、ぐれて冒険的な生活を送っているブルジョワの子弟に加えて、浮浪者・兵隊くずれ・前科者・逃亡した漕役囚・ペテン師・香具師・ラッツァローニ〔階級脱落分子〕・掏摸《すり》・手品師・博徒・女衒・女郎屋の亭主・荷担ぎ人夫・売文文士・風琴弾き・屑屋・鋏研ぎ屋・鋳掛け屋・乞食、要するに、はっきりしない、ばらばらになった、あちらこちらと揺れ動く大衆、フランス人がラ・ボエームと呼んでいる連中[*18]〔…〕。

マルクスは、一方で資本家の視点から観れば、こうした救恤「貧民は資本主義的生産の空費 faux frais に属する」としながら、しかし他方で、これを労働者の視点からこうした資本家を見返し、「資本はこの空費の大部分を自分の肩から労働者階級や下層中間階級の肩に転嫁することを心得ている」と批判したことは(K I: 673)、よく知られている。またそれを捉えてネグリがこのマルクスを、ルンペンプロレタリアートを「既存の労働者階級にとっての脅威」として排除する理解と批判し、いわゆる「卑しい群衆 vile multitude」、あるいは貧者の闘争を高く評価していることもよく知られている (M: 130ff.)。

こうした立場を「貧窮革命論」と一括りにして論難しようとは思わない。だが、「資本主義的生産・蓄積の機構は、この〔労働者〕数を絶えずこの価値増殖運動欲求に適合させている。この適合の最初の言葉は、相対的過剰人口または産業予備軍の創出であり、最後の言葉は、現役労働者軍のますます増大する層の貧困と救恤貧民の死重である」と語るこのマルクスが「資本主義的蓄積の一般的法則」で論じようとしたのは (K I: 674)、ヴィルノが産業予備軍を以て正しく理解したように、景気循環とそこで資本によって間歇的に「生産」される失業者としての相対的過剰人口の客観的機能という問題だったはずである。そしてここでは、資本が「生産」する失業者という視点が重要なのである。みずからを「一切」にして「無」であると宣言するプロレタリアートが間歇的に見え隠れするのも、この労働市場という境界に縛り付けられた労働者階級という資本の蓄積循環との同行を強いられる人びとの命運においてである。確認しよう。相対的過剰人口における「相対的」とは、言うまでもなく、資本に対して循環的に「相対的」と成ることを意味しているのである。プロレタリアートとは、資本によって、資本を相対的に逸出する存在として、間歇的に「生産」される在庫であり、在庫管理の問題なのである。[*19]

---

*18 前掲「ルイ・ボナパルトのブリュメール一八日」一五四頁。

*19 労働力商品の「在庫」論については、長原豊「用象＝集-立と元有——試論」『道の手帖 ハイデガー』河出書房新社、二〇〇九年を参照されたい。

「空席待ち」の「空費」

であればこそマルクスは、「相対的」過剰人口であるこの〈空席待ち（あるいは待命中）の〉在庫を次のように標した。

> 過剰労働者人口が、蓄積の、言い換えれば、資本主義的基礎のうえでの富の発展の、必然的な産物だとすれば、逆にまたこの過剰人口は、資本主義的蓄積の槓桿に、じつに資本主義的生産様式の一つの存在条件に、なる。それは、自由に利用されうる産業予備軍 eine *disponible* industrielle Reservearmee を形成するが、この予備軍は、まるで資本が自分の費用で育て上げたものであるかのように、絶対的に資本に従属している（K I: 661）。

景気循環に即して、あるいはむしろそれ以上に有り得ることだが、それ以外の多くの理由から、労働－生産過程から排除され、労働市場の内部あるいはその縁辺、さらには外部に排出され、ときには〈redundancy〉とも表記される[20]、いわゆる失業者としての相対的過剰人口は、こうした〈空席待ち（待命中）disponible〉の期間[21]、どこでどのように凌《しの》ぎを得ているのか？　論理的完結を専らとする「経済理論」にこのように端的に問いかけたのは、侘美光彦だったが[22]、この設問は、もちろん、侘美にとっては、まずは宇野弘蔵のいわゆる純粋資本主義論に対する世界資本主義論からのまさに理論論――的な疑義であり、それはまた、「資本主義的生産に特有の廻り道――非資本主義的生産に対する部分的依存――を介した労働力商品の再生産機構」を顕揚する、資本主義の（社会的）部分性を強調するためだった。[*23] ヴィルノが正しく指摘した「失業者」としての産業予備軍という指摘を佗美は、相対的過剰人口という在庫はどこで「保全」され、[*24] どのような在庫管理・在庫調整が行われるのか、という端的な問いかけとして提起したのである。

この問いかけは重要である。というのも、ネグリにおける外部なき世界――相対的過剰人口という概念の失効という立論――では、もはや景気循環が、したがってネグリ固有の生政治が解けないことを、それはいち早く示唆しているからである。他方ヴィルノにおける労働力に関わる外部世界の全面化論においても、もはや景気循環は解けない。というのも、そこでは労働者はつねに失業状態にあるからである。またであればこそ、両者は、その了解において方向性を違えながらも、ともに在庫管理

＊20　過剰・余剰・冗長〈余分な反復〉を指す〈redundancy〉は、余剰人員を意味する語としても、用いられている。

＊21　邦訳では「自由に利用されうる」使い捨ての存在とされている〈disponible〉を、マルクスは、ことさらにフランス語で記しているが、この〈disponible〉は軍事用語では「予備役・待命中」を、また経済用語では「現物・在庫品・流動資産」を意味していることは周知であり、英語のそれは「管理・指令可能な」をも意味している。

＊22　前掲『世界資本主義――「資本論」と帝国主義論』参照。

＊23　同前、八九頁。なおこの論点については、前掲『われら瑕疵ある者たち』も参照されたい。

＊24　労働力の「保全」とは、大河内一男が戦時社会政策論を論ずるに当たって用いた、明け透けな表現であることに注意せよ。

という「生政治」を語るのである。そしてそれは、皮肉なことに、景気循環の存在を否定し、それを経済の「変動性《ヴォラティリティ》」の「緩和《モデレイション》」の切り縮めを課題とした新自由主義的な凄まじい「生政治」的政策に照応している。

マルクスは相対的過剰人口を説明する件《くだり》で、「個体としては弱くて迫害を受けることの多い動物種族 Tierarten の大量的再生産を思い出させる」と書き、それに註記して、以下の引用を列記した (K I: 672)。

「貧困は生殖には都合がよい」(スミス)。

「神は、最も有用な職分を行う人間がたくさん生まれるように、節理した」(ガリアーニ)

「貧困は、飢餓や悪疫という極点に至るまで、人間の増大を阻止するよりもむしろ促進する傾向がある。〔…〕もし全世界が安楽な状態にあれば、やがて世界の人口は減るであろう」(ラング)

その語源が、その国家——資本と読め——への貢献が子孫 proles を生産することだけに求められた、プロレタリアートは、こうして間歇的に出現しては、消えるが、この消滅は労働力の商品化という継続する「無理」を介して実現する。だが、プロレタリアートは、そのつど、この「無理」に空集合Øの痕跡を打刻するのである。この痕跡を読解するものは〈党〉か、あるいは〈出来事〉か? それはふたたび、ルンペンプロレタリアートを最下底部とする瑕疵商品としての労働力が在庫——「空席待ち」の「空費」——となって資本を締め上げる秋《カイロス》に、顕わとなる。

第11章

〈空費〉の存在論

思考せず、計算も判断もしないということは、無意識が〔…〕働くことを妨げません。むしろこの無意識が理想的な労働者なのです。マルクスは、この理想的労働者〔奴と読め！〕が主〔資本と読め！〕の言説を引き継ぐ〔に取って代わる〕*prendre le relais* のを看たいと願い、この労働者を資本主義経済の華－盛り fleur としたのです。[*1]

この者ども

なぜ殺人者ラスコーリニコフは、この世の聖なる汚穢ソーニャに「ヨハネによる福音書」（「ラザロの死と復活」）の朗読を強いたのだろうか？

だがむしろ、次のように始めるべきだろうか。ニーチェは一九世紀末の同時代人を「あまりに多すぎる者ども Viel-zu-Vielen」あるいは「溢《あふ》れ出た者ども Überflüssigen」と呼び[*2]、この者どもに、人民でもなければ大衆でもなく、ましてや労働者階級でもない（M: xivff.）、その語義において多数（有象無象）の蝟輯それ自体を指示する、「畜群 Herde」という誇らしき蔑称を献呈した。人類史におけるあらゆる類いの変革と出来事に遅れることを必定とするその「理論」的な正統－正当化は、時代とともに異なった姿態をとって出現するこの人間が蝟輯することそれ自体の命名－権《ヘゲモン》をめぐって起きた[*3]。またドゥルーズ＝ガタリは、このニーチェを二冊のその傑作の傍らに措き（AO: 74, 227; MP: 528ff.）、この者どものために教会・軍隊という二匹の「犬」と列んで支配を構成するもう一匹の「犬－国家 le chien-Etat」が考案されたと論じた。それはまた、彼《か》の「原国家 Urstaat」論の原型をもなしている。

このニーチェの死に際会し、ただちに筆を執ってニーチェを論じたトロツキーは[*4]、「社会 общество」から「逃走した оставлять」この者どもの最底辺に「ルンペンプロレタリアート」という集合名詞を[*5]、またその「高級な類型」に「寄生的プロレタリアート parasitenproletariat」という抽象名詞を[*6]、それぞれ——だが、以下で見るように、ある規準（空費！）の許で一括的に——差し向けた。このトロツキーとドゥルーズ＝ガタリは、前者における否定的了解と、ガタリのマルクス了解を軸に彼《か》の「逃走－溢出線」を描いた後者における肯定的了解という、同根とはいえ対蹠するかに見える二様の解釈を暫く措けば、時代とともに変化するマルクスのプロレタリアート（したがって、ルンペンプロレタリアート）論を、ともに正統に、継承している。

本章の設題は、その掉尾を来るべき論攷のための序論とするという異例を除けば、すこぶる単純で

＊1 J. Lacan, *Télévision*, Paris: Seuil, 1974, pp. 26-7.

＊2 F. Nietzsche, „Vom neuen Götzen" in *Also sprach Zarathustra*, I, Friedrich Nietzsche, Digitale Kritische Gesamtausgabe Werke und Briefe auf der Grundlage der *Kritischen Gesamtausgabe Werke*, herausgegeben von Giorgio Colli und Mazzino Montinari, Berlin/New York, Walter de Gruyter, S. 1967ff.

＊3 その民衆史的「復権」の嚆矢は、G・ルファーブル『革命的群集』（二宮宏之訳、岩波文庫）やE・P・トンプソンなどの移行期における「反作用する過激派 reactionary radicals」研究などにあるだろう。

＊4 L. Trotsky, "A propos de la philosophie du surhomme," signé 'Andide Oto', paru dans Vostotchnoïé Obozriéné (*La Revue de l'Orient*) d'Irkoutsk, numéros 284, 286, 287, 289 des 22, 24, 25 et 30 décembre 1900 (Repris dans: L. Trotsky, Sotchuniénia, T. XX: Koultoura starogo mira (La culture de d'ancien monde), Moscou-Leningrad, Editions d'Eta, 1926).（電子版）

＊5 トロツキーは、〈逃走する оставлять/sortir〉をことさらに括弧に入れている。

＊6 本章では、現代資本主義がその完成態である金融（G……G'）を槓桿とする金融投機資本に典型的な「高級な類型」に属する「ルンペンプロレタリアート」とそれがナショナリティへと逆流する論点を論じない。それについては、すでにマルクスが「その営利の方法でも享楽でも、ブルジョワ社会の上層に再生したルンペン・プロレタリアート以外の何者でもない」金融貴族（マルクス「フランスにおける階級闘争」『マルクス＝エンゲルス全集』第七巻、一二頁）あるいはエンゲルスが「貴族ルンペンプロレタリアート adliges Lumpenproletaria」（エンゲルス「歴史における暴力の役割」『マルクス＝エンゲルス全集』第二一巻、四五二頁）として論じている。P. Hayes, "*Utopia* and the Lumpenproletariat: Marx's Reasoning in *The Eighteenth Brumaire of Louis Bonaparte*," *The Review of Politics*, 50 (3), 1988; do., "Marx's analysis of the French class Structure," *Theory and Society* 22, 1993 における「移行的階級」論あるいは「循環的階級構造」論、R. L. Bussard, "The 'Dangerous Class' of Marx and Engels: The Rise of the Idea of the *Lumpenproletariat*," *History of European Ideas* 8 (6), 1987, p. 685、P. E. Corcoran, "The bourgeois and other villains," *Journal of the History of Ideas* 38 (3), 1977 および H.R. Ritter, "Friedrich Engels and the East European nationality problem," *East European Quarterly* 10, 1976 を参照。

あると同時に、今日的でもある。[*7] それは、この者どもが何に対して「あまりに多すぎ」、何から「溢れ出る」ことで「余計者」とされ、また何がこの者どもをして「畜群」たらしめたのか、である。それへの直接的回答もまた、単純である。この者どもは、「畜群」としてそこから立ち去ったとされてきた社会体《ソシウス》によってではなく、その円環的論理性を完結する内部《じこ》として誇り、社会全体の唯一の実体‐主体を僭称し堤喩的に組織する特種な部分である資本によって、だがまさに社会全体の内部で、「畜群」へ墜落的に生成した。これである。これを節約的《けいざいがく》に言い換えれば、この者どもは、資本によって「余計」とされ、資本から「溢れ出」て社会の最底辺に沈殿し、唯一資本だけが組織するとされる社会全体を下部から凝視し、その結果皮肉にも、資本（論理‐内部）の表見的完成を担わされた、まさに資本（論理‐内部）にとっての特権的な外部である。

　ここには、繰り返される恐慌――克服可能な「制約 Schranke」、したがって「偶然 Zufall」とされた「限界 Grenze」(Gr.: 249)――を結節としてその内的組成を循環的に高度化させながら、ドゥルーズ＝ガタリの表現を藉《か》りれば、その内圧を高めて膨脹する sous-tendre 資本が、それでもなお完きを得て閉じる自己であるというその円環性を護持するために、内部によるその外部の不断の形成を余儀なくされていることが、しかも資本の、したがってそれを記述するマルクス（経済学）の――「商品語」ならぬ資本語によって表現される――論理的欲動として、抜き身となっている。その意味でさきの設問は、まさにマルクス（経済学）がこの者どもにいかなる名称を与え（ることを回避し）――論理の名の許で、あるいは資本の自己愛《ナルシシズム》を映す鏡面として、その角を矯め――たのか、という設問でもある。

　この設問の核芯には、したがって、イデオロギーと政治をいわゆる科学から分離し、論理によってのみ記述することを矜恃とするマルクス経済学にとって不可欠な内部と、その意味での内部を自閉的に鋳固めるために、ある起源的出来事の「無理を通」すこと[*8]——強制（法）*forçage*[*9]——で内部なるものに併呑されたその臨界的外部（補集合）の双方をともに自己を語‐騙る物語《イストワール》装置とすることによって、特殊‐特種な部分集合であるみずからに普遍（全体集合）を僭称するという、資本とそれを論理的に叙述するマルクス経済学にとっては真っ当な、集合論的操作がある。

この設問に本章は、マルクスがその論理学（『資本論』）で到達した、剰余価値の生産を可変資本として担当する商品化された労働力の——「非‐資本 *Nicht*-Capital」としての「労働」にとっては即自的であり、「非‐労働（者）*Nicht-Arbeit(er)*」という「定在」としての「資本（家）」にとっては対他的な（Gr.: 198, 234-5）——集合表象である非‐対自的な労働者階級から[*10]、それを論理において担保する補集合である産業予備軍（と密接に関わりながらも分析学《アナリティクス》としては断絶する、内部としての相対的過剰人口）へ、

＊7　「今日的」という場合、僕は、いわゆる〈リーマンショック〉後に資本が労働に対して顕わにしたその本性だけでなく、それ以前から顕在化している「余剰人類 surplus humanity」状態をも指している（M. Davis, *Planet of Slums*, London: Verso, 2007, pp. 174ff.）。

＊8　宇野弘蔵『経済原論』〔旧原論〕『宇野弘蔵著作集』第一巻、岩波書店、一九七三年、一三五頁。なお G・ウォーカー「無理という閾と〈共〉の生産」上・下、『情況』二〇一〇年五月号・十月号を参照。

＊9　A. Badiou, *L'Être et l'événement*, op. cit., 1988, Pt. VIII 参照。

＊10　すべて否定性に措いて記述されていること、また労働と資本の「人格化」としての労働者と資本家はこの「定在」において経験‐現実的に *wirklich* 一致していることに、注意されたい。

またかかる意味で概念としては層的に論理化される産業予備軍から、それをその歴史－政治的な存在性において担保する、だがルンペンプロレタリアートというプロレタリアートにとっての補集合という外延的担保に凭《もた》れるほかない、プロレタリアートへという、外部に向かう遡行の道筋を示すことによって応えることにする。

とはいえ、単なる労働者階級の経済論ではなく、以下に看るように『資本論』では斜線を引かれた政治的主体であるプロレタリアートの存在論を目指してこの者どもへ黄昏での誰何《たれそある》を開始する本章では、資本は、この者どもに何よりも空費 *faux frais* という資本語を与えたという応答が、その端緒として、措かれる。それは、資本にとっては定在的外部であるほかない在庫装置（産業予備軍）が、資本という内部に包摂された社会「工場」の生産装置（相対的過剰人口）へと（LD: *passim*）、その角を矯められることによって、レオパルディの「荒れ地」で撓《しな》る金雀枝《エニシダ》[11]が、ラカンの「資本主義経済の華」である〈主を語－騙り継受する奴〉としての労働者階級（経済的範疇 *Arbeiterklasse*）へと読み替えられる過程そのものの裡に、バリバールの表現を藉りれば[12]、労働者階級が「不安定性 *insécurité*」をその唯一の特徴とするプロレタリアートへと存在（論）的に跳躍する機制が[13]、だがそれへの指令言語装置である組織という問題系《プロブレマティーク》を欠いて、埋め込まれていることを探し出す作業であり、資本にとって存在的に瑕疵商品であるこの者どもが存在として孕む異和（割り切れなさ－残余）の存在論的な復権の試みの端緒でもある[14]。

だが、ここでの「空費 *faux frais*」とは何か？　それは、資本の〈抹消－短絡〉欲動を指す資本語である。まずは復習である。

空費の「表層」——抹消‐短絡

以下で煩瑣な紹介を繰り返すように、マルクスは空費という表現をさまざまに用いており、現在ではその著作群における使用箇所と頻度もほぼ確定できる。またその際彼は、〈*faux frais*〉というフランス語を偏愛し、それには例外なく強調《イタリック》が付されている。

ところで、語としての空費 *faux frais* は、動詞〈faillir 危うくする／違《たが》える〉に近接する形容詞〈faux 虚偽の／無理がある〉と、古フランス語で「毀損」を意味する〈fret/frait〉——古典ラテン語の「打ち砕く frangere」の過去分詞中性形であり、俗ラテン語では〈fractus/*fractum*（自己組織・修復型機械！）〉と表記され、フランク語では「安寧攪乱の代償‐犠牲 fridu」を意味する[*15]——から派生した〈frais 犠牲

＊11　A. Negri, *Il lavoro di Giobbe: il famoso testo biblico come parabola del lavoro umano*, Roma: Manifestolibri, 2002 に列ぶネグリの哀しき傑作、A. Negri, *Lenta ginestra: Saggio sull'ontologia di Giacomo Leopardi*, Milan: Mimesis, 2001 を参照。

＊12　É. Balibar, "The Notion of Class Politics in Marx," op. cit., p. 19.

＊13　その意味で初めて、いわゆる〈プレカリアート〉存在が解明される。F・ベラルディ（ビフォ）『プレカリアートの詩』櫻田和也訳、河出書房新社、二〇〇九年など参照。また現代における労働論との関連については、R. Gill and A. Pratt, "In the Social Factory?: Immaterial Labour, Precariousness and Cultural Work," *Theory, Culture and Society*, 25 (1), 2008 も参照。

＊14　J. Rancière, *La Mésentente*, op. cit. 参照。

＊15　E. Partridge, *Origins: A Short Etymological Dictionary of Modern English*, New York: Random House Value Publishing, 1988, p. 751.

〈出費・経費〉の二語によって組成され、不正・偶発・付随という否定的特質を含意する経費という意味を担っている。まずは資本の平滑的「表層」から出立し、「深部」へ墜落しよう。[*16]

言うまでもなく、マルクス（経済学）は、ここでの不正（非‐正規）・偶発（非‐定常）・付随（正規に不可避な非‐正規）にその意味論的重圧をかけて、空費を規定してきた。この教養的周知を確認するために、資本語としての空費に込められた資本の欲動を復習すれば、空費とは、単なる商品の生産ではなく、その本質において剰余価値生産である資本主義的生産にとって「使用価値としての富を積極的に生産しない」流通費などに代表される、費用‐犠牲 Kosten である。[*17] それを労働の側面から言えば、「剰余価値を生産」し「資本の自己増殖に役立つ」労働だけが「生産的」とされたうえで（K I: 534）、この規範（むしろ羈絆）に背馳しながら、なおも剰余価値の生産には不可避な費用‐犠牲が、空費とされた。ところでマルクスは、さきにも触れたように、空費という表現をさまざまに用いている。マルクス学を専らとしない僕といえども、この資本語が孕む含意の意味論的拡がりを看過せない。

空費は、金を無心するマルクスの書簡で用いられた頬笑ましい（？）事例を措けば、[*18] 例えば、時論として書かれた「チャーチスト」や「選挙の腐敗行為」で、「『下品な壮麗さ』や宮廷や王室費や従僕どもを随えた王権——それは生産上の冗費にほかならないではないか？〔…〕巨大な常備軍は？ 生産の冗費だ。植民地は？ 生産上の冗費だ」と叫び、「総選挙の冗費」を指摘したマルクス、[*19] さらには「自由貿易問題についての演説」で「巨大な宮殿の建立といった冗費」というブルジョワ国家（国家一般）の愚を糾弾したマルクスなどが、[*20] その定句的使用としては典型的だが、こうした語用は、以下では、徐々に「深部」へ向かう。

例えば、「収入と資本との交換」を論ずるマルクスは、「兵士」や「国家、教会など」を論じて、それがブルジョワジーの「共同利益を指導・管理する委員会である限り」で「正当化」されるにすぎない「生産上の空費」であり、それは「最小限に削減されねばならない、万止むを得ざる」経費だとしている。[*21] 本来であれば「最小限に圧縮」されるべき、だが不可避の費用-犠牲でもある空費は、「直接的生産過程の諸結果」と呼ばれてきた文書でも、国家の本来的不要性に関わって、[*22]「租税つまり政府のサーヴィスなどの価格」が「生産の空費に属」し、それは、資本主義的生産過程にとっても「偶然的な形態」で、必須「条件とされる **bedingte** 必然的な内在的形態ではない」とも論じられている。[*23]

＊16　表層と深部の二層論については、H.-G. Backhaus, "Materialien zur Rekonstruktion der Marxschen Werttheorie 3," *Gesellschaft, Beiträge zur Marxschen Theorie* 11, Suhrkamp: Frankfurt am Main, 1978を参照。

＊17　宇野弘蔵編『資本論研究』Ⅲ（資本の流通過程）、筑摩書房、一九六七年、一七四～八〇頁および宇野弘蔵編『演習講座　新訂経済原論』青林書院新社、一九六七年、八九頁参照。

＊18　K. Marx, "Marx to Ludwig Kigelmann (Lizzy Burns)," *Karl Marx and Frederick Engels Collected Works*, vol. 42, p. 312.

＊19　マルクス「チャーティスト」「選挙の腐敗行為」『マルクス＝エンゲルス全集』第八巻、三三五、三四八頁。

＊20　マルクス「自由貿易問題についての演説」『マルクス＝エンゲルス全集』第四巻、四六二頁。

＊21　MEGA Zweiter Abteilung, „Das Kapital" und Vorarbeiten, Band 3, Karl Marx zur Kritik der Politischen Ökonomie (Manuskript 1861-1863), Text Teil 2, Dietz Verlag: Berlin, 1977, S. 460, 607, 617.

＊22　「空費」のこうした定句的用法はブハーリンにおける「革命の空費」論に顕著である（N. Boukharine, *Économie de la période de transition: Théorie générale des processus de transformation*, tr. de E. Zarzycka-Berard et J.-M. Brohm avec la collaboration de M. Andreu, Paris: Études et Documentation Internationales, 1976）。

生産－不生産という識別点から資本の致富欲動に「合理」性を付与する空費のこうした規定は、[*24]「商人」「貨幣」「信用」といった流通視点に留まらず、資本家の存在意義にも関わる「監督労働」論といった労働編制からする生産視点からも、[*25] 興味深くもある種の「機械」論として、反復されている。

まず商人についてマルクスは、その「簡潔態 Lapidarstil」（G……G′）の下で流通それ自体として完成することを夢想する資本にとってはまさに自己否定にほかならない (K I: 170)、「再生産そのものが不生産的な諸機能を含んでいる」という事実を指摘したうえで、商人は、例えば「生産者の売買期間の短縮」などによって「社会の労働力と労働時間における不生産的機能に拘束される部分をより小さく」する一つの「機械」とされるが、その「労働内容は価値も生産物も作り出さない」がゆえに「彼自身が生産上の空費に属する」と (K I: 133-5)、後に脚注で触れるに止めるネグリによる現代的批判を招く立場を表明している。またマルクスは、より枢要な「機械」である貨幣についても、現代経済学にとっては、そのままではもはや妥当しないであろう見解、すなわち、「生産的規定に必要とされる」以上の「貨幣の使用」は「不生産的」どころか「生産上の空費」であり (Gr.: 143)、貨幣を「流通時間の節約」によって「生産時間を解放」する「一種の機械」と見做せば、それが「労働の一生産物」である以上、削減されるべき「資本にとっての生産上の空費」だとしている (Gr.: 553)。

さらに彼はまた、ネグリの協業論に密接に関わるその「監督」労働についても、[*26] ラムジに事寄せて、「労働の搾取は労働〔という経費〕を要する Die Exploitation der Arbeit *kostet* Arbeit」と資本語的統語に依拠して確認したうえで、その意味で資本には「監督経費」が課されるが、そもそもそれは「賃金範疇」に属し、労働者から「最小の空費によって最大量の剰余労働を引き抜く herauszuziehen」欲動であると、[*27]

論じている。これをエンゲルスは、「カール・マルクス『資本論』第一巻綱要」で、その歴史段階論から、監督費を「奴隷制では、生産の空費に数える」経済学者が、資本主義的生産では、「搾取に必

＊23 MEGA Zweite Abteilung, „Das Kapital" und Vorarbeiten, Band 4, Karl Marx Ökonomische Manuskripte 1863-1867, Text Teil 1, Berlin: Diez Verlag, 1988, S. 112.

＊24 ここでの「合理性」の含意については、Deleuze (avec Guattari), "Sur le capitalisme et le désir," op. cit., pp. 363-68 参照。

＊25 ネグリのいわゆる「資本の社会主義」論の根拠が、これである。エンゲルスが校訂した『資本論』第三巻でマルクスは、「資本主義的生産それ自身は指令労働が資本所有から完全に分離して街頭を彷徨うまでに完成した。この指令労働が資本家によって行われる必要はなくなった。〔…〕〔それは〕資本家自身が最高の完成にまで到達すれば、大土地所有者を余計 überflüssig と思うのと同様〔の事態〕である。資本家の労働が〔…〕社会的労働としての労働の形態から生じ、一つの協働の結果を生むための多数の結合と協業から生ずる限りでは、この労働は資本とは無縁であって、それはちょうど、その形態そのものが資本主義的外皮を破ってしまえば、資本とは無縁であるのと同様〔の事態〕である」と書いている(K III: 400)。ここでは、資本〔家〕そして土地所有〔者〕が、労働〔者〕にとって、「あまりに多すぎる者ども」あるいは「溢れ出た者ども」である。

＊26 問題含みの「非物質的労働」論については、周知のハートやネグリを措けば、L. Fortunati, "Immaterial Labor and Its Machinization," *ephemera* 7 (1), 2007 および M. Lazzarato, *Lavoro immateriale*, Verona: Ombre corte, 1997 などを参照。

＊27 MEGA Zweiter Abteilung, „Das Kapital" und Vorarbeiten, Band 3, Karl Marx zur Kritik der Politischen Ökonomie (Manuskript 1861-1863), Text Teil 5, Berlin: Dietz Verlag, 1980, S. 1798-9.

然とされる限りでの指揮を、社会的な労働過程の性質から生ずる指揮の機能と、あっさり同一視してしまう」と敷衍し、[*28] それはまた、「独立農民や独立手工業者の生産様式を奴隷制にもとづく植民地農場経営と比較する」場合、「監督労働を生産の空費に数える」経済学者が、資本主義的生産についてはそうしないという、マルクスの文言と符合してもいる（K I: 351-2）。

こうして、資本に資本語によってみずからの欲動を語らせる資本の語り部マルクスは、「流通時間の短縮－短絡 Abkürzung」さらには「流通時間なき流通 Circulation *ohne* Circulationszeit」という資本が帯びる「傾向」に象徴される（Gr.: 553, 542）、「不生産的」過程の〈抹消－短絡〉という欲動に、空費の核芯を見いだしている。[*29] またこの根源における自己否定（いわば死の欲動）は、さらに亢進する。

空費の「深部」――「無理」の蚕食－残遺

資本語としての空費は、こうして、抹消－短絡によって補集合（残余）なき全体集合の普遍的〈一〉たらんとする資本の本源的欲動に与えられた別称である。であればこそ、それはまた、労働力商品化の「無理」が「通さ」れ、形式《しょうひん》的に内部化されたことがもたらす内部への実体的〈蚕食－残遺 *fret*〉作用、したがって資本にとっての焦慮 *fret* の別称でもある。資本語としての空費に露顕するこの抹消－短絡という資本の純粋なる普遍的〈一〉への欲動、資本がその「簡潔態」としての完成を夢想する流通そのものである限りで、抹消－短絡がこの普遍的〈一〉を〈空あるいは零（自己否定）〉たらしめる危険を孕むこの欲動は、[*30] 流通的表層（商人・貨幣・信用）と監督労働にのみ関わっているわけではなく、より本質的には、その深部から鳴り響く、「無理を通」して商品（－内部）化された労働（力）という資本にとっては不可避・不可欠の外部そのものへの焦慮に向けられざるをえない。ほとんど顧みられることのない興味深い断片《ノート》で、マルクスは、ある「貧弱で散漫」な重農主義者《フィジオークラット》デュビュアを使嗾し、その倒錯的本音――最大の空費、それは労働だ！――を、その自然語《フィジオ》で、吐かせている。これはまた、次に看るマルクスの産業予備軍論で一箇所でただ二回使用された空費が孕む含意にも、関わっている。この重農主義者は、[31]

重農主義の仮象をその本質と考え、土地貴族を讃美している。彼には、例えば後のリカードとまったく同様の剝き出しのブルジョワ的性格が鋭く明白に表れていなければ、言及はまったく不

＊28　マルクス「『資本論』第一巻〔綱要〕」『マルクス＝エンゲルス全集』第一六巻、二七四～五頁。

＊29　このマルクスを現状分析において突き詰めたネグリは、それがゆえに、マルクスの「不充分」性を批判し、「社会資本という視点から実質的包摂傾向の深部に到達するには、潜勢的資本が流通でいかに作動するかを理解せねばならない。これは潜在的に生産的な資本である。この効果は包摂の方向性全体で作動する。『生産時間』（と再生産の時間）は、ますます『労働期間』にもとづいてモデル化され、また『労働時間』に還元される。資本の生命は生産上の空費の実効的削減――と廃絶――とあらゆるタイプの労働の生産的労働への変換という傾向によって支配される」と指摘している（A. Negri, "Toward a Critique of the Material Constitution (1970)," *Books for Burning: Between Civil War and Democracy in 1970s Italy*, tr. by A. Bove et al., London: Verso, 2005, p. 194）。

＊30　この弁証法的矛盾とは異なる〈エニグマ〉については、Dean and Massumi, *First and Last Emperors*, op. cit. の最終章を参照。

要だった。純生産物を地代に限定するという謬りは、この事態を何ら変えない。純生産物一般を論ずるリカードも同様の謬りを繰り返している。〔彼らにとって〕労働者は、空費に属し[32]、純生産物の所持者が「社会を形成する」ためだけに存在し〔…〕自由な労働者の運命は奴隷制度の変化形態としてのみ理解されている。だがこれは、より高い諸階層が、「社会」を形成しうるために、無理強いされる *nötig(en)*

事態なのである[33]。ここでは、再生産表式論でその秩序表記としての近代性を評価された重農主義の根本的謬りを指摘するためだけに[34]、古典派の精華リカードの「冷徹なブルジョワ的性格」と列んで、愚かなデュビュアが取り上げられているわけではない。より興味深い点は、むしろ、リカードの名を挙げたうえで展開される、後段である。すなわち、労働者は「空費に属し、純生産物の所持者が『社会を形成する』ためだけに存在する」と考え、また「自由な労働者の運命」を「奴隷制度の変化形態」にすぎないものと理解する重農主義——自然《フィジオ》-統治《クラシー》と読め[35]——に事寄せて、マルクスは、その労働力を商品として販売する「自由」を得た——「無理」を「通さ」れて「自由な《フォーゲル・フライ》」鳥となった——労働者の「運命〔-偶然〕Los」は[36]、「より高い諸階層 höheren Schichten」が、その剰余価値生産に凭れる自己増殖によって唯一の実体-主体として「社会」を組織するために無理強いされる不正・偶発・非正規な必要経費であるという意味で、資本にとっては本源的に止むをえざる空費であることを仄めかしている。その意味で、「より高い諸階層」にとって賃金とは、その空費を粉飾するためのその形式《しょうひん》性に依拠した妥協形態である。そしてその深部には、ともに否定性に措いてのみある二つの定在——非-

労働と非-資本――が相互に空費として否定しあう（共犯を強いられながらも敵対する）構造が存在することが、だがその前身である重農主義という代弁者《マウスピース》を用いて、語られている。そこでは、「無理」（が「通さ」れた／ている）という継続する起源的暴力がその蚕食-残遺として資本に取り憑き[*37]、それへの流通的対処のために広義の空費が強いられるという機制《フルネルソン》が仄めかされている。そして労働力をめぐるこの空費がもっとも抜き身となる瞬間、あるいは資本の死における欲動が頂点を極める瞬間、それが恐慌である。この意味をさらに敷衍するには、しかし、マルクスの混乱を孕んだ産業予備軍論にふ

---

*31 外交官であり歴史家でもあったデュビュア＝ナンセー（L. G. Du Buat-Nancay）は、一七七三年にロンドンで出版された『政治学要綱』（*Eléments de la Politique: Ou recherche des vrais principes de l'économie sociale*）で、神意による自然秩序と農業の純生産を主張した、広い意味での重農主義者である。だがこの「神意による自然秩序」は、資本もみずからに夢想する秩序である。

*32 『マルクス＝エンゲルス全集』の編集者は、脚注で、この〈faux frais〉に〈Nebenkosten〉を宛てている。

*33 マルクス『剰余価値学説史』第一巻、四八四頁。

*34 したがって、マルクスが再生産表式に関わってケネー「経済表」を評価したことの意味は、何よりもまず、労働力の再生産（生殖）という視点から再評価されねばならない。

*35 本書第8章参照。

*36 〈運命-偶然 Los〉については、長原豊「風に向かって唾を吐くな！」『道の手帖 ニーチェ入門』河出書房新社、二〇一〇年参照。

*37 「いわゆる本源的蓄積」が依然として重要な論点であることについては、S. Mezzadra, *La condizione postcoloniale. Storia e politica nel presente globale*, Verona: Ombre Corte, 2008 を参照。

たたび立ち寄る必要がある。まず有名な一連の文言の簡単な復習から始めよう（以下引用は、KI: 658-74から）。

「深部」の再「表層」化——産業予備軍（空費）の分析学《アナリティクス》

マルクスは、資本による相対的過剰人口の「生産」をめぐる例の「資本主義的生産様式に特有な人口法則」に、一見すれば周知の、次の説明を与えている。

資本主義的蓄積は「相対的な、つまり資本の平均的増殖欲求にとって余計な *überschüssige*、したがって溢れ出る *überflüssige* あるいは追加的な労働者人口」を絶えず「生産する」が、[*38] この意味での相対的過剰人口が「富」の資本主義的「発展の必然的生産物」である限り、それは翻って、資本主義的蓄積の「原動力 - 槓桿 Hebel」あるいは「存立のための要件 - 所与 Existenz-*bedingung*」でもなければならない。資本は、蓄積にとって所与でなければならないこの原動力 - 槓桿が「自由に利用 - 処分可能で空席待ちの disponible〔…〕いつでも（あらかじめ準備された *bereite*）搾取〔- 利用〕可能な人間素材 exploitable Menschenmaterial」としての労働力を商品形態の下にある相対的過剰人口として「形成する bilden」が、その際資本は、これをあたかも社会の唯一の主体 - 実体を僭称する「資本が自分の費用 - 犠牲 Kosten で育て上げた」かのごとくに、したがって「現実の人口増加の諸制約 Schranken」に影響されることがないかのごとくに、みずからの「下へ絶対的に組み入れる gehören zu...」ことができる装置をその内部的外部（臨界）に設置する。相対的な過剰人口とは、したがって、資本があたかもみずから生産したかのごとくに従属させる可変資本の随時利用可能な「絶対的」在庫であり、そのいわば蔵敷料は、資本にとっては最小限にされねばならない流通費であるという意味で、資本にとっては最たる、だがそれがゆえに制御可能とされねばならない、空費である。こうしてマルクスは、〈Zuschuß〉や〈bereite〉あるいは〈Bedingung〉というその語用に滲み出ているように、相対的過剰人口へ概念的に圧縮された産業予備軍を、〈つねに－すでに〉の時制において、しかも絶対的所与（あるいは前未来）として、描いている。だからこそ相対的過剰人口は、その生産をつねに－すでに終了させ完きを得ていなければならない可変資本の社会全体をバックヤードとする在庫である。そしてこのいわば方法論的な公理的命法（強制）が残余なく妥当するには、ここでの社会全体の組織〈主体－実体〉が唯一つであり、またそれが資本である場合に限られることもまた、明らかである。

さきにも整理したように、マルクスは続けて、この意味での相対的過剰人口の三形態――流動的・潜在的・停滞的――を提示し、なおも加えてこの三形態を担保する「最後」の形態である「相対的過剰人口の最底辺の沈殿物 Niederschlag」に、「産業予備軍の死重 tote Gewicht」としての「救恤貧民」という名称をも与えている。マルクスの文章を素直に読めば、「救恤貧民」がさきの意味での相対的過剰人口に含まれていることは明らかである。いかなる装置によってであれ、それを用いてみずから生産可能な労働力商品という瑕疵商品をみずからの下に「絶対的に組み入れる」資本にとっては、救恤貧民を含めて四つの形態をとる相対的過剰人口は、つねに－すでに、出し入れ自在の在庫形態にある可変資本（の定在）としての労働者階級にほかならないが、それはまた、しかし、「無理を通」された起

＊38　マルクスは「追加的な労働者人口」と訳されている部分を〈*Zuschuß*-Arbeiterbevölkerung〉と書いている。まさに「補助・手当 Zuschuß」あるいは失敗を見越してあらかじめ用意されている材料 Zuschuß である。

源的外部の残遺が、資本が誇るその完全なる内部に乱調的痕跡として——これが空費の語源〈毀損されたもの断片 fret〉の含意である——資本に取り憑く、まさに瑕疵商品として労働力を、顕している。

ところで、いわゆる「最後」の在庫「領域 Sphäre」とされた救恤貧民をマルクスは、浮浪者や犯罪者や売春婦などの「本来の *eigentlichen* ルンペンプロレタリアートを別にすれば」と敢えて断ったうえで、第一に景気循環に即して増減する「労働能力のある者」、第二に「孤児や貧児」といった「産業予備軍の候補」、第三に「堕落した者、零落した者 *Verlumpte*、労働能力のない者」や「産業犠牲者、すなわち不虞者や罹病者や寡婦」の「三つの範疇」に経験的に分類したうえで、かかる救恤貧民の「生産」とその「必然性」もまた、相対的過剰人口の「生産」とその「必然性」に「属して／組み込まれている」としながら、他方で同時に、この救恤貧民は「相対的過剰人口と列んで *mit*、富の資本主義的な生産と発展の一つの要件 - 与件」であるとも説き進んでいる。さきに確認したように、救恤貧民は相対的過剰人口の一部とされていた。だがここでは、それは相対的過剰人口「と列ぶ mit」別個の階層とされ、さらにその下層的外部として「本来のルンペンプロレタリアート」が措かれている。そのうえでマルクスは、決定的にも、この相対的過剰人口と微妙な重合関係にある救恤貧民は「資本主義的生産の空費に属する」と明言し、資本は、しかし、その抹消 - 短絡を「この空費の大部分を労働者階級や下層中間階級に転嫁することを心得ている」としたのである。

この一連の文章は、一見するに、混乱している。というのも、マルクスを厳密に読めば、さきの三形態を採る相対的過剰人口とそれ「と列ぶ」——だが、「本来の」ルンペンプロレタリアートとは異なる——救恤貧民が産業予備軍の二層を形成するかに読めるが、だがすでに確認したように、救恤貧民は相対的過剰人口に属しているからである。またマルクスは、なおも、「ラザロ的（極貧）層と産業予備軍 Lazarusschichte *und* die industrielle Reservearmee」という文章が示すように、[39]異なった二つの範疇とされた「ラザロ的（極貧）層」と「産業予備軍」が増大すれば、「公認の offizielle」救恤貧民層もまた増大することを「資本主義的蓄積の絶対的な一般的な法則」ともしている。だが、とすれば、この産業予備軍と「公認の」救恤貧民層を外部から境界づける、「ラザロ的（極貧）層」とは何者か？

こうした非分析的な混乱には、[40]資本が（相対的過剰人口の生産を槓桿－原動力とする）生産可能な労働者階級と「本来のルンペンプロレタリアート」との間《あわい》で経済学的に抹消されている、普遍を僭称しつつも部分でしかない資本によっては経済的に陶冶－規律化されえない何ものか、論理の書『資本論』がことさらに言及を回避せねばならない何ものかが、与《あずか》っている。あるいは、資本の自己完結的円環は、まさにその核芯である労働力「商品」において、外部への滲潤を示して綻んでいる。

こうして、資本は、労働者階級を随時利用可能な相対的過剰人口として生産することができる外部

＊39　ペンギン版『資本論』は、これを〈the pauperized sections of the working class〉と訳し、強引に「救恤貧民」に含ませているが（K. Marx, *Capital*, vol. 1, tr. by B. Fowkes, 1976, p. 798）、モスクワ版MECWは、それを正しく〈the *lazarus-layers* of the working class〉とし、その訳註で「ルカによる福音書」第一六章の参照を求めている（MECW 35: 638, 798）。

＊40　科学とイデオロギーの分離を主張した宇野が、その論理学としての経済原論から産業予備軍を放逐し、相対的過剰人口のみをもって資本主義に特有な人口「法則」を整序した所以が、この混乱にある（宇野前掲「講演　恐慌論の課題」）。

装置を、つねに-すでに、あらかじめ前提していた。だが、資本による生産可能な所与である相対的過剰人口は、まさしく境界領域そのものである「救恤貧民」と相互滲透的に重合する「ラザロ的（極貧）層」、さらには後者と相互滲透的に重合するさらなる外部である「本来のルンペンプロレタリアート」によって、逆説的に言えば、囲繞されて初めて内部化される、構造に措かれている。そしてこの、一端における商品として自在に生産可能な労働力と他端における制御不能な「本来のルンペンプロレタリアート」なるものとの空隙に出現するこの〈名を欠いたもの nameless things〉あるいは境界そのものに、[41]『資本論』ではほとんど言及されることのないプロレタリアートが、だがそれ自体としてではなく、「本来の」ルンペンプロレタリアートというその外部に担保されて、密やかに登壇する。

その意味で、産業予備軍概念は、「語の厳密な意味では、もはやそれ自体としては識別不能であり、またしたがって、まったく陳腐」となったとするネグリのマルクス批判は、[42]まったく正しい。だがそれは、現状分析だけに当て嵌まる正しさではない。あるいはむしろ、ネグリのいわゆる社会全体の資本の下への実質的包摂は、[43]資本がその内部にみずから生産しえない外部を摂り込むことと同義なのである。マルクスは、相対的過剰人口の――あらかじめその実現がつねに-すでに約束されている――安定的な生産に担保された可変資本の供給源-在庫としての労働者階級と、それを最底辺の沈殿層として変動的――政治過程的――に隈取るさらなる「本来の」外部とによって、その漠とした境界が漸く照射される産業予備軍にさまざまに見え隠れする、以下に看る「不安定」であることをもってその唯一の特徴とするプロレタリアートを、前者を論理において純化することで、あるいは前者以外を非-論理として除外-抹消することで（本稿末尾のドゥルーズを読まれたい）、論理学としての『資本論』を完成させようとしたのである。あるいはそれを肯定的に逆説すれば、そうすることで初めて、プロレタリアートが資本の論理学（『資本論』）に、資本にとってはその論理を担保する非‐論理として、陰伏的に登場するのである。

とすれば、こうした対象は、ただ只管に、「徴候的読解」されるほかない。[*44]またそのためには、その産業予備軍論の構制から言えば、マルクス自身がその論理学から排除したマルクスのいわゆるルンペンプロレタリアートへの接近が必要とされる。言い換えれば、ルンペンプロレタリアートの「歴史からの排除という傾向がマルクスによる『プロレタリアート』概念の書き直しを通じて顚倒される」のではなく、[*45]むしろ資本の論理学（『資本論』）に徴してその夾雑物として削除線の下に措かれたプロレタリアートが、ルンペンプロレタリアートの「書き直しを通じて顚倒され」ねばならない。そしてその枢要は、「認識論的断絶」の書『ドイツ・イデオロギー』でマルクスとエンゲルスが批判の対象としたシュティルナーのプロレタリアート論に、存在する。われわれは、敢えて言えば、マルクスの

*41 P. Stallybrass, "Marx and Heterogeneity: Thinking the Lumpenproletariat," *Representation* 31, 1990.

*42 A. Negri, *La costituzione del tempo. Prolegomeni*, Roma: manifestolibri, 1997, p. 131. なお、産業予備軍は、イタリア語では〈esercito di riserva〉と表記されるが、この〈esercito 軍隊・集団〉という語が、動詞〈esercitare 訓練・訓育・陶冶・規律化する〉に密接に関わっていることの含意に注意されたい。

*43 ここでは説かないが、この包摂は形式的包摂で完了している。

*44 L. Althusser et al., *Lire le Capital*, op. cit. 参照。

*45 Stallybrass, op. cit., p. 84.

いわゆる「プチブルに遡行せねばならない。このルンペン／プロレタリアート（「四日目のラザロ」）は[46]、しかし、もはやその運命（－偶然 Los）を嘆くことはない[47]。

「四日目のラザロ」――「本来的」に存在的な空費－濫費

マルクスは「ローマのプロレタリアートは働かなかったが、近代社会は彼らの仕事に対する充分なる報償を払うことなくプロレタリアートに凭れて生きている」という「シスモンディの名言」が忘れられている[48]、と喝破した[49]。だが、バリバールが指摘したように、このマルクスは、『資本論』では一転して、語としてのプロレタリアートをほぼ使用せず、労働者階級という政治経済学的な範疇だけが用いられた。バリバールはこの物象化の相貌に措かれた「表現上」の事実に一箇の「基本的な徴候的価値」を見いだし、それをプロレタリアートが「置かれた状況の『不安定性 *insécurité*』」という特質において捉えようとした[50]。この「不安定性」は、すでに看たように、相対的過剰人口をも含めた産業予備軍を貫穿する徴候であり、それを外部からもっとも先鋭的に象徴している存在が、マルクスのいわゆる「ラザロ層」と「本来の」ルンペンプロレタリアートにほかならなかった。またその意味で、プロレタリアートは、ルンペンプロレタリアートをその論理的記述から排除し、それによって労働者階級を「現役軍」と予備役としての相対的過剰人口として内部化した『資本論』では、真の意味での不在（孔－空）を構成し、その内部化を「強制」せねばならない対抗公理的な価値標準《ニュメレール》である。『資本論』に不在であるがゆえにその存在が徴候的に読解されねばならないこの対抗公理《プロレタリアート》は、むしろ、「ラザロ層」とルンペンプロレタリアートという「本来の」外部から徴候的に語られることで初めて、死せる労働の有機的一部として組み込まれている生ける労働が真向かわざるをえない「商品世界」に「組み込まれ隷従している」労働者階級と連接する、物的根拠を獲得する。だが、マルクスのルンペンプロレタリアートとは、何者なのか？

例えば、ルンペンプロレタリアートをマルクスにもっとも忠実かつ体系的に整理した或る論者は、[*51]マルクスが「旧いプロレタリアートを指す『プロレタリアート』の一部を指している」ルンペンプロレタリアートを、[*52]「近代のプロレタリアや失業労働者や救恤労働者といった純粋な意味での労働者の一部」、またしたがって、資本の経済的「条件」ではなくその「帰結」としてのみ、理解していたと

---

*46 「ヨハネによる福音書」第一一章参照。

*47 ドストエフスキー『罪と罰』中、江川卓訳、岩波文庫版における訳註（三五七〜八頁）参照。

*48 マルクス「『ルイ・ボナパルトのブリュメール一八日』第二版（一八六九年）への序文」『マルクス＝エンゲルス全集』第八巻、五四三頁。

*49 Simone de Sismondi, *Études sur l'économie politique*, t.1, Paris: Treuttel et Würtz, 1837, p. 35. なお、プロレタリアートの語源については、G. A. Briefs, *The Proletariat: a challenge to western civilization*, New York: Arno Press, 1975, p. 59 および Bussard, op. cit. が非常に興味深い。是非参照されたい。

*50 Balibar, op. cit., pp. 18-9. 例外は、「労働日」と工場監督官の記述やヴォルフへの献辞や本稿が主題としている「一般的蓄積法則」、そして前掲『われら瑕疵ある者たち』が対象とした「いわゆる本源的蓄積」である。

*51 H. Draper, "The Concept of the 'Lumpenproletariat' in Marx and Engels," *Économie et Sociétés*, 1972, pp. 2285, 2289, 2303.

見做した。また、こうした「旧」説を文学的表象論から批判する論者も、「貧困」ではなく、その「無産」性をもってプロレタリアートの特質と規定するに到った経済学者マルクスにとって、[*53]ルンペンプロレタリアートは「非常に『非プロレタリア』的な集団」あるいは「有産階級によって用いられた意味での『プロレタリアート』の旧来の意味の残滓」として理解し、マルクスの強調点が「政治から経済へ移行」するにつれて、ルンペンプロレタリアート概念はその重要性を失ったことを認めている。[*54]総じてこれは「初期世界の歴史的残滓」としてのルンペンプロレタリアートに当たるだろう。[*55]だが、「政治から経済へ移行」する以前のマルクスは、ルンペンプロレタリアートを何に依拠し、どのように、描いただろうか？　数多あるルンペンプロレタリアートへの言及にあっても、「個人的な社会的落伍者の集団」「一般的なプロレタリアートの一部」「経済システムの範疇的外部」といった定義に当たる、[*56]以下のマルクスの有名な記述が最適のイメージを与えてくれることは言うまでもない。ふたたび引用する。

如何わしい手段で暮らしを立て、素性のほども如何わしい、零落れた放蕩者 Roués やグレて冒険的な生活を送っているブルジョワ子弟、浮浪者、兵隊崩れ、前科者、逃亡した漕役囚、ペテン師、香具師、ラッツァローニ〔階級脱落分子〕、掏摸、手品師、博徒、女衒、女郎屋の亭主、荷担ぎ人夫、売文文士、風琴弾き、屑屋、鋏研師、鋳掛け屋、乞食、要するに、はっきりしない、バラバラで、あっちこっちと揺れ動く大衆、フランス人がラ・ボエームと呼んでいる連中[*57]〔…〕あらゆる階級のこれらの屑 Auswurf・塵 Abfall・滓 Abhub[*58]〔…〕。

*52 例えば、「旧いプロレタリアート」であるルンペンプロレタリアートをマルクス（とエンゲルス）は、政治的視点から経済的視点への転轍点をなす作品『ドイツ・イデオロギー』で、「自由民と奴隷の中間に位置する（ローマの）平民は決してルンペンプロレタリアートの域を超えることはなかった」と表現している（マルクス＋エンゲルス「ドイツ・イデオロギー」『マルクス＝エンゲルス全集』第三巻、一九頁）。従来の英訳では、このルンペンプロレタリアートは〈proletarian rabble〉と訳されていた。〈rabble烏合の衆〉についてはF. Bovenkerk, "The Rehabilitation of the Rabble: How and Why Marx and Engels Wrongly Depictes the Lumpenproletariat as a Reactionary Force," *Netherlands Journal of Sociology* 20 (1), 1984を、またローマ時代の〈乱民mob〉についてはP. A. Brunt, "The Roman Mob," *Past & Present*, No. 35, 1966を参照。

*53 「貧困」の搾取論的再把握については、A. Negri, *Kairòs, Alma Venus, Multitudo: nove lezioni impartite a me stesso*, Roma: manifestolibri, 2000, pp. 83ff. 参照。またその古典的記述については、G. Himmlefarb, *The Idea of Poverty: England in the early Industrial Age*, New York: Knopf, 1984が、エンゲルス「イギリスにおける労働者階級の状態」（『マルクス＝エンゲルス全集』第二巻）と列んで、初期の「貧困」を活写する名作である。なおA. Woodall, *What Price the Poor?: William Booth, Karl Marx and the London Residuum*, Ashgate Pub. Co., 2005も参照。

*54 Bussard, op. cit., pp. 675, 679-80, 687. マルクスとエンゲルスが、その著作群で、ルンペンプロレタリアートという表現を用いた箇所とその頻度も、いまではほぼ確定できるが、プロレタリアート概念の「賤民－下層民Pöbel」からの分離については、W. Conze, „Vom 'Pöbel' zum 'Proletariat': Sozialgeschichitliche Voraussetzungen für den Sozialismus in Deutschland," *Vierteljarhresschrift für den Sozial-und Wirtschaftsgeschichte* 41, 1954参照。

*55 Bovenkerk, op. cit. なお、かかる視点からファノンを論じたP. Worsley, "Franz Fanon and the 'Lumpenproletariat'," *Socialist Register* Vol. 9, 1972は、ルンペンプロレタリアート論としても秀逸である。

*56 Bovenkerk, op. cit.

この者どもを、マルクスは「卑しい多数性－蛸輯 ville *multitude* (gemeinen Pöbels)」とも呼び、彼《か》の「遊動警備隊」に結集した「危険な階級 classes dangereuses」に象徴的な[59]、「旧社会の最下層の受動的な腐敗分子」という名称も献呈している[60]。マルクスのこうした口を極めた悪罵（まさに「四日目のラザロ」）の表象的解釈などによる復権は、たしかに興味深い[61]。だが、注目されるべきは、さきに引いたマルクスの悪罵が何よりもまず、『ドイツ・イデオロギー』で痛烈な批判の対象とされたシュティルナーの『唯一者とその所有』における以下の一文に起因している点である[62]。

> 市民階級 Bürgertum は、その本質にもっとも密接に関わる、一つのモラルを承認する。そのモラルの第一の要求は、堅実な勤め、正直な仕事に勤しみ、道徳的な品行を守ることだ。このモラルから見て不道徳的なのは、産業貴族・娼婦・泥棒・強盗・人殺し・遊び人・定職のない無産者・無分別者などだ。これら「不徳漢」らに対する気持ちを、健気な市民は「きわめて深い憤激」と名づける。この者どもはすべて、定住性・仕事の堅実さ・堅実で尊敬すべき生活・固定収入などに欠けている。つまり、彼らは、その存在が確たる基盤の上に立つものではないため、危険な「個人あるいは孤立者」、危険なプロレタリアート gefährlichen *Proletariat* に属している。彼らは「孤独な不平分子」であり、何らの「担保」もなく、「失うべき何ものもなく nichts zu verlieren」、したがって賭けるべき何ものもない。〔…〕市民〔城砦内部の人びと〕にとって胡散臭く、敵対的で、危険と思われる人間はすべて、「浮浪者」という名で一括りされる。〔…〕不定、浮動、転変の階級、つまりプロレタリアを形作り、その不定の本質 unsesshaftes Wesen を顕わにするとき、「不逞

*57 マルクスはいわゆる「ラ・ボエーム」を肯定・否定さまざまに説いているが（例えば、マルクス「市民コシディエール配下の前警備隊長A・シュニュ著『陰謀家』――秘密結社、コシディエール配下の警視庁、義勇兵団、パリ、一八五〇年、リュシアン・ド・ラ・オッド著『一八四八年二月における共和国の誕生』、パリ、一八五〇年」『マルクス＝エンゲルス全集』第七巻、二七八～九頁）、A. Glinoer, « Le Journal des Goncourt en 1857: le règne paradoxal de la Bohème », *Études française* 43 (2), 2007 および J. P. Riquelme, "The Eighteenth Brumaire of Karl Marx as Symbolic Action," *History & Theory* 19(1), 1980 が興味深い。

*58 前掲「ルイ・ボナパルトのブリュメール一八日」一五四頁。

*59 いわゆる「遊動警備隊」については、M. Traugott, "The Mobile Guard in the French revolution of 1848," *Theory and Society* 9 (5), 1980 および P. Casperd, "Aspects de la lutte des classes en 1848: le recrutement de la garde nationale mobile, *Revue Historique* 511, 1974 を参照。また「危険な階級」という、後年の訳者たちがルンペンプロレタリアートに与えた公式の「政治的」別名については、L. Chevalier, *Classes laborieuses et classes dangereuses*, Paris: Plon, 1958 を参照。

*60 マルクス＋エンゲルス『共産党宣言』『マルクス＝エンゲルス全集』第四巻、四八五頁。

*61 J. Mehlman, *Revolution and Repetition: Marx/Hugo/Balzac*, Berkeley: University of California Press, 1977 やD. LaCapra, "Reading Marx: The Case of The Eighteenth Brumaire," *Rethinking Intellectual History: Texts, Context, Language*, Ithaca: Cornell University Press, 1987 を始め、ユーゴー『レ・ミゼラブル』論を素材にルンペンプロレタリアートを論じた Stallybrass, op. cit. や J.-C. Nabet et G. Rosa, « L'argent des Misérables », *Romantisme* 40, 1983、バルザック「シャベール大佐」を素材にルンペンプロレタリアートの表象を論じた S. Petrey, "The Reality of Representation: Between Marx and Balzac," *Critical Inquiry* 14 (3), 1988 やフローベールを素材とする H. White, "The Problem of Style in Realistic Representation: Marx and Flaubert," *The Concept of Style*, ed. B. Lang, rev. ed., Ithaca: Cornell University Press, 1987 など、枚挙に遑がない。

*62 以下、M. Stirner, *Der Einzige und sein Eigentum*, Seitenzahlen nach Ausgabe Reclam 1972, S. 123-4, 129.

‐不安定な unruhige 輩‐意志 Köpfe」と呼ばれる。
すなわち、マルクスのルンペンプロレタリアートはシュティルナーの「市民階級」に映るプロレタリアートとまったく同一であり、[63]バリバールがプロレタリアートに見いだした「不安定性」はシュティルナーのプロレタリアートの「本質」である。さきのマルクスは、シュティルナーのプロレタリアートを「本来のルンペンプロレタリアート」と見做し、シュティルナーもろとも、批判したが、この批判によってプロレタリアートは経済学者マルクスの論理学から消失したのである。[64]シュティルナーは、その「ルンペン革命主体論」で、革命が成就した「暁には、プロレタリアはルンペンへ生成変化する」と、マルクスを逆立ちさせ、それにバクーニンを始めとする多くの無政府主義者が共感を寄せたこともまた周知である。[65]

　だが、同一対象に対するこのいわば名称変更を資本によるいわゆる近代化の帰結——社会問題としての貧困から経済問題としての搾取への視点移行——としてのみ理解することは、許されるだろうか？　そもマルクスは、そのように理解しただろうか？　このマルクスがその論理学で排除したシュティルナーの「失うべき何ものもな」い、いわば資本のための「昼仕事」からの逃走線を引いた無産者《プロレタリアート》[66]は、しかし、マルクスが、一方で資本語で可変資本としたみずから生産可能な労働力商品という一端と、[67]他方で前者をこの生産可能な労働力商品から溢出してまさに生産可能な労働力商品たらしめる他端との空隙に陰伏的に出現する無産者《プロレタリアート》、収奪（暴力）‐搾取（平和）という二元論を一身において背負う無産者《プロレタリアート》にほかならない。かかる視点から、論理の書『資本論』に不在のプロレタリアートは、まさにその不在によって、『資本論』の内部にその論理を支えるに不可欠‐不可避の非‐論理として徴候的に読解されねばならない主体となる。この事実に直面して、われわれは、ふたたび、「合理的なものはつねに非合理的なものの合理性」であるというドゥルーズに回帰する。[68] そしてドゥルーズのこの「非合理的なもの」が、乱調であるがゆえに階調を誇る例の「吃音」の資本のみならず、この乱調を支えるプロレタリアートという「種族能力 Gattungsvermögen」(K I: 349) を徴候的に指示している。[69]

---

*63 ドイツ語の〈Bürgertum〉はフランス語の〈bourgeoisie〉の借用語である。

*64 この「隠蔽の手続き」をもっとも明快に説いたのは、ランシエールである。J. Rancière, « La révolution escamotée », in do., *Le philosophe et ses pauvres*, op. cit., pp. 135-55, esp., p. 144 参照。

*65 バクーニンの「ルンペンプロレタリアートは革命運動の前衛」であるという主張を想起されたい (M. Bakunin, *Bakunin and Anarchy: Selected Works*, ed. and tr. by S. Dolgoff, New York: Vintage Books, 1972, p. 334)。

*66 J. Rancière, *La nuit des prolétaires*, op. cit. を参照。同書の英訳版への興味深い「書評」と「論攷」、D. Reid, "The Night of the Proletarians: Deconstruction and Social History," *Radical History Review* 28-30, 1984 およびdo., "Introduction" to J. Rancière, *The Nights of Labor: The Workers' Dream in Nineteeth-Century France*, tr. by J. Drury, Philadelphia: Temple University Press, 1989 を参照。

*67 A. Jappe, *Les Aventures de la marchandise: Pour une nouvelle critique de la valeur*, Paris: Denoël, 2003, pp. 118ff.

*68 Deleuze (avec F. Guattari), « Sur le capitalisme et le désir », op. cit., p. 366ff.

*69 Deleuze, « Bégaya-t-il ... », op. cit. および J.-J. Lecercle, « Bégayer la langue », *L'Esprit Créateur* 38 (4), 1998 参照。

第12章

無比―無理《アロゴス》の声を聴解する

「表層surface」は、線分の単なる幾何学的組み合わせではなく、感性的なものの分有がとる形式である。〔…〕黙音―聾唖の記号 signes muets。[*1]

対象の理念化《イデア》における無限への移行は歴史における声《フォネー》の出来を措いては為されない。[*2]

ゼロとは「自己自身と同一ではない」という概念に属する数である。[*3]

二つの精神の間《あわい》で

本章は、アリストテレス『分析論前書』における悖理法についての有名な例解や、[*4]ユークリッド『原論』におけるいわゆる「無理量論」をヒントに、[*5]ランシエールが『不和――政治と哲学』で試みた「政治 la politique」の固有な出来《しゅったい》とその主体（化）である「民衆《デモス》」の「係争」的構成――「間違い《ゆがみ》 *tortum*」の「検証」――を支える手続きを僕の議論に仮構的に導入するための実験的覚書である。[*6] ところで『不和』を一読した者の誰もが、ランシエールの歴史記述における心が躍るようなプロレタリ

＊1 J. Rancière, *Le partage du sensible: esthétique et politique*, Paris: La Fabrique Éd., 2000, p. 19.

＊2 J. Derrida, *La voix et le phénomène*, Paris: PUF, 1967, p. 84.

＊3 G. Frege, *The Foundations of Arithmetic*, tr. by J. L. Austin, Oxford: Blackwell, 1974, p. 87.

＊4 近年では〈帰謬法 reduction ad absurdum〉という呼称のほうが一般的であろうが、『不和』の立論構成から言えば、〈理《ロゴス》 - 比に悖《もと》り背く法〉である〈悖理法〉あるいは〈背理法〉が、日本語としては、適切であることが理解されるだろう。

＊5 いっとき一部の「俗情」を刺戟した、ある意味で根拠ある、思想表現における自然科学的概念の応用に対する「自然科学」からの反生産的な揶揄（A. Sokal and J. Bricmont, *Fashionable Nonsense: Postmodern Intellectuals' Abuse of Science*, New York, Picador, 1998）を意識して、迂遠に言えば……。

＊6 J. Rancière, *La Mésentente*, op. cit. なお本書からの引用に当たっては、煩瑣を避けるために、引用頁数を省略する。
　ところで『不和』は、高校一年生の僕を夢中にさせた中村幸四郎の小冊子（『ユークリッド』弘文堂、一九五〇年）を即座に想い起こさせた。最近で言えば、斎藤憲『ユークリッド「原論」の成立』（東京大学出版会、一九九七年）にも同様の興奮を憶えた。中村についての記憶が消失していれば、またそのときの興奮を思い起こさせてくれた斎藤の厳密な論攷がなければ、本章を公表するという冒険はなされなかっただろう。斎藤には迷惑であろうが、記して感謝に代えたい。本章は斎藤による理に適った訳語（「無理」→「無比」や「共約不可能」→「非共測」）を適宜使用する。

アートの夜見る夢とは異質な、定義的なもののある種冗長な反復をそこに見いだすだろう。本章には、しかし、そうした微妙に——あるいは詩的に——跳躍する彼なりの同値展開の積み上げを順次克明に跡づける意図などない。その意味で本章は『不和』に従順な紹介ではなく、僕のノートからの抜粋に留まる。[*7]

とはいえ、『不和』を素材とした僕の仮構を端緒に措くために、その冒頭で「幾何学の精神と繊細の精神の違い」を挙げ、「幾何学者が繊細で、繊細な人が幾何学者であるのは珍し」く、「繊細は判断‐評価の分け前〔一部〕であり、幾何学は精神の分け前〔一部〕であって、両者の統一には「よく澄んだ眼」と「正しい精神」が必要だと記したパスカル『パンセ』の分類に恃んで、[*8] まず次のように訊ねてみたらどうだろう。すなわち、ランシエールはいかなる「精神」あるいは「判断‐評価」を以て

＊7　ジジェクはやや強引な要約を以下のように提示しているが、それによって本章が敢えて整理を掲示しない『不和』の大方のロジックは了解されることだろう。やや長いが、逐一「説明」しない本章のために、引用しておく。

ランシエールにとって政治は、どのように始まるのか？　ギリシアのポリス内部で活発に行為する担い手として登場した民衆《デモス》、社会構造の裡にはいかなる堅固な位置も有することがない（あるいは、せいぜい従属的な位置を占めるにすぎない）にもかかわらず、ポリスにおける公的境位に内包されるという権利を請求し、寡頭制あるいは貴族制の支配と同様の資格において〔みずからの声が〕聴かれ〔聴解され〕ることを権利請求する、言い換えれば政治的対話と権力の執行におけるパートナーとして認知されることを権利請求する、ある集団の登場を以て、それは始まる。〔…〕政治闘争そ

れ自体は、したがって、多数の利害間の合理的な討議ではなく、ある者の声が正統なパートナーの声として聴かれ（聴解され）認知されることを同時に目指す闘争である。〔…〕「排除されし者」が支配的エリート層〔…〕に異を唱えるに当たっての真の問題は、彼らの明示的な要求（例えば賃上げ、労働条件の改善など）だけでなく、かかる討議において同等のパートナーとして聴かれ（聴解され）認知されることへのまさに権利の請求である。さらには、彼（女）らが苦しんでいる過誤 le tort/Wrong に異議を申し立てるなかで、彼（女）らはまた、貴族制あるいは寡頭制の特殊な権力利害に対抗する、社会それ自体の直接的な具体化、〈社会の全体〉をその普遍性において代役（的に表現）する者 stand-in for として、みずから自身を呈示する（秩序へは数え上げられることのない「無である我ら」、それが民衆《デモス》であり、特殊な特権的利害だけを表現するあらゆる他者に対する〈全体〉である）。〔…〕つねに政治は、それ自体として、こうした〈普遍〉と〈特殊〉とのある種の短絡《ショート・サーキット》に関わっている――彼（女）らは、社会体における「自然」な諸関係の機能的秩序に不安定をもたらしながら、〈普遍〉を代役（的に表現）する者として出来する、特異な逆説である (S. Žižek, "Afterword: The Lesson of Rancière," to Jacques Rancière, *The Politics of Aethetics*, tr. with an Introduction by Gabriel Rockhill, London: Continuum, 2004, pp. 69-70)。

なお、ランシエールの簡便な理解に興味をもつ向きには、『不和』に向けての初期論攷（J. Rancière, « La communauté des égaux » in do., *Aux bords du politique*, Paris: La fabrique Éd., 1998）や『不和』における核芯でありながらいまだ曖昧な点でもある「感性的なものの分有」に関わるインタビュー集が簡便である（Rancière, *Le partage du sensible*, op. cit.）。またもう一つの批判的要約については、A. Badiou, *Abrégé de métapolitique*, Paris: Seuil, 1998, pp. 121-54）を、ランシエールとバディウにおける「美的なもの」についての異同については、B. Besana, « Art et philosophie (Badiou, Deleuze, Rancière): Le problème du sensible à l'âge de l'ontologie de l'événement », *Les cahiers de l'ATP*, juillet, 2005 も参照。

＊8　『パンセ』前田陽一・由木康訳、中公文庫版より。

その「民衆」（の特異にして普遍な存在論的出来）が固有に形成する「政治」を論じたのだろうか、と。

　僕はランシエールの手順を次のように仮構してみようと思う。すなわち、一方で彼は、何よりもまず「幾何学の精神」を携えて「民衆」の出来を「事」として論じた。ここでは、〈資本〉がその端緒（資本のいわゆる本源的蓄積）におけるある一つの決定的な「無理」を隠蔽することによってみずからの合理性なるものを専一のもの（主体＝実体）として自称‐僭称するように、〈すべての線分は可測である〉としてきたギリシア幾何学におけるいわゆる「無理‐無比量」の発見（の秘匿）に事後的に想定されたいわゆる「醜聞《スキャンダル》」が明確に意識され、かかる「醜聞」を旋回点とする幾何学の算数術（数の学）に対する優位というギリシア数学の幾何学化を「民衆」の出来としての「政治（の端緒）」に重ね焼いた。[*9]

　次いで彼は、かかる「醜聞」それ自体を「民衆」の存在（論）的な「政治」的正統性へ顚倒することを試みた。そのために他方で彼は、同時に、〈繊細 finesse〉という語が古くから孕んでいる策略‐奸計という意味をも含んだ「繊細の精神」を働かせた。すなわち、「醜聞」（の顚倒的な横領‐我有の合理性）を存在的に化体する「民衆」の「事」としての出来にほかならない「政治」を、絶えることなき「係争」の有理をまさに悖理的に——理に悖るあり方で——担う主体が発する「声《フォネー》」の聴解 entente として、解き放った。またそこには、「民衆」という既存の秩序にとっては「無比‐無理《アロゴス》」な者ども、あるいは「比‐言葉《ロゴス》」を欠いた「共約不能な」者どもの——「感性的なものの分有」による——いわゆる「可述 *rhêtê*」化が構想された。[*10]

「幾何学の精神」と「繊細の精神」との間《あわい》に留まって、〈全体〉を——請求される〈全体〉にとっても、請求する「部分」にとってもまた、本来的ではないという二重の意味で——「不適切‐非本来的」に自称‐僭称し、秩序が強いた「沈黙の闇」から脱する、[*11]したがって秩序にとっては「喧噪‐雑音 bruit」であるほかない、この「民衆」の特異な発話に併走するこうした姿勢は、しかし、「起こりつつあることの精確な経路」を描き出す厳密な幾何学それ自体が不可欠に孕んでいる「非精確さ anexactitude」に支えられる(MP: 31)、「民衆」という存在における／としての、「係争‐造反」有理の立証を目指している。

ところで、こうした手続きは、本章では触れるに留めるほかないが、空位(空《から》の位《くらい》取り)として数え上げられた小石《プセーポイ》‐頭数 cailloux compté の無への、またこの無のゼロへの、さらには無によって僭称された〈全体〉の無限への展開にまで到るであろう、「数え上げること compte」とその所作《ルール》をめぐる世界の歴程を模写することによって、[*12]そこに「ポリス的秩序」に組み込まれた「ポリス的秩序」にとっての存在(論)的瑕疵の政治的正統性(「不和の合理性」)を発見し、その主体化の根拠として顕

＊9　いわゆる「無比‐無理量」の発見を「醜聞」として論ずる者など、現在ではもはや存在しないことについては、斎藤前掲書七九〜八六頁が厳密な実証を以て論じている。

＊10　ここでの「可述」は、斎藤による「有理」の言い換えであり、後にも触れるが、それは「比を言葉で表すことができる」という謂いである。斎藤前掲書二九頁の訳語対照表と脚注16を参照せよ。

＊11　J. Rancière, *La parole muette: Essai sur les contradictions de la littérature*, Paris: Hachette, 1998、とりわけ第一章の « De la poétique restreinte à la poétique généralisée » は、『不和』の幾何学的了解(の否定)にとっても、興味深い。

揚するための手続きでもある。冒頭のエピグラフで引いたフレーゲの「自己自身と同一ではない」概念とは、まさにランシエールの「民衆」が辿る空位から無を介して〈全体〉さらには無限へと到る長い旅程を描くそれにほかならず、好みとあればそれを、頭数《キャピタ》を数え上げられ登記されることを、みずからを無としての〈全体〉さらには無限へと姿態変換させることによって、巧みに回避する、「永続する少数派《マイナー》」としての多数派《マルチチュード》と呼んで差し支えないだろう。

いわゆる多数派《マルチチュード》とは、「名を欠く者」が「自由という同じ名」のもと、ランシエールが引いたバランシュの素晴らしい一節のごとくに、真のそして唯一の共有善であり共有財であって共有地 bien commun でもある空《くう》としての「空《そら》に名を書く」ことなのだが、ランシエールは、かかる広大な射程をもつ固有の——みずからにとって不適切な——階級論である「民衆《プロレタリアート》」論の端緒において、また端緒として、忽《ゆるが》せにできない公理とさえ言ってもよい一つの前提を設定することから論じ始めている。

政治－平等

ランシエールは、『不和』の冒頭におかれたエピグラフを含む二箇所で、アリストテレス『政治学』から「正しきものとはどのようなものの等しさのことであり、どのようなものの不等のことであるかを見過ごしてはならない。というのも、この点が問題《アポリア》を含み、〔その結果〕国についての〔政治〕哲学を要求するからである」を明示的に引き[*13]、この「問題《アポリア》」それ自体をそのいわゆる「政治」についての公理的な前提、したがって論証以前の、だが論証にとっては不可欠の、端緒 *arkhē* とした。すなわち、「政治」が「政治には本来的ではない原理」である「平等」を「唯一の普遍」とすることによって初めて「実在」するという意味で、「政治」とは「平等をその原理として有する〔賦活する〕活動である」が、それである。またこうした前提によって初めて、「政治」は政治哲学の対象となる。

　それは、しかし、こうした唯一の普遍としての「平等が帯びる特異な形象」に与えられた名称である「間違い」を「検証する」という状況においてのみ規定される「政治」である。この「政治」における「平等」は、特殊‐個別 particulier の形象ではなく、特異な singulier 形象を採る普遍としての「平等」である。[*14] すなわち、「普遍」が「採る特異な形象」であるこの「間違い」は、したがって、また後に無比‐無理量に関わって触れるように、単なる「不平等」であることには留まっていない。というのも、「平等は、平等と不平等によって、構成」される、あるいは「不平等は、結局のところ、平等によってのみ可能」である、と規定されるからである。だが急いで、次のように付け加えねばならない。すなわち、平等〔‐合理〕とその否定である不平等〔‐非合理〕といった同一の尺度単位（比）

＊12　〈そこには何も無い〉という意味での「空位」――算盤における玉が置かれていない空《から》の位《くらい》を想起されたい――の、〈そこには無が有る〉という「無」の有へ、さらにはこの「無」の有のゼロへの変遷などについては、B. Rotman, *Signifying Nothing: The Semiotics of Zero*, London: Macmillan, 1987 はもとより、R. Kaplan, *The Nothing That Is: A Natural History of Zero*, London: Penguin, 2000 が興味深い。

＊13　アリストテレス『政治学』1282b21。

＊14　P. Hallward, *Badiou: a Subject to Truth*, Foreword by S. Žižek, Minneapolis: University of Minnesota Press, 2003, p. 250 に引用された、A. Badiou, « Huit thése sur l'universel », 1998, tapescript における「普遍」概念についての八つのテーゼは、興味深い。

にもとづく二元論的な誤解を招きやすい後者の言明は、前者に照らして理解されねばならない、と。というのも、〈平等が平等と論理的にはその否定である不平等によってのみ構成されるがゆえに、論理的には、平等の裡には不平等は無いとされねばならない。だが、それにもかかわらず、平等が成り立つためには、かかる無とされた不平等が平等にとって不可欠、そしておそらくは、不可避である〉という「政治に固有の難問」に、それは関わっているからである。[*15] そしてそれが、ここでの「特異な形象」の第一の核芯である。アリストテレスがそれを以て「問題《アポリア》」としたこの問題は、いわゆる「醜聞」の意味に関わって後に触れるように、ユークリッド『原論』の「無理‐無比量論」に「共約不可能なもの incommensurables」――計測における単位の不等 *in-commensurabilis*――として出現する「非共測 *asymmetros*」の発見に密接に関わっており、それが、ランシエールの政治論の要と考えられる、「数え上げること」の不可能性の合理性をめぐる「醜聞」として論じられることになるだろう。

政治‐端緒

ランシエールは、「政治」をほとんど専一的に構成する要素である「平等」と論理的には無とされる「不平等」という「平等」概念の構成要素を、おそらくは固有の主体《じゆう》の形成過程でもある〈前進‐遡行的な方法〉に依拠して、取り敢えずは「共同体の分け前‐部分 part の再〈反復的な〉配分‐分割 répartition の問題」と、緩やかに、開いている。これは単なる〈全体〉を所与とした「部分」の再名称化《リネイミング》の問題である。そのうえで彼は、しかし、この想定された〈全体〉としての共同体とその「部分」との「特異」――不適切‐非本来的――な「邂逅‐偶発」を彼のいわゆる「不和 mésentente」[*16] と、第一次的に、命名する。それはさきの再名称化を踏み越える固有の意味での「平等」概念に悖理的な主体を与えようという目論見である。それはいわば、端緒に誤った仮定を措いたことの誤りを背進的に証明するに当たって、その証明過程に悖理の主体を密やかに導入するに等しい操作であるが、ランシエールは、「政治」についてのさきの前提を「政治の端緒《はじまり》」へと動態化させることで、それを遂行するのである。

この操作は、まず、「平等」を後に見る「発話状況」――さきの「可述」状況の構築――に関わる「自由」と一体のものとして聴き分けることをその目的としている。ランシエールは、まず第一に、さきの「共同体の分け前‐部分の再〔反復的な〕配分‐分割の問題」という「政治」についての第一次的な規定をさらに「共同体の分け前とその分け前を獲得する資格 titre、つまり共同体への権利 droit を支える価値 *axiai* の幾何学的比に即した調和」にまつわる問題へと拡張し、煩瑣を厭わず、「交換の論理の公益」への、あるいは「商品取引や法的刑罰を仕切っている算術的平等」の「共同体成員が公益に貢献している各部分に比例してその成員が有している共同の分け前である幾何学的平等」への、

＊15　斎藤前掲書二九頁。

＊16　最後に触れるが、〈友‐敵〉論を展開するカール・シュミットが限定した「不和 Zwietracht」との対比で、「平等」が「共同体の分け前‐部分の再〔反復的な〕配分‐分割という問題」とされた以上、ここでの「共同体」が彼のいわゆる「部分」に対する〈全体〉であるという――当然であるがゆえに秘められた――前提をあらかじめ確認しておこう（C. Schmitt, *Der Begriff des Politischen*, Müchen: Duncker & Humbolt, 1932, S. 16-7）。

「下属‐遵守」と、計測の尺度‐単位において、敷衍している。またランシエールは、算術に対する幾何学の優位を「政治の端緒」へ読み替える手続きにほかならないこの敷衍を「もっとも多い者ともっとも少ない者の（算術的平等にもとづく）秩序」の「誰にも不利益をもたらすことなく各人の利益を上昇させる潜在力を有する公益を律する幾何学的比という神的秩序」への置換とも言い換え、こうした事態に幾何学的政治における（という）「第一の醜聞」を発見する。この「醜聞」は、いまだ、彼ら秩序的比にとっての「醜聞」である。

「醜聞」――それは、したがって、単なる文彩ではない。経済学の初歩を学んだものであれば誰でも即座に気づくように、ランシエールが算術的平等に対置するここでの「誰にも不利益をもたらすことなく各人の利益を上昇させる」とは、今日の「コンセンサス国家」が繰り出す政策の適否をまさに算術的に「検証する」手段としていまだ支配的ないわゆる〈パレート改善 Pareto better-off〉の定義にほかならない。彼はかかる置き換えを「自然的秩序」と見做された「幾何学的比という神的秩序」の社会体への「滲透」と捉え、さらに「その厳密さ」が却って「共通の尺度‐単位から溢出する」何ごとかに「依拠する数（の）列」を創り出してしまう「算術の共約不可能なものへの置き換え」とも規定することによって、「政治」の／という「醜聞」を、まさに「幾何学的比」において、（再）構成する。

こうして、ここでの「幾何学的比」とは、後に明示的に示すが、「共約不可能なもの」の発見に基因する、経済（算術的比）の「幾何学的」な「神的秩序」（による匡正）である。またしたがって「共約不可能なもの」が「政治」にほかならないという意味で、「政治」を不可欠に構成するさきの意味での「平等」とは「共約不可能なもの」そのものとしての「不平等」である。言い換えれば、ここにはすでに「共約不可能なもの」による「平等」と「不平等」の分有が、おそらくは過程への悖理の「民衆」の導入によって、起きている。こうして、「政治」とは、何よりもまず、「共約不可能なもの」をみずからの「幾何学的な神的秩序」に措くことを甘受するほかない〈全体〉としての共同体が掲げる「理念」をその背後で根源的に支える「醜聞」であるが、後にも見るように、ランシエールの「民衆」は、この「理念」を、みずからを「不適切にも」〈全体〉であると自称‐僭称することによって、顚倒的に実現しようとする。またであればこそ、後に見るように、この「民衆」はその過程で自己からの離脱を遂げる無としての〈全体〉であることを強いられることになるのである。

またランシエールは、こうした「下世話な算術から理念に支えられる幾何学への移行」という「政治哲学」が夢中になる契機を、算術の幾何学への単なる方法論的転轍として（だけ）でなく、「共同体『成員』」のふたたび「特異な、数え上げ」それ自体がもたらす「不和」の出来として、捉え返す。そこには、「平等」を発話する「自由」の所在（「話す身体」という主体）の名称である「間違い」をいわば対抗「間違い」contre-tortによって不断に「検証」する、「係争」的主体化が展望されている。ランシエールにとって語の真の意味での「政治」とは、その意味で、疎外‐委譲をその原理とするホッブズ的な「諸個人の結びつきの問題でも、個人と共同体との関係の問題」をめぐる事象でもなければ、いわゆるマルクス派の——結局は、ゼロサム・ゲームに頽落するほかない——「富者と貧者との闘争」という「社会的現実」をめぐる事象でもありえない。ランシエールにとって「政治」とは、そうした結果において先在したと遡行的に定義される多項間の関係（結び目）的な「邂逅‐偶発」ではなく、むしろ「係争の創設と一体」のものという、真の意味での関係の先在性でなければならない。

こうして、「係争の創設」——それは「共約不可能なもの」のさきの意味での「特異な数え上げ」を意味している。「一体」——それは「闘争」が、算術的であれ、幾何学的であれ、いずれにせよ「比」すなわち秩序にとっての「醜聞」、あるいは結局は同じことだが、「民衆」にとっての「不和」においてのみ、出来することを含意している。したがってまた、「分け前なき者たちの分け前、つまり貧者の党派《けっしゅう》‐決断 partie という始まり pari」の／という発話‐示威であるこの「特異な数え上げ」が存在しなければ、またそうした「特異な数え上げ」を実践する「貧者を実体として存在させ」なければ、「政治」はないとされるのである。こうして「政治」は「民衆」が「民衆」であるためのいわば空っぽの容器であり、また「政治」が出来するには「醜聞」の発見が不可欠だとすれば、「醜聞」とはまさに「民衆」それ自体にほかならない。「醜聞」——それは、したがって、彼ら秩序‐比にとっての瑕疵であるが（と同時に）、「民衆」はそうした瑕疵を誇りをもって纏うだろう。なぜならこの瑕疵は合理性を担っているからだ。また、したがって、ランシエールの「富者の支配の単なる諸結果の中断」における「単なる」とは、後にも見るように、さきの第一次的な規定において「不和」とされた「民衆」という「純然たる事実性」が、算術的比からまさに「合理的」に、またそうした算術的比にとってまさに「合理的」に、出来し、幾何学的に表現された「醜聞」、またその結果「不和」として即自的に「可述」となることを幾何学が発見してしまった「事実性」としての「醜聞」にほかならない。であればこそランシエールは、存在的に「合理」的な「不和」である「平等」と「平等」を無として構成する「不平等」とがいわば共犯的に曝露するこの「醜聞」が、「政治」において、「自由」と「特異な関係」を創り出すと見做すのである。またそれゆえにこそ、「民衆の自由」は、「定義可能な固有性などでは決してなく」、「平等」すなわち「不平等」という「純然たる事実性」――あるいは「共約不可能なもの」そのもの――に拠るものと見做されるのである。

　こうして、ここでの「特異」性は、不平等において平等の存立‐一貫性を合理的に照射し、平等において不平等を検証的に計測することでみずからを全称的に肯定する、「共約不可能なもの」としての「民衆」を「雑音」のように聴こえるほかないその「声」において聴解（可述化）せしめる「自由」がとる形象である。またその意味でのみ、「平等」と「自由」は「一体」のものとして「創設」されるほかないものである。ランシエールはそれを以て「任意の人びとの間における平等が民衆の自由に刻まれるとき、政治は〔発話行為として〕始まる」とも敷衍したが、それがまさに「係争の創設」であり、この「創設」は反復的であるという意味で永続的である。

　だがそうではあっても、こうした規定にはさらなる展開が与えられねばならない。またそれには、たとえそれが〈媒介しつつ消滅するもの〉であっても、そこでの「消え去ったある項」がより明示的に奪回されなければならない。それが、論理においてすでに前倒し的に蠢いている「不和」を惹き起こす「民衆」の自己についての数え「間違い」である。「民衆」はみずからの比にも悖らねばならないのである。ランシエールにとっては真の意味での「大いなる間違い」であるこの対抗「間違い」に不可避な大いなる顚倒（自称‐僭称）が、それである。単なる同一の比によって尺度された不平等のいわば社会民主主義的な糾弾といった「間違い‐歪み」の指弾（だけ）に留まらない、この自己についての大いなる数え「間違い」は、しかし最終的には、「民衆」に「脱自己同一化、立場の尤もらしさからの離脱、数え上げられないものを数え上げる〔ことが可能な〕空間、分け前と分け前の不在とを関係づける〔共約不能なものの〕空間であるがゆえに任意の誰もが数え上げられる主体空間の開示」である「主体化」をも強いる、数え「間違い」でなければならず、それはまた「平等の検証」を不断の「係争の創設」といった「政治的形象」において遂行する「主体化の様式」の問題ともなるだろう。

不和——非可述の可述化

ランシエールは、「幸いなるトラシュマコス」とグラウコンの「僕が望んでいるのは、〈正義〉がただそれ自体として讃えられるのを聴くことです」というソクラテスへの論難の背後で密かに進む「ある項の消失」を発見し[*17]、算術的平等から幾何学的平等への「移行」において働く、消え去ったこの「媒介」あるいは「反対対当 contraires」の明示的な奪還によってのみ[*18]、彼のいわゆる「係争」的主体による「不和」の政治は達成される、と主張する。

ここでの「不和」は、ランシエールにとっては、しかし、「平等」と同発的に出来する「自由」を聴解せしめる機制としても、再規定されねばならない。というのも、「共約不可能なもの」あるいは「非共測量」が「醜聞」とされるのは、ギリシア語における「比 *logos*」が「言葉」という意味をも含み、またしたがって「無比 - 無理 *alogos*」は「比を持たない」と「言葉にない〔がゆえに〕言ってはならない」という意味で「非可述 *arrêtos*」とされているからである[*19]。であればこそランシエールは、この「不和」あるいは「無比」を「声」の聴解において捉えるために、「不和」を何よりもまず「発話状況によって限定されるある一つの型」とし、それをさらに「認識の失敗あるいは規則の無視

méconnaissance」や「言葉の不正確を根拠とする聴解の不全 malentendu」と峻別したうえで、「一方の対話者には他方が述べていることを聴くと同時に解しない *à la fois entend et n'entend pas* という状況」と捉える。こうした、結局は〈聴こえてはいるが、聴き分けられない、すなわち解‐判らない〉という構制《フルネルソン》は、「話すことの意味についての諍い」という算術的交換においては起こりえないとされる非合理がまさに「発話状況の合理性そのものを構成するような事態」を指している。それは、悖理法による証明の結果（仮定の誤りの証明）ではなく、その過程‐手続きそれ自体への着目に等しい。こうしたさきの「平等」と「不平等」を論定する際にも採られた同様の論法は、繰り返すが、次に見るユークリッド『原論』における「無比‐無理量」の発見において見られた論法であり、喧噪・雑音を発する「声」の存在的な合理性を証明する唯一の方法であるが、ここでは、トラシュマコスがソクラテスに要求した「〈正義〉がただそれ自体として讃えられる」ことの根源的な不可能性を、「平等」に関わ

＊17　プラトン『国家』353A以下。

＊18　言うまでもないが、ここでの〈contraire〉をランシエールの「繊細の精神」にのみ寄りかかって「反義語」としてはならない。これはむしろ、論理学の「対当 oppositio」における「矛盾対当 contradictoriae」と対をなす「反対対当 contrariae」と理解されねばならない。すなわち「全称肯定」と「全称否定」との関係にあって、一方が真であれば他方は必ず偽であるが、一方が偽であるからといって他方が必ずしも真であるとは限らない、という状況をそれは指している。それがまた「不和」と「係争」にほかならない。

＊19　斎藤前掲書八五～六頁。

る「共約不可能なもの」の「合理性」という「醜聞」を発話という「自由」あるいは主体のそれとして、奪回することが試みられる。であればこそランシエールは、単なる「論証〔の結果〕argumentation」ではなく「論証〔それ自体の端緒と条件あるいは過程〕をめぐる争論含みの状況が可能となることl'argumentable」を「不和」において／として捉えることを試みたのである。またしたがって「ある論拠 argument をめぐる討議が、かかる討議の対象とそれを対象としている人びとの資格をめぐる係争に帰着するような構造」として捉えられることが強調されのである。

こうして、「声」は「共約不可能なもの」を「合理性」において捉える過程において出来する不可欠の機制〔＝非合理〕である。またしたがってそれは、いわゆる不平等を非合理として匡《ただ》すことを以て「不和」とはなし得ない。「声」は秩序にとってのみずからの「合理性」すなわち「醜聞」を顚倒的にも全称的に肯定することによって「不和」を出来させる機制〔＝合理〕でなければならない。なぜなら「不和」の主体は「共約不可能なもの」として既存秩序の非合理を合理的に表示する、否定し得ない起きていることそれ自体だからである。であればこそ、ランシエールにとって「この理論的醜聞は、それ自身、不和の合理性」を表示し、政治が「醜聞」である「不和の合理性を、政治の合理性」とすると見做されるのである。

「醜聞」とは、特異には、何かという問いへの回答は、こうして、「不和の合理性」である。この「合理性」は合理と非合理というまさに合理性が律する二元論それ自体を端緒においてつねにすでに内在的に構成している「無比‐無理」である。[*20] とすれば、この「醜聞」は「(不和の)合理性」において表現されねばならない。

醜聞と感性的なもの（対角するもの）

冒頭でも触れたように、アリストテレスは、悖理法の説明に関わって、『分析論前書』で次のように述べている。[21]

あらゆる「不可能によって」規定される諸推論は、まず偽を推論し、「端緒の論点」を仮定から証明するが、このとき矛盾が措定されることによって、不可能な何ごとかが結果として生ずるわけであって、例えば対角線は共約不可能であることが、もし共約可能と措定されると、奇数が偶数と等しいという結果が成立してくることによって証明される場合のごとくである。

すなわちそこでは奇数が偶数と等しいという結果が成立してくることを推論して、つぎに矛盾によって偽が結果として生ずるがゆえに、対角線が共約不可能であることを仮定から証明するわけである。

悖理法についての例解というアリストテレスの目論見に即して示せば、これを次のことを意味している[22]（図1）。

＊20　かかる論法は、Deleuze (avec Guattari), « Sur le capitalisme et le désir », op. cit., pp. 365-8 にも見られる。
＊21　アリストテレス『分析論前書』井上忠訳（『アリストテレス全集』第一巻、岩波書店、一九七一年）二六六頁。
＊22　以下の記述は、中村前掲書（八〇～八一頁）によっている。

図1

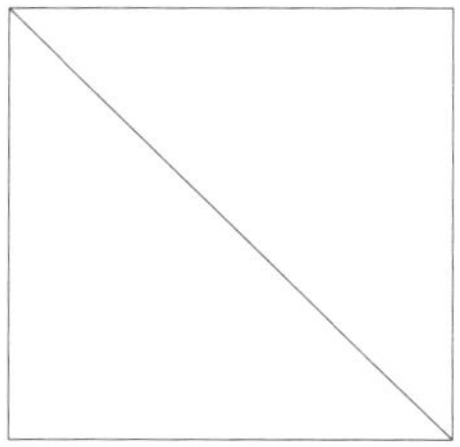

正方形ABCDの対角線ACと辺ABが共約であるとし、αとβには共通因数がないという条件のもと、AC：AB＝α：βとすると、AC^2：AB^2＝α^2：β^2となる。またピュタゴラスの定理から、AC^2＝AB^2＋AD^2＝2AB^2であり、その結果、α^2＝2β^2が得られる。αとβには共通因数がないので、α^2が偶数だからαもまた偶数となる。したがってβは奇数である。そこでα＝2γとおいてこれを前式に代入すれば、4γ^2＝2β^2となり、またしたがって、β^2＝2γ^2となる。とすれば、β^2は偶数となり、したがってβは偶数である。すなわち、βは奇数であると同時に偶数となる。これは不可能である。したがって、対角線と辺には共通の単位がない。すなわち、無比－無理 incommensurable である。言い換えれば、共約不可能 *asymmetros* である。また以上を本章が執拗に繰り返している「醜聞」という視点から言えば、すべての量の比を自然数の比として表すことができるとすれば、辺ABと対角線ACもまた、「適当な線分〔あるいは尺度単位〕E」と自然数mおよびnによって、AB＝mE、AC＝

nEと表現できるはずであるが、辺ABと対角線ACを共に測ることができる線分Eは存在しない。したがって、ABとACは「非共測」すなわち共約不可能である。[*23]

いわゆる「醜聞」とは、こうした「共約不可能なこと」の「事実性」あるいはむしろ可視性——「声」のいわば提喩的な示威-証明《マニフェスタシオン》——が、「万物は数である」としたピュタゴラス派の基本理念に反することに起因すると見做されてきた。また今日の研究ではこの「醜聞説」には根拠がないことが明らかにされているとはいえ、ランシエールのいわゆる「醜聞」は、この「共約不可能なもの」の事実的な存在-出来を以て「民衆」に「無比の者」あるいは「無理の者」という栄誉を与え、かかる「無比-無理」量の「塊-大衆」としての「民衆」の発見を幾何学的比に「不和の合理性」として「政治」に据え付けることで、それを可述をめぐる「係争」の者とする試みであった。したがって、「政治」に基礎を与えるものとされた「共約不可能なもの」は、いかなる意味での「非合理性」とも、同一視されえない、あるいは同一視されてはならない。なぜなら、それは「合理性」においてのみ出来し感得される——あるいは感性的な（無比の美学的な）ものとして分有される——からである。またそれが「無比の者」あるいは「無理の者」（の喧噪・雑音のように響き渡る「不和」が発する勝ち鬨の

＊23　斎藤前掲書二七〜九頁。斎藤は「ABとACは長さにおいて（メーケイ *mēkei*）」は「非共測」であるが、「平方において（デュナメイ dynamei）」は共測であると、厳密に記述している。念のため。なおかかる点については、M. Serres, *Les origines de la géométrie*, Paris: Flammarion, 1993を措いて他に参照すべきものがないほどに明快である。

「声」〕の存在的な「合理性」であり、この「共約不可能なもの」が「有用さと正しさとの間」すなわち算術的比から幾何学的比への「移行」に生起したランシエールのいわゆる「間違い」を既成と対抗に跨線橋のごとくに同時に割り振られて生起せしめる。そしてこの「共約不可能なもの」を占拠するものが、まさに「民衆」なのである。ランシエールは、この占拠を、算術的秩序と幾何学的秩序との狭間で「宙吊り」のままに、「無比‐無理」という「空位の自由 liberté vide」として、すなわち「いかなる幾何学にも根拠を与えることなく単に算術を中断する、もう一つの別なる平等の効果‐帰結」である「空位の自由」として顕揚し、それを比‐言葉《ロゴス》と「それによって〔合理的に〕定義された非ロゴス〔無比‐無理‐共約不可能なもの〕との関係を測ること」とも呼ぶことで、「民衆」にとっての語の真の意味での「政治」についての規定を拡張する。それは「話す身体の布置のただなかに或る一つの共約不可能なもの〔比‐言葉《ロゴス》を欠くもの〕を導き入れること」でもあり、「資格を欠くにもかかわらず〔僭越にも！　同じ言葉を〕話す〔がゆえに聴解されない〕存在」の「声」あるいは「喧噪‐雑音 *arrētōs*」の聴解‐可述 *rhētē* を示威的に権利請求する、あるいは「みずからを表明‐示威する感覚 *aisthesis*」に支えられた、「大いなる〔数え〕間違い」である。すなわちこの特異な空間では、「共約不可能なもの」である「無比‐無理」の者どもが、比と無比との狭間で両者の「関係を測る」主体へと顚倒され、いまや僭越にも（！）、正立しているのである。

ランシエールは、こうした「間違い」を声高に表明する「声」を一方における「感性的なものの分有における社会体の不平等な配分の秩序‐理法」と他方における「話す存在一般の平等な能力の秩序‐理法」という、それ自体としては「無関係な——比を欠いた sans rapport」二つの秩序‐理法の狭間

‐移行にあって「共約不可能なものを測る尺度‐単位」であり、それが「測定し合う」とすることで、かかる「声」を喧噪‐雑音のままに聴解‐可述とする機制あるいは「係争」とも構想するだろう。かかる「係争」を駆動する「声」は、しかし、「比《ロゴス》が単なる言葉では決してなく、この言葉から生み出される数え上げにつねに分かち難く結びついている」がゆえに、おそらくは依然として、語の真――距たりの測定の学――の意味で幾何学的な「言葉と数え上げとの距たり《ズレ》を測定」する[*24]、新たな「言葉」を携えた数え「間違い」に留まっていることは疑いを容れない。

したがって、これだけでは、ランシエールの「民衆」はいわば社会民主主義の「民衆」あるいは「ポリス」のコンセンサス政治を支える「民衆」に留まってしまう。ランシエールの「民衆」は進んで、この「諍い」を僕にとっての真の意味での「不和」とせねばならない。彼らは真に〈全体〉としての「部分」にならねばならない。またそのためには、「民衆」は秩序からさらなる「顰蹙‐醜聞を買う〔…〕大いなる〔数え〕間違い」を冒さねばならない。またそれには〈全体は部分より大きい〉というアリストテレスが信じて止まなかった常識が覆されねばならない。またそれには、「喧噪‐雑音」の聴解を示威的に権利請求するこの「無比‐無理」の者どもの主体化が、すなわち二辺《ロゴス》の関係に措いて発見された対角線《アロゴス》――この割り切れない対角線（自然数＋自然数にとっての消去し得ない残余という雑音《ノイズ》）またあるいは斜行《クリナメン》[*25]――の主体化が、その数え「間違い」において「つねに余計な一人 *un-*

*24　なお「幾何学は厳密だが、非精確である。〔…〕精確なのは計量‐距離だけである」を想起されたい（M. Serres, *La naissance de la physique dans le texte de Lucrès: Fleuves et Turbulence*, Paris: Minuit, 1977, p. 29)。

en-plus〔…〕超過した主体 sujet excédentaire〔…〕それを数え入れることがつねに〔余分・超過・残余をもたらしてしまう〕員数外〔計測単位を超えた者 surnuméraire〕であるような諸主体」とされる、さらなる一歩が踏み出されねばならないのだ。

主体化――自称・僭称という合理的顛倒

この「余計な一人」「超過した主体」「員数外」の者どもの、敢えて言えば、「無比」の政治は、確かに、大いなる数え「間違い」に因っており、また拠ってもいる。この数え「間違い」は、しかし、共同体「成員」の数え上げにおける「つねに実質を欠いた偽の無理な数え上げ」であり、またいまや「共約不可能なもの」によるみずからとみずからが「共約不可能なもの」であることを証明した〈全体〉とを跨線するかのように「二重に数え上げ」るといった「数え上げにおける取り違え」を担う「部分」である、まさに「民衆に固有な自由」に属している。またこの「固有な自由」は「共約不可能なもの」が平等-不平等を共測-共約するという途方もない権利請求でもある。またであればこそ、ランシエールは「政治的固有性は帰属の不在ではなく、二重の帰属」であり、「固有性と分け前の世界への帰属と固有性なき共同体への、つまり平等の論理が分け前なき者の分け前として形づくる共同体への、帰属」であると言ったのであろう。だが、こうした偽りで無理のある二重計算あるいは粉飾決算は、ランシエールの「民衆」にとっては、単なる無理な数え上げではない。唯一の共同体成員ではないことが「民衆」を「民衆」たらしめているという条件の許にある「民衆」は、それがゆえに、いかなる無理もなく、「固有のものではない〔本来的には不適切な〕みずからの固有性 propriété improprc を共同体が有する排除の原理と同一視‐混同し、自分の名——資格なき人びとという漠とした塊＝大衆の名——を共同体の名そのものと同一視」し、さらには「共同体全体と一体化」する「部分」といった顚倒を遂行する「民衆」でなければならないからだ。それは、結果において、秩序から「戴いた間違いの名そのものによって共同体全体に同一化」するといった「常軌を逸した権利要求」を意味している。

だが、そこでは何が起きていることになるのか？　否、精確には、いかなる根拠を以て「民衆」はそうするのか？　あるいは、それはいかなる意味で「常軌を逸している」のか？　彼らの根拠‐資格を欠いた暴挙なのか？　そうではない——それは、彼らを分け前なき者とする者たちの論理あるいは合理性それ自体が、「民衆」の暴挙を許しているのである。すなわち、それは、富める者たちの言い草、彼ら秩序が「政治を否定する」ために頻繁に口にする口実である、「分、け、前、な、き、者、の、分、け、前、は、な、い〔分け前なき者は無い——分け前なき者は無である *il n'y a pas de part des sans-part*〕」の能動的な顚倒を以て、

＊25　ここでは、この幾何学的対角線に「斜行」を付加することには、何らの根拠もない。だが「クリナメンは不条理である。あらゆるものの原因である以前に自己原因としていかなる正当化‐論証もなく導入されるから、論理的な不条理である。ルクレティウスがこれに与える定義が理解し難く、混乱しているから、幾何学的な不条理である。慣性の原理に矛盾し、永久運動に導くであろうから、力学的な不条理である。実験によっては出現させることができそうにもないから、一般に物理的な不条理である。〔…〕そこでクリナメンは主観性に隠れ家を見いだす。〔…〕それは主体の決断の最後の秘密、つまりその性向なのだ」という文言をここに刻み付けておきたい（Serres, ibid., pp. 9-10）。

「民衆」は「部分」であるがままに〈全体〉を自称し、僭称するのである。それは、「民衆」をしてみずからを「全体でもある無」であり、またさらに「全体は多なるもの」であるという「不可能な等式」、さらには「多なるものと全体との不可能な等値」を以て「全体に等しい多なるもの、つまり一なるものにして多なるもの、全体としての部分」という「不可能な等式」までをも自称することを可能にする合理的根拠を「民衆」に与える。それは空位の者どもにさらなる「通常の尺度を溢出するほどに大きな事実」である「無かつ全体である〔…〕分け前なき者」という資格において「政治の実在」を語らせることに等しい。それは「自由が戴く空位の名 nom vide de liberté と固有ではない固有性、そして係争権をもたらす本来の分離‐選言が現実化したもの」としての貧者を結集‐党派化させるのである。

こうしてランシエールの「民衆」は「共通の資格を固有の資格として横領‐我有する」ことで、「特異な普遍」として「論争的普遍を創設する」合理的根拠を入手した。だがそれはまた、「民衆」が「各成員の自己との差異の普遍性であり、共同性としての争異の普遍性である」という意味で「政治の普遍性」を入手したことを意味している。彼の「民衆」は、だが、この責め苦を凌げるだろうか？

無限——特異的普遍《プロレタリアート》

ランシエールは彼の「民衆」を説き上げる過程で、繰り返し、現にあるプロレタリアートを定義している。例えば彼は、「平民‐下層民 plèbe は、生命そのものを除いては何一つ伝えず、再生産する能力に限定されている、純粋に個人的な生を生きている」と言って、正しくも、子孫 *proles* の再生産をもって都市国家に貢献する者という定義を確認する。だが彼は、この定義を「プロレタリアート *proletarii* は、それ自身の多数性を再生産するだけであり、同じ理由から、数え上げられるに値しない人びと」であり、その「名称は純然たる数え上げできないものの名称であって、分け前なき者の分け前を新たに係争にかける主体化の様式」であると、その多数性と数え上げの性質を以て、読み替える。だがランシエールのプロレタリアートは、それだけでは、「民衆《プロレタリアート》」とならない。彼らは、まず「告白－誓い **aveu** である職業＝信条表明 *profession*」を以て自称し、「間違い」を以て僭称せねばならない。この自称－僭称するという「数え上げられないものとして数え上げ」の宣言がなければ、「民衆《プロレタリアート》」は「実在しない」のである。こうしてランシエールは微妙な結論に達する。

プロレタリアートの帰属宣言は、「全体としての民衆と部分としての民衆 *demos* comme tout et comme partie」という「二つの民衆の間にある距たり《ズレ》を、すなわち宣言された政治的共同体の民衆とこの共同体から排除されていると自己規定する民衆との距たり《ズレ》を明白に表現している。「民衆」は部分と全体の同一性の主体である。「プロレタリアート」は逆に、全体に全体そのものとの差異をもたらすこの分け前なき者の分け前を主体化する。

微妙——というのも、ここには、「政治の本質」とされた「自己との差異の除去」を実現できる力をこの括弧付きの「プロレタリアート」の党が持ち得たことがあるか否かが、あるいはこの括弧付きの「プロレタリアート」の党は「部分」が〈全体〉を僭称することから進んで、みずからを無としての無限へと解き放つことができるのかが、深刻に問われているからである。これをいかに理解するか、それは「声」の責任あるいは「声」の強度の問題である。だがそこでは、翻って、ランシエールの〈全体〉が都市国家あるいは「共同体」という名の許で説かれていることが問題となるほかないだろう。

ところで、世界をほとんど幾何学的に解したカール・シュミットは、いわゆる〈友‐敵〉論（の地平）を論ずるに当たって、「敵とは公敵 *hostis* であって、広い意味における僕仇 *inimicus* ではない。戦敵《ポレミオス》であって、僕仇《エヒトロス》ではない」と書き、次のように続けている。すなわち——プラトン『国家』では[26]戦敵《ポレミオス》と僕仇《エヒトロス》との対立がきわめて強調されているが、ただしそれは、ポレモス（戦争 Kirieg）とスタシス（暴動 Aufruhr・一揆 Erhebung・反乱 Rebellion・内乱 Bürgerkrieg）という別の対立に結びつけられている。プラトンにとっては、ギリシア人と（その「自然本来の敵」である）蛮族たち Barbaren との戦いだけが真の戦争であり、これに対し、ギリシア人同士の戦いは、彼にとっては、スタシス（……オットー・アペルトの訳では「不和 Zwietracht」）であり、ただ自己侵食 Selbstzerfleischung だけを意味し、例えば、新しい国家、ましてや国民形成などを意味しないという思想が働いている。[27]

シュミットは引かなかったが、続けてプラトンは次のように記した。[28]

……「君が建設している国家は、ギリシア人の国となるはずではないかね？」

「たしかにそうであるべきです」と彼。

「その国民はすぐれた人々、穏和な人々であるだろうね？」

「ええ、大いに」

「また彼らは、ギリシアを愛する人々ではないかね？　そして全ギリシアを自分の身内のものと考え、他のギリシア人たちと宗教的行事も共にすることになるのではないかね？」

「ええ、間違いなく」

「それなら、ギリシア人たちの不和のことを、相手を身内の者とみて、〈内乱〉であると考えるだろうし、たとえ名前の上だけでも〈戦争〉とは呼ばないのではなかろうか？」

「ええ、けっして」

「したがってまた、やがては和解できることを期して争うだろうね？」

＊26　そこでは「〔…〕〈戦争〉と〈内乱〉とは、ちょうどそれが二つの名前で呼ばれているとおりに、事柄としても二つの別のものであって、ある二つのものにおける二種類の不和に対応している。ぼくが二つのものと言うのは、身内のもの・同族のものがその一つ、そしてもう一つは、よそのもの・異民族のもののことだ。こうして、身内のものにおける敵対関係には、〈内乱〉という名が与えられているし、よそものにおける敵対関係には、〈戦争〉という名がつけられている」という一文を指している（プラトン『国家』４７０Ｂ）。なお同書４７０Ｃも見よ。
＊27　Schmitt, op. cit., S. 16-7.
＊28　前掲『国家』４７０Ｅ－４７１Ａ

「ええ、たしかに」
「だから、相手を懲らしめる場合も、善意をもって正すのであって、けっして奴隷にしたり滅ぼしたりするようなことは考えないだろう。彼らは矯正者であって、敵として相対するのではないのだから」
「そのとおりです」と彼。

これがランシエールが「政治」と呼んだ事どものプラトンにおける表現であったとすれば、どうだろう？　そこには、ふたたびシュミットがその現在について冷徹に記した、次のような出来事が起こっているだろう。

あらゆる現実の民主主義は、平等のもの Gleiche が平等に取り扱われるというだけでなく、その避くべからざる帰結として、平等でないもの Nicht-gleiche は平等には取り扱われないということに立脚している。すなわち、民主主義の本質を為すものは、第一に、同質性であり、第二に――必要な場合には――異質なものの排除ないし絶滅である。[*29]

このシュミットを深刻に引いたシャンタル・ムフは、「シュミットのその後の展開を考えるとき、私はこうした主張が身の毛も弥立つ効果を有していることを否定したくないのだ。このシュミットの民主制における同質性の必要‐必然性についての主張を棄却してしまうことは短見にすぎる。私は、この刺戟的な命題〔…〕が、自由主義が除去しようとしている民主政治の一側面を甘んじて受け容れるよう強いている、と主張する」と書くほかなかったのだ。[*30]

---

*29　C. Schmitt, *Die Geistesgeschichtliche Lage des Heutigen Parlamentarismus*, Berlin: Duncker & Humbolt, 1926, S. 13-4, op. cit., S. 16-7.

*30　Ch. Mouffe, "Carl Schmitt and the Paradox of Liberal Democracy," in do., *The Democratic Paradox*, London: Verso, 2000, p. 38.

第13章

「負債」

あまりにニーチェ的なマルクス

父、母、子は、資本の種々のイマージュ――〈資本氏 Monsieur le Capital〉、〈土地夫人 Madame la Terre〉、両者の息子である〈労働者〉〔…〕――の幻影となる (AO: 315)。

それは魔法にかけられ顚倒され逆立ちした世界であって、そこでは〈資本氏〉と〈土地夫人〉が社会的な登場人物として、また同時に直接にはただのモノとして、怪しく振る舞っている (K III: 838)。

〈M_0〉–〈B〉

あらかじめ〈一〉であった〈三〉は〈一〉と成り、ついに〈二〉に割れる。これが、マルクスの政治経済（学）批判を改釈しようとする本章がとる、基本図式である。言うまでもなく、ここでの〈三〉⇅〈一〉は『資本論』第三巻の最後に顕れる「階級論（三大階級論）」をその形式性に措いて準備する三位一体論あるいは「収入の三源泉」論を含意しており、〈二〉はまた、資本－賃労働（二大階級論）における〈二〉をその裡に含む、〈三〉の〈所有－非所有〉への分裂を含意している。[*1]
「あらかじめ〈一〉であった〈三〉が〈一〉と成る」ことで成り立っている題辞のいわゆる「逆立ちした世界」がぱっくりと「〈二〉に割れる」最初の機制は、資本にとっては包摂せねばならない不可欠な瑕疵である「労働力の売買」だが、マルクスはこの労働力の商品化が「そのさまざまな限界 *Schranken* で行われる流通または商品交換 Warenaustausches の領域は、[*2] じつに天賦の人権の本当の楽園《エデン》だった」とし、よく知られているように、ここで支配している要素を予定－前梯（提）的に「自由、平等－均質 Gleichheit、所有 Eigentum、そしてベンサム」の四点に絞り込んでいる。そしてその根拠としてマルクスは、「自由」を同等者間の「契約」に、[*3] また同じことだが「平等－均質」を「商品所持者 Waren*besitzer*」による「等価物同士の交換」に、ふたたび同じことだが「所有」を「自分のもの

＊1 『資本論』の純粋理論的解釈は資本－賃労働の「二大階級」論をとるのが常道であろうが、本章は資本－賃労働－土地所有者の「三大階級」を通過しない「二大階級」論は、レント資本主義へ収斂しつつある現代資本主義についての現状分析では役立たないと考えている。ここでは「役立たない」に含まれる含意を強調しておきたい。

＊2 「限界 Schranke」ではなく、むしろ剋服可能な「制約－端 Grenze」とするべきだろう。

〈へ〉の単なる処分‐指令 Verfügung〈所有にもとづく「営業の自由」と読め！〉」に、そして最後に、だが前三者が構成した〈一〉である三位一体とは異なり、この三位一体そのものが単純な敵対的二項に分裂するために不可欠な隠れた第四項である関係性の総体としての一望監視《ベンサム》を「両者のどちらにとっても、関わるところはただ自分のことだけだから Denn jedem von den beiden ist es nur um um sich zu tun」に、求めた (K I: 189-90)。

「自由・平等‐均質・所有」そして「ベンサム」をその「楽園」で説くこのマルクスが、その含意においてすでに、ドゥルーズ＝ガタリのいわゆる「交換主義者」ではないことは (AO: 218)[*4]、明らかである。そしてこの「ベンサム」を以下で見るニーチェとそのマルクス派における継承者は、例の貧乏人に対していわば超自我として立ち現れる「〈大いなる債権者 le Grand Créancier〉〈普遍的債権者 le Créancier universel〉」と改名し[*5]、マルクスのこの「天賦の人権の本当の楽園」――市民社会《ブルジョワ》――を構成する四要素すべてに、「畜群！」と叫んで、まさに深部から介入しているかに見える。だが、大文字で書かれた〈Grand〉あるいは「普遍的 universel」を付されたこの唯一者は、その唯一者性を何によって担保されているのだろうか？

一見するにここでの論題とは無縁のように見えるが、ジジェクは、最近の金融危機（‐デフォルト論）を論ずるなかで[*6]、マルクスのこの「ベンタム」を「独立した中央銀行」に書き換えてみてはどうかと、例によって僕らにあらぬ想像力を動員するよう唆《そそのか》している。銀行の銀行である中央銀行の成立を第三項の疎外‐外化として説く人びと――こうした人びとは、ドゥルーズ＝ガタリとは異なり、国家の出現もまた交換主義的に説くだろうが[*7]――にとって、貨幣と同様、中央銀行《ラスト・リゾート》の位置づけには格別のものがあるだろう。そしてこれは、二〇一〇年前後からの「アベノミクス」なるものによってその（すでに崩壊していた）独立性が端的に脅かされている日銀を考えるに当たっても、きわめて興味深い。僕は、しかし、後に見る意味での「銀行制度」と国家の問題に密接に関わって、以下に整理する——マルクスのいわゆる「ミル評註」をその論拠とする疎外論的な、あるいはむしろあまりに感傷的な——「あまりにニーチェ的な très nietzschéen」マルクスに関わって[*8]、この「ベンタム」を、銀行資本に

---

*3 「所有」を〈Eigentum〉と表記しながら、その「運び屋」を「商品所持者 Warem*besitzer*」と表記するマルクスの厳密さに注意されたい。

*4 この局面でマルクスの「反交換主義」を顕揚する場合、通常は、そこに労働＝生産過程における「搾取」——「労働力の消費過程は同時に商品の生産過程であり、また剰余価値の生産過程である」——を想起するのが常道であり、それはまた正しいが、生産＝労働過程が社会全体に滲潤し、工場の正門が社会大になった現代では、マルクスのいわゆる「隠れた場所 verborgne Stätte」あるいは「無用の者立ち入るべからず」における「貨殖の秘密 Geheimnis der *Plusmacherei*」——「貨殖」は言い得て妙である！——の探求にはさらに大きな理論領域が必要とされるというのが、本稿の理論的モチベーションである（K I: 189）。

*5 M. Lazzarato, *La fabrique de l'homme endetté: Essai sur la condition néolibérale*, Paris: Éditions Amsterdam, 2011, p. 11

*6 S・ジジェク『2011 危うく夢見た一年』長原豊訳、航思社、二〇一三年。

*7 F. Lordon et A. Orléan, « Genèse de l'État et Genèse de la Monnaie: Le Modèle de la *Potentia Multitudinis* », *Spinoza et les Sciences sociales: De la puissance de la multitude à l'économie des affects*, sous la direction de Yves Citton et Frédéric Lordon, Paris: Édition Amsterdam, 2008, pp. 206ff.

*8 Lazzarato, *La fabrique de l'homme endetté*, op. cit., p. 44.

具体性に措いて集約された利子生み資本の貪欲-強欲――二〇一一年に世界で突沸した抗議者たちがその主要敵として設定した――ではなく、ジジェクが真の主要敵として掲げた、債権だろうが、債務だろうが、いわば「債」の所有（したがって非-所有）そのものをめぐる権利関係の収入源泉化にほかならない、資本-土地-労働力[*9]をも含めたあらゆるものの擬制資本（資本還元）システムの隠喩としてのパノプティコンと理解したらどうだろう、と妄想する。だがそのためには、ラフなスケッチに留まるとはいえ、以下のささやかな一歩を踏み出さねばならない。

〈D-G$_1$〉→〈N〉

その刺戟的著作で[*10]、「あまりにニーチェ的」とされた「ミル評註」のマルクスを顕揚することで銀行資本あるいは「銀行制度」としての金融資本が超自我的に僕たちを支配する「現状」を疎外論的に批判し、若者たちを鼓舞しようと試みるラッツァラートは、他方で同時に冷徹に、「一般的には『アンチ・オイディプス』が提示する精神分析批判にのみ関心が集中しているが、これは不当であり、負債と貨幣の理論も展開しており、それはマルクス主義者が展開したこの種のあらゆる理論化をはるかに超える内容をもっている」と註記している[*11]。このさり気ない註記は、ドゥルーズ＝ガタリの例の二部作をマルクスの『資本論』（あるいはむしろ、宇野弘蔵によるその読解）や『経済学批判要綱《グリュントリッセ》』から読み返そうとさまざまに試みてきた僕にとっても[*12]、まったく力強くマルクス主義的である。だがそうするには、この偉大なる二部作の著者が「負債と貨幣の理論」を展開したと理解し、直截に現状分析に飛び込むだけに留まっているわけにはゆかない。むしろ胆に命じねばならないことは、ドゥルーズ＝

ガタリが、この二部作という段階を践んで、資本（-主義）の理論そのものを明快な敵対関係《アンタゴニズム》として書い（書き換え）ている、またその意味で僕のいわゆる「政治経済（学）批判」を書いているということである。

その際何よりも注目されるべき第一の観察は、以下である。『アンチ・オイディプス』はニーチェで溢れかえっているが、『千のプラトー』では、マルクスへの言及が『資本論』のマルクスに限定されたうえで減少し、また――それに相即して、とまでは言わないが――ニーチェへの言及も減少している。これである。これから素朴に導かれるべきは、『アンチ・オイディプス』における政治経済（学）批判がニーチェによるある種の視点変換《ゲシュタルト》からマルクスの「世界史」了解を書き換えるという作業によって構成され、後にその含意に展望的に触れるが、『千のプラトー』が、『アンチ・オイディプス』のこの到達点を前提としたうえで、『資本論』を彼ら独自の三位一体論にもとづく「捕獲装置」として論じているという了解である。[*13] そしてこの視点における移行は、論証抜きでやや大胆に言えば、

＊9　僕たちが労働力と名づけられた力能-身体の私的所有を拒めば、何が起こるだろう?

＊10　結果的に本章はラッツァラートの議論に疑問を提起するが、しかし、この国のマルクス派は、シンプルだとはいえ、これだけ大胆な議論を身を切って提起したことがあるだろうか?

＊11　Lazzarato, *La fabrique de l'homme endetté*, op. cit., p. 58, n. 27.

＊12　現段階における『経済学批判要綱』研究の最前線については、M. Musto ed., *Karl Marx's Grundrisse: Foundations of the critique of political economy 150 years later*, with a special foreword by Eric Hobsbawm, Oxon: Routledge, 2008 参照。

ドゥルーズ＝ガタリにおける、ラッツァラート的読解に関わる限りでのある種の疎外論から、[14]『資本論』体系をその第三巻から読み返す物象化論への移行を含意しているように思われる。

　とすれば、ここでのニーチェによる視点変換とは、何か。この点については世界中で多くの人びとがすでに言及している。それは言うまでもなく、ドゥルーズ＝ガタリが近代における「民族学」の傑作をモース『贈与論』ではなくニーチェ『道徳の系譜』に、とりわけその第二論文「〈負い目〉、〈良心の疚しさ〉、およびその類いのことども」に（AO: 224）、定めている点に密接に関わっている。そしてその判定基準は、「『イギリス式の』交換や利害‐利子についての考察すべてを排除し、原始経済を〈債権者‐債務者 créancier-débiteur〉関係にもとづいて、負債という視点から解釈することに、比類なき成功を収めている」であった（AO: 224）。言うまでもないが、ここでの「イギリス式」とは、スミス――したがって、ヘーゲル――の隠喩であり、[15]そこには『道徳感情論』のスミス（そしてニーチェ）に一貫している蔑称としての商人《シャイロック》（資本）という含意が込められている。それはまた、「社会は交換主義者ではない。社会体は登記するものである」という[16]（AO: 218）、ドゥルーズ＝ガタリに一貫する根本命題を支える視点でもある。したがって、この視点に絞って敢えて言えば、つまりその政治経済（学）批判に限って言えば、『アンチ・オイディプス』は『道徳の系譜』のニーチェの創造的な敷衍にほかならず、ラッツァラートは『アンチ・オイディプス』におけるこのニーチェ的な政治経済（学）批判をいわゆる「現状」に果敢に開いて「分析」したと言ってよい。

　とまれ、このニーチェに即して、交換ではなく負債をもって社会組織の歴史貫通的「経済原則」（宇野的語用で表現すれば）と考えるドゥルーズは、『アンチ・オイディプス』が江湖に出回る時期に前後するヴァンセンヌ講義（一九七二年三月七日）で、次のようにも語っている。

原始的な市場《いちば》marché primitifでは〔…〕不均衡が常態である。[*17] というのも、交換という形態は存在

＊13　この点については、京都大学人文研プロジェクトのために執筆した「流れと捕獲の普遍史のために――三位一体と常駐し睥睨する〈一者〉」、さきに第1章註36で示唆した「流れとその切断－止水」およびドゥルーズ＝ガタリの恐慌－危機論を軸とする「捕獲論」からなる著作『資本主義機械の層序学』で展開する予定である。

＊14　僕はニーチェを疎外論的に読んだことはない。以下で整理するような『道徳の系譜』のニーチェを初期マルクスの疎外論から読み返すというラッツァラートの議論は、ニーチェそのものの誤読である可能性が高い。その傍証として、ニーチェの歴史－運命を論じた長原豊「風に向かって唾を吐くな！」『道の手帖――ニーチェ入門』河出書房新社、二〇一〇年を参照。

＊15　David Graeber, *Debt: The First 5,000 Years*, Brooklyn: Melville House, 2011, pp. 75ff.

＊16　この点については、F. Lordon, *L'intérêt souverain: Essai d'anthropologie économique spinoziste*, Paris: La Découverte/Poche, 2006, pp. 96ff. も参照。

＊17　ここでことさらに市場に「いちば」とルビを振ったのは、ドゥルーズ＝ガタリが「原始的売買は等価値を固定よりも、むしろ駆け引きmarchandageによって始まる。等価値の固定は、さまざまな流れを脱コード化し、社会体に対する登記様式の崩壊をもたらすことになるからである」と書いているからであるが（AO: 220）、この視角は『千のプラトー』における〈模索過程tâtonnement／見積＝評価〉論と限界主義の導入として残っている（MP: 547）。

せず、等価という形態も存在しなかったからである。〔…〕交換は存在しない。存在するのは負債のシステムであり、基本的に負債は機能する不均衡に影響される。〔…〕〔それは〕再均衡化せず、根本的かつ恒常的に不均衡である。つまり負債は不均衡以外には機能しない。[*18]

この文章を引用するのは、ここでの「交換 échange」あるいは「等価（性）équivalence」と「負債」をその根本において機能させる「不均衡 déséquilibre」との直接的対比が、交換において（到達されるべき supposed to be）等価性が「天賦の人権の本当の楽園」を予定‐前提しているかに見える――先取りされた完成態としての契約にもとづく近代主義――という意味で誤解を招きやすいからだが[*19] (AO: 218)、とまれこうした視点は、しかし、ラッツァラートも指摘するように、すでにドゥルーズが早い段階で指摘していた論点でもあった。すでに一九六二年、彼は「ニーチェが社会組織の原型に見たものは、交換ではなく信用だった」と書き[*20]、後に触れるように、マルクスの三位一体論を「収入源泉論」として過激に改編した、その〈国家‐税〉論をもその必須の、あるいは起源的な構成要素とする[*21]、『千のプラトー』の〈新たな三位一体〉論をあらかじめすでに仄めかしているからである (MP: 545-60)。

こうしたドゥルーズの発言を遡及的に予期してラッツァラートは、「交換は、平等 égalité の論理ではない論理、力の不均衡や〔「限界原理」的な意味での〕格差の論理 logique... du déséquilibre, du différentiel de puissance を起点として、機能する」と二度繰り返し、強調している[*22]。そしてその核芯は、ドゥルーズ＝ガタリの「欲望は交換を知らない。欲望が知っているのは、ただ盗みと贈与だけである」という含意に据えられている (AO: 218)。僕の議論からこれを言い換えれば、それは、収奪（前近代）から本源的蓄積を介した搾取（近代）へ、そして搾取（近代）からの収奪（ポスト近代）へと段階を践んで出現する、「登記」様式の再帰的転換‐本卦還り réarchaïsation にほかならない。[*23]

『アンチ・オイディプス』に忠実に倣うことでニーチェに習ったラッツァラートにおける、こうした

＊18　Deleuze Vincennes: 07/03/72 (http://www.le-terrier.net/deleuze/)

＊19　本章では論じ得ない点をここで仄めかしておくが、それは『資本論』第一巻冒頭を飾り、これまでも多くの論者を惹き付けてきたいわゆる価値形態論——価値形態における矢印（→）から等号（＝）への変更に関わって——とその叙述における位階が変更を迫られていることを意味している。

＊20　G. Deleuze, *Nietzsche et la philosophie*, Paris: PUF, 1962, p. 155.

＊21　若きマルクスは「信用制度は、最後に銀行制度（銀行存在 Bankwesen）において完成形態をとる。〔…〕〔それは〕貨幣制度のいかめしい完成形態である。信用制度のもとでは、ある人間に対する道徳的承認とか、国家に対する信頼とか信用という形態をうけとったために、道徳的承認という虚構にひそむ秘密が、すなわち、この道徳性なるものの非道徳的な破廉恥さや、国家に対するあの信頼のうちにひそむ偽信やエゴイズムが、明るみにでて現実にあるがままに示されている」と書いている（K. Marx, "[Auszüge aus James Mills Buch 'Éléments d'économie politique'. Trad. par J. T. Parisot, Paris 1823]," *Karl Marx – Friedrich Engels: Werke*, Band 40, Berlin: Dietz Verlag, 1968, S. 450）。なお、税と国家についての興味深い議論については、ジジェク前掲書参照。

＊22　Lazzarato, *La fabrique de l'homme endetté*, op. cit., p. 30 & p. 60. つまり、ラッツァラートにとって『資本論』における価値形態論はある意味で不要なのである。なお、この点に密接に関わるニーチェにおける「契約」と「価値を見積もる——格付ける Werthe abmessen」存在との分節はさらなる議論が必要であるが、この点についてもいまは説かない。

「恐るべき始まり‐指令《アルファベット》〔…〕残酷の体系」あるいは「貧困の恐るべき方程式」である「害＝苦痛の方程式」にもとづいた、〈債権‐債務〉論にもとづく現代資本（‐主義）の「現状分析」には（AO: 225-6）、その意味でしたがって、特段の新しさはない。これはすでに、ドゥルーズ＝ガタリが説いた論点の現状分析への適用にほかならない。想起をさまざまに刺戟するラッツァラートの厄介な新しさは、むしろ、一方における「負債」というこのニーチェ的「経済原則」と「あまりに」共通するとされている「ミル評註」（一八四四年）のマルクス、他方における『資本論』第三巻における〈三位一体論〉——「経済法則」にもとづく〈三位一体論〉——を説くもう一人のマルクスという、「二人のマルクス」が存在するとした点にある。[*24] この「二人のマルクス」には、しかし、どのような平仄が存在するとされているのだろうか。言い換えれば、ニーチェ＝ラッツァラートにおける〈債権‐債務〉という歴史貫通的「経済原則」が現代資本主義の「経済法則」の許で論理的に記述されるには、どうしたらよいのか？

〈N〉→〈M_1〉

ラッツァラートはいわゆる「ミル評註」が「『資本論』第三巻における分析と非常に異なる信用関係を描いている」とし、後者が「実際のところメモ書きを寄せ集めて編集された」と書くことでその理論的統一性をさり気なく一等減じているが、それは、後者では「信用は資本が纏う三形態（金融資本、産業資本、商人資本）の一形態とされたにすぎず、〈債権‐債務〉関係は資本家間の問題として論じられている」にすぎないとし、それに対して前者のマルクスは〈債権‐債務〉関係の理解を「補い深化させる」として、後者とほぼ同等の評価を前者に与えるためであった。[*25] 確かにマルクスは、資本の蓄積運動を自己完結する論理的閉域において叙述するために信用を遊休貨幣の資本間における相互的融通という視点から捉えているという意味で、「〈債権－債務〉関係を資本家間の問題」としてのみ論じていることは明らかであり、その意味でラッツァラートの指摘はまったく正しい。[*26]

＊23　ドゥルーズ＝ガタリは「それぞれの場合において、抑圧装置の本質と欲望する生産に対するこの装置の効果を評価するには、単に深層 profondeur で組織されているままの表象の諸要素ばかりでなく、表層 surface そのものが表層で、つまり社会体の登記表面で組織されているあり方も考慮せねばならない」と書いている (AO: 218)。ネグリがこの視点に立つことは明らかである。またここでの〈réarchaïsation〉については、Guattari, *Écrits pour L'anti-œdipe*, op. cit., pp. 239-43 を参照されたい。なおここで注意してほしいのは、ここでの「収奪」が資本家の特権ではなく、「最期の鐘を鳴らす」顛覆勢力の特権でもあるという点である。以下のマルクスを熟読されたい――「資本独占は、それとともに開花しそれのもとで開花したこの生産様式の桎梏となる。生産手段の集中も労働の社会化も、それがその資本主義的な外皮とは調和できなくなる一点に到達する。そこで外皮は爆破される。資本主義的私有の最期を告げる鐘が鳴る。収奪者が収奪される」(K I: 791)。彼は、最期の鐘が鳴るときに「収奪される」存在を、搾取者としての資本家ではなく、収奪者としての資本家に定めている。

＊24　Lazzarato, *La fabrique de l'homme endetté*, op. cit., p. 44. じつを言えば、後にも簡単に触れるように、「ミル評註」といわゆる『経済学・哲学草稿』との微妙な関係から言えば、「ミル評註」－『経済学・哲学草稿』－『経済学批判要綱』－『資本論』の流れを厳密に追わねばならないが（ここでの「－」は執筆順序を意味しない）、それは本章の任務ではない。

ラッツァラートが顕揚する「ミル評註」における（自己）疎外――あるいは、「畜群」が囚われる病気としての「負債」（疚しさ・負い目）とそれがゆえの返済願望という症状――を「非人間化」つまり畜群化として強調するこの「あまりにニーチェ的な」マルクスは、ラッツァラートもその一部を引いているように、以下の断片に典型的である。[*27]

サン＝シモン主義者たちはこの仮象に欺かれて、貨幣から手形、紙幣、紙製の貨幣代用物、信用 *Kredit* 銀行制度－銀行存在 *Bankwesen* に到る発展を、人間と事物との、資本と労働との、私的所有と貨幣との、貨幣と人間との分裂が、また人間と人間との分裂が、段階的に止揚されてゆく過程とみなしている。だから、組織された銀行制度が彼らの理想なのだ。しかし、疎外のこのような止揚、自己自身への、したがってまた他の人間への人間のこうした還帰 *Rückkehr* は仮象 *Schein* にすぎない。ここではもはや商品や金属や紙などではなく、道徳的な定在 *moralische* Dasein、社会的な定在 *gesellige* Dasein、人間の心情そのものという内なるもの das *Innere* が疎外の地盤となっているだけに、また人間に対する人間の信頼 *Vertrauens* という見せかけをとりながら、じつは最高の不信 das höchste *Mißtrauen* と完全な疎外 völlige Entremdung であるだけに、さきのような疎外の止揚は、かえっていっそう忌まわしく極端な自己疎外、非人間化である sie ist eine um so *infamere* und *extremere* Selbstentfremdung, Entmenschung。[*28]

これだけを見れば、確かに、若きこのマルクスは「いくつかの点でニーチェのテクストと符合」しているように思われる。だからこそラッツァラートは、「信用関係は『習俗の道徳性』、自己と共同体の倫理的‐政治的な構成を動員し利用する。その作用は『社会的美徳』の生産に関わる身体に刻み込まれる」と、[*29] ドゥルーズ＝ガタリの「ニーチェ」を経由したニーチェの〈債権‐債務〉関係からする世界了解を若きマルクスの疎外論に言寄せて理解するだけでなく、さらに一歩踏み込んで直接的に、こ

---

*25 Ibid., pp. 44-5. 強調は長原。なお、資本の三形態について邦訳は「土地資本、産業資本、商業資本」としているが、「土地資本」は〈financier〉を〈foncier〉と読み間違えた単純な誤訳だが（他所では正しく訳されている）、「商業資本 capital commercial」はラッツァラートのような欧米マルクス派の伝統で訓練を受けた人びとが「商人資本」と「商業資本」を分節していない点に由来する根深い混同であろう。「商業資本」は厳密には「産業資本」の一分肢であり、「産業資本」と並列された〈capital commercial〉は正しくは「商人資本 Kaufmanskapital」とすべきである。だが、この「固定資本」としての「土地に合体された資本」である「土地資本 terre-capital」をめぐる冒しやすい誤訳は、しかし、僕の妄想をむしろ掻き立てる。それはマルクスそしてラッツァラートの〈二〉論に関わっている（K III: 632）。

*26 宇野派と宇野自身の違いは、『経済学論集』（第二三巻第一号、一九五四年一〇月）に掲載された宇野弘蔵の毀誉褒貶に溢れる論攷「資金論」に見いだすことができる。

*27 ラッツァラートは「ミル評註」から彼の立論を担保するために必要な部分をほぼすべて引いているので、僕はことさらにそれを繰り返さない。

*28 Marx, "[Auszüge aus James Mills Buch 'Élémens d'économie politique'. Trad. par J. T. Parisot, Paris 1823]," ebd., S. 448.

*29 Lazzarato, *La fabrique de l'homme endetté*, op. cit., p. 48.

の青年マルクスでは、「『貧者』が債務者であり、したがって債権者が貧者に対してその支払い能力を見積もるための『道徳的』判断を下す。返済の抵当として見積もられるものは、貧者の『社会的美徳』『社会的能力』『肉と血』『道徳性』『存在自体』といったものである」として、その「〈借金人間〉」を「経済人」との対比で「概念的」に構築することができた。[30]

やや皮肉に言えば、この議論のさきには、いわば『債務者－貧乏人《プロレタリア》の倫理と債権者－銀行（そして国家）の精神』という「あまりにウェーバー的な」もう一人のマルクスが待ち構えている可能性が高いが、それはともあれ、そのうえでラッツァラートは、明確に「しかし」と繋ぎ、「マルクスの場合は、ニーチェとは異なって、話の要点は『復古的 archaïque』社会ではなく、人間が飼い慣らされ鎖で繋がれた資本主義経済に関わる」とその対象時期の違い（だけ）を強調し、[31] このニーチェ的マルクスを『資本論』第三巻における三位一体論のマルクスにもとづく負債論へと、両者がいわば並列するかのように、しかも単線的に、移行するが、その場合の結節環とは、文字通り「しかし」、何だろうか？　このように問うのは、この「ミル評註」の読解については、あるいはより精確には『経済学・哲学草稿』のマルクス学的な研究の一環としての「ミル評註」読解については、むしろ日本での蓄積が豊富だからであり、[32] それは『資本論』に代表されるいわゆる後期マルクスとの対峙のなかで行われてきたからである。

そうした領域に分け入る資格と紙幅がここでの僕に許されているわけではないが、しかし、疎外論を批判的に考える場合に僕が慣れ親しんできた細見英の読解は、疎外論を採らない僕にとっても、非常に意義深い。細見は、ラーピンの『経哲草稿』についての文献学的研究を紹介する体《てい》で、[33] 自身が以

前に展開した議論を文献学的視点から自己批判・訂正しながらも、[*34] しかし最終的には、「私の構想す

＊30　Ibid., p. 45. 例えば僕は、J・リード「債権回収屋たち」(『現代思想――債務危機』40 (2)、二〇一二年) が読まれた〈ヒストリカル・マテリアリズム〉のロンドン年次大会 (二〇一一年一一月) に詰めかけた若い学者志望の学生や現場の活動家たちがリードの議論に大いなる賛意を示して、奨学金の「デフォルト」を言い立てた姿を忘れられない。この類いの、ヒューム的に言えば「〈自然死〉」に対蹠する「〈暴力死〉」という主張 (D. Hume, *Political Discourses*, Edinburgh, printed by R. Fleming for A. Kincaid and A. Donaldson, 1752, p. 138 & p. 141) が心地よいことは言うまでもないからである。だが、このパネルに出席した年嵩の活動家たちは冷ややかであった。彼 (女) らが「現場」を知っているからである。

＊31　Lazzarato, *La fabrique de l'homme endetté*, ibid., p. 48.

＊32　マルクス『経済学ノート』杉原四郎・重田晃一訳、第二版、未來社、一九七〇年に付された「増補解説」など、枚挙に遑がない。

＊33　N・I・ラーピン「マルクス『経済学・哲学草稿』における所得の三源泉の対比的分析」『思想』第五六一号、一九七一年三月。

＊34　細見英「マルクスとヘーゲル――経済学批判と弁証法」同『経済学批判と弁証法』未來社、一九七九年所収。ラーピンはマルクスの一八四四年段階での五冊の経済学ノートを考証して、その執筆順を〈ノートⅠ・Ⅱ・Ⅲ↓第一草稿↓ノートⅣ (いわゆる「ミル評註」が含まれている)・Ⅴ↓第二・第三草稿〉としたが、細見は、「ミル評註」が書かれた後に一括りに理解された『経哲草稿』が書かれたと判定していたとして、細見はこの自説を訂正し、ラーピン説を採用したうえで、僕が引用する以下の論文を書いている。なお、こうした論点に関わって、中川弘「『経済学・哲学草稿』と『ミル評註』」福島大学『商学論集』第三七巻第二号、一九六八年は必読である。

るところに間違いはない」と書き、以前の議論をむしろ内在的読解として、以下のように再論（再肯定）している。長いが、少なくとも僕にとっては決定的なので、引用する。*35

> 「ミル評注」では、商品交換の発生を決定的契機とする、社会的人間の疎外の諸形態が展開されている。交換を契機とする私的所有の「疎外された私的所有」＝「価値」への転化、おなじく交換の前提のもとでの労働の「疎外された労働」＝「営利労働」への転化。商品交換体制の内部における価値の形態的展開としての「貨幣」、「信用」、「銀行制度」。これにたいして『経哲草稿』の「疎外された労働」断片でマルクスがえぐりだしているのは、マルクスの前提としても内容の実質からいっても、資本＝賃労働関係であり、そこにおける労働の疎外＝搾取の関係である。おなじく基礎範疇として「疎外された労働」と「私的所有」の用語が用いられていても、「ミル評注」でのその内実は〝商品生産労働〟と〝商品〟であり、「疎外された労働」断片でのそれは、〝賃労働〟と〝資本〟である。「ミル評注」における、商品交換視角からする社会的人間の疎外の形態的展開。「疎外された労働」断片における、労働過程視角からする人間的労働の疎外＝搾取関係の究明。両者の方法的視角と論理展開次元の相違は明らかである。しかも、「ミル評注」と『経哲草稿』とを対比するとき、この二つの方法視角、二つの論理展開次元をつなぐ媒介の論理が欠けている。そこには断絶があるといわざるをえない。
> 〔…〕「ミル評注」でマルクスは、商品交換関係の分析から出発しながら、そこから階級関係を論理的に演繹することに失敗した。そこであらためて三階級の対抗そのものを分析の出発点にすえ、

分析をつうじて階級対抗の根拠としての「疎外された労働」をえぐりだした。交換関係視角から生産関係視角へ、表層分析から深層分析へ。

細見の議論は、そのいわゆる市民派的マルクス読解とは別個に、またラーピンのような「マルクス学」的精査とも独立に、「あまりにニーチェ的な」マルクスと『資本論』第三巻のマルクスという「二人のマルクス」を直結させる議論に対する理論的批判として、きわめて意義深い。問題は、「ミル評註」のいわゆる「あまりにニーチェ的な」マルクスが、つまり「あまりにウェーバー的な」マルクスさえ生み出しかねないそうしたマルクスが、もう一人の「マルクス」とどのように結び合うのか、である。つまり、そこでのいわゆる「媒介の論理」とは何か？　それを僕たちは、「ミル評註」に見いだすことができるのか？　あらかじめ言えば、それはラーピンがそうしたように『経哲草稿』に準備されていた「所得の三源泉」論を展望する視角であり、細谷が研究者の節操を以て立ち止まった「交換関係視角から生産関係視角へ、表層分析から深層分析へ」を〈生産関係視角から交換関係視角へ、深層分析から表層分析へ〉へと、いわば再帰（あるいは本卦還り réarchaïsation）的転回させる視座である。

＊35　細見英「『経哲草稿』第一草稿の執筆順序——N・I・ラーピン論文の紹介」『経済学批判と弁証法』未來社、一九七九年、一八三～四頁。強調は長原。

〈M_1〉→〈M_2〉＝〈D－G〉$_2$

ところで、『資本論』第三巻のマルクス、すなわち「ミル評註」と列ぶもう一人のマルクスを担保するラッツァラートの議論は、言うまでもなく、資本がその「墓碑文体－簡潔体」のもとで完成させた範式である「自己増殖する貨幣 l'argent qui s'autovalorise（A－A′）」である。これについてはすでに論じたのでここでは繰り返さないが、これをラッツァラートは「価値は『みずからを生み出し駆動する実体』としてその姿を顕すのであり、産業資本、商人資本、金融資本は、その『自己運動 automouvement』に等しく役立つ諸形態である」としたうえで、「神学における〈父〉と〈息子〉と〈聖霊〉が三位一体であるのと同じように、資本のこの三形態（産業資本・商人資本・金融資本）も三位一体として機能する」と論じている。[*36] 前半部分は取り敢えずよいとして、だが、それに照応する「資本のこの三形態」が機能させる（？）ラッツァラートのいわゆる三位一体論は、階級論を準備するそれとしてだけでなく理論的にも、通常とは非常に異なる理解と言わねばならない。通常の理解を典型的に要約するものとして、以下の文章を引用しておこう。

> 資本－利潤、より精確には資本－利子、土地－地代、労働－労賃では、すなわち価値および富一般の諸成分とその諸源泉との関係としてのこの経済的三位一体では、資本主義的生産様式の神秘化、社会的諸関係の物化、物質的生産諸関係とその歴史的社会的規定性との直接的癒合 Zusammenwachsen が完成されている。それは魔法にかけられ顚倒され逆立ちした世界であって、そこでは資本氏と土地夫人が社会的な登場人物として、また同時に直接にはただのモノとして、

怪しく振る舞っている（K III: 838）。

マルクスの三位一体論と言えば、一般的にはこれを指すであろうが、では、このことを知悉しているはずのラッツァラートは、なぜこうした通常とは異なる、彼のいわゆる「三位一体論」にこだわるのだろうか？

そこには、厳密な意味での三位一体論というよりも、むしろ銀行資本（精確には「銀行制度－銀行存在 Bankwesen」）にその具体性を集約された利子生み資本の戦略的強調が、伏在しているように思われる。つまりラッツァラートは、通例のいわゆる三位一体論というよりも、むしろ「独立な価値の、貨幣の、無差別な、自分自身と同一な姿 selbst gleichen Gestalt で存在する」資本、サン＝シモン主義たちが夢見た「理念」的資本、またしたがってその意味で、「資本の需給関係」としてのみ顕れる「階級のそれ自体で共同的な資本 *an sich gemeinsames Kapital der Klasse*」という側面から「利子生み資本」――具体的に、唯一者へ生成転化した銀行資本とその「完成態」としての制度――を論ずることで（K III: 380-81）、「さまざまな形態をとる」産業資本とは異なり、いわゆる「『社会的資本』の利害の代表」としての銀行資本（制度としての金融資本）から[37]、つまりすべての貧乏人がその裡に永遠に疚しさと負い目を感じ続けることを強いる超自我であるラッツァラートの唯一者――いわゆる〈大いなる債権者

＊36 Lazzarato, *La fabrique de l'homme endetté*, op. cit., p. 49.
＊37 Ibid., p. 49.

le *Grand* Créancier〉あるいは〈普遍的債権者 le Créancier *universel*〉——から、三位一体論を理解することを追求するからである。またそうすることでラッツァラートは、レーニンが『帝国主義論』で強調した「ただ一人の集合的資本家 un seul capitaliste collectif」[38]の「一貫性と戦略」である〈墓碑文体－簡潔体〉で自己増殖する資本の「非合理性」を曝露できる、と考えているからである。[39]

こうした議論に対して僕は、銀行資本に集約させたうえで利子生み資本に収斂させた三位一体論というこの議論、しかも青年マルクスの疎外論的な銀行批判をも巻き込んだ〈債権－債務〉関係という了解では、ラッツァラート自身がこの書の冒頭で触れたまったく正しい現状分析の視点である、「新自由主義の主要な政治的試金石は〔…〕所有の問題である。なぜなら、〈債権者－債務者〉関係は、（資本の）所有者と（資本の）非－所有者との力関係を表現しているからである」というもっとも大切な問題が、したがって国家の問題が曖昧になっているように思われる。[40]

またこうした解釈には、すでに「ミル評註」をニーチェ的「負債」論から読解するというその視点に、その原因があるように思われる。というのも、さきに引用したように、むしろ「右（サン＝シモン主義者）のような疎外の止揚は、かえっていっそう忌まわしく極端な自己疎外、非人間化である」と記されているように、資本においてすでに止揚されているそうした疎外が、それがゆえになお「いっそう、忌まわしい」という文章の理解だけでなく、ラッツァラートがこのマルクスを「とてもニーチェ的」と理解するに当たって引用した以下の文章にも関わっている。長くなるが引用する。[41]

信用は、二つの関係と二つの異なった条件のもとで考えることができる。二つの関係というのはこうである。第一に、金持ちが、勤勉で律儀だと見込んだ貧乏人に与える信用の場合である。この種の信用は、政治経済学のロマンティックで感傷的な部分に属しており、その脱線、行きすぎ、例外であって常例ではない。〔…〕その場合でさえ、貧乏人の生命と彼の才能や活動が、金持ちにとっては貸した金が返済される保証になっている。つまり言い換えれば、貧乏人のあらゆる社会的美徳、彼の生命活動の内容、彼の定在そのものが、金持ちにとっては、通常に利子をともなう資本の償還を表している。だから貧乏人の死は、信用授与者にとっては最悪の事態である。それは彼の資本プラス利子の死に等しい。【中略Ⅰ】

第二に、信用を受ける人自身が裕福である場合。この場合、信用は、交換を容易にする媒介者となるにすぎない。言い換えればそれは、完全に観念的な形態に高められた貨幣そのものである。【中略Ⅱ】信用においては、金属や紙に代わって人間そのものが、ただし人間としてではなく一箇の資本とその利子の定在として、交換の仲介者になっている。

＊38　レーニン「資本主義の最高の段階としての帝国主義」『レーニン全集』第二二巻、二四六頁。
＊39　Lazzarato, *La fabrique de l'homme endetté*, op. cit., pp. 51-2.
＊40　Ibid., p. 11.
＊41　Marx, "[Auszüge aus James Mills Buch 'Élémens d'économie politique'. Trad. par J. T. Parisot, Paris 1823]," ebd., S. 448-9.

確かに、この引用における【中略Ⅰ】部分に記されている「信用関係のもとでは人間の値打ちが貨幣で評価*Schätzung*されているのだが、思えばこれはなんと破廉恥なことであろうか」と語るこのいわゆる素朴な「疎外論的」マルクスをもって、「あまりにニーチェ的」な「マルクス」を語ることができるだろうか。マルクスが実際にそのように書いていることを根拠に。とはいえ、むしろ【中略Ⅱ】部分に記されている「信用とは、人間の道徳性に関する政治経済学的判決Der *Kredit* ist das *nationalökonomische* Urteil über die *Moralität* eines Menschen」であるという文言のほうが、ここではむしろ重要ではないだろうか。なぜなら、この「判決」こそ、つまり債務者という意味での非所有者を「利子込みの資本《がんぽん》Kapitals samt Zinsen」と事物的に了解する政治経済（学批判）的地平こそ、『資本論』第三巻の三位一体論を担保する物象化論の地平にほかならないからである。またそこではむしろ、「価値として自己を増殖－実現する貨幣l'argent qui s'autovalorise」が、あるいは三位一体を想起するマルクスの言い方に従えば、「いまや諸商品の関係を表現せず、いわば自分自身に対する私的な関係に這入っている」価値が「本源的価値ursprünglicher Wertとしての自分を剰余価値としての自分自身から区別する。つまり、父なる神としての自分を息子なる神としての自分自身から区別する」という意味で「父も息子も同い歳であり、一身でもある」関係が（K I: 169）、疎外論的「非合理性」どころか、むしろ事物の関係性における合理性をもって、その姿を「いっそう忌まわし」く「いっそう極端に」抜き身にするからである。

　このように考えて初めて僕は、ニーチェの以下の文言が読み取ることができる。[*42]

神みずからが人間の負債のためにおのれを犠牲に供し給う、神みずからが身をもっておのれ自身に弁済をなし給う、神こそは人間自身の返済しえなくなったものを人間に代わって返済しうる唯一者であり給う、――債権者〔信頼をおく者〕Gläubiger みずからが債務者〔「信頼」に疚しさを覚える者〕Schulder のために犠牲となる、それも愛からして（信じられることだろうか？――）、おのれの債務者への愛からして！

だが、これを受けてラッツァラートは、「これは、キリスト教の精髄の一撃だ。なぜなら『聖なる三位一体 sanite trinité』は、そのなかに債権者と債務者を包含しているからである」、あるいは「キリスト教は、無限なるものを導入することによって、負債の体制を奥深いところから発明し直し、その刷新を資本主義が引き継ぐことになる」、またさらには「キリスト教が宗教に導入した無限を、資本主義は経済的な次元で再発案する。お金がお金を生み出すという価値の自動運動としての資本の動きが、負債のお陰で、その限界を繰り延べるようになる」と、それ自体としては正しく、書いているが[*43]、この「神」は、しかし、唯一者として〈大いなる普遍〉に生成変化した――銀行資本あるいは「銀行制度」、さらには、「ミル評註」のマルクス的には「国家」に具体化される――利子生み資本ではない。それはむしろ、利子生み資本の論理（所有-収入）がその枢軸にあるマルクス的意味での関係性《システム》とし

---

*42 『道徳の系譜』『ニーチェ全集』11、信太正三訳、ちくま文芸文庫版、四七四頁。
*43 Lazzarato, *La fabrique de l'homme endetté*, op. cit., pp. 61-2.

ての三位一体という構成そのものである。またこの動的編制に拠って初めて、「負債は、いつまでも弁済し終えないであろう債務者と、いつまでも負債の利息を取り立て終えないであろう債権者との関係になる。すなわち、『神に対する負債』〔…〕『社会』に対する、『国家』に対する、反動的な諸審級に対する負債となる」のであり、その裏面で所有‐債権は利得（あるいは貨殖 *Plusmacherei*、さらには「レント」）の原理となる。[*44] まただからこそ、「ミル評註」のマルクスが「政治経済学のロマンティックで感傷的な部分に属しており、その脱線、行きすぎ、例外であって常例ではない」とした「貧乏人」への信用供与がむしろ「合理」的である所以が理解できるのである。

だが、三位一体論をこのように理解するには、この三大階級を範式として表現する〈三〉の構成が収入源泉をめぐる〈所有‐非所有〉の〈二〉へと生成変化する機制とこの機制にもとづく「レント」が論じられねばならないだろう。つまり、ドゥルーズ＝ガタリが『千のプラトー』で国家‐税をも含めた「三位一体の範式」として逆成的に論じた「ストックをもたらす動的編制」(MP: 555)、ニーチェを継承した彼らのいわゆる「評価‐先取り évaluation-anticipation のメカニズム」を前提とする剰余価値「捕獲」のアジャンスモンに分け入るという長い理論的道程を歩むほかない (MP: 547)。そしてその最初の一歩を踏み出すには、〈資本氏〉と〈土地夫人〉が怪しげな舞踏を繰り広げることを形態において許す動的編制としての〈擬制〉資本が三位一体の〈三〉を所有と非所有の〈二〉にどのように割るのかが、論じられねばならない。

---

*44　Deleuze, *Nietzsche et la philosophie*, op. cit., pp.162-3.

第14章

隠し彫りの刺青

「瑕疵」の存在論

社会は、何よりもまず、循環し循環させることを専らとする交換の場ではなく、徴を付けかつ徴付けられることを本質とする記載－登記の場という社会体《ソシウス》である (AO: 166)。

〔国家〕は運命の如くに到来する。……電光の如くに。[*1]

隠し彫りの刺青

エピグラフのドゥルーズ＝ガタリを以て敷衍すれば、以下で引くカール・シュミットのいわゆる「例外 Ausnahme」とは「記載する社会体」あるいは「登記」の瞬間－切断、だが営々と打ち続く瞬間－切断にほかならない。バディウのドゥルーズであれば、それを登記－記載における例外《できごと》と一般《ちつじょ》の離接‐選言的な綜合とでも呼んだであろう。離接‐選言的な綜合――というのも、例外とは、一般《アルゲマイネ》が成立するための端緒でもなければ、一般の補集合でもなく、一般（全体集合）を不断に構成する厳密に特異な元だからである。すなわち、一般は例外を以て初めて一般たりうるのである。

シュミットは、その著『政治神学』冒頭の重要な一章「主権の定義」の末尾で、おそらくは資本のいわゆる本源的蓄積や労働日そして機械と大工業を論ずるマルクス、また植民地主義と継続する再版原蓄を論ずる後年のマルクス主義者たちやサバルタン論を戦略的に介入し導入したスピヴァクも心得ていたであろう、「例外は一般を闡明し、かつそれ自身を闡明する。〔…〕例外は、一般そのもの以上に、遙かに明確にすべてを曝露する」という一文を以て始まる、或る「プロテスタントの神学者」（キェルケゴール）の発言を長々と引用している。それはまた、次のように続いている。

> 一般についてくどくど論じ続ければ、いつか嫌気がさす――複数の例外が〔下賜されて〕あるからだ es gibt Ausnahmen。その例外が説明できなければ、一般もまた説明できない。〔…〕例外は精力的な情熱を込めて一般を考える。*2

このシュミットは根源的に正しい。というのも、解釈者が例外を以て一般あるいは全般‐普遍を外部観測するのではなく、「例外〔それ自体〕が〔…〕一般を考える Die Ausnahme... denkt das Allgemeine...」と記されているからだ。これは単なる譬喩ではない。例外は、一般の裡に存在〔論〕的に有ってみずからをも含めた一般を内部観測する、「完結」後の一般から事後的に振り返られる一般にとっての、瑕疵なのである。したがってアガンベンの議論に頻出する、「排除」と「包含〔あるいは内包〕」、「外部」と「内部」、「ビオス」と「ゾーエー」などといった、[*3] 正しくもアガンベンが「二元論的」ではないと主張する、いわゆる「双極的」な一対関係もまた、[*4]「例外」と「一般」との先述の関係と同一の位相の許にある。[*5]

その冒頭でかかるシュミットに触れることから論を展《ひら》くアガンベンの『ホモ・サケル』第一巻の序の最後に、次のような宣言が見いだされる。

> 当初本書は地球規模の新秩序が弄する血塗れの欺瞞への回答として構想されたが、検討されたことのないいくつかの問題——その第一は生が有する聖なる性質という問題だった——に直面しな

---

*1　ニーチェ『道徳の系譜』『ニーチェ全集』第一一巻、信太正三訳、ちくま学芸文庫版、四六六頁。

*2　C. Schmitt, *Politische Theologie: Vier Kapitel zur Lehre von der Souveränität*, Müchen und Leipzig: Verlag von Duncker & Humblot, 1934, S. 22.

*3　G. Agamben, *Homo sacer*, op. cit., *passim*.

*4　“Das Leben, ein Kunstwerk ohne Autor: Dera Ausnahmezustand, die Verwaltung der Unordnung und das private Leben / Ein Gespräch mit Giorgio Agamben,” *Süddeutsche Zeitung* Nr. 81, Dienstag, 6 April 2004.

*5　アガンベンはバディウの集合論的な「所属 appartenance」と「包含 inclusion」を整理しているが（*Homo sacer*, op. cit., pp. 31-3）、彼の行論に関わって何のためにそれが為されているか不明である。バディウのそれについては、A. Badiou, *L'être et l'événement*, op. cit., pp. 95-115 *et passim*.

ければならなかった。だが、検討の過程で明らかになったことは、こうした領域では、人文科学（法学から人類学に到るまで）が定義したと思い込んだか、または自明の前提としてきた観念のいずれも、確定的と考えるができず、破局が差し迫るなかで、その多くが全面的改訂を避けられないということだった。[*6]

本章には、しかし、少なくともアガンベンの〈ホモ・サケル〉プロジェクトに限っても、またその行論において彼を期せずしてもっとも政治的とした「回教徒」という形象についても、[*7] そのすべてを網羅的に議論する遑はない。というのも、僕にとっては、彼が文中にことさらに挿し入れ、僕にとってもまた正しい観測である、いわゆる「差し迫る破局《きき》」とは、何にとっての、またいかなる、破局《きき》なのかが、問題だからだ。この問題を考えるために僕は、後に立ち寄るジジェクやネグリと同様、アガンベンを利用する。以下でかかる疑問に暫定的回答を与えるための枠組みが徐々に仄めかされることになるが、こうした問題意識からすれば、かかる疑問とそれへの回答に密接に関わっていなければならないこの「全面的改訂 révision sans réserve」とは、それまでのアガンベンでは密接に併走しながらも統一的には記述されてこなかった、一方における主権の性質と主体化[*8]（支配の都合で政治過程に放り込まれた寄る辺なきいわば「汚名に塗れた」人間にふたたび支配の都合で偶発的に下賜される名称としての主体）の政治過程が主権の性質と切り結ぶ関連という「双極」する二項関係と、他方における前者との密接な関連において展望されねばならない潜勢力の存在論（すなわち、かかる支配の都合を了解したうえで偶発的に下賜された隷従としての主体化を集合的な主体形成において潜り抜け、そうすることでのみ顕覆の主体へと生成することができる人間〉という、同様に「双極」する二つの視点を同一の論理の裡に統一的に説くことを目指す改訂を意味しており、それがまたアガンベンの〈ホモ・サケル〉プロジェクトの最終目的であるだろう。そして政治哲学の革命的政治化にとって必須のこの改訂が、それまでは単なる博覧強記の人であり、また政治的には――敢えて言えば――無害の人であった、アガンベンを政治的に危険な（!?）もう一人のアガンベンへと転位させ、その結果、彼が迷い込んだ領域の近傍で従来から政治的な論陣を張ってきた幾人かの有力な論者を含めた多くの論者からの注意深くも心優しい批判を刺戟したことは、周知の事実であろう。

二、三の例示に留めるが、例えば、アガンベンが正しくも生それ自体を問題としていることの意義をまったく理解できないナイーブなジュディス・バトラーは、アガンベンのホモ・サケル概念に共同体においてマージナルな存在に据え置かれまた排除されてもいる元《げん》を包摂しうる概念としての「人間性」と「政治」のまさに政治的な拡張を観るといった、心優しい誤読すら披瀝して気づかない。[*9]こう

＊6　Agamben, *Homo sacer*, op. cit., p. 20.

＊7　ある事情から訳出を控えたS. Žižek, "The Antinomies of Tolerant Reason" lacan.com には、そうした「形象化」それ自体への批判が書き込まれている。

＊8　念を押しておくが、この「主権」とは近代における「主権」であり、「近代」とは資本が必要とした一つの時代であって、したがって「近代」とは資本の主義《イデオロギー》、またしたがって「主権」とはその一部を成すイデオロギー装置である。

＊9　J. Butler, *Precarious Life: The Powers of Mourning and Violence*, New York: Verso, 2004, pp. 67-8.

した議論への批判に紙幅を割く遑はなく、またバトラーに〈地獄への道は善意で敷き詰められている〉と喝破したレーニンを対置するといった子供じみた無粋な真似をする気もないが、いずれにせよそれは、寛容‐無関心なリベラル派への退行どころか、その善意あるいはその結果において、寛容という無関心をその最たる特徴とするリベラリズムの究極にあるネオリベラリズムを民主主義なるものを旗印に世界全体へと軍事的に拡張することを圧し付けがましく説く、ブッシュ政権への加担にほかならない。*10

またその対極に身をおくアントニオ・ネグリは、アガンベンの〈ホモ・サケル〉プロジェクトにおける最新の作品『例外状況』*11への書評の冒頭で、アガンベンの旧著『言語と死』との関連から、*12そこに「必滅の定めにある人間の条件を決して忘れることのない一つの完《まった》き内在的な贖い‐買い戻し Una redenzione del tutto immanente che mai dimentica la condizione mortale」を見いだし高い評価を与えたうえで、*13アガンベンの二側面、二人のアガンベン――ハイデガー主義者のアガンベンとスピノザ主義者のアガンベン――を抽出・単離し、*14死すべき有限の者である人間に拘泥するハイデガー主義者のアガンベンが受動性と無力にあまりにも妥協し、生の潜勢力の力能《かのうせい》 *posse de potentia* を否定する、神秘主義者であり、それには「つねにボスの臭いがこびり付いている」とさえ批判するだろう。まさに褒め殺しの典型であるが、かかるネグリにとってアガンベンの任務は、したがって、「文献学的作業と言語的分析に沈潜することを通じて生政治的な地平をとらまえる」ことでなければならず、ふたたびしたがって、かかるネグリにとって歓待すべき有用なアガンベンとは、ネグリ風に言えば、生それ自体の生産的で構成的な権力あるいは「生ける労働の力」としての「贖いの秋《とき》 frutto maturo」を言祝ぐ、スピノザ主義者としてのアガンベンでなければならない。僕にとっては、このネグリが、アガンベンを情勢論的に利用して決断（諾否）の政治を訴えるジジェクや遠回しに当て擦るバディウだけでなく、他処のネグリに較べてもまた、もっとも慇懃に辛辣で精確に的を射抜いていると思われる。なぜなら、アガンベンを怒らせたアメリカ合衆国入国者への「皮下への刺青 tatouage sous-cutané」、またこの国の入管も（再）採用しようとしている（とはいえ、この国にはいわゆる在日外国人への指紋押捺という「輝かしい」歴史がある！）、とはいえすでに実質的には機能してもいる、パスポート・コントロールにおける指紋採取と顔写真の撮影という登記－記載における技術革新の遙か以前に、*15 すでにして、われわれには隠し彫りされた刺青が深々と刻印され登記されているという、起源が知れない長い歴史があるからであり、それはまた「ブロンドの髪の毛」を靡かせ「運命のように到来する」者、「これまでに

*10　これはこうした読解をバトラーに許したアガンベン本人の問題であろう。バディウがアガンベンに与えた評価は、静かに潰滅的である（A. Badiou, *Logiques des Mondes*, op. cit., pp. 583-4）。

*11　G. Agamben, *État d'exception: Homo sacer, II*, 1, tr. par J. Gayraud, Paris: Seuil, 2003.

*12　G. Agamben, *Il linguaggio e la morte: un seminario sul luogo della negativit*, Torino: Einaudi, 1982.

*13　ネグリ（とハート）は「アッシジのフランチェスコ」という形象を纏う〈マルチチュード〉を顕揚したが（Hardt and Negri, *Empire*, op. cit., p. 413）、バディウはアガンベンに「潜在するキリスト教的な〔…〕存在論の修道士」という名称を献呈している（*Logiques des Mondes*, op. cit., pp. 583, 584）。

*14　A. Negri, "Il frutto maturo della redenzione," *Il Manifesto – quotidiano comunista*, 26 July 2003 (Online version).

*15　G. Agamben, « Non au tatouage biopolitique », *Le Monde* 12, Janvier 2004.

唯一つしか存在しなかった〔…〕『焰を吹いて吠えながら語る』あの犬」が、つねにだが形を変化させながら、為してきたことだからであって (AO: 226-7)、したがってむしろ、国家がわれわれに事改めて刺青を明示的に彫ることを余儀なくさせていることとそれ自体が、アガンベンの思惑とはまったく別に、またドイツのジャーナリストが示した不快感（あるいは身体的な不安か！）からまったく距たって[16]、寧ろ「差し迫る破局」が徴候的に呈示した現状であると考えねばならないからである。

　とすれば、「国家とは何か」を問うことをある意味で正しく拒否し、権力支配を論ずることを強調したフーコー[17]、かかるフーコーを批判的に継受するアガンベンにとっての「差し迫る破局」を、僕はどのように理解すべきか。

商品という刺青《ノンブル／シフル》

　僕は、「個体化と、それと同時になされる全体化によって構成される、近代の権力構造の政治的な『二重拘束』double lien politique」というフーコー晩年の発言に凭れて[18]、「近代西洋国家は先例のない規模の主体的個体化の技術と客観的全体化の手続きを統合した」と書いたアガンベン、「権力の身体において、個体化の技術と全体化の手続きが相互に影響を及ぼし合いながらも両者が未分化のままに留まっている地帯 zone d'indifférence（あるいは少なくとも交点）はどこにあるのか」と問い、またさらにかかる未分化であるほかない両者が作りだす「政治的な『二重拘束』が存在理由を見いだす統一的な中心 centre unitaire は存在するのか」と訊ねたアガンベンに初めて触れたとき[19]、大きな衝撃を受けたことを忘れてはいない。というのも、それは、アルチュセールのイデオロギー論にフーコーの権力論を導入しようとして書かれた国家論の試みを最後に自死を遂げたギリシアの亡命マルクス主義者ニコス・プーランツァスを依然として引き摺っていた僕にマルクス主義国家論をふたたび考えさせる、きわめて大きな契機となったからである。[20] そしてそれは、さきと同様、ふたたび『ホモ・サケル』の序におけるフーコー読解において決定的だった。

アリストテレスに依拠してアガンベンは、「古典世界では、しかし、単なる自然的な生は語の本来の意味でのポリス *polis* から排除され、純然たる再生産の生として、家の領域にしっかりと閉じ込められている」と述べたが、この「純然たる再生産の生として〔の〕家《オイコス》の領域 la sphère de l'*oikos*」をまさに資本の経済組織《オイコス》に内包する作業が、まさに家（政学）*eikos-nomos* から官房学 Kameralwissenschaft、

＊16 "Das Leben, ein Kunstwerk ohne Autor," op. cit.

＊17 ところでこうしたフーコーの権力論は、すでにS. Lukes, *Power: a radical view*, London: macmillan, 1974において論じられていたことを憶えておこう。また例えば、合理的選択論へと頽れた元マルクス主義者のバリー・ヒンデスの権力論についての教科書の索引にシュミットが出現しないことからも明らかなように（B. Hindess, *Discourses of Power: From Hobbes to Foucault*, Oxford: Blackwell, 1996）、アガンベンの議論の鼎は一に懸かってシュミットの「例外」論にある。

＊18 M. Foucault, « Le sujet et le pouvoir » (1983), in do., *Dits et écrits*, t. IV, Paris: Gallimard, 1994, p. 232. ところで邦訳では「二重拘束」とされている両者の関係は、むしろ「連関－絆 lien」であることを指摘しておきたい。

＊19 Agamben, *Homo sacer*, op. cit., pp. 13-4.

＊20 なおかかる論点については、K. Genel, "Le biopouvoir chez Foucault et Agamben," *Methods: savoir et textes*, 4, 2004が興味深い。

そしてさらには経済（学）《エコノミクス》にほかならず、またその移行が近代《しほん》化にほかならないという大学生レヴェルの教養的常識を以てすれば、自分を歴史家ではないとするアガンベンといえども、一九七七年以降のコレージュ・ド・フランスにおけるフーコーの講義で強調された「領土国家」から「人口国家」への移行（これがまさに帝国論の先魁である）や、主権権力の対象が直接的な「人間の統治」へ移行するという議論に飛びつく前に、[*21]「純然たる再生産の生」と資本という経済《オイコス》組織に内包された「家《オイコス》の領域」がまさに「未分化のままに留まっている地帯」の意味を資本の蓄積運動（のいわゆる端緒）において論議せねばならないはずであり、またそうしなければ「とくに、資本主義の発展と勝利が可能だったのは、この視点からすれば、資本主義が必要とするいわば『従順な身体』を一連の〈資本以前の統治技術から〉我有された諸技術 technologies appropriées を用いて創造する、新たな生権力によって遂行される規律的制御 contrôle disciplinaire があった」からであるとは簡単に言えないばかりか、[*22]さらには「市民社会の消滅」なる事態とそれにともなう新たな統治装置の出現を媒介としたかかる規律権力の管理権力への移行といった同類の仮説、ドゥルーズのインタビューにおける思いつきにも似た素晴らしいこの創案‐仮構の安易な横領すら準備し得なかったはずである。[*23]実際、この「従順なあるいは訓育された身体 corps dociles」したがって畜群は、「ポリスの圏域にゾーエーが入ったということ、つまり剝き出しの生そのものが政治化されたことが近代の決定的な出来事をなしており、古典的な思考の政治的‐哲学的な諸範疇が根源的に変容したこと」に単純かつ直線的に相即して出現したわけでは決してない。[*24]「ポリスの圏域にゾーエーが入」るという事態は、むしろ彼《か》の「原国家 Urstaat」（の我有‐記憶）を以て不断に試みられてきたことであり、[*25]したがって問題とされるべきは、近代＝資本におけるその有り様でなければならない（でなければ、なぜシュミットが援用可能なのか）。またそのように考えなければ、歴史主義を端的に斥けたフーコーが『臨床医学の誕生』やマルクス以後の本源的蓄積論のなかでもっとも素晴らしい『監獄の誕生』という広義のいわば本源的蓄積論を記した理由が分からなくなってしまう。

例えばアガンベンは、「権力の創出における主体的側面」に関わって、非常に適切にも、ラ・ボエシの「自分の意志による隷従という概念はすでに暗黙の裡に認められる」を引きながら、即座に「しかし」と続けて、「個々の人びとが行う自分の意志による隷従」が「客観的権力と通じ合う点」を探し出そうし、またそのために正しくも「心理学的説明」を却下したうえで、しかし「権力の法的‐制度的範型と生政治的範型との隠された合流《ジョンクシオン》」を性急に名指すだけでなく、「生政治的な身体の生産は主権権力の本来の機能」であると一挙に抽象命題化することで、正解（!）に到達しようとする。それをまたアガンベンは、フーコー自身が自覚しえなかったその発案（「終わりなく遠離る消失点」）に

＊21 M. Foucault, « Sécutité, territoire et population », in *Dits et écrits*, t. III, Paris: Gallimard, 1994, pp. 719-723.

＊22 Agamben, *Homo sacer*, op. cit., p. 11.

＊23 Deleuze, *Pourparlers*, V, op. cit.

＊24 Agamben, *Homo sacer*, op. cit., p. 12.

＊25 アガンベンがフーコーを論じて使った「終わりなく遠離《とおざか》る消失点」あるいは「（…）権力についての西洋の省察のすべて）から発するさまざまに異なる遠近法の線が、決して辿り着くことのないままに収斂してゆく逃れ去る一点」とは、ドゥルーズ＝ガタリの「原国家」にほかならない（Ibid., p. 14）。

よって、権威づけてさえいる。[*26] だが問題とされるべきは、アガンベン自身がまったく正しく書いたように、むしろ「従順な身体」の歴史的産出が、ポリスから排除されていた生の「純然たる再生産」の政治への直接的な包含ではなく、「一連の（資本以前の統治技術から）我有された諸技術を用い」た、「家の領域《オイコス》」とは「未分化なままに留まっている地帯」における、生の再生産として可能になるための経済《オイコス》装置の創出という視点でなければならない。[*27] あるいはそれを、アガンベンの文章を搾取《りょう》して、だがそこでの二文字を入れ替えて言い換えれば、「西洋の政治経済がまず剝き出しの生の排除（それは同時に内包でもある）によってみずからを構成するのはなぜか」を何よりもまず問うことであり、「生が排除を通じて包含されるべきものとして提示されるとすれば、政治経済と生の関係とはどういうものか」を何よりもまず問うことでなければならない。またそのように問わなければ、なぜここでのいわゆる「政治」が、近代＝資本にあって、生と関係を持たねばならないのかが判然とならない。そしてまた、この「剝き出しの生」の排除‐内包のシステムを問うことは、何よりもまず第一に、労働力の商品化（による社会体の唯一の論理としての商品による組織化）という無理をその形式化によって通すための端緒という第一の「例外」とそれに相即する規律化あるいは労働力の陶冶を問うことであり、また第二に、かかる形式化という暴力的「例外」がその姿を「一般」において表現する景気循環＝恐慌と産業予備軍との関係において問うことであり、そして第三に、第二の「一般」化が機能不全を起こすことへの国家‐権力の対処に規律の管理への移行を問うということでなければならない。すなわち僕は、アガンベンの軽蔑を込めた表現を以て言えば、ここでは、政治における主権の問題を問うためにも、むしろ「伝統的な取り組み方」が採用されねばならない、と主張したいのである。[*28]

~~例外~~という境界

ところで僕が採用する「伝統的な取り組み方」とは、近代における唯一の――国家をまずは夜警国家（所有権の保護）として円環的自己に不可欠の外部へ掣肘することで唯一を誇るという意味だが――主権あるいは実体としての主体（として内部を維持したまま外部に立つこと）を僭称する資本が、その不可欠のパートナーである商品としての労働力とその再生産を生ける人間へと排除しながら、同時にかかる商品という刺青を打刻された人間をどのように維持‐管理‐保全するか、すなわち内包するかという文字通りの「技法」と「手続き」の問題である。それをアガンベンの言を以て、だがふたたび一部を入れ替えて言い換えれば、「~~国家~~資本が個人の自然的な生への配慮を引き受けて~~国家~~資本の内へと統合する〔国家‐政策を媒介とした〕政治的技法 *techniques politiques*（ポリツァイ学など）の研究であり、もう一つは〔それに照応する〕自己の技術群 *technologies du soi*」の研究にほかならない。[*29]

＊26 Ibid.

＊27 この点については、長原豊「*Un/Le Pas Encore*――de *la* Marx」『文学』一・二月号および同三・四月号、二〇〇二年を参照。

＊28 Agamben, *Homo sacer*, op. cit., p. 13. もちろんそれを以て旧態依然たる段階論的把握と批難することは可能であろうし、政治過程と経済過程を形式分離する方法がいわゆる「西欧マルクス主義」では非難されていることも承知している。そのように分離‐結合しなければ、以下で触れるマルクス理解から観た「例外‐一般」のまさに離接‐選言的な綜合は不分明になってしまう。

＊29 Ibid.

確かに、産業予備軍と「家《オイコス》の領域」という内なる外部によって支えられ、イギリス資本主義を除いて大方の資本主義においては短命あるいは例外（！）的な、いわゆる自由放任というシステムを作りだした「例外」が、しかも人間を存在論的に「瑕疵ある者」として商品化した「例外」が、資本のいわゆる本源的蓄積であったことの意義については、すでに他処で論じてある。すなわち、資本は、端緒におけるかかる「例外」を景気循環を介した産業予備軍の増減だけでなく、かかる労働力の再生産を経済《オイコス》と化した家《オイコス》を外部として内部化することによって、いわゆる例外を「いたるところで規則règle」という「一般」へ転轍し、そうすることで「もともとは秩序の周縁に位置していた剝き出しの生の空間」を「政治空間と一致させる」技法を編み出したのである。[*30] そこにおいて初めて「排除と包含、外部と内部、ビオスとゾーエー、法権利と事実」が「合流」するのであり、この交点において初めていわゆる資本の権力と国家の権力が離接‐選言的に綜合されるのである。またそのように理解することによって初めて、「剝き出しの生が秩序によって排除されると同時に捉えられる例外状態が、じつは、そのように分離されていることにおいて、政治体系がまるごと依拠している隠された基礎」であると言えるのである。[*31]

こうして産業予備軍や家《オイコス》という内部と外部あるいは排除と包含という「未分化のままに留まる地帯」に依嘱された人間の規律＝管理は、であればこそ、「~~国家~~資本の権力の組織の唯一の場であり、また~~国家~~資本の権力からの解法の唯一の場」となる。アガンベンのいわゆる「~~国家~~資本の権力が生きものとしての人間を~~国家~~資本の権力それ自体の対象としてゆく規律化の過程に並行して、それとは別の過程、生きものとしての人間がもはや政治権力の対象としてではなく主体として提示される過程」

とは、こうして、資本の内部《しゅけん》にその特異な例外＝外部として存在（論）的に存置された「われら瑕疵ある者たち」とその再生産が、とりわけて自由放任のシステムにあっては、まさしく「殺害可能かつ贄とすることが不可能な *tuable et insacrifiable*」ホモ・サケルとして登場したことを意味している。[*32] ジジェクの「最終的にはわれわれは皆ホモ・サケルだ」という言明は、[*33] したがって、われわれはすべてプロレタリアだと言ったに等しい。

とすれば、だが、かかる規律権力が管理権力へ移行せねばならなかった理由とは何か？　あるいは、なぜ、新たな――というのも、例外が一般において規律を背負った人びとの規範へ変転することが常態だからであるが――例外が、必要とされるのか？　事態は単純でなければならない。すなわち、旧態の規律によっては資本と国家がその主権を行使できなくなったからにほかならない。あるいは端的に、市場において規律化された労働力に凭れた資本による労働力の組織化が不全を来し、かかる機能不全に対する国家による介入が失敗しているからである。こうして、労働力あるいは人間にはふたたび例外が必要とされる。かくも市場原理が顕揚されるこの時代における人間＝労働力の規範的規律化は、市場原理によってではなく、すなわち、もはや隠し彫りされた刺青ではなく、一目瞭然の刺青に

＊30　Ibid., p. 17.
＊31　Ibid.
＊32　Ibid., pp. 16-7.
＊33　Žižek, *Welcome to the Desert of the Real*, op. cit., p. 100.

よる管理に取って代わられる。そしてそのために資本は、最終的に「例外状態に関して決定する者」であるみずから以外の者を新たに要請するほかないのである。アガンベンのいわゆる「差し迫る破局」とは、市場原理主義の跳梁跋扈のもとでの「現行法秩序の外部に立ちながらも〔…〕現行法秩序の内部にも同時に立つ」主権の新たな創造の要請である。だがそれは同時に、主権概念が「境界概念 Grenzbegriff」であるがゆえに[*34]、例外を存在的に担ってきた「瑕疵ある者たち」の好機でもある。

*34 Schmitt, *Politische Theologie*, op. cit., S. 12-3. なお邦訳では〈Grenzbegriff〉は「限界概念」とされているが、むしろ〈Grenze〉は「境界あるいは閾」としたほうが理解しやすい。

第15章

Senza Casa《ヤサグレ》の街頭《ヤサ》

「マルチチュードは労働者階級の終焉を示していると思う人がいるかもしれませんが、これこそ、問いを単純化したり扇情的な言い回しに陶酔したりすることが〔…〕必要な人に特有な愚かさの産物」である (GM: 36)。[*1] そもそも「自由な賃金労働者（制）は隷従労働の一種」であり、[*2] したがって「労働社会の危機は〔…〕マルクスが『産業予備軍』すなわち失業分析に当たって用いた諸範疇を通じて、ポストフォーディズム的労働力をまるごと描き出すことができる」ことを意味している。ここでは「失業は不払労働であり、労働は有給の失業」であって (GM: 107-9)、「隷従労働者の総体は、超過労働によって散々な目に遭わされているときですら、『過剰人口』あるいは『産業予備軍』」と見做されている。[*3]

題辞《エピグラフ》と結末《エピタフ》

本章は、分析的マルクス派の〈搾取－正義〉論といわゆるネグリ派の〈搾取－収奪〉論との比較を試みた論攷のいわば承前である。[*4] 本章で僕は、「搾取論はふたたび労働力の商品化の『無理』という緒点」に、[*5]したがって〈収奪－暴力〉論に「戻ることになる――だが今度は、正義とは無縁な『街頭に彷徨う』労働と資本とのキアスムとして」という文章によって仮に綴（閉）じたが、ここではそれを現代に蘇ったマルチチュードを概念的に――だが、それは概念《プロレタリア》たらんとして永遠に果たせぬ概念《プロレタリア》への持続する意志、あるいは労働者階級が身にまとう革命戦略それ自体とすべきだろう――論じたものとしては輝いていると思われるヴィルノ『マルチチュードの文法』のある側面を素材として、改めて展《ひら》き、[*6] そのいわゆる「ポストフォーディズム的なマルチチュード」を整理することを課題としている。

だがなぜ、世界の書籍市場で異例とも言える喝采を博した『〈帝国〉』と『マルチチュード』の著者たちではなく、あるいはネグリとヴィルノとのいわゆる〈共《コモン》〉をめぐる微妙な対話を横領して後にやや率然と触れるように、愛に充ちたアッシジのベルナルドーネではなく、ヴィルノのマルチチュードを思考の槓桿《てこ》とするのか？[*7] この問いへの応答は、僕にとっては、シンプルである。それは、労働（力）に、しかもその歴史的特種性という視点を保持したまま、こだわるという原則を、彼が堅持しているからである。

この課題を果たすに当たって僕は、本章の劈頭で、ブータンの決定的な命題をヴィルノから採った文章で挟み込み、それぞれの間《あわい》に補綴を配して、この複数の題辞を一文へ仮構した。非分析的だが、現況に照らしてアクチュアルであろう、この仮構された題辞が示唆する基調は、本章で最後に触れる、

＊1　以下本書からの引用に当たっては、邦訳（パオロ・ヴィルノ『マルチチュードの文法』廣瀬純訳、月曜社、二〇〇四年）を大いに参考にさせていただいたが、変更を加えた場合もある。

＊2　Y. Moulier Boutang, *De l'esclavage au salariat: Économie historique du salariat bridé*, Paris: PUF, 1998, p. 18.

＊3　Boutang, op. cit., p. 18.

＊4　前掲『われら瑕疵ある者たち』第8章参照。

＊5　言うまでもなく、ここで引用された「無理」とは、宇野弘蔵のいわゆる旧『経済原論』の一節「〔…〕元来、資本の生産過程は、一般にいかなる社会にも絶対的に欠くことのできない労働＝生産過程を、資本という特殊な流通形態をもって実現するものであって、最初からいわば無理があるのである。本来、単なる生産物でもなく、商品として生産されたものでもない労働力を商品とすることによって、その無理が通っているのである」を意味している（『宇野弘蔵著作集』第一巻、岩波書店、一九七三年、一三四～五頁）。

＊6　その意味で本章は『マルチチュードの文法』を包括的に整理して解説することを任務としない。そうした作業については、精粗さまざまとはいえ、その英語版の冒頭に付されたロトランジェによるネグリ／ハートの『〈帝国〉』への棘だけでなく、その後に刊行された『マルチチュード』への批判をも呑み込んだ論攷（S. Lotringer, "Foreword: We, the Multitude," to P. Virno, *A Grammar of the Multitude: For an Analysis of Contemporary Forms of Life*, tr. by I. Bertoletti, J. Cascaito, A. Casson, Los Angeles: Semiotext(e), 2004 だけでなく〔なお、異なった視点からの帝国「批判」については、J. O'Neill, "Empire versus Empire: A Post-Communist Manifesto," *Theory, Culture & Society* 19(4), 2002 も参考になる〕、多くの論攷がすでに徘徊している。例えば、M. Pasquinelli, "Macchine radicali contro il tecnoimpero. Dall'utopia al network" (http://www.republicart.net) や M. Krivak, "Book Review: Paolo Virno *Gramatika mnostva*," *Synthesis Philosophica*, 40 (2/2005)、G. Ray, "Revolution in the Post-Fordist Revolution?" *Third Text*, Vol. 21, no. 1. 2007 (http://www.linksnet.) など、枚挙に遑がない。

＊7　E. Thacker, "More Than Many?" *Politics and Culture* (http://aspen.conncoll.edu /politicsandcultures) による皮肉な論評をみよ。

資本主義みずからがみずからに刻んだ墓碑銘《エピタフ》である「資本のコミュニズム」——マルチチュードの〈共〉《コモン》はその対概念であろう——という、希望を孕んだ恐怖を顛覆存在論的に担保する現代の労働者の存在様式《マルチチュード》を理解するための外縁をなし、それはまた以下の結論をその核芯に秘めている。

すなわち、後に『資本論』第三巻に刻まれたある一節に拠って触れるように、蓄積体制としてのポストフォーディズムとは、少なくともその労働（力）の包摂形態としては、「街頭」と化した社会（工場）において資本とともに「彷徨う herumlaufen」労働者 (K III: 400) ——ヴィルノを藉口すれば、ヤサグレて（*Senza Casa*）存在論的な無気味‐乖乱 il perturbante と化した労働者《パルマコン》 (GM: 20) ——をそのような存在的に存したまま搾取‐収奪することについに成功したシステムであり、それはまた、労働の資本への労働力（商品）としての実質的な包摂（内部化）が、就業しながらもほとんど失業状態——あるいは産業予備軍を総じて「空費 faux frais」と貶《さげす》む資本にとって、それがゆえに利用‐搾取可能な空席待ち・待命状態 (K I: 657ff.) ——に恒常的に置かれた労働者がとる存在様態《マルチチュード》（外部化）をその完成形態にとって不可避・不可欠な構成要素とする、と。あるいは、誤解を恐れずに単純化すれば、ポストフォーディズム体制にあっては、すべての労働者は、実質的には「街頭」——逆説的に言えば、「資本のコミュニズム」が準備した〈共〉《コモン》に擲げ出された産業予備軍——で空席待ちの長い列に並ばされながらも、つねに就業している、「自由に利用可能」な流動資産 *disponible* (K I: 661) ——として位置づけられている。*8 これである。

とすれば、まず第一に、ヴィルノが、そのいわゆる「ポストフォーディズム的なマルチチュード」との関連において、いかに労働（力）を位置づけたかを診る必要があるが、先取り的に言えば、ヴィルノの論定には、その始祖《フーコー》や自称その継承者《アガンベン》のそれでもなければ、『〈帝国〉』と『マルチチュード』

の著者たちのそれとも異なる、蓄積体制論的《ポストフォーディズム》な生政治の分析装置確立へ向けた、初期ネグリに似た力強い労働論が働いていることが見えてくる。

生政治の特種歴史性

ホッブズ的に蔑まれて排除され、お行儀のよい市民へのその訓育が目指されたそれではなく、スピノザ的に称揚されその政治論の中心において復権されたそれとしてのマルチチュードを「文法的な主語」に戴き、それとの交接《コプラ》を俟ち受けて「主体性」たらんとするマルチチュードを労働《ポイエーシス》・政治《プラクシス》・思考－知性という「人間的経験」の三区分から注視し、恐竜のようなその蘇生の背景にさきの三分割の危機を診るヴィルノは、この主語と交接することでその主体性を担保する複数の賓辞《コプラ》したがって危機《プレディカ》を、第一に「個体化原理」、第二にフーコー由来の「生政治」、また第三に「多数的なもの」の生活形式に特徴を与えている二つの「気分 Stimmung」である事大主義あるいはご都合主義とシニシズムに定め、とりわけハイデガー由来の「世間話 Gerede」と「好奇心 Neugien」という、そこでの二つの現象を重

＊8　行きがけの駄賃風に言えば、この国でさまざまに取り沙汰されている非正規労働論では、一見するに非正規労働者が政策対象となっているかに観えるが、しかし、じつは正規労働者の社会的潰滅とその総体的な非正規化あるいは「街頭労働者」化が目指されているのである。この点は、F. Guattari et T. Negri, *Les nouveaux espaces de liberté*, op. cit., p. 50 に、「保証なき者たち les non-garantis」という名の許で、いち早く指摘されていた。

視した。
『精神の現象学』のそれであれ、『大論理学』のそれであれ、いずれにせよヘーゲル的な「有論」の核芯にある「端初論」から観たヴィルノの「個体化原理」——それは、いわゆる「箱詰め仮説 Einschachtelungshypothese」の淵を覗き込んでいるようにも観える[*9]——とデリダ的な意味での毒‐薬《パルマケイアー》を即座に想起させるマルチチュードに滞留する「気分」という、一見するに交錯させがたい二つの論点から観た固有の主体性《マルチチュード》をめぐるヴィルノのこうした問題提示は、非常に興味深い[*10] (GM: 156ff.)。だが本章では、「その耳を刺す逆説的な性質」を理由に「不注意にも回避」され (GM: 80)、かかる所作があたかも当世風であるかのように誤解されてもいる（それがまさに事大主義とシニシズムである）、労働（力）という観点が、まず問題とされねばならない。

　さてヴィルノは、一八世紀末から一九世紀初頭にかけての「人口」概念の諸変化の考察にもとづいてフーコーが論じたそのいわゆる「生政治」論に依って[*11]、おそらくは独自の生政治論を展開するアガンベンに、「ここ数年、『生政治』は流行概念となった感があります。この概念があらゆる問題に頻繁かつ積極的に引き合いに出されていますが〔…〕このような短絡的で浅はかな利用は避けるべきだ」という辛辣な当て擦りを献呈することから、その生政治論を開いている。またそうした発言の根底を、「生政治」の「論理的核芯」を理解するには、「哲学的な観点から観るとさらに複雑とも言えるもうひとつ別の概念」である「労働力概念」を端初として設定する必要があるという確信が、支えている (GM: 80)。この確信を彼は、さらに『マルチチュードの文法』に与えられた「日本語版のための序文」では、「生の統治」が、単なる概念としての資本‐主義（だけ）でなく、固有な意味での「現代資本主義と密接に結びついた現象」であり、また「こちらのほうがより重要だ」という但書きを付して第二に、生の統治は「非常に基礎的な事実」すなわち「労働力商品が存在するという事実の〈結果‐効果〉にすぎない」と、より明快に開いた。[*12]

ここではまず、資本主義のいわゆる端緒における労働力商品の出現‐形成とその性質という歴史的過去とされてきた出来事（だけ）ではなく、「労働力商品が〈現に〉存在するという事実」が容れられており、次いでそれ「以来つねに *da sempre*」反復されてきたこの「事実」が「完《まった》き現在 *proprio ora*」としての現代資本主義——ヴィルノにとっては「ポストフォーディズム的資本主義」と同義である——との交錯において採るそのあり方に[*13]（も）(GM: 82)、生政治の基礎が求められている。そのうえで

＊9 ヘーゲル『小論理学』下巻、松村一人訳、岩波文庫、§161、補遺。

＊10 例えばヴィルノは、「現代的マルチチュードが陥っている感情的状況 *situazione emotiva*」が「遍在的であると同時につねに両義的」であり、「事大主義、シニシズム、社会的統合〈順応主義〉、際限なく繰り返される棄教、陽気な諦念といった〔…〕悪い感情」として顕れていることを指摘したうえで、しかし、「解毒剤とでも呼ぶべきものが、今のところ毒と見做されているもののなかにしか見いだし得ない」としている点に注目されたい。この正当にも慎重で用心深いマルチチュード理解は、『〈帝国〉』と『マルチチュード』の著者たちにおける手放しのマルチチュード讃美とは、明確に異なっている。

＊11 なおマルクスが「人口」ではなくいわゆる「商品」——もちろん資本主義的商品としての労働力も含めて——を理論構築の端初として所以については、マルクスみずからによるいわゆる「経済学の方法」への参照が必須である (Gr.: 35ff.)。

＊12 前掲『マルチチュードの文法』一一一頁。

ヴィルノは、「フーコーが生政治と呼んでいる諸々の知と権力からなるこの装置の非神話的な起源は、躊躇うことなく、労働力の存在様態に見いだすことができる」と、[14] フーコーの生政治論を労働力商品という視点から読み換えることを宣言する。[15] またその意味でヴィルノは、「労働力の管理が生政治の裡に〔…〕含まれている」と歴史貫通的に「考え」るアガンベンを、まったく正しくも、「歴史的にも哲学的にも第一の出来事は、力能の力能としての売買 compravendita della potenza in quanto potenza であり、生政治とは、この第一の出来事から生ずる一つの効果‐帰結、反響、あるいはまさに茎節 articolazione でしかない」と(GM: 84)、マルクスへ顚倒させている。

とすれば、何よりもまず第一に、ヴィルノにとっての労働力概念と労働力の商品化の意味が、だが次いで第二に、単なる労働力の商品化ではなく、労働力という「力能の力能としての売買」のヴィルノにとっての固有の意味が、問題とされねばならない。彼の多様に重複的な論定を、だが僕は労働力という一点に抑圧して、とはいえ彼と同様、重複を厭わず、痕跡化してみよう。

労働力（能）、あるいは「耳を刺す逆説」

ヴィルノはまず、マルクス『資本論』から労働力についての以下の一般的定義を肯定的に引いている。「労働力 Arbeitskraft または労働能力 Arbeitsvermögen」とは「人間の身体すなわち生きている人格の裡に存在し、彼（女）が何らかの種類の使用価値を生産するときにそのつど運動させる肉体的および精神的な諸能力の総体である」が(K I: 181)、それである。[16]

マルクスに拠るこの労働力の定義を、ヴィルノは、前のめりになって即座に、労働力とは「生産する力能」であり、また力能とは「類的、未規定 generica, indeterminata」な「力動《デュナミス》」であって、したがってそれは「あれやこれやの特定の労働行為 atti lavorativi などではなく、あらゆる種類 *qualsiasi* specie の労働行為が問題となっている」と抽象的に定義し直すが、そこでの「類的」については、「資本のコミュニズム」への対抗戦略とされるいわゆる〈共《コモン》〉に関わって後に触れるとして、それは、マルクスのいわゆる〈一般的知性〉論をヴィルノにおいて迎え容れ、資本に不断に〈*da sempre*〉を打刻された〈*proprio ora*〉である現代へ介入させるためになされる、定義の一般化である。またであれば

＊13 〈da sempre〉と〈proprio ora〉との交錯は、後に見るように、いわゆる〈共《コモン》〉をめぐるネグリとの対論でヴィルノが用いた対項である（A. Negri/P. Virno, "Public Sphere, labour, multitude: Strategies of resistance in Empire", Seminar organised by Officine Precarie in Pisa with Toni Negri and Paolo Virno. Coordinator: Marco Bascetta, 5th February 2003 [http://www.generation-online.org]）。

＊14 ここでの「神話」という表現は『資本論』（「本源的蓄積」論）のマルクスがイメージされている。S. Žižek, "Afterwords: Lenin's Choice," in *Revolution at the Gates: Selected Writings of Lenin from 1917*, ed. by S. Žižek, London: Verso, 2002, pp. 190-91.

＊15 ヴィルノの労働（力）論は、じつを言えば、その二年前に刊行されている、P. Virno, *Il ricordo del presente*, op. cit. の第三章と最終章の要約的再論であり、それはまたマルクス『資本論』第一巻第二篇第四章第三節（労働力の売買）のヴィルノ的な整理である。後に本文でも強調するが、それは「貨幣の資本への転化」をすでに商品となっている労働力という視点から説くものであり、その意味で単純な疎外論とは決定的に異なっている。

＊16 以下、ヴィルノからの引用は GM: 79-84 による。引用頁は省略。

こそ、ヴィルノはこの「あらゆるqualsiasi」に注意を喚起し、労働力を語るとは、通俗的な意味における労働行為だけでなく、「言語活動、記憶、運動」といった「すべての種類の能力に暗に触れること」である点を強調することになる。言い換えれば、ヴィルノにあって労働力とは、何よりもまず〈行為＝現実態〉とは区別される「労働することの純然たる力能 *potenza*」あるいは「可能態」という「いまだ」である。そしてこの「いまだ」が「それでもなお」資本の許に、だが「いまだ」と「それでもなお」との相剋をその裡に文字通りいまだ孕みながらも、商品化されるだけでなく、さらにはポストフォーディズム的資本主義の許でこの「いまだ」と「それでもなお」とのズレが最終的に充塡されるに到ることを、あるいはヴィルノのいわゆる「資本のコミュニズム」を、労働力の存在様態をめぐる生政治として、論じようとする。それは、だが、いかなる含意を呑み込んでいるのだろうか？

　ヴィルノはこの「力能」（の力能としてのまるごとの商品化）をさまざまに敷衍するが、その痕跡を描く前に、しかし、労働力という力能をめぐる「いまだ」と「それでもなお」との併存が開く裂開、おそらくは剰余価値－利潤の源泉ですらあるだろうこの裂開、あるいは形式における一致と実質における不一致という「事実」を理解するために、以下の三点の確認がまず必要である。

　第一に、ヴィルノが引いたマルクスの原文では、「労働能力」は〈Arbeitsvermögen〉と記されており、したがってそれは、労働の文字通りの「能力 Vermögen」を含意するだけでなく、「資産 Vermögen」としての労働（力）をも含意している。すなわちマルクスは、労働者がみずからの「能力」とその身体を自己なるものとして私的に処分する権能を有している（またそのように法認されている）ことを前提とする「資産」と了解したうえで、〈Vermögen〉を用いている。それをマルクスの別の表現をもって言い換えれば、したがって、この労働（力）はすでにして資本に形式的に包摂されている能力としての資産（それを不可能的に換言すれば、本来的な豊富さ）である。
またこの点に密接に関わっている第二に、マルクスがここでの「総体」に〈Inbegriff〉——ヴィルノの原文では精確に〈aggregato〉だが、別の論文では、社会的協働との連関において、〈ensemble〉も用いられている——という語を当てている点が注目されねばならない。すなわち、マルクスにあっては、すでに個体化——したがって、数え上げ可能と——されているものの〈総計〉あるいは〈加算的集計〉（によって、概念の裡に総括されたもの In-begriff）を、それは意味している。したがって、ふたたびここでもまた、すでにして「資本に形式的に包摂されている」能力としての労働者の〈個体的〉能力‐資産が前提となっている。[*17]
以上の二点を踏まえて第三に注目すべきは、しかし、この労働力についてのこうした一般的——あるいはむしろ歴史貫通的——な定義が記述される直前に措かれたマルクスのいわゆる「一般的定式の矛盾」における、この「矛盾」に背進的に和解を促すヘーゲルを皮肉ってマルクスが残した有名な一節、「彼の蝶への成長は、流通部面で行われねばならないし、また流通部面で行われてはならない。これが問題の条件である。ここがロドスだ、ここで跳べ！」である (K I: 181)。そこには、蛹の労働が近

＊17　したがってここでは、労働能力が概念構成されるに当たって不可欠な集合性が不可避に前提とされ、いわば間‐個体的な能力、まさにマルクスの〈一般的知性〉あるいは「社会的協働」にもとづいた「社会的個人」への道——「公的構造を備えた空間」——が可能的に開かれている。

代的労働者としての「蝶」へ変態するには、取り敢えず「流通部面」において労働力が資本の許へ形式的に包摂（単純商品化）されねばならないにせよ、それはまた同時に「流通部面」において起こっては決してならないという、マルクスが措いた強い二律背反――資本が購入可能なそれとして求める労働力という特殊な商品に求められる、何でも作ることができるという使用価値＝力能――、あるいは遡及的に一回的な出来事として凝固され、事後的に「神話」として祀られる、資本のいわゆる本源的蓄積という暴力をその裡に秘匿することでみずからの起源的な合理性を僭称する資本主義が永遠に隠蔽せねばならない二律背反を、[18] ヴィルノは〈労働力の商品化〉と〈力能の力能としてのまるごとの商品化〉との労働者身体における併存と裂開という次元に移し換え、それを「耳に刺す逆説」と呼んでいるのである。

ヘーゲルは、マルクスが『資本論』で引用したこの「ここがロドスだ、ここで跳べ！」を書き付けた数節後に、[19] それを「ここがローゼ〔バラ〕だ、ここで踊れ *Hier ist die Rose, hier tanze*」と捩り、続けて「自己を意識する精神としての合理‐理性と目前の現実としての合理とのあいだには、何が立ちはだかっているのか」と問うたうえで、さらに

> それはいずれかの抽象物という足枷であって、この抽象物が、概念に成《な》り果《おお》せるまで解放されていない。合理が目前の現在という十字架のなかのバラと認識され、かくて目前の現在が享受されるようになれば、要するにこうした合理的見極めが行われるようになれば、現実との和解 *Versöhnung* は成立する〔…〕

と、概念の来るべき自己生成的な完結を説いたが、[*20] このヘーゲルとは対蹠的にマルクスが、事後的かつ遡及的に想定される「和解」――あるいはむしろ「鎮撫 *Versöhnung*」ではないか？――ではなく、そこに「事実」としての労働力商品を運動する存在的な矛盾‐抗争として措いたことをヴィルノは、さらに、商品であるがままに「商品としての非常に具体的な諸特権 le prerogative concretissime della merce を主張」あるいは発生（発声）し、予弁的な「合理的見極め」という円環‐和解を乖乱する力能＝労働力、あるいは僕の表現をもってすれば、資本にとっての存在的瑕疵と捉え返したのである。言い換えれば、ヴィルノは、商品《モノ》と化した労働力に、その存在的力能において、また円環的階調にとっての雑音として、発話させるという、唯物論を選びとっているのである。[*21] こうしてモノが発話し始める。

＊18　Deleuze (avec Guattari), « Sur le capitalisme et le désir », op. cit., pp. 365-6.

＊19　無用と思われるが、念のためにこのギリシアの諺にエラスムスが与えた解釈を記しておけば、それは「誰かがどこかで何かを成し遂げたと自慢するようなときに、これをその場でやってみろという場合に、この諺は適している」というものである。これは「合理的なものは現実的であり、また現実的なものは、合理的である」という誤解を招きやすいヘーゲルの言説に向けられた（G.W.F. Hegel, *Grundlinien der Philosophie des Rechts*, Werke 7 [surhkamp taschenbuch wissenschaft], Frankfurt am Main: Suhrkamp, 1970, S. 24）、僕の理解からすれば、合理‐非合理の二元論をその始元に措いて支える「無理」を指している。

＊20　Hegel, ibid., S. 26-7.

＊21　例えば、J. Rancière, *La chair des mots: Politique de l'écriture*, Paris: Galilée, 1998であれば、「言葉が肉〔肭〕となる」と言わないだろうか？

こうした点をヴィルノは、いまだ力能に留まりながらも、それでもなお商品であるという一身に楕円軌道を歩ませる二つの焦点に変換して、さらに次のように敷衍している。すなわち、「いまだ適用されていない」、したがって「〈行為的‐現勢的〉ではない」という意味で「非現在的、あるいは非実在的な何ものか」である「類的な労働能力」としての労働力という力能が、資本主義では、まさにそのようなものであるがままに、労働者の「資産」という資格において、しかも「例外的な重要性をともなった」ものとして、すなわち単なる「売買の対象」ではなく「資本家と労働者とのあいだの交換の中心」を占めるものとして売買され、他の商品と同様、「需要と供給に従って」いるといった厳然たる「事実」こそ、力能が「いまだ〈対象化＝客体化〉されていない労働」の名の許で、それでもなお「経済‐社会的な平面上で中心的なもの」へ変身するという「事実」として捉え返している。それは、合理‐非合理という資本が作為した二元論の出現の根拠それ自体を担保する、一方における〈労働力が商品化されること〉――「無理が通っている」――と他方における〈力能が力能としてまるごと商品化されること〉――「無理」――との「壁龕 tabernacolo」を鋭く指摘するヴィルノの、凡庸なマルクス主義者とは徹底的に異なる、力量である。

こうして、〈いまだ力能に留まること〉と〈それでもなお商品であること〉との、あるいは労働力商品化の「無理」とその「無理が通っている」こと（Sache）との「逆説的な諸特徴」が、ヴィルノにとっての「生政治の前提」であり、それ以外に生政治の根拠はないのである。したがって、ふたたびヴィルノにとっては、資本家が「『剝き出しの生』の面倒を見る必要がある」のも、その何でも作ることができるという特殊な使用価値――ヴィルノのいわゆる「力能」とは、資本の語彙をもって表現すれば、これである——をそのようなものとして商品化し続ける必要に駆られる限りにおいてである。[*22]
またであればこそ、ヴィルノは、「この力能的次元が重要となるのは、まさに力能が〔商品としての〕労働力という装いを纏うときであり、またそのときのみ」であると、野放図な生政治論に労働力という視点から寸鉄を刺すのである。

したがって、たとえヴィルノが、この力能と労働者の「直接的な身体的存在」あるいは「売り手の

＊22　この一文に続けてヴィルノは「生が政治の中心に位置づけられるのは、（それ自体では現在的ではない）非物質的な労働力が問題となるときです。そしてこの意味において、またこの意味においてのみ、『生政治』を語ることが許される」と、生政治論を玩具にしている人びとを皮肉っているが、この「（それ自体では現在的ではない）非物質的な労働力」を、帝国－マルチチュード論やレギュラシオン学派的な情報経済論から説かれる「非物質的労働」論と混同してはならない。これはヴィルノの「力能」論的な労働力を指しているにすぎない。チャラい美術誌『グレー・ルーム *Grey Room*』第二一号（二〇〇五年秋）でのインタビューでヴィルノは、インタビュアーのブラーデン・ジョセフが、ヴィルノが「非物質的労働のポストフォーディズム的パラダイム」を論じていると質問したことに対して、ヴィルノは「私は『非物質的労働』という表現を用いたことなど一度もありません。私にとってそれは、曖昧で理論的一貫性に欠けます。〔…〕私にとって『ポストフォーディズム』とは、果樹園の摘果労働者や最貧困の移民も含めた、現代の労働力のすべてに関連する一連の特徴です。〔…〕ポストフォーディズムは、言語、抽象的思考、学習傾向、可塑性、われわれ類的存在、確固たるハビトゥスを持たないというハビトゥスといった、われわれの類を特徴づけるすべての能力を動員しています」と応えている（引用は、Paolo Virno, "Interview with Paolo Virno (by B. W. Joseph)," *InterActivist Info Exchange* [http://info.interactivist.net] より）。

生きた人格」との「不可分」性が「生政治の実際的基礎」であると記したとしても、それは、本来商品化されてはならない労働力といった疎外論的で柔《やわ》な理解とは、根底的に異なっている。それは「無理が通って」いるという「事実」を物象化の相貌に措いて現実として容れ、その不可避性においてのみ「力能」を未来に構想する姿勢にほかならない。そしてそれがまた、「完き生《まったきビオス》は、力動《デュナミス》、つまり純然たる力能の壁龕《へんかく》という資格で、特種な重要性を獲得する」という発言に込められたヴィルノの真意にほかならない。

とすれば、このように労働力を捉えるヴィルノにとって、ポストフォーディズムは何を達成したのか？　あるいは、ソクラテス的との誇りを顧みることなく訊ねれば、ポストフォーディズムとは何か？　それは、こうした「労働力の実状が、完全に、その概念と同じ高みに達」したという〈*proprio ora*〉である。ネグリであれば、弁証法が停止したと表現するだろう。[*23] この存在と概念との過不足なき一致――またしたがって、外部なき内部あるいは内部なき外部――をヴィルノは、ポストフォーディズムが〈労働力の商品化〉と〈力能の力能としての商品化〉との壁龕を充塡し尽くすまでに到った〈*proprio ora*〉と捉えている。またそれがゆえに、労働力という概念は「肉体的あるいは運動的な素質の総体だけに還元されることなく、『精神の生活』をも申し分ない資格で併呑すること」に成功したとされるのである。さらに言い換えれば、それでもなお労働力が商品化されている事態といまだ実効的には「適用」されていなかった力能が、社会（工場）総体において、一致し、またそのようなものとして、人間（本性）が完全に商品化されることで旧来のズレが消滅し、その結果、従来「社会的実践にとって遠い前提条件あるいは純然たる背景」とされてきた「人間本性」それ自体が、ポストフォーディズム的資本主義の「主要資源」になったとされるのである。

この資本の許への労働（力）の完《まった》き併呑――資本のコミュニズム――は、しかし同時に、顚覆的マルチチュードの根拠でもある。だが、この寸分違わぬ一致はどこで起きているのか？　マルチチュードが〈共《コモン》〉という批判の武器を携えてノマドに登場するとされる、帝国的平滑においてだろうか？

「資本のコミュニズム」と職場‐街頭《コモン》の奪還

以前ネグリ／ハートは、マルクス『資本論』第三巻の某所に参照を求めて[*24]、フォーディズム的蓄積体制に「資本がコミュニストになる。これはまさにマルクスが資本主義的なコミュニズムと名づけたものにほかならない」という表現を与えた (LD: 47)。だが最近ネグリは、マルクスの実質的包摂と形式的包摂の区分にふたたび言及したうえで、「資本主義を純粋なもの――ここで強調しておきたいのは、『純粋』という言葉は、私にとっては、非常に不適切に思われることですが[*25]――として考えたければ、

＊23　前掲『革命の秋』参照。

＊24　いまやそのもっともチャラい部分が〈ロハス〉を語るまでに墜ちた地域通貨や協同組合に夢を懸けた人びとを想い起こしてもらうためにも、引用しておく――「株式制度は資本主義体制そのものの基礎のうえでの資本主義的な私的産業の止揚であって、それが拡大されて新たな生産部門を捉えてゆくにつれて、私的産業をなくしてゆく〔…〕。資本主義的株式企業も、協働組合工場と同様、資本主義的生産様式から結合生産様式への過渡形態と見做してよいのであって、ただ、一方では対立が消極的に、他方では積極的に止揚されるだけ」である (K III, S. 454-6)。

私たちは資本主義の最終局面と対峙している」とする条件説的な理解を披露したうえで、この資本主義の最終局面《ポストフォーディズム》における資本への「人間労働の併呑」という特質が「あまりに極端で、資本主義の最高度な形式でさえ社会的諸層の共同‐共犯 co-partnership を造り出してしまう」という、そこでの「逆説」を提示している。それは、「資本の社会主義 socialism of capital を〔…〕語った（?・）」マルクスを継受して、「いまや資本のコミュニズムについて語る秋《とき》」であることを強調するためである。[*26] 言い換えれば、ネグリは、フォーディズムを「資本の社会主義」、ポストフォーディズムを「資本のコミュニズム」と時期区分し（直し）たのである。[*27]

他方ヴィルノは、端的に、二九年恐慌に対する「資本主義的返答」と見做された「生産諸関係の巨大な社会化（あるいはむしろ、国家化）」を契機に出現した「フォーディズムが社会主義的な経験のいくつかの側面を包摂し、それらを独自なやり方で登録し直した」とすれば、七〇年代と八〇年代における叛乱への応答であったポストフォーディズムは「社会主義だけでなくケインズ主義をも完全に降板させ、〈一般的知性〉とマルチチュードに依拠しながら、コミュニズムに典型的な諸要求を独自なやり方で活用する（労働の廃棄・国家の解消など）」という意味で、ポストフォーディズムを「資本のコミュニズム」と規定している。

このように同一の結論をもつ両者は、しかし、それを存在的に担保する労働力＝力能をめぐる見解のズレに起因する変革戦略において、微妙に分岐しているかに見える。

ネグリとヴィルノを招いて開催されたあるワークショップでネグリは、「資本以前に〈共《コモン》〉は存在しない。〔…〕〈共《コモン》〉の〈共《コモン》〉による利用‐搾取の〔…〕基本的要素の一つが労働者階級となった。この労働者階級は資本主義的抽象化の内部、搾取の資本主義的関係の内部における一連の共《コモン》的構造を主体化する試みであった」としたうえで、「搾取から〈共《コモン》〉を解放することが課題」であると述べた。それに対してヴィルノは、「〈共《コモン》〉について二度言及している」マルクスがまず第一に論じた〈共《コモン》〉を「類的存在 *esistenza generica*」と捉え、それをマルクスは『経済学批判要綱』で〈一般的知性〉とともに「社会的個人へ洗練」したが、もしマルチチュードが「個人化された特異性の総体 *ensemble*」でありうるとすれば、それは「その背後に〈共《コモン》〉を持っているときにのみ感得可能」である、と応えた。

ポストフォーディズムを「資本のコミュニズム」と理解する点では合意する両者は、その存在的に内的な対抗主体であるマルチチュードについては、間合いを計りながら迂遠に合意形成を試みているかに見えるが、しかしヴィルノは、それでも次のようにも続けている。すなわち、類的存在という視点から言えば、それは「歴史とは独立に、人間本性を喚起する共通の〈共的な《コモン》〉何ごとかが存在」していると、この〈共《コモン》〉が彼のいわゆる「力能」であることを仄めかし、「共《コモン》概念を規定するために根源的なシナリオを喚起することができない」とするネグリに譲歩しながらも、ポストフォーディズム的資本主義については、「しかし、それ『以来つねに da sempre』と『完き現在 proprio ora』との合作

＊25　通常、節約を専らとする引用では削除すべきこの部分を残しておくのは、この国で自閉するあるマルクス経済学派を想起してのことである。
＊26　A. Negri, "Interview: The Politics of Empire," *Naked Punch*, Online Edition (http://www.7station.cn/nakedpunch)
＊27　ネグリの時期区分については、Negri, "Twenty Theses on Marx," op. cit. を参照。

－抗争が考慮せれねばならない」と、いわば奥歯に物が挟まったような指摘を表明している。その含意は、どこにあるのだろう？　それは「その重心baricentroとして多くの人間能力それ自体の搾取を行使する資本主義の『完き現在』、すなわちポストフォーディズム的資本主義の『完き現在』は、それ『以来つねに』そうであった何ごとかをその裡に配置」していることを強調することによって、マルチチュードとその「公的構造を備えた空間」と見做された〈共《コモン》〉を労働力概念を軸として理解しようとするヴィルノの意図が、そこに秘められているのである。[*28]

ではなぜ、これが言われねばならなかったのだろうか？

この点についてては、本章では省略したマルチチュードの「気分」を論ずる、別稿を俟つ必要がある。だが、本章を例によって仮に綴－閉じるに当たって、敢えて付け加えれば、労働力論に引き付けて「資本のコミュニズム」を「街頭」において捉え返す必要に関わって、マルクスが例の「資本のコミュニズム」を論ずる直前に書き付けた次の一節を引用せねばならない。それは、流行りの「非物質的労働」が踏まえねばならない労働現場の問題であり、デイトレーダーのごとき〈インターネット左派〉には想像し得ない領域である。

資本主義的生産それ自身は、指令労働がまったく資本所有から分離して街頭に彷徨うまでにした。だから、この指令労働が資本家によって行われる必要はなくなった。〔…〕資本家の労働が、単に資本主義的な生産過程としての生産過程から生ずるものではなく、したがって資本とともにおのずからなくなるものでない限り、またそれが他人の労働を搾取するという機能に限られるものでない限り、つまり、それが社会的労働としての労働の形態から生じ、一つの共同の結果を生むための多数の人びとの結合と協業から生ずる限りは、この労働は資本とは関わりがないのであって、それはちょうどこの形態そのものが、資本主義的な外皮を破ってしまえば、資本とは関わりがないのと同じである (K III: 400)。

とすれば、〈共〉《コモン》がポストフォーディズム的なマルチチュードにとっての戦略的武器として有効であるためには、この「街頭」に資本とともに彷徨い出た労働者にとって〈共〉《コモン》は、「街頭」と化した職場でなければならないのではないか？　愛が到来せねばならないとすれば、この街頭＝職場こそ、相応しい場ではないのか？　そしてこの愛は「外皮」を捲り返して umstülpen 核を剥き出しにするエロティックな所作ではないのか (K I: 27)。それは、したがって、従順・清貧・貞節を専らとし、*Cantico delle creature* のごとくにすべてを迎え容れ、ついでに言えば、キリスト教内部の腐敗を批判するために叢生した多くの同時代の信仰復活運動がローマによって弾圧される傍らで、教皇から例外的な承認を受けたベルナルドーネの穏やかな愛ではなく、激しい交接であるほかない。

＊28　A. Negri/P. Virno, "Public Sphere, labour, multitude: Strategies of resistance in Empire", Seminar organised by O. Precarie in Pisa with T. Negri and P. Virno. Coordinator: M. Bascetta [5th February 2003] (http://www.generation-online.org). ヴィルノも「現代のマルチチュードは己れの裡に資本主義の歴史を孕んであり、労働者階級の浮沈と密接に繫がっている」と書いている (GM: 34)。

風景の遷ろい

謝辞のためのセンチメンタルな「まえがき」

数寄屋橋交番から銀座四丁目方面を眺めると、晴れた冬の夜空で鈍く光る灰色と濃紺の阻止線《コード》がみえる。大正期の青年たち宛《さなが》ら、向都熱に衝かれて都会に出てきて間もない僕は、不要なほど巨大と思えた晴海通りの真ん中で吹き上がる開放感とともに、鈍色《にびいろ》として「実」在する阻止線《コード》を見遣っている。そんな僕のまわりでは、公園に押し戻されることを覚悟で急いでその混成性を隊列《コード》に整えようと騒めく〈もう一人の僕たち〉という急拵えの集合性が、さまざまに輝いている。僕は、高校でのささやかな抵抗とそれを理論的（？）に正当化するために独学したマルクスの世界観をこの風景の許で身体的に試行している自分を感じ、この試行を継続することには何らの不合理もないはずだ、と得心する。

　コード化と対抗コード化との衝突としてしか現出できない、コード化と脱コード化としての遺漏とのこの共犯的対抗が、共犯的であるほかないからこそ、超コード化装置との直接的で暴力的な敵対として露出することが象《かたど》るこの風景は、数ブロックを挟んで阻止線《コード》と対峙する刹那《フロー》の〈もう一人の僕たち〉が創り出した消滅必至の緊張線がその中心にある風景にほかならなかったけれども、それはまた、その数日前、都内某所で組織者の意図《コード》を大きく超えて実現した実際は散逸する流動《フロー》とも異なってもいたけれども、敵対の緊張で腫れ上がったこの街頭に有象無象《マルチチュード》がまさに街頭の本質的構成者として蝟集し、この敵対をより拗《こじ》らせる、そうした風景だった。

いつの時代でもそうなのだろうが、〈遅れてきた〉という思いにつねに憑かれることをその本質とする青年の一人として、「遅れまい」とばかりに裏日本の進学校時代から〈68年〉の殿《しんがり》のさらに最後尾に根拠のない主観を抱え込んで飛び乗り、次いで、あの「出来事」の見世物的な「露見」に呆然として狼狽えながらも、決定的屈曲としての〈72年〉を淡々と受け止め、その後のニューアカ世代の登場によっていわゆる全共闘世代との狭間に嵌め殺され沈黙した薄層の世代であり、またしたがって当然にも、〈70年代〉の惨憺をさまざまに、だが息を押し殺して、本を読み、言葉を学んで自分の言葉と文体を編み出しながら生きてきた僕たちは、しかし、いまとなってはそうした来るべき惨憺をあらかじめ得心していたとさえ思えるほどに、そこに大きな断絶を感じてはいた数歳年上の連中と連《つる》んでは嬉々として街に繰り出し、最後の街頭を愉しんだ。そしてそれから、いろいろありながらも、ずいぶん経ってしまったが、この風景こそ僕の原点であり続けてきた。

本書と成ったそれぞれの文章は、某地方国立大学で長い間助手職を、「三猿」をその信条として、務めていた僕を或る二人の編集者が相次いで解放してくれて以降、求めに、つまり与えられた具体的論題に応じて、けれども編集者の意図を無視して、そのつど書き積まれてきた文章の褶曲的集塊だけれども、それぞれの文章を紡ぐ一本の糸は、あの風景を忘れられない、あるいは忘れないという思いにほかならない。本書の名称が「ヤサグレたちの街頭」となったのは、この私的原点の〈残-抗restance〉、あれ以来杳《よう》として行方が知れないあの街頭に、じつは新たな「僕たち《ヤサグレ》」が姿を変えて蝟集し続けているのではないかという思いに駆られて、あるいは新たな「僕たち《ヤサグレ》」を求めて、書き積まれてきたからである。

ところで本書に「政治経済学批判序説」というよくある副題を添えたのは、現在準備中の新著『資本主義機械の層序学――政治経済学批判』（仮題）への経路として本書を位置づけているからにほかならない。そしてこれは、僕にとってはあの風景の異なった姿態のもとでの再生のための新たな第一歩である。とすれば、この新たな第一歩を促してくれた人びとへの謝辞こそ、本書の「あとがき」であり、次作には組み込まれない「まえがき」でなければならない。

まず『情況』前編集長の古賀暹さんと『現代思想』前編集長の池上善彦さんには、何よりもまず感謝せねばならない。古賀さんは僕のようなハグレに物を書く切っ掛けを与えてくださった。また池上さんは、僕が自由気儘に書くことを辛抱強く繰り返し許してくださった。お二人がいらっしゃらなければ、書き始め、書き続け、またこれからも書き続けることもできなかっただろう。

また本書に収録されたそのつどの文章を自由に書かせてくださった、河出書房新社の阿部晴政さん、『情況』編集長の大下敦史さん、『現代思想』編集部の押川淳さん、法政大学出版局の勝康裕さん、以文社の勝股光政さん、岩波書店の小島潔さん、青土社の菱沼達也さんにも改めて、感謝したい。

さらに僕のようなヤサグレを優しく見守ってくれ、さまざまな好奇心を与え続けてくれている友人たち、足立眞理子さん、伊吹浩一さん、沖公祐さん、佐藤淳二さん、佐藤隆さん、絓秀実さん、比嘉徹徳さん、松本潤一郎さん、山家歩さんにも、この場を借りて、ありがとう、と言わせてください。また本書にじかに関わって、絓さんには僕からの特段の感謝を受け取っていただきたいと思っています。絓さんは酒宴で、グズグズしている僕に本書の刊行を決意させる一言《エイ、ヤッ》をくださった（おそらく、ご本人はお忘れだと思います）。

最後になりますが——こんな表現ではなく、〈Last but not least!〉がもっとも適切なのですが——、さきにも触れた次作『資本主義機械の層序学——政治経済学批判』を含めて三つの作品の刊行をも展望に入れて考えるようにと僕の背中を強く圧してくださった、航思社の大村智さんには、何よりもの感謝を捧げたい。

子供じみた権力者の妄執が
戦争を招き寄せた翌日

長原　豊

初出一覧

序論　政治経済（学）批判の原則……『情況　別冊「思想理論編」1号』２０１２年12月

Interlude 1　インドラを！……『道の手帖　ドゥルーズ』２００５年10月

I

第1章　期待－規範の維持装置……『現代思想』１９９８年3月号（原題：〈セー法則〉を維持する時間－空間装置）

第2章　〈交通〉する帝国－多数性……『現代思想』２００１年7月号

第3章　ブリダンの驢馬と血気……『現代思想』２００９年5月号

第4章　「非有機的身体」の捕獲……『現代思想』２０１４年6月号

Interlude 2　捕獲……『VOL lexicon 特集号』２００９年7月

II

第5章　吃音……『現代思想』２００２年8月号（原題：資本と労働の吃音）

第6章　包摂から捕獲へ……『現代思想』２００８年5月号

第7章　捕獲する資本……『現代思想』２０１１年3月号（原題：「墓碑文体－簡潔態」で捕縛する資本）

第8章　経済原則……『現代思想』２０１０年1月号（原題：人類の「経済表」とその危険な起源）

Interlude 3　シネマ的価値形態論……『現代思想』２００８年12月号

III

第9章　自称する……『思想』1998年8号（原題：〈自称〉する人びとの歴史を記述する文体）
第10章　プロレタリアート雑感……『現代思想』2009年8月号
第11章　〈空費〉の存在論……『政治経済学の政治哲学的復権』2011年3月
第12章　無比《アロゴス》－無理の声を聴解する……『現代思想』2006年7月号
第13章　「負債」……『現代思想』2013年2月号（原題：「あまりにニーチェ的な」マルクス）
第14章　隠し彫り《ヤサグレ》の刺青……『現代思想』2006年6月号
第15章　Senza Casa の街頭《ヤサ》……『現代思想』2007年7月号

カバー写真　relaxmax（宇山郁恵）

長　原　豊
（ながはら・ゆたか）

法政大学経済学部教員。
1952年生まれ。著書に『天皇制国家と農民』（日本経済評論社）、『われら瑕疵ある者たち』（青土社）、『政治経済学の政治哲学的復権』（編著、法政大学出版局）、『債務共和国の終焉』（共著、河出書房新社）、訳書にジジェク『2011 危うく夢見た一年』（航思社）、『迫り来る革命』（岩波書店）、バディウ『ワグナー論』（青土社）、ブレナー『所有と進歩』（監訳、日本経済評論社）ほか多数。

ヤサグレたちの街頭《がいとう》

瑕疵存在の政治経済学批判 序説

著者	長原　豊
発行者	大村　智
発行所	株式会社 航思社 〒113-0033 東京都文京区本郷1-25-28-201 TEL. 03 (6801) 6383 ／ FAX. 03 (3818) 1905 http://www.koshisha.co.jp 振替口座　00100-9-504724
装丁	前田晃伸
印刷・製本	シナノ書籍印刷株式会社

2015年8月18日　初版第1刷発行

ISBN978-4-906738-12-0　C0010

デモクラシー・プロジェクト

オキュパイ運動・直接民主主義・集合的想像力

デヴィッド・グレーバー 著

木下ちがや・江上賢一郎・原民樹 訳

四六判 並製（天アンカット・スピン有）368頁　本体3400円（2015年4月刊）

これが、真の民主主義だ　「われわれは99%だ！」を合言葉に、格差是正や債務帳消しを求めて登場したオキュパイ運動。2011年のウォールストリートを皮切りに世界へ広がり、今も各地で展開されている。この運動に当初から密接に関わり、理論的な支えとなってきたアナキスト人類学者が、運動のなかで考え、実践・提唱する「真の民主主義」。

平等の方法

ジャック・ランシエール 著

市田良彦・上尾真道・信友建志・箱田徹 訳

四六判 並製 392頁　本体3400円（2014年10月刊）

ランシエール思想、待望の入門書　世界で最も注目される思想家が、みずからの思想を平易なことばで語るロング・インタビュー。「分け前なき者」の分け前をめぐる政治思想と、「感覚的なものの分割」をめぐる美学思想は、いかに形成され、いかに分けられないものとなったか。

アルチュセールの教え　（革命のアルケオロジー 1）

ジャック・ランシエール 著

市田良彦・伊吹浩一・箱田徹・松本潤一郎・山家歩 訳

四六判 仮フランス装 328頁　本体2800円（2013年7月刊）

大衆反乱へ！　哲学と政治におけるアルチュセール主義は煽動か、独善か、裏切りか ―― 68年とその後の闘争をめぐり、師のマルクス主義哲学者を本書で徹底批判して訣別。「分け前なき者」の側に立脚し存在の平等と真の解放をめざす思想へ。思想はいかに闘争のなかで紡がれねばならないか。

2011　危うく夢見た一年

スラヴォイ・ジジェク 著
長原 豊 訳
四六判 並製 272頁　本体2200円（2013年5月刊）

何がこの年に起きたのか？　今なお余燼くすぶるアラブの春やウォール街占拠運動、ロンドン、ギリシャの民衆蜂起、イランの宗教原理主義の先鋭化、ノルウェイの連続射殺事件、そして日本での福島原発事故と首相官邸前行動……はたして革命の前兆なのか、それとも保守反動の台頭なのか？

暴力階級とは何か　情勢下の政治哲学 2011-2015

廣瀬 純
四六判 並製（天アンカット・スピン有）312頁　本体2300円（2015年5月刊）

暴力が支配するところ、暴力だけが助けとなる。　日本における反原発デモ、明仁のリベラル発言、ヘイトスピーチ、ヨーロッパやラテンアメリカでの左翼運動・左派政党の躍進、イスラム国の台頭、シャルリ・エブド襲撃事件……世界の出来事のなかで／をめぐって思考し感受する、蜂起の轟きと「真理への勇気」。

天皇制の隠語

絓 秀実
四六判 上製 474頁　本体3500円（2014年4月刊）

反資本主義へ！　公共性／市民社会論、新しい社会運動、文学、映画、アート……さまざまな「運動」は、なぜかくも資本主義に屈してしまうのか。排外主義が跋扈する現在、これまでの思想・言説を根底から分析し、闘争のあらたな座標軸を描く。日本資本主義論争からひもとき、小林秀雄から柄谷行人までの文芸批評に伏在する「天皇制」をめぐる問題を剔出する表題作のほか、23篇のポレミックな論考を所収。

存在論的政治　反乱・主体化・階級闘争

市田良彦
四六判 上製 572頁　本体4200円（2014年2月刊）

21世紀の革命的唯物論のために　ネグリ、ランシエール、フーコーなど現代思想の最前線で、9.11、リーマンショック、世界各地の反乱、3.11などが生起するただなかで、生の最深部、〈下部構造〉からつむがれる政治哲学。『闘争の思考』以後20年にわたる闘争の軌跡。（フランスの雑誌『マルチチュード』掲載の主要論文も所収）

革命のアルケオロジー

2010年代の今こそ読まれるべき、読み直されるべき、マルクス主義、大衆反乱、蜂起、革命に関する文献。洋の東西を問わず、戦後から80年代に発表された、あるいは当時の運動を題材にした未刊行、未邦訳、絶版品切れとなったまま埋もれている必読文献を叢書として刊行していきます。

シリーズ既刊

アルチュセールの教え　**（革命のアルケオロジー1）**

ジャック・ランシエール 著

市田良彦・伊吹浩一・箱田徹・松本潤一郎・山家歩 訳

四六判 仮フランス装 328頁　本体2800円（2013年7月刊）

風景の死滅　**（革命のアルケオロジー2）**

松田政男 著

四六判 上製 344頁　本体3200円（2013年11月刊）

風景＝国家を撃て！　永山則夫、ファノン、ゲバラ、国際義勇軍、赤軍派、『東京战争戦後秘話』、若松孝二、大杉栄……何処にでもある場所としての〈風景〉、あらゆる細部に遍在する権力装置としての〈風景〉にいかに抗い、それを超えうるか。21世紀における革命／蜂起論を予見した「風景論」が、40年の時を超えて今甦る —— 死滅せざる国家と資本との終わりなき闘いのために。

68年5月とその後　反乱の記憶・表象・現在

（革命のアルケオロジー3）

クリスティン・ロス 著

箱田 徹 訳

四六判 上製 478頁　本体4300円（2014年11月刊）

ラディカルで行こう！　世界世界的な反乱の時代を象徴する出来事、「68年5月」。50年代末のアルジェリア独立戦争から、21世紀のオルタ・グローバリゼーション運動に至る半世紀で、この反乱はいかに用意され、語られてきたか。フランス現代思想と社会運動を俯瞰しつつ、膨大な資料を狩猟して描かれる「革命」のその後《アフターライフ》。

シリーズ続刊

RAF『ドイツ赤軍（I）1970-1972』

津村 喬『戦略とスタイル』『横議横行論 —— 名もなき人々による革命』　……